获得中国社会科学院博士后管委会出版资助

中国经济史学的话语体系构建

第四届全国经济史学博士后论坛论文精选集

魏明孔　主编

赵伟洪　程蛟　副主编

九州出版社 JIUZHOUPRESS｜全国百佳图书出版单位

图书在版编目（CIP）数据

中国经济史学的话语体系构建：第四届全国经济史学博士后论坛论文精选集 / 魏明孔主编 -- 北京：九州出版社，2018.7
　ISBN 978-7-5108-7431-4

　Ⅰ．①中… Ⅱ．①魏… Ⅲ．①经济史－史学理论－中国－学术会议－文集 Ⅳ．①F129-53

　中国版本图书馆CIP数据核字(2018)第183850号

中国经济史学的话语体系构建：
第四届全国经济史学博士后论坛论文精选集

作　　者	魏明孔　主编　赵伟洪　程　蛟　副主编
出版发行	九州出版社
地　　址	北京市西城区阜外大街甲 35 号（100037）
发行电话	(010)68992190/3/5/6
网　　址	www.jiuzhoupress.com
电子信箱	jiuzhou@jiuzhoupress.com
印　　刷	北京九州迅驰传媒文化有限公司
开　　本	787 毫米×1092 毫米　16 开
印　　张	22.5
字　　数	402 千字
版　　次	2018 年 9 月第 1 版
印　　次	2018 年 9 月第 1 次印刷
书　　号	ISBN 978-7-5108-7431-4
定　　价	88.00 元

前　言

2017 年金秋，由中国社会科学院、全国博士后管委会办公室、中国博士后科学基金会主办，上海财经大学经济学院经济史学系、中国社会科学院博士后管委会、中国社会科学院经济研究所、中国经济史学会联合承办的第四届全国经济史学博士后论坛在上海隆重举行。这次论坛以"中国经济史学的话语体系构建"为主题，深入探讨经济史视角下的中国经济改革、转型与增长等重要理论问题。来自中国社会科学院、北京大学、清华大学、复旦大学、南开大学、武汉大学、厦门大学、上海财经大学、上海市社会科学院、云南省社会科学院等 60 余位高校和科研院所的博士后及青年学者出席了本届论坛。

由中国社会科学院经济研究所中国经济史研究团队发起的全国经济史学博士后论坛，得到了全国各地经济史学博士后及博士生的热烈响应，在有关管理部门的支持下，在兄弟单位的通力合作下，于 2014 年在北京召开了第一届论坛"中国经济发展道路的历史探索"，并出版了《中国经济发展道路的历史探索：首届中国经济史博士后论坛论文精选集》。2015 年，在武汉举行第二届博士后论坛"历史上的经济转型与经济发展"；2016 年，在石家庄举行了第三届博士后论坛"货币金融·经济发展与现代化"，并于 2017 年出版了《历史上的经济转型与社会发展：第二、三届全国经济史学博士后论坛论文精选集》。从这次青年学者提交的论文看，研究规范且有创新，不管研究内容的深度或广度都有了进一步提高，史料发掘有所突破，内容包括对经济史上的传统经济、小农经济、城市发展、市场发育、经济组织、生态环境、区域经济、经济增长、经济转型、财政金融等问题。从这次的经济史学博士后论坛的主题来看，都是从现实经济问题切入，瞄准中国经济发展中的重大理论问题展开研究，认真总结历史上的经验教训。博士后与著名学者一对一互动，是经济史学博士后论坛的显著特色。在主题报告中，安排著名学者对博士后的学术报告进行认真点评。在这次论坛上，李伯重、钟祥财、孙建国、仲伟民、王文成、刘巍、兰日旭、林枫、张海英、燕红忠、隋福民等著名学者对青年才俊的报告做了精彩点评。我想，这对于青年才俊的学术成长来说，是很有意义的。本书所收录的17篇论文，主要是第四届全国经济史学博士后论坛提交论文的精选，兼收前三届论坛中的部分文章，大体反映了我国新一代经济史学界的研究水平。

作为全国经济史学博士后论坛的发起人与具体组织者，在前贤研究的基础上，拟对中国经济史学的话语体系构建略作如下阐述。

一

中国经济史学作为一门严格意义的学科，其研究已经走过了一百多年的历程。在西方，经济史学作为一门独立的学科，于19世纪晚期从历史学中分野而来。之所以如此，一方面，是因为经济学已经发展成为系统的理论，原来历史学中有关经济的内容，可以用经济学的理论来加以分析和解释了。另一方面，如果我们从以司马迁《史记·货殖列传》《平准书》为标志的"食货之学"开始算起，中国传统经济史学已有两千多年的历史了，官修"正史"中几乎都有"食货志"。成书于唐代、被列为"十通"之首的《通典》，其内容分为九门，而以《食货典》开其头；宋代以来，地方志的编纂方兴未艾，而"食货"是其中最为重要的内容之一。经济史在我国传统史书中的重要地位由此可见一斑。这些史书中有关经济的记载，无疑成为我们今天所能继承的丰厚文化遗产。

近代以来，我国经济史研究曾出现过两个高潮。第一个高潮是1927—1937年，随着马克思主义传入中国，仁人志士开始探索救国救民的道路，使得当时经济史研究的实践性和理论针对性非常强，产生了一批至今仍影响巨大的重要研究成果和重要人物；第二个高潮是自20世纪70年代末实行改革开放至今，虽然中国经济史在这一时期经历了曲折的发展历程，甚至在经济学院完全取消了经济史课程，但从整体上看，仍然可以视为中国经济史研究的黄金期，经济史研究呈现出全方位和纵深发展的格局，研究成果无论从数量还是从质量上，均值得一提。

目前，中国经济史越来越受到国际学术界的重视，其原因是多方面的，其中最重要的原因有两个。第一个原因是，自改革开放以来，我国经济持续高速发展，已经成为世界第一大贸易体和第二大经济体。随着我国经济实力的发展、政治力量的强大、科学技术的进步，我国逐渐成为世界关注的焦点。与此相应，对中国经济包括中国经济史的探讨也越来越受到世界学术界的关注。第二个原因是，经过数代经济史学人的不懈努力，我国经济史学界取得了令世人瞩目的研究成果，形成了一批有一定影响力的研究团队，发表了一系列标志性的研究成果，也产生了一些称誉国内外学林的著名经济史学者。

二

近年来，中国经济史研究取得了巨大进展，学科呈现出稳定发展和多方进步的局面。就整体情况而言，中国经济史领域呈现出如下一些新的特点：

其一，在研究范围不断扩大、学术新作迭出的前提下，与现实中的社会经济生活关系密切的学术问题愈来愈受到重视，在体现学术价值的同时更加关注科研的现实镜鉴意义。举凡现实中人们关注的问题，在经济史研究中几乎都能找到相应的研究课题，社会热点问题尤其如此。诸如环境生态史、灾荒史、海洋经济史、丝绸之路经济带、区域经济、"三农"问题、经济转型等研究，方兴未艾，势头良好。

其二，在防止学术研究碎片化的同时，并不影响学者对经济史问题研究的精细化和深入进行，以有助于整体性认识的精准和提升。细化研究，已经成为当下经济史研究的一个非常明显的特色。而这些微观问题的深入研究，为我国经济史研究的整体性推进，特别是理论方面的提升和长时段研究成果的落实，奠定了一定的基础。

其三，理论方法方面，在坚持历史唯物主义基本原则的前提下，学术界持续进行多样化尝试，计量研究、量化分析方法受到特别重视，而传统的研究方法也显示出了其特有的学术魅力，百花齐放的原则得到遵循。例如，著名经济史专家吴承明先生倡导的"史无定法"已经成为经济史学界普遍遵循的一个原则。这一原则要求学者们要立足于自己的学术背景和积累，根据所占有的材料、研究目的和内容，选择一种或数种研究方法，以求最佳的研究效果。换句话说，经济史研究方法只有最合适的，而没有最完美的。

其四，在加强国际交流、引进国外理论方法的同时，我国经济史学界在建立经济史研究的中国自身的"科学范式""话语体系"及学术主体性等方面的思考和探索正方兴未艾，不少学者通过不懈的努力，已经取得了一定的成绩。2009年，中国经济史学会成为世界经济史学会的团体会员，中国经济史学者在世界经济史学会年会上越来越活跃，我国著名经济史学者李伯重教授、马敏教授先后担任世界经济史学会的执行委员，也从一个侧面反映了中国经济史学的国际地位。与此同时，世界著名高校和研究机构的经济史学者，也主动与中国的经济史学者加强了沟通交流，在中国的高校和研究机构中从事考察与研究工作。经济史学界的这种国际联系与合作，已经成为一种常态。

其五，经济史资料的发掘、整理和出版呈现出遍地开花的良好势头，其不仅为文献数据化、专题数据库的建立提供了更加坚实的基础，也为一些课题进行量化研究创造了条件。由于经济史研究的前提是资料的占有，而目前经济史资料的大量发掘、整理和出版，为中国经济史研究提供了千载难逢的发展机遇。

其六，经济史教学和研究越来越受到重视，许多高校的经济学院先后成立了经济史学系。从 2015 年至今，每年都会在中国人民大学召开学术研讨会，与会的专家和学者们就加强经济史的科研和教学工作纷纷建言献策，并大声疾呼在经济学院恢复经济史课程的设置。与此同时，一些高校还成立了经济史学教学机构，如上海财经大学经济学院、中央财经大学经济学院先后成立经济史学系，在科研和教学方面取得了丰硕的成果。经济史科研和教学并重，不仅成为经济学院今后的发展趋势，也日益得到了历史学院的重视。经济学中的历史（理论经济学的经济史）与历史学中的经济（历史学的经济史）相得益彰，合力推动了中国经济史学的发展。

其七，一些中青年经济史学者脱颖而出，并在学术界崭露头角，特别是近年来在国外学有所成的年轻学者不断补充到国内经济史学界，为中国经济史学界注入了新鲜的血液，带来了新鲜的空气。积极培养年轻学者，为其成长创造条件，是经济史研究团队的宗旨，硕士生、博士生的培养和博士后流动站工作的加强，为经济史学的发展培养了后备人才。此外，还积极与国际著名高校和研究机构联合培养经济史人才。中国社会科学院经济研究所与兄弟单位联合举办的中国经济史学博士后论坛已经成功举办了四届，为年轻学者提供了一个全国性的学术交流平台，对其学术成长来说，意义十分重大。

其八，经济史学越来越受到经济学界的重视，不仅许多著名高校和研究机构在经费、人才引进等方面积极支持经济史学的建设，许多德高望重的经济学家也将研究重点转向了经济史领域，全身心地投入中国经济史研究的工作。而这些重量级学者的重视和推进，对于中国经济史研究来说意义深远。

其九，经济史研究机构不断增加。据不完全统计，目前，我国有各类经济史研究所、研究院、研究中心以及研究室等不下 40 家。这些研究机构已经成为经济史研究和人才培养的重要基地，其中一些研究机构还成为国内外经济史研究的重镇。

在这些重要的研究机构中，也产生了一些具有一定影响力的经济史研究学派。

其十，中国经济史研究拥有了广阔的学科平台。《中国经济史研究》《中国社会经济史研究》以及人大复印资料《经济史》杂志的先后创刊，一些重要学术刊物所设的"经济史研究"栏目，为经济史学者发布自己的研究成果提供了重要的阵地；中国经济史学会、中国经济思想史学会的相继成立，则为经济史学者的联系沟通提供了平台；各类高校和科研机构定期或不定期举办的各种经济史研讨会，也为经济史学者的学术交流提供了机会。

三

尽管近年来，中国经济史研究取得了长足的进步，成果斐然，但也暴露出很多问题和不足。有些问题不仅影响到中国经济史研究的健康发展，甚至影响到中国经济史话语体系的构建。下面，笔者就中国经济史研究领域中亟须解决的如下几个问题展开简要阐述。

一是经济史批评或评论，是一个非常薄弱的环节。我们知道，学术评论或批评是学术进步必不可少的方面，通过评论或批评，可以使得研究更加深入，更加接近真实或真理。现在经济史学界的现状是，对论著的评价多系介绍性、吹捧性或炒作性的，从学理上认真讨论者可谓凤毛麟角。就笔者所见，现在的经济史评论要么是学生对老师的歌颂，要么是老师对学生的延誉，要么是同事或同行的相互吹捧，要么是出版单位或媒体的炒作。一读书评，满眼全是"具有拓荒性质的专著""填补了该领域的学术空白""具有重要的学术创新价值""堪称该领域研究的里程碑式成果"等溢美之词。可一读原著，很是令人失望，书评与原著简直是风马牛不相及。学术界之所以对书评如此敷衍，其中一个很重要的原因就是，在现在的成果考核体系中，一般不将书评作为科研成果。其实，一篇优秀的学科综述或书评，不仅需要耗费作者大量的心血，其对学术的贡献也是不容小觑的。在这里，我们一方面呼吁专家学者积极撰写学术性强的经济史批评或评论文章，以推动经济史研究的深入；另一方面，也呼吁有关部门为学术评论打造发展的平台，尤其是给那些优秀的学术评论或批评提供发表平台。我们提倡的是，评论、批评应是学理的评论和批评，应具有推动学术研究发展、鞭挞学术不正之风、净化学术环境之功能。

二是对国际前沿理论和方法了解不够，消化不良乃至囫囵吞枣的现象极为普遍。自20世纪90年代以来，源于西方的后现代史学思潮逐渐渗透到大陆的中国史研究领域，尤其是在青年学者群体中大有流行之势。但从整体情况来看，大陆史学界对后现代思潮或全盘移植，或冷眼旁观，缺乏全盘的了解。令人欣慰的是，近年来，中国经济史学界已经开始转向对传统经济史理论的深入思考以及对国际前沿分析方法的探索。需要指出的是，将国外经济史理论和研究方法应用于研究中国经济史问题时，切忌削足适履、囫囵吞枣，而应在真正消化吸收的基础上，活学活用。同时，也要认真对待中国传统经济史资料，既不人云亦云，也不标新立异，而是对史料进行实事求是的解读。

三是在提倡使用某些研究工具时，要注意其背离经济史本质的倾向。我们知道，量化经济史学在经济史研究中方兴未艾，其在活跃经济史研究的同时，也存在着许多争议。量化分析的优势有很多，如擅长多变量分析；不仅能深入理解各种因素的变迁与彼此的关系，还能兼顾所有个体的影响与权重，避免选材时的疏漏与偏废。但有些量化研究的学术成果，过分追求模型，对于数据背后的深层次原因关注不够甚至熟视无睹，严重背离了经济史研究的主旨，被一些学者批评为"为模型而模型""为量化而量化"。还有一些量化研究的论著，运用复杂的数学模型，最终推导出一个非常浅显的常识性结论。以上两种倾向都是不可取的，经济史研究方法应该百花齐放，即根据研究对象和史料占有的具体情况，来选取一种或数种比较适合的科学的研究方法。"史无定法"就是经济史研究的基本方法。经济史研究的方法主要囊括了三种层次的内容，即世界观意义上的方法、认识论意义上的方法（包括解释、求证和推理方法）以及专业和技术意义上的方法。因此，我们在鼓励和提倡某些研究方法的同时，也要时刻注意其可能产生的负面影响。而对于量化经济史研究来说，我们既不能将其视为最重要的乃至唯一的经济史研究方法，也不应对其持完全否定的态度。

四是对经济现象背后的深层次原因关注不够，甚至视若无睹。如一些学者无视经济现象背后的社会背景，就事论事，仅仅根据资料和数据便轻率地做出结论，使得其结论与当时的实际情况相差甚远甚至完全相反。因此，我们认为，唯有在读最基本的书、关注最基本的史料的基础上，充分发掘和利用史料，并选取适合研究对象的理论和方法，才能得出比较符合历史实际的结论。经济史料的发掘固然是深化经济史研究的基础和前提，但对经济史料的甄别和利用却更加重要。但在经济史学界，"食古不化"的现象比比皆是，许多论著只止步于对史料或数据的简单爬梳，不肯下苦功对史料或数据进行深挖和拓展，真正厘清史料或数据的内涵及其在经济史研究中的价值。读书固然贵在"得间"，但对于经济史研究来说，"板凳要坐十年冷，文章不写一句空"，才是其取得成功的不二法门。

五是对于新史料的甄别、消化吸收特别是利用不足。我们知道，经济史研究的基础是史料的占有和积累，因此对史料的甄别和消化就特别重要。个别论著仅仅根据一些新史料，就试图推翻事关全局性的既定结论，甚至于叫嚣着要改写历史。这种做法是根本站不住脚的，只会贻笑于大方之家。需要指出的是，并不是只要是新资料就有重要的学术价值，经济史学界前辈提倡的占有几分资料说几分话的科学审慎的态度，值得我们继承和发扬。

六是长时段研究相对匮乏，理论方面难以取得重大突破。经济史资料的大量整理和出版，为个案研究提供了丰富的研究场域，再加上个案研究易于上手且较易取得成功，逐渐成为经济史研究中的"香饽饽"，形成了碎片化、就事论事的不良倾向。而没有大局观和长时段的意识，经济史研究是很难取得重大理论突破的，也就难以出现具有理论高度的经济史通史著作和极具分量的学术专著。作为一门与现实经济密不可分的学科，经济研究固然需要对当下的一些经济现象和问题进行研究，但更需要对历史上的经济决策过程、经济方向进行长时段、大背景的综合探讨，以为我国当下和未来的经济发展提供历史经验。

七是个别研究成果缺乏严谨的学术规范，学术创新性严重不够。当下的经济史学界中，炒冷饭、抄袭、盲目跟风、拼凑的现象比比皆是。有学者在全面考察了经济史学界的研究成果后，不无遗憾地说，虽然数量上是井喷式的增加，而有分量尤其可以传世的精品论著却难得一见。

需要指出的是，笔者对中国经济史研究中存在的问题和不足的论述，虽然不够全面和准确，但对它们保持清醒并努力克服，对于中国经济史学科的健康发展是非常有意义的，特别是对于构建中国经济史学的话语体系是颇有助益的。

四

学者们对经济史学"史无定法"理论的弘扬，对计量方法、GDP 等研究方法的重视和前沿性探索，对我国传统经济史学优良学风的继承，对国际前沿经济史理论和方法的吸收和借鉴，对其他学科研究方法和研究工具的借用，均有助于构建经济史研究的中国式学术范式和话语体系。经过改革开放 40 年的发展，我国的国际地位空前提高，一些学者于是提出要终结"中国人简单化地学习西方的时代"，建立中国自己的学术标准，走上从"主权性的中国"迈向"主体性的中国"的学术发展道路。这一具有战略眼光的学术构想，值得我们重视。今天，我们关于"话语体系"的讨论，正是在"中国崛起"的时代背景下展开的。作为一门社会科学学科，中国经济史学出现伊始，本身就是国际经济史学的一个有机组成部分，其话语体系也与国际经济史学保持一致。中国经济史学在发展的过程中，逐渐形成了1949年以前，居于主流地位的实证主义（或考据）史学；1949年以后，确立了马克思主义经济史学；改革开放以后，形成了以唯物史观为基础的多元史学，其内容愈来愈丰富。有学者强调，我们应该充分利用国际学术界提供的资源，发扬我们自己的学术传统和学术优势，大力推进中国经济史学的建设，并力争在国际经济史学界获得更多的话语权。而要想达到这个目标，一方面，中国经济史研究必须要注重"三个结合"，即规范分析与实证分析的结合，短期考察与中长期考察的结合，经济突变因素与渐变因素的结合；另一方面，中国经济史研究既要具有国际视野，又要植根于我国的肥沃土壤。

学术规范是经济史研究的前提和基础，学术创新则是经济史研究的生命之所在。经济史研究或者提出新问题，或者阐述新观点，或者运用新方法，或者发掘新资料，必须要在学术规范的前提下实现学术创新。而不论是宏观的通史研究，还是微观研究、具体研究，均应当具有一定的史实依据和理论高度。因此，对于经济史研究来说，学术规范和学术创新缺一不可。

"关注社会""关注现实"，一直是中国经济史研究的优良传统，无论是对"五朵金花"的讨论，还是对当下的经济转型的研究，都是其具体表现。经济转型是一个非常复杂的经济现象或过程，对社会经济的健康发展具有深远且直接的影响，而其转型的社会环境是否良好、转型的条件是否具备、转型的决策是否得当、配套措施是否完善等，均是不可或缺的关键环节。因此，对经济转型进行系统深入的研究，不仅具有重要的学术价值，更具有不可忽视的现实意义。中国经济有其独特的历史起点，其发展进程也受到了所谓"路径依赖"的影响，因此，中国道路的选择具有一定的内在逻辑和历史依据。具体而言，中国社会经济一共经历了四次重大变革，分别是商周变革、春秋战国变革、唐宋变革以及近现代变革。其中，近现代变革既是中国由传统社会向现代社会的转变，更是中国社会性质的根本转变，其也经历了三场极其艰难的选择，即传统与现代之间的选择、资本主义与社会主义之间的选择、社会主义计划经济与社会主义市场经济之间的选择。而中国正是沿着自己的历史轨道，通过一系列变革和选择，走出了一条中国特色的社会主义道路。因此，我国历史上的经验教训，既为中国经济史研究提供了丰富的研究场域，也构成了其独特的学科优势。中国经济史学者应该站在新的历史起点上，紧扣时代的脉搏，瞄准中国社会经济发展中的重大理论问题进行研究，考察现实的经济问题，肩负起时代所赋予的新使命。

当下，我国学术界正在积极构建中国学术的话语体系，而中国学术的话语体系必须要建立在中国历史的基础上，不能数典忘祖，但也应该广泛汲取借鉴国际上的先进理论、研究方法以及经验教训等，唯有如此，我国的学术界才能建立起自己的学术话语体系，从而自立于世界学术之林。此外，中国经济学具有经世致用的优良学术传统，所以，中国经济史学要想构建自己的话语体系，必须要从中国的经济实践中吸收养分。目前，中国经济已经被公认为世界经济发展的引擎，而相对于我国经济实践所取得的巨大成就，中国经济史学的学科发展却严重滞后。造成这种现象的一个根本原因，就在于中国经济史学界套用西方的理论和方法对中国的经济现象和发展趋势作出解释时，往往显得苍白无力，甚至有隔靴搔痒之嫌。这既是缺乏民族自信和理论自信的表现，也是对中国经济史缺乏了解的表现。中国经济史对于中国经济史学话语体系的构建，是必不可少的；对中国经济发展现象和发展趋势的理论阐述，更离不开对中国经济史的了解。因此，要想改变中国经济史学的学科发展严重滞后于中国经济发展实践的现象，深入系统研究中国经济史是必不可少的途径之一。

历史早就证明并将继续证明，越是民族的也越是世界的。经过我国经济史学者数十年的不懈努力，中国经济史学已经逐步摆脱了拷贝西方的模式，正在向构建中国自己的理论模式及中国经济史学的话语体系过渡。在构建中国经济史学话语体系的过程中，我们既要广泛吸收国际前沿的理论和方法，也要继续发扬我国传统的理论和方法。只有构建起具有民族特色的经济史学话语体系，中国经济史学才能在国际经济史学界占有一席之地。

五

构建中国经济史学的话语体系，要涉及诸多方面的内容，而笔者认为，以下几个方面的内容尤为重要：

一是要继承我国经济史研究的优良传统，充分发掘经济史料的丰富养分和经济史研究的学理积累，为构建中国特色的经济史研究理论做出积极的贡献。中国是四大文明古国之一，创造了辉煌的历史和灿烂的文化，积累了卷帙浩繁的文献档案，尤其是以"食货"为代表的经济史理论和史料极为丰富，构成了中国经济史研究取之不尽、用之不竭的源泉。深入发掘和充分利用这些历史遗产是加强经济史研究、构建中国经济史学话语体系的前提和基础。

二是建立具有中国特色的经济史研究范式。众所周知，学术规范是学术研究的基础，而对中国经济史研究来说，遵循学术规范，建立中国经济史研究的范式尤为重要。因为它既是该学科内在特点的需要，也是中国经济史学科与其他学科的区别所在。而建立中国经济史研究的范式，既要立足于中国经济史学科的特点，又要借鉴其他学科的研究工具以及国外的经济史理论和方法，使得中国经济史研究的范式不仅为从事经济史研究的专家学者所遵循，同时也得到其他学科的专家学者的认可。

三是建立中国经济史研究的标准。建立中国经济史研究的标准是构建中国经济史学话语体系的核心内容之一，必须要建立在中国经济史学科特殊的资料、理论、研究范式的基础之上，并广泛吸收国际相关领域专家学者的积极参与。这就要求中国经济史学者具有深厚的理论素养，占有丰富的经济史料，具有国际学术眼光，追踪国际学术前沿，并最终得到国际学术界的认可。因此，我们应该努力创建中国经济史学术批评和思想争鸣的平台，引领中国经济史研究的潮流和发展方向。

中国经济史学科作为一门交叉学科，其话语体系的构建不仅仅是经济史学科的需要，而且对于经济学、历史学以及社会学的学科建设，均有一定的推动意义。需要指出的是，由于经济史是一个愈久弥新的学科，所以中国经济史学话语体系的构建绝非一劳永逸，而是需要不断完善和创新，不断与世界经济史学界进行交流和对话的。换句话说，中国经济史学话语体系的构建是一个开放的系统，而不是一个故步自封的系统。

我们之所以一再强调中国经济史学研究的话语权，是因为它既是我国经济史学界对经济史理论和经济发展规律认识的必然体现，也是我国经济史学界提高国际学术地位的迫切要求。而要构建科学而有"中国气派"的经济史学理论，其基础就在于经济史的研究。古人云："求木之长者，必固其根本；欲流之远者，必浚其泉源。"既然中国经济史是中国经济的源，那么，中国经济史研究对于探索中国经济发展道路来说，其重要性也就不言而喻了。一言以蔽之，中国经济史学科的话语权及中国特色的经济史体系的构建，对提高中国的软实力无疑是大有裨益的。

魏明孔

目　录

国家政策与经济发展专题

甲午战后晚清军事工业布局之调整

——以江南制造局迁建为例

袁为鹏[*]

内容提要：甲午战后，清政府对军事工业区位的调整可分为三个阶段：初期出于安全考虑，力主由沿海地区向内地迁移、扩散；庚子前后因军情紧张，不得不继续就各地已成之局扩充生产，保证供给；后期则力图统筹全国，集中发展若干重点军事工厂，以提高效率并强化中央集权。由地方督抚主导创办的晚清军事工业，虽存在诸多问题，但因清政府权威下降，财力有限，加之时局危殆，社会动荡，未能实现全国集中统筹。江南制造局迁建内地的计划在甲午战后一再提出，但却多次遭到搁置，最终未能有效实行。

关键词：军事工业　布局　江南制造局　晚清

　　建立近代军事工业，既是晚清洋务运动的重要目标，也是洋务工业化建设的主要内容。迄今为止,学界对于晚清军事工业的创办与建设已有广泛而深入的研究。[②]

---

　　* 袁为鹏，中国社会科学院经济研究所研究员，历史学博士，理论经济学博士后，主要从事近代经济史方向研究。

　　② 关于晚清中国军事工业创办与发展的研究，参见王尔敏：《清季兵工业的兴起》，《中央研究院近代史研究所专刊》第9期，1963年；王国强：《中国兵工制造业发展史》，黎明文化事业公司，1987年；姜鲁鸣：《中国国防经济历史形态》，国防大学出版社，1995年；《中国近代兵器工业》编审委员会编：《中国近代兵器工业——清末至民国的兵器工业》，国防工业出版社，1998年；罗尔纲：《晚清兵志》（第5—6卷），中华书局，1999年；曾祥颖：《中国近代兵工史》，重庆出版集团、重庆出版社，2008年；张国辉：《洋务运动与中国近代企业》，中国社会科学出版社，1979年；上海社会科学院经济研究所编：《江南造船厂厂史（1865—1949）》，江苏人民出版社，1983年；林庆元：《福建船政局史稿》，福建人民出版社，1986年；（美）T.L.康念德，杨天宏、陈力等译：《李鸿章与中国军事工业近代化》，四川大学出版社，1992年；乔伟、李喜所、刘晓琴：《德国克虏伯与中国的近代化》，天津古籍出版社，2001年；沈传经：《福州船政局》，四川人民出版社，1987年；夏东元：《洋务运动史》，华东师范大学出版社，1996年；樊百川：《清季的洋务新政》，上海书店出版社，2009年；等等。

不过，专门从工业区位选择与布局的角度研究晚清军事工业的成果尚不多见。向玉成、张忠民等学者从观念与实践两个层面，揭示出中国早期军事工业为便利引进西方技术设备及人员，主要集中于沿海通商口岸和地区，后因相继遭受中法、中日战争的冲击，国内安全意识增强，军事工业布局由沿海地区向内地转移。[①] 上述观点，大致概括为"两阶段说"，即以甲午战争为界，晚清军事工业大体经历了由战前集中于沿海通商口岸到战后注重向内地扩散的布局转变。上海江南制造总局（以下简称"江南制造局"）由洋务派建立，是甲午战前中国最具规模和影响力的近代军事工厂，有关其区位问题的争论，始终是时人及后世学者关注的焦点。向玉成、张忠民等学者在讨论晚清军事工业布局问题时，毫无例外均以其作为重要的例案。笔者在阅读相关档案、文献的过程中，特别是重点研读晚清练兵处、陆军部相关档案时，一方面，赞同上述学者将甲午战争作为晚清军事工业布局由沿海向内地转移的重要节点的看法；另一方面，深感既有研究过于简单、片面，对若干重要军事工厂区位调整及其失败的分析和解释有欠深入。实际上，甲午战后清政府对于军事工业布局的调整经历了"大力向内地扩散""就沿海已成之局继续扩充生产"及"集权于中央，统筹发展南、北、中等重点军事工厂"三个不同发展阶段。本文将追溯甲午战后，晚清军事工业布局调整的决策经过与执行结果，剖析影响中国近代军事工业布局的种种因素，进一步解释江南制造局迁徙方案的提出及其搁置原因，以就正于方家。

一、"移设堂奥之区"：甲午战后初期军事工业布局调整

晚清军事工厂的建立，始于太平天国运动时期，主要由镇压太平军的湘、淮军首领曾国藩、李鸿章、左宗棠等奏准创办。虽然这些军事工厂的设立曾得到清政府批准，及部分中央大员，如奕䜣、文祥、桂良等亲贵的大力支持，但清政府并未正式发动或领导这场近代军事工业运动。晚清军事工业的建立既非清政府的统一决

---

① 向玉成：《中国近代军事工业布局的发展变化述论》，《四川师范大学学报》1997 年第 2 期；《江南制造局的选址问题与迁厂风波》，《乐山师专学报》1997 年第 4 期；《论洋务派对大型军工企业布局的认识发展过程——以江南制造局与湖北枪炮厂的选址为例》，《西南交通大学学报》2000 年第 4 期；张忠民：《晚清江南制造局的"内迁"——兼论中国工业发展中的战略纵深》，《清史研究》2013 年第 3 期。另外，卞历南的《制度变迁的逻辑：中国现代国营企业制度之形成》（浙江大学出版社，2011 年，第 24—58 页）对近代中国军事工业创立、发展演变的历程及海内外研究概况作了完整而扼要的论述，也涉及晚清军事工业区位的变动。

策，也不受其集中控制，带有浓厚的地方色彩。①

这些由湘、淮军首领创办的军事工厂，主要集中于东南沿海地区。这里不仅是军事争夺的主要区域，也是列强早期在华活动的主要区域，中外贸易与交通便捷，在该地设立军事工厂，既便于就近供应军队需要，又便于从西方引进人力、物力，获取必要的物资装备。因此，从地区分布来看，自19世纪60年代至甲午战前，这一时期是"沿海通商口岸布局"（以下简称"海口布局"）时代，大多数军事工厂分布于东南沿海地区。不过，随着一些洋务派重要首领军事活动与行政管辖区域的变化，在福建、陕西、甘肃等地也出现少数近代军事工厂，②但规模较小，成效不彰，地位并不重要。据吴承明先生统计，甲午战前全国共有19家军事工厂，雇工总数达一万余人，所耗经费总计约5000余万两，③相当于十九世纪七八十年代清政府一年的财政收入。④晚清比较重要的军事工厂有：江南制造局、南京金陵制造局、福州船政局、湖北枪炮厂、天津机器制造局五家，除了湖北枪炮厂居于内地，其他均位于沿海地区。

随着外国势力对华军事威胁的进一步加深，朝野有识之士对军事工业安全问题的关注程度亦随之上升。实际上，如曾国藩、李鸿章等军事工厂的创办者，对此也早有警觉。早在1875年，李鸿章在《筹议海防折》中就指出："闽沪津各机器局逼近海口，原因取材外洋就便起见，设有警变，先须重兵守护，实非稳着。嗣后各省筹添制造机器，必须设局于腹地通水之处，海口若有战事，后路自制，储备可源源运济。"⑤但为便利引进西方机器设备与技术人员，清廷仍采取就近供应军队的部署。中法战争期间，位于福州马尾的军事工厂——福州船政局遭到法军重创，主张在内地兴办军事工业，并设法将沿海军事工厂迁往内地的官员不断增加。但甲午战前，这些建议并未引起清政府的重视，除了出于国防安全考虑，创办或扩充个别内地军

① 张玉法《清末民初的官办工业》一文曾专门分析清末民初官办工业（以军事工业为主体）"没有全国性的统一计划"对其成败的影响，参见中研院近代史研究所编：《清季自强运动研讨会论文集》下册，中研院近代史研究所，1988年，第686—689页。另可参见朱荫贵：《中国近代轮船航运业研究》，中国社会科学出版社，2008年，第13页。

② 晚清军事工厂多以局命名，如江南制造局、天津机器局等，本文为叙述方便，概称之为某厂或某军事工厂。

③ 许涤新、吴承明主编：《中国资本主义发展史》卷2《旧民主主义革命时期的中国资本主义》，人民出版社，1990年，第340、376页。

④ 许涤新、吴承明主编：《中国资本主义发展史》卷2《旧民主主义革命时期的中国资本主义》，人民出版社，1990年，第340、376页。

⑤ 李鸿章：《筹议海防折》（同治十三年十一月初二日），载吴汝纶编：《李文忠公全集》卷24《奏稿》，文海出版社，1974年，第16页。

事工厂，如位于湖北的汉阳兵工厂之外，清政府大规模的军事工业布局调整并未诉诸行动。①

甲午战争爆发后，清政府苦心经营的北洋海军全军覆没，沿海门户洞开，激起朝野各方对军事问题和军工建设的进一步关注与反思。不少要员上奏朝廷，要求尽快在内地办厂，制造枪炮弹药。譬如，在《马关条约》签订后不久，张之洞即上奏："枪炮子弹，均非多设局厂速行自造不可。凡要冲之地、根本之区，均宜设局。"他特别指出，军事工厂"尤宜设于内地，有事时方能接济沿海沿边。若设于海口，既嫌浅露，且海道梗阻，转运亦难"。他明确表示军事工厂的选址，内地要优于沿海海口地区。因此，张之洞建议，除进一步筹款扩充由其创办并经营的湖北枪炮厂之外，对于"天津、江南、广东、山东、四川原有制造局"，"应各就本省情形，量加扩充"；对于福建船政局，"现有大锅炉机器及打铁各厂，并多谙悉机器员司工匠，若添枪炮机，似乎费可较省，工亦易集"，也适合扩充发展。"其余如奉天为根本重地，而道远难于接济，宜专设一厂。陕西为中原奥区，且可以接济西路，亦宜专设一厂"。至于各厂"所制之器"，他建议"大率皆宜以小口径快枪及行营快炮为主，或枪炮兼造，或枪炮分造一项，总之必宜择定一式，各厂统归一律，以免诸事参差"。②

此时张之洞关于军事工业布局调整的看法，并不激进。一方面，针对甲午战前设厂偏于沿海地区所存在的安全隐患，他力主多在内地安全区域设立军事工厂；另一方面，对于沿海已成之各厂，如上海、天津各厂及福建船政局，他并未主张停止生产并移往内地，而是希望充分利用既有机器设备及工匠等有利条件加以扩充，以尽其所能生产武器弹药。可见，这是一个主张沿海与内地共同发展军事工业的布局方案。

甲午战败后，晚清军事权力逐步由慈禧太后亲信荣禄具体掌控。③ 光绪二十三年（1897）十月，荣禄上奏，对晚清军事工业布局与调整提出系统性意见：

> 战舰凋零，海权全失，沿海之地易启彼族窥伺之心……制造厂局多在滨海

① 向玉成：《中国近代军事工业布局的发展变化述论》，《四川师范大学学报》1997 年第 2 期。

② 张之洞：《吁请修备储才折》，载苑书义等主编：《张之洞全集》第 2 册，河北人民出版社，1998 年，第 995 页。

③ 关于荣禄的军政经历及其掌握军权的过程，参见刘凤翰：《荣禄与武卫军》，《中央研究院近代史研究所集刊》第 6 期，1977 年，第 4—11 页；刘春兰：《荣禄与晚清军事》，硕士学位论文，台湾政治大学历史研究所，2002 年。

之区，设有疏虞，于军事极有关系。查各省煤铁矿产，以山西、河南、四川、湖南为最，又皆内地，与海疆情形不同。应请饬下各该省督抚，设法筹款，设立制造厂局；其已经设有厂局省份，规模未备，尤宜渐次扩充，自炼钢以迄造快枪、快炮、造无烟药弹各项机器，均须购办，实力讲求，从速开办，以重军需。至上海制造局购有炼钢机器，因其地不产煤铁，采买炼制所费不赀，以致开炉日少，似宜设法移赴湖南近矿之区，以便广为制造。①

显然，与张之洞相比，荣禄关于军事工业布局的主张更为激进，调整的力度也更大。他不仅主张要在内地大力设立军事工厂，扩大生产规模，而且特别强调要将晚清规模最大的军事工厂——江南制造局移至湖南近矿之处。

荣禄的上奏很快得到清政府认可，不久清廷发布上谕，要求刘坤一等地方督抚大员"各就地方情形认真筹办"。②这标志着晚清军事工业生产与布局进入一个新阶段，即由甲午战前偏重于沿海地区布局转向侧重于内地布局。这一决策具体包括两个方面：一是兴建与扩充内地军事工厂；二是迁移江南制造局。

甲午战后，随着内地甚至边远地区一些军事工厂的纷纷兴办，晚清军事工业向内地迁移的步伐加快。表1为甲午战后晚清军事工厂设立情况。

表 1　甲午战后晚清军事工厂设立情况

军事工厂名称	地址	开办年份
陕西机器制造局	西安	1894
奉天机器局	沈阳	1896
湖北军火所	武汉	1896
河南机器局	开封	1897
新疆机器局	乌鲁木齐	1897

---

① 《荣禄奏请在内地省份建立制造厂局并将上海制造局内迁片》，光绪二十三年十月，载《中国近代兵器工业档案史料》编委会：《中国近代兵器工业档案史料》第1册，兵器工业出版社，1993年，第44页。又，清廷上谕要求各军机、王大臣讨论此议的时间为光绪二十三年十二月二十五日，上谕中提到的奏片名为《饬山西等各省兴办制造局厂并将上海局厂移赴湖南片》。参见中国第一历史档案馆编：《光绪朝上谕档》第23册，广西师范大学出版社，1996年，第376页。

② 《着刘坤一等在内地煤铁产区建立或扩充制造局厂之上谕》，光绪二十四年正月初三日，载《中国近代兵器工业档案史料》编委会编：《中国近代兵器工业档案史料》第1册，兵器工业出版社，1993年，第44页。按：此上谕在中国第一历史档案馆编：《光绪朝上谕档》第24册（广西师范大学出版社，1996年）中未见；清廷将荣禄奏折下发给军机大臣及各地方督抚大员讨论的时间是光绪二十三年十二月二十五日，而《中国近代兵器工业档案史料》第1册中将这份上谕的发布时间断定为正月初三日，不知何据。从情理上推测似过早，故本文采上半年之说。

续表

山西机器局	太原	1898
湖北钢药厂	汉阳	1898
广西机器局	龙州	1899
贵州机器局	贵阳	1899
武昌保安火药所	武昌	1900
黑龙江机器局	齐齐哈尔	1900
江西机器局	南昌	1901
北洋机器局	德县	1902
安徽机器局	安庆	1907
伊犁枪子厂	伊犁	1908

资料来源：王尔敏：《清季兵工业的兴起》，广西师范大学出版社，2009年，第159—203页；《中国近代兵器工业》编审委员会：《中国近代兵器工业——清末至民国的兵器工业》，国防工业出版社，1998年，第216—239页。

由表1可见，内地军事工厂的设立，以甲午战后至庚子事变前最为集中。这一时期，不仅位于内地的开封、太原、西安等地纷纷建立军事工厂，东北的奉天，西北的新疆，西南的广西、贵州等边远地区也开始兴建近代军事工厂。尽管由于地势僻远、交通落后、人才匮乏等原因，内地和边远地区在建设近代军事工业方面存在诸多困难，不少新建军事工厂生产能力低下、产品质量低劣，但这些近代军事工业的建立，在一定程度上促进了中国军事事业的近代化。

除积极创办新式军事工厂外，清政府亦重视对内地已建成军事工厂的改进和扩充。表1所列的位于中部湖北武汉地区的三家军事工厂的建立情况，显示出武汉地区军事工业在甲午战后积极扩张的势头。湖北枪炮厂在张之洞的主持下于1892年兴建，1894年至1895年，该厂所属枪厂、炮厂、枪弹厂、炮弹厂、枪架厂等相继建成。其间于1894年6月虽遭受严重火灾，但建设进度未受大的影响。[1] 作为一家创办较晚的军事工厂，其所进口的机器设备较江南制造局更加先进，产品质量也更为精良。该厂在甲午战后充分利用清政府大力发展内地军事工业的有利时机，积极发展扩充。到1904年张之洞奏请将其改名为湖北兵工厂时，该厂生产规模宏大，工人总数达4500人，如果连同张之洞于1898年奏请设立的湖北钢药厂（工人数

---

[1] 《中国近代兵器工业》编审委员会：《中国近代兵器工业——清末至民国的兵器工业》，国防工业出版社，1998年，第160—161页。

约 500 人）在内，工人总数已远超江南制造局（3843 人），成为南方地区"第一雄厂"。①

二、"就原有局厂切实扩充"：庚子事变前后区位调整的中断

甲午战前，江南制造局内迁的方案虽已成为清政府之重要决策，但这一决策未能得到有力贯彻、执行。这一决定首先受到时任两江总督刘坤一的强烈反对与抵制。甲午战后，李鸿章淮系集团衰落，湘军首领刘坤一在晚清政坛崛起。他坚决反对将江南制造局迁至湖南。光绪二十四年（1898）五月二十六日，他上奏不仅强调在上海开办军事工厂的诸多有利条件，认为迁厂于湖南未必具有优势，还特别指出上海业已设局经营数十年，规模宏大，"蒂固根深，毁之重劳，更张不易"，迁厂重建"靡工既繁""需款尤巨"，而现在时局紧迫，军火生产不宜停顿，迁厂之举"昧乎缓急轻重之序"。② 刘坤一的坚决反对，使得清政府不得不有所顾忌。不久，清廷认可了其意见，沪厂迁移的计划被暂时搁置。③

尽管此后江南制造局仍然继续开工生产，但与甲午战前相比，其设备更新与扩充的势头，受到一定程度的抑制。甲午战前，江南制造局作为南方最重要的军事工厂，机器设备的更新与生产规模的扩充异常迅猛。1867 年江南制造局移往高昌庙时，厂区面积不过 70 余亩，至 1894 年，其占地面积达 1100 余亩，员工人数已达3000 人左右，无论是生产规模还是员工人数，均居当时全国军事工厂之首。④ 甲午战后，该厂虽然仍维持原来的生产规模并略有扩充，但其发展势头已明显减缓。据魏允恭所编《江南制造局记》所录该厂历年收入与支出经费表可以看出，同光之际，该厂每年收入与支出经费约在 50 万两左右，甲午战争前后扩张至每年近 140万两的规模，兹后 10 年左右一直在这一数字上下徘徊，未见增长。而从该厂历年机器设备的采购费用来看，光绪初年，该厂每年所花机器设备费用不过 3 万—5 万

---

① 湖北兵工厂、湖北钢药厂及江南制造局三厂的工人数量，参见《中国近代兵器工业》编审委员会编：《中国近代兵器工业——清末至民国的兵器工业》，国防工业出版社，1998 年，第 429—431 页。其中江南制造局的工人数量是 1905 年的数据。

② 《刘坤一奏江南制造局及炼钢厂繁重难迁折》，载《中国近代兵器工业档案史料》编委会编：《中国近代兵器工业档案史料》第 1 册，兵器工业出版社，1993 年，第 61—62 页。

③ 《刘坤一为恭录江南制造局及炼钢厂繁重难迁一折之朱批并饬该局遵照之札文》（光绪二十四年六月二十七日），载《中国近代兵器工业档案史料》编委会编：《中国近代兵器工业档案史料》第 1 册，兵器工业出版社，1993 年，第 62 页。

④ 《中国近代兵器工业》编审委员会编：《中国近代军事工业——清末至民国的兵器工业》，国防工业出版社，1998 年，第 138 页。

两之谱，其中有的年份甚至不足万两，兹后不断扩充，到甲午战争前后，机器采购费用已达到 22 万余两的规模，兹后除了庚子事变前后二三年曾达到这一规模之外，多数年份又重回前期 3 万两—5 万两的规模。①

光绪二十四年（1898）八月，戊戌维新运动失败，慈禧太后再度垂帘听政。次年，保守派官员策划废光绪帝，遭到西方列强及国内不少官僚士绅反对。不久义和团运动爆发，八国联军趁机入侵中国。国内政局动荡不安，时局空前紧张。

光绪二十四年（1898）九月初二日，清政府一份上谕中已悄然改变了江南制造局迁厂计划，命令各厂在原地扩充生产。上谕指出：

> 制造枪炮为当今第一要着，惟各省财力不齐，自应就原有局厂切实扩充，以备邻近各省就近购用。着裕禄、刘坤一、张之洞会筹酌核办理，以重军需……②

显然，军需紧迫使清政府不得不暂时放弃迁移江南制造局的计划，转而强调充分利用该厂原有生产能力，尽可能扩充生产，以解决军队武器弹药需求。光绪二十四年（1898）十月下旬，荣禄再次奏请饬令南、北洋及湖北各省督抚赶造枪炮，令各督抚"速筹巨款，移缓就急"，"迅即制造"。③

光绪二十六年（1900）六月，八国联军侵入天津，攻占并毁坏天津机器制造局这一北方最大规模的军事工厂。不久，俄国军队侵占中国东北地区的吉林机器局、盛京机器局。十月七日，各国驻上海领事禁止洋行出售制造军火之物料给中国。④

光绪二十六年（1900）六月十八日，正值八国联军侵华之际，清政府再次谕令全国各地督抚，"现在中外交战，外洋军火既不能购，亟应用旧法自造"，令其"迅即设局"，"广为制造"。⑤这一保守色彩浓厚的谕令，反映出在西方列强的武器禁运压力之下，清政府对武器弹药需求急迫，甚至一些废弃已久的旧式武器，也要求各

---

① 参见魏允恭编：《江南制造局记》卷 4，载沈云龙主编：《近代中国史料丛刊》第 41 辑，文海出版社，1974 年，第 477—496 页。

② 中国第一历史档案馆编：《光绪朝上谕档》第 24 册，广西师范大学出版社，1996 年，第 462 页。

③ 《荣禄奏请饬各督抚赶制枪炮片》（光绪二十四年十月二十四日），载《中国近代兵器工业档案史料》编委会编：《中国近代兵器工业档案史料》第 1 册，兵器工业出版社，1993 年，第 321 页。

④ 王尔敏：《清季兵工业的兴起》，广西师范大学出版社，2009 年，第 196 页。

⑤ 中国第一历史档案馆编：《光绪朝上谕档》第 26 册，广西师范大学出版社，1996 年，第 192 页。

地方督抚迅速设局制造。但一些地方督抚并未执行中央命令，如两江总督刘坤一，就以旧式武器"难于适用"，另设新局花费巨大且缓不济急为由，向清廷奏准在江南毋庸另设。① 光绪二十六年（1900）九月初六日，出逃至西安的慈禧太后，再次紧急谕令刘坤一、张之洞及四川总督奎俊，"加工赶造"枪械子弹，"解赴行在（西安——引者注），以应急需"。②

光绪二十七年（1901）六月初五日，刘坤一、张之洞联名上奏，"加功精究，筹款扩充"既有军事工厂的生产能力，尤其是对实力雄厚的江南制造局和湖北枪炮厂进行扩充发展，及扩充办理已有一定成效的广东、山东、四川三省的机器局，修复遭八国联军破坏的天津机器制造局。即使是军事工业薄弱的其他省份，亦须令其"设法筹款，量力各设一制造局"。③ 光绪二十七年（1901）七月十二日，按照《辛丑条约》规定，清政府被迫谕令禁止将军火暨专为制造军火之各种器料运入境内。④ 这一禁令有效期长达两年。八国联军的军事入侵虽因《辛丑条约》的签订告一段落，但《辛丑条约》对于中国进口军火的禁令，使清政府保障国内军需供应的压力倍增。

与甲午战后荣禄关于军事工业布局调整的观点相比较，刘坤一、张之洞这一时期的见解有两个方面值得关注：一是关于向内地扩散军事工业以保障安全的观点，三人见解大体相同，但荣禄此前只是提出在山西、河南、四川、湖南等煤铁资源条件较好、地理位置安全的省份兴办军事工业，表明其尚重视内地发展军事工业的资源条件、地理位置等客观条件。而刘坤一、张之洞此时极力主张"沿边省份必须每省量力各设一局，瘠远省份或两省共设一局"，其主观诉求更为急切。二是在对待各地既有军事工厂，特别是江南制造局的态度上，荣禄着眼于长远，力主将其迁移至湖南等安全地区进行生产，而刘坤一、张之洞则更注重于眼前，力主对江南制造

① 《刘坤一奏请准江南毋庸另设旧局制造军火以节经费片》（光绪二十六年十一月二十二日），载《中国近代兵器工业档案史料》编委会编：《中国近代兵器工业档案史料》第1册，兵器工业出版社，1993年，第324页。

② 中国第一历史档案馆编：《光绪朝上谕档》第26册，广西师范大学出版社，1996年，第352页。

③ 张之洞：《张之洞奏请广军实折（节录）》（光绪二十七年六月初五日），载《中国近代兵器工业档案史料》编委会编：《中国近代兵器工业档案史料》第1册，兵器工业出版社，1993年，第45页。按：上折系节录自刘坤一、张之洞会奏《遵旨筹议变法谨拟采用西法十一条折》，为其中之第三条。参见苑书义等主编：《张之洞全集》第2册，河北人民出版社，1998年，第1435页。

④ 《〈辛丑条约〉禁止军火暨制造军火之器料进口中国之条款（节录）》（光绪二十七年七月二十五日），载《中国近代兵器工业档案史料》编委会编：《中国近代兵器工业档案史料》第1册，兵器工业出版社，1993年，第325页。

局和湖北汉阳兵工厂这两个大型军事工厂"加功精究,筹款扩充",并使之成为其他内地及边远省份学习制造兵器的基地,同时对于广东、山东、四川等已经略具规模的军事工厂也要大力进行整顿扩充。需要指明的是,刘坤一、张之洞这一奏折并非刻意标新立异。恰恰相反,有证据表明,这一时期张之洞与荣禄的关系相当密切,相互交流频繁,张之洞不时用密电向荣禄报告南方军事工业发展与军火生产情形。[①]他们的这一主张与清廷几次上谕中的看法基本一致。这充分表明,庚子事变前后,清政府急于扩充军事工业,特别是充分利用沿海地区既有的生产设备、产能来扩大军需供应,以满足迫在眉睫的军事需求,而不得不暂时将调整沿海地区军事工业布局的计划予以搁置。

综上所述,由于地方督抚的反对,甲午战后江南制造局的迁徙方案并未付诸实施。而受到戊戌至庚子以来时局变幻、军需紧迫的影响,清政府改变计划,决定充分利用江南制造局、湖北汉阳兵工厂及广东、山东等地军事工厂既有的生产设备和条件,尽快扩充生产。同时,由于受到战争影响,特别是海外军事供应的断绝,清政府竭力向内地及各边远省份扩充军事工业。

从甲午战后到庚子事变前后,清政府向内地扩张军事工业的势头,随着中外局势的紧张而进一步加快。20世纪初期,中国的军事工业布局,呈现出全国各省普遍发展、极度分散的局面。不过,一方面,由于八国联军入侵,对东北和天津等地既有的军事工业造成严重破坏;另一方面,由于内地特别是一些边远省份,交通条件落后,经济社会发展条件不佳,在设备购置、资金、人才与管理等方面存在诸多掣肘,军事工业建立与发展并不顺利,这迫使清政府不得不依靠并扩充东南沿海及湖北等地区既有的军事工业,来保障战时军需物资的供给。实际上,晚清的军事工业生产重心仍集中于上海、武汉、南京、广州等东南沿海、沿江地区。荣禄所倡导的军事工业调整的战略部署,并未得到有力执行。

三、从分散到集中:清末军事工业布局新方案的提出

有学者在将晚清中国与日本近代军事改革上的差别及其成败进行比较后指出:"中日两国的军事近代化的路径不同。日本的军事改革是自上而下进行的,国家政权的统一意志和权威保证了改革能够主动、全面、深入和高效率的进行;而清政府

---

① 张之洞:《致京荣中堂》(光绪二十五年十二月三十日),载苑书义等主编:《张之洞全集》第10册,河北人民出版社,1998年,第7897页。

的军事改革是由地方势力自下而上发起的，中央政府长期不能发挥应有的核心和领导作用，致使军事改革过程步履维艰。"①

中国近代军事工业系湘、淮将领及各省督抚，出于军事斗争和政治统治的需要，获准从当地原应上解中央（解饷）或协济外地税收款项（协饷）中截留，或者从海关税收及厘金等收入中划拨经费而自行创办，清政府对此既无一定的政策方针，亦无统一的规划与管理。在洋务运动初期，这种地方主导的工业化，对于冲破传统统治秩序之藩篱，无疑有积极意义。但随着全国各地，尤其是甲午战后内地及边远省份在清政府号召之下纷纷设立军事工厂，这种全国分散式发展模式的弊端日渐显露。

首先，各地区武器弹药生产各自为政，彼此间缺乏必要的分工与协作，武器型号、规格不一，质量参差，造成全国各地军队武器制式不统一，使得清政府无法对各地生产、储备的武器弹药进行统一调配，甚至影响到对各地军队的统一调度与使用。光绪二十九年（1903）二月十九日，张之洞上奏，"中国从前军营所用火枪，种类纷杂，最为大病"，即便在"一省之中"甚至"一军之中"，也会出现"此军与彼军异器""此营与彼营亦复异器"的现象，因"药、弹不能通用，一种弹缺即一种枪废"，在军事行动中一旦出现"配发子药偶有歧误"，就会造成灾难性的后果。②

其次，经济效益低下。由于内地许多地方交通不便，引进外国设备和洋匠十分困难。加之当地人才匮乏、官僚腐败、工厂管理混乱不堪，造成不少地方生产的军火不仅质量低劣，而且成本高昂。在一些边远省份，生产武器弹药所花费的成本，要比托外省代为生产定购或者从国外进口价格还要高很多，且质量毫无保障。据四川总督刘秉璋称，该省机器局所铸洋枪"枪筒大小不能划一，后门枪弹多有走火，又多不能合膛"，经过仔细考验，其所铸之枪"比较外洋所购实已远逊"，而核计铸枪工料，"其用费已昂于外洋购买价"，认为"以更贵之价，铸无用之枪，殊不合算"。③

最后，分散布局、各自为政的局面对于清政府集中控制与管理极为不便，在一定程度上加剧了晚清政权自太平天国运动以来"外重内轻"的局面。晚清各地方洋

---

① 贺新城：《中国、日本军事近代化改革比较研究》，《军事历史》2013 年第 2 期。

② 张之洞：《筹办移设制造局添建枪炮新厂折》（光绪二十九年二月十九日），载苑书义等主编：《张之洞全集》第 3 册，河北人民出版社，1998 年，第 1566 页。

③ 《刘秉璋奏四川机器局制造未精拟请停铸洋枪并在上海购办应用折》（光绪十三年十二月初五日），载《中国近代兵器工业档案史料》编委会编：《中国近代兵器工业档案史料》第 1 册，兵器工业出版社，1993 年，第 146 页。

务工厂主要是当地督抚自行创办，其日常经费则主要由督抚负责筹划维持，军事工厂的人事安排与日常管理也由督抚掌握，清政府无从干预。各省新式军队的编练亦由督抚操控，武器与弹药供应由各地分别购买，或由当地军事工厂生产供给。由于各地方所购买及制造的枪炮和弹药制式与规格不一，各地方军队如果调离所在防区后，很难及时获得军火供应。这无疑会影响到清政府对各地方军队及军事物资的统一调遣与控制，进一步加剧了晚清军事力量地方化、分散化的趋势。

上述各种弊端，在甲午战前既已存在，甲午战后，随着内地及边远地区军事工业的发展，其严重程度进一步加剧。左宗棠较早指陈这种分散布局的弊端。光绪十一年（1895）六月十八日，他奏请朝廷设立"海防全政大臣，或名海部大臣"，"凡一切有关海防之政，悉由该大臣统筹全局，奏明办理，畀以选将、练兵、筹饷、制船、造炮之全权"，使其"权有专属，责无旁贷"，从而避免传统体制之"处处牵掣"。[①] 但其主张并未被清政府采纳。光绪十一年（1895）九月，清政府成立总理海军事务衙门（简称"海军衙门"或"海署"），但其权力范围有限，远不足以统筹全国海防及军事事务。[②]

光绪二十四年（1898）初，就在荣禄上奏及清政府令各省竭力办厂的上谕发布后不久，河南巡抚刘树堂上奏提出异议，"局厂不必求多"，"与其设局厂于偏僻各省，异时之缓急难资，何如设巨厂于适中之区"，"与其捐数省之财力分设数小厂，实用少而靡费多，何如合数省之筹措经营一大厂，用力省而程功较易"。[③] 刘树堂所指陈荣禄分散布局战略的失误，可谓切中肯綮。但他呼吁各疆臣不分畛域，合力建设的大型军事工厂之选址却是自己辖区，即所谓"得天下之中"的河南省，这不免影响其建议的客观性及说服力。他的这一主张遭到总理衙门的驳斥。[④]

庚子事变之前，反对分散布局、主张集中国力办好几座大型军事工厂者，仍不乏其人。譬如，光绪二十四年（1898）十二月初一日，山东巡抚袁世凯认为，"南

---

① 《左宗棠奏请设海防全政大臣统筹海防之政折》（光绪十一年六月十八日），载《中国近代兵器工业档案史料》编委会编：《中国近代兵器工业档案史料》第1册，兵器工业出版社，1993年，第314页。

② 姜鸣：《总理海军事务衙门考》，《福建论坛》1987年第4期。

③ 《刘树堂奏筹议扩充制造厂局并先行筹款添购机器折（奏底）》（光绪二十四年正月三十日），载《中国近代兵器工业档案史料》编委会编：《中国近代兵器工业档案史料》第1册，兵器工业出版社，1993年，第250—251页。

④ 《奕訢等奏议河南省请扩充制造局厂并先行筹款购机一事折》（光绪二十四年闰三月初五日），载《中国近代兵器工业档案史料》编委会编：《中国近代兵器工业档案史料》第1册，兵器工业出版社，1993年，第252页。

北洋制造各局，滨海太近。我之海防，一无足恃，甚易资敌藉寇，尤虑绝我军储"，因此他主张"将南洋各局归并于汉口一处"，"而于直隶、河南、山东居中产煤地方，并近运河、铁路之处，择地设一大厂，即以北洋各局酌量归并"。① 其主张一方面认识到沿海地区存在军事安全隐患，另一方面更加注重实效，反对分散布局，主张分别在南北集中力量各设一大厂。由于军情紧急，清政府财力艰窘，急于保证军队的武器弹药供应，并无能力对现有的军事工厂布局进行调整，他的主张并未受到应有重视。

庚子事变，八国联军侵华，晚清在中国北方最重要的军事工厂——天津机器制造局被损毁，荣禄编练以巩卫京师之武卫军也大部溃散，仅右军袁世凯部硕果尚存。1901 年，淮系首领李鸿章去世，袁世凯升任直隶总督、北洋大臣。次年，湘军宿将、两江总督刘坤一去世。1903 年，荣禄去世。1904 年，慈禧太后诏命特设练兵处，加紧编练新军。练兵处负责统一编练全国新军，成为全国新军编练总部。庆亲王奕劻总理练兵事务，袁世凯因近在北洋，且有练兵经验，被任命为会办练兵大臣，满族亲贵、兵部尚书铁良任襄办练兵大臣。练兵处之人事、财务、训练、指挥，完全独立于兵部之外，清政府军政、军令原有系统，遂发生突破性的改变。② 因庆亲王奕劻庸碌无为，练兵处前期实权操之于袁世凯和铁良之手，后期因袁世凯失势被黜，而由铁良实际控制。③

铁良竭力排斥汉族势力，强化晚清中央集权的统治力量，以挽救皇权统治作为主要的政治抱负和追求。④ 实际掌握北洋新军编练实权的直隶总督袁世凯野心勃勃，力图借助清政府权力，"吸全国之财以供北洋一区练兵之用"，极力扩充个人力量，以获取更多的政治资本。⑤

练兵处所拟定的简要章程之一，即欲将各省原设制造军械各局厂，"统由臣处督饬妥办，随时委员考查、整顿，并明定赏罚，分别奏请惩劝"。⑥ 这表明其重要

① 袁世凯：《钦遵懿旨敬陈管见折》（光绪二十四年十二月初一日），载廖一中、罗真容整理：《袁世凯奏议》上册，天津古籍出版社，1987 年，第 18 页。

② 刘凤翰：《晚清新军编练及指挥机构的组织与变迁》，《中央研究院近代史研究所集刊》第 9 期，1980 年，第 203 页。

③ 藤新才：《良弼、铁良与清末政局》，《文史杂志》1994 年第 3 期。

④ 宫玉振：《铁良南下与清末中央集权》，《江海学刊》1994 年第 1 期。

⑤ 文公直：《最近三十年军事史》，载沈云龙主编：《近代中国史料丛刊》第 64 辑，文海出版社，1974 年，第 40 页。

⑥ 《奕劻等奏订练兵处办事简要章程折》（光绪二十九年十一月初六日），载《中国近代兵器工业档案史料》编委会编：《中国近代兵器工业档案史料》第 1 册，兵器工业出版社，1993 年，第 327 页。

使命，在于强化中央对全国新军编练与武器装备制造的控制与管理。在铁良的推动之下，晚清军事工业布局进入一个以中央集权、全国统筹为特征的新阶段。这一时期，晚清军事工业布局开始向集中统一方向迈进。而练兵处在军事工业布局问题上的新政策，首先即体现在对江南制造局内迁的处理上。

甲午战后，在荣禄主持军务时期，清政府对江南制造局内迁的决策，因时任两江总督刘坤一的反对而搁置。庚子事变后，军事需求紧迫，该厂曾一度扩充，但清政府并未因此完全放弃这一计划。刘坤一去世后不久，清廷调湖广总督张之洞署理两江。张之洞到任伊始，即"奏派道员郑孝胥接办制造局，命节费储款，备设新厂"。①光绪二十九年（1903）二月十九日，张之洞上奏提出保存旧厂，从沪局中转拨和节省经费，另在安徽省宣城县属湾沚镇一带设立新厂，统一制造新械新弹的系统主张。很快即奉朱批，"政务处议奏"。②六月，已经奉旨入京的张之洞，致电新任两江总督魏光焘，极力劝说魏光焘"勿为浮言所惑，万勿添旧厂枪机"，放弃扩充江南制造局的计划。③光绪二十九年（1903）十二月二十三日，张之洞就江南制造局移迁之事，致电魏光焘及上海制造局沈道台（敦和），告知二人自己已进京面圣，并得到慈禧太后当面"俞允"的情况，特别强调"圣意着重购新机、制新械，并深以移厂为要"。④

可见，江南制造局的迁移，实出于清政府最高统治者慈禧太后的旨意。光绪三十年（1904）四月，经过与魏光焘及沈敦和等人反复会商，张之洞与魏光焘联名会奏，张之洞放弃此前在安徽省宣城县属湾沚镇建设新厂的主张，提出在江西萍乡湘东镇建厂更为有利的意见。张之洞、魏光焘的这一建议，一方面体现了清政府将江南制造局移至内地安全区域的意图，一方面也充分尊重了两江总督及江南制造局的意见，如采取另设分厂，老厂照旧开工生产的方案，且确保新设分厂仍由两江总督管辖；同时也便于就近利用汉冶萍公司的钢铁和煤炭资源，扩大湖北新政的影响力，可以说这是一个充分照顾到各方意见与利益的方案。此折上达后，很快即奉朱批："政务处、练兵处妥议具奏。"⑤

---

① 吴剑杰编著：《张之洞年谱长编》下卷，上海交通大学出版社，2009年，第765页。

② 张之洞：《筹办移设制造局添建枪炮新厂折》（光绪二十九年二月十九日），载苑书义等主编：《张之洞全集》第3册，河北人民出版社，1998年，第1560—1568页。

③ 吴剑杰编著：《张之洞年谱长编》下卷，上海交通大学出版社，2009年，第793页。按：兹后张之洞多次与魏氏通过电报商议沪局迁厂事宜，见该书第804、814页。

④ 吴剑杰编著：《张之洞年谱长编》下卷，上海交通大学出版社，2009年，第814页。

⑤ 张之洞：《会筹江南制造局移建新厂办法折》（光绪三十年四月十八日），载苑书义等主编：《张之洞全集》第3册，河北人民出版社，1998年，第1602—1613页。

政务处的议奏对张之洞、魏光焘的意见几乎完全赞同，主张"悉照原奏施行"。①但出乎意料的是，新成立不久的练兵处却横生枝节，在议奏中对张之洞、魏光焘的建议大加批驳。练兵处认为，张之洞在湘东另办新厂的方案不仅花费太多，经费难有保证，且所择之地太过僻远，交通不便，当地土匪出没，安全亦甚堪虞。笔者以为练兵处的这次节外生枝，主要是主持该处日常工作的襄办大臣铁良的意图。②铁良在批驳此方案时，虽然并未立即提出针锋相对的方案，但显然他有所考虑，并极可能已说服并得到慈禧太后的支持或认可，否则很难想象清政府会突然叫停张之洞谋划周密，且事先已得到清廷和多位要员同意的迁建计划。不久，清政府谕令，由铁良亲自南下，考察江南制造局等洋务军事工厂的搬迁、整顿事宜。

铁良南巡是晚清政治史、军事史、财政史上的一件大事，其所关涉的，不仅仅是一座军事工厂的搬迁，而是涉及对地方财政的整顿与中央集权的强化，识者多有论及。③不过，导致铁良南巡的直接触发点，却是江南制造局的迁建问题。

甲午战争、庚子事变后，时局危殆，清政府"以练兵为第一要务"，④而练兵须以筹饷为先。迭经战乱与赔款，清廷中央财政"府库一空，罗掘俱穷"，面临严重危机。光绪二十九年（1903）十月，练兵处成立后不久，即拟定练兵章程9条，其中规定每年向各省摊派饷款996万两，结果却遭到内外臣工的普遍反对，不得不收回此议。⑤财政问题成为练兵处所面对的首要难题。⑥不过，在论及清政府中央财政的窘境时，却不能不提到这一时期南北各省不同的财政情形。北方由于受到义和团运动及庚子事变的影响，财政形势严峻，直隶总督、北洋大臣袁世凯上任伊始，也面临极为严峻的财政困难。⑦与中央和北方不同，南方各省，尤其东南沿海一带，未经战火蹂躏，各省通过铸造铜元，开官钱局发行纸币，征收"土膏捐"（鸦片税），获利颇丰。目前虽找不到当时具体的地方财政数据，但却不难从这一时期南方地方

---

① 吴剑杰编著：《张之洞年谱长编》下卷，上海交通大学出版社，2009 年，第 792 页。

② 按：据张之洞推测，江南制造局迁厂被阻系出于袁世凯之揽权，他趁机欲将南厂经费挪作建设"北方大厂"之用。

③ 参见宫玉振：《铁良南下与清末中央集权》，《江海学刊》1994 年第 1 期；何汉威：《从清末刚毅、铁良南巡看中央和地方的财政关系》，《中央研究院历史语言研究所集刊》第 68 本第 1 分，1997 年；刘增合：《八省土膏统捐与清末财政集权》，《历史研究》2004 年第 6 期。

④ 中国历史博物馆编，劳祖德整理：《郑孝胥日记》（二），中华书局，1993 年，第 689 页。

⑤ 吴剑杰编著：《张之洞年谱长编》下卷，上海交通大学出版社，2009 年，第 809 页。

⑥ 清练兵处筹饷之艰难及各省对中央筹款不无敷衍之处，参见沈桐生辑：《光绪政要》卷 30，载沈云龙主编：《近代中国史料丛刊》第 35 辑，文海出版社，1974 年，第 1961—1963 页。

⑦（美）斯蒂芬·R.麦金农著，牛秋实、于英红译：《中华帝国晚期的权力与政治：袁世凯在北京与天津 1901—1908》，天津人民出版社，2013 年，第 50—60 页。

督抚的新政花费中窥见一斑。譬如这一时期，张之洞在湖北大量派遣留学生，大举兴办新式学堂，用官款收回此前已招商承办的湖北纱、布二局，每项所费不赀，均由地方财政负担。①

张之洞为争取清政府对江南制造局迁建方案的支持，在经费筹措问题上，一再坚称不需中央财政拨款。如其奏折中声称"就沪局原有经费，将各工厂裁节归并，每岁约可提存银一百万两"，后来经过与江南制造局方面妥协，江南制造局表示每年只能节存银 70 万两，不足之款，经他本人与江苏、安徽、江西三省巡抚协商，由南方三省"协款补足"。他在奏折中进一步表示，兹后经费如有不足，亦不难从机器制造及铸造铜元等各项所获盈余中划补。②此奏折中无意流露出来的信息是，江南制造局及南方各省财力充裕。区区一个江南制造局，每年就可节省经费至少 70 万两，开设新厂所需多达 650 万两的经费筹措，在张之洞这位地方督抚看来，似乎毫无难处。可以推断，这份奏折会给当时正苦于筹款无门的练兵处带来何种影响。宜乎当张之洞此折交练兵处议奏时，练兵处会觊觎南方督抚的充裕财源，急切要到南方去"整理财政"，搜刮财富了。③

光绪三十一年（1905）正月，铁良正式将考察江南制造局的结果及其对该厂迁建方案的意见上奏清政府。铁良回顾了江南制造局四十年来不断扩充壮大的历史及其生产现状，指出"如此巨厂岁糜经费一百四十万金，而各械无一完善者，殊为可惜"，毫不掩饰地表达了其对江南制造局生产现状的不满；同时又指出上海地处"江海要冲，吴淞口内外各国兵轮不时萃集"，安全形势堪忧，表示"该厂之移建自不容已"，他也认可张之洞所主张的"移旧厂不如设新厂"的迁建宗旨。但在新厂厂址的选择问题上，他却对张之洞所提出的"湘东方案"大加挞伐，并为其搁置"湘东方案"寻找理由。④

在否定张之洞方案的基础之上，铁良正式提出自己整顿全国军事工业的两个方

---

① 郑孝胥云："余与广雅商兑换官钱票事，计铁路月需二十万串，约银十六万两，若尽易诸官局，是湖北每岁坐收银几二百万也。"可见湖北官钱局获利丰厚，湖北财政充裕。参见中国历史博物馆编，劳祖德整理：《郑孝胥日记（二）》，中华书局，1993 年，第 753—754 页；宋亚平：《湖北地方政府与社会经济建设：1890—1911》，华中师范大学出版社，1995 年。

② 张之洞：《会筹江南制造总局移建新厂办法折》，载苑书义等主编：《张之洞全集》第 3 册，河北人民出版社，1998 年，第 1602—1604 页。

③ 何汉威：《书评：陈峰〈清代财政政策与货币政策研究〉》，《汉学研究》2009 年第 3 期。

④ 《铁良奏遵旨查明江南制造局应否移建各情形折》（光绪三十一年正月十八日），载《中国近代兵器工业档案史料》编委会编：《中国近代兵器工业档案史料》第 1 册，兵器工业出版社，1993 年，第 304—305 页。

案。

　　一、统筹全局办法……非得南、北、中三厂源源制造，恐所出之械难期因应而不穷。拟请就湘东现勘之地设为南厂，再于直、豫等省择其与山西煤铁相近便者另设一处，作为北厂，而以鄂厂贯乎其中，以辅南北厂之所不及。应需款项，南厂于五年内，则取给于沪局节存之七十万两，江、皖、赣三省协济之三十万两及铜元一半余利；北厂则于奴才上年奏请试办八省土膏统捐项下动支，得以各归各用……此通盘筹划之正计也。

　　一、变通办法……如南北两厂一时难以并举，只能先务其急……另于江北一带地方选择深固利便之区，取其与南北各省均属适中可以兼顾者，专设一厂……其款项即照原奏内筹款一条，将拟建湘东新厂之五年经费六百五十万两，尽数拨归此项工需，当可敷用。①

　　铁良提出的"统筹全局"方案，一方面力图克服洋务运动前期，主要由各地方督抚主导的中国军事工业建设过于分散、无统一规划的缺点，在军事工业布局上，强调集中优势，有重点地发展所谓南、北、中三大军事工厂；另一方面，铁良所计划大力建设的南、北、中三大军事工厂，均位于远离沿海的"深固利便之区"，而且注重靠近国内的煤铁等资源以便就地取材，节省成本。这表明其已充分吸收了洋务运动前期在军事工业布局上的经验与教训，清政府对于军事工业布局的认识，与甲午战后初期荣禄等人的见解相比，已上升到一个新高度。

　　必须指出的是，铁良奏折中虽有所谓"正计"（即设南、北、中三大军事工厂）与"变计"两种方案，但其侧重点或者真实意图，则在所谓"变计"而非"正计"之上，即以当前财力不足，而编练新军多集中在北方为由，将原定用于迁建江南制造局的经费（650万两白银）转用于建设北方军事工厂，待日后条件成熟后再议建设南方和中部军事工厂。这一主张虽以统筹安排全国军事工业为借口，实际上是从南方各省攫取财税资源，力图强化满族贵族在京畿、华北一带的军事力量，并加强对全国的控制。铁良在军事工业布局问题上，强调中央对全国军事工业生产与布局的统筹与管理，并不完全是出于工业或军事发展考虑，而是有着深刻的政治图谋：

---

① 《铁良奏遵旨查明江南制造局应否移建各情形折》（光绪三十一年正月十八日），载《中国近代兵器工业档案史料》编委会编：《中国近代兵器工业档案史料》第1册，兵器工业出版社，1993年，第305—306页。

竭力维护清政府的统治与权威，力图逆转咸同以来晚清政治格局中，地方督抚权力日益加重，中央对地方的控制日趋削弱，地方势力日渐尾大不掉的趋势，重新确立中央对地方的控制。

铁良此奏上达后，很快即奉朱批由政务处、练兵处再次商议。在由练兵处主稿，练兵处、政务处合奏的议复中，为平衡南方利益，不再提缓建南方大厂之事，而是主张将江南制造局拟节余款项每年70万两，划归北厂开办经费。中厂就湖北汉阳兵工厂已成之局进行建设，经费不变。南厂仍按张之洞等拟定的厂址在湘东开办，但在经费方面，则要求江南制造局采取裁汰冗员、提取铜元余利等办法自行筹措，不足则由南方各省合力分担。此外，还将铁良南下时，整理南方各省"土膏捐"中所获得的巨额税费收入，明确划归清政府编练新军的专项经费。这一议复意见上奏后，当日即奉朱批"依议。钦此"，确立为清政府的一项基本政策。[①]光绪三十二年（1906）九月二十日，清政府设立陆军部，仍由铁良负责；宣统元年（1909）五月二十八日，设立军咨处；宣统三年（1911）四月十日，设军咨府，军务先后由载涛、荫昌等亲贵主持，[②]这一重大人事与机构的变动，并未影响此项政策之延续。

至此，我们可以对江南制造局迁厂未果之原因获得新的认识：造成这一结局的根本原因，不能简单归因于清政府的腐败无能，执行不力，而是其出于新的统筹安排，将原先筹划用于江南制造局迁建新厂的经费，划拨给在华北地区筹备设立的所谓"北方大厂"之用，以巩固清政府中央集权统治。这一釜底抽薪的政策，最终导致江南制造局迁建计划成为泡影。

四、晚清统筹军事工业布局方案之执行与调整

清政府这一重北轻南、强干弱枝的统筹军事工业布局方案，在实际执行过程中，遭到南方督抚的强烈不满和抵制。

光绪三十年（1904）八月初七日，湖广总督张之洞似已初步探知铁良此次南来意图，并且力图挽回。在给端方的一份电文中，张之洞说，"传闻袁慰帅意欲移至河南，此非计也"，表达了他对铁良、袁世凯罔顾南方各省军事需求，搁置江南

① 《练兵处奏议铁良奏江南制造局应否移建各情形一事折（奏底）》（光绪三十一年五月十三日），载《中国近代兵器工业档案史料》编委会编：《中国近代兵器工业档案史料》第1册，兵器工业出版社，1993年，第307—309页。

② 刘凤翰：《晚清新军编练及指挥机构的组织与变迁》，《中央研究院近代史研究所集刊》1980年第9期。

制造局新厂的建设计划，而将经费移至北方建厂的做法极为不满。"无沿江沿海诸省，北洋能安枕乎"？希望同为满族贵族的端方，能够"相机婉言"，设法挽回。①光绪三十年（1904）十二月，端方上奏清政府，建议"鄂、湘两省合筹添建枪弹等厂，统办土膏税捐，以充经费"，② 这一建议显然与铁良意见针锋相对。光绪三十一年（1905）三月下旬，即在铁良已奏准实行所谓"变通办法"，将南厂筹定经费移办北厂之后，张之洞再次致电铁良，据理力争，坚决反对"辍南厂不办，移款以供北厂之用"。③ 但是清政府并没有采纳张之洞的建议，而是坚定支持铁良的意见。练兵处在遵旨议复时，严词驳回端方的主张，重申了集中全国力量办厂的意见，反对地方各省擅自新建或扩建军事工厂，并重申了铁良南巡时将南部各省烟土税（膏捐）收归中央，"以此款专充练兵处经费"的做法。④

南方督抚等地方官员不愿意放弃原有军事工厂的建设，更不愿意将原有的地方税捐划归中央，纷纷寻找各种借口，不顾练兵处的反对，坚持对当地军事工厂进行扩充。其中表现最突出的，当属四川总督锡良和两广总督岑春煊。

尽管锡良扩充四川机器局的方案，多次受到练兵处、陆军部的反对，但同样身为满蒙亲贵的锡良，却以西南军情紧急，亟须军械供应，而四川省地处僻远，外地采购运送不便，无法保证供应为由，坚持扩充四川机器局。清政府不得不让步，允许该省军事工厂继续开办、扩充。⑤

光绪三十一年（1905）二月初七日，两广总督岑春煊奏请将广东机器局进行扩充，并移址另建新的工厂。随即被练兵处严词驳回。但岑春煊并未放弃扩充军事工

---

① 张之洞：《致苏州端抚台》（光绪三十年八月初七发），载苑书义等主编：《张之洞全集》第 11 册，河北人民出版社，1998 年，第 9204 页。

② 《端方奏请统办膏捐以充湘鄂枪弹厂经费折》（光绪三十年十二月），载《中国近代兵器工业档案史料》编委会编：《中国近代兵器工业档案史料》第 1 册，兵器工业出版社，1993 年，第 310 页。按：整理者将这一奏折时间定为光绪二十九年十二月，实误，兹根据内容作了更正。

③ 张之洞：《致京铁宝臣尚书》（光绪三十一年三月二十二日午刻发），载苑书义等主编：《张之洞全集》第 11 册，河北人民出版社，1998 年，第 9314 页。

④ 《练兵处奏湘鄂两省会筹添建枪弹厂应毋庸议折（奏底）》（光绪三十一年正月），载《中国近代兵器工业档案史料》编委会编：《中国近代兵器工业档案史料》第 1 册，兵器工业出版社，1993 年，第 311 页。按：整理者将该折时间定为光绪三十年正月，实误，兹据内容作了更正。

⑤ 关于四川总督锡良及其继任者赵尔丰不顾练兵处的反对意见，坚持川省军事工厂改扩建工作的史实，参见《锡良奏请派员出洋购机习艺以拓充四川机器局折》（光绪二十九年十二月初三日）、《练兵处奏议川督请派员出洋购机习艺一事折（奏底）》（光绪三十年二月初十日）、《赵尔丰奏四川机器局修建炮厂弹厂片》（光绪三十四年二月二十一日），载《中国近代兵器工业档案史料》编委会编：《中国近代兵器工业档案史料》第 1 册，兵器工业出版社，1993 年，第 150—153 页。另参见中研院近代史研究所编：《海防档》丙编《机器局（二）》中所录外务部所收护理川督文附片稿：《川省机器局添建炮弹各厂拨款购机暨预筹常年经费》，艺文印书馆，1957 年，第 484 页。

厂的计划，在随后一份奏折中，他首先对练兵处集中办理南、北、中三大厂的方案大加赞许并极表赞同，然后笔锋一转，列举历史成案，指出广东军械曾因需求紧急，指望湖北和其他军事工厂，供应并不可恃。他奏报清政府，为了改善广东军械制造，他已经与德商签订了合同，事先付款购买了各种机器设备，这些机器设备即将从海外运往广东。经询问练兵处，这些机器型号与即将兴办的南、北、中三大厂所拟采用的并不相同，不可转用。因此，除非清政府同意用这批机器来扩充广东机器局，否则这笔巨款就会付之东流。如此情形之下，练兵处只得同意岑春煊利用所购机器设备，对粤厂进行扩充。①

在四川总督锡良及其继任者赵尔丰、两广总督岑春煊等地方督抚的主持之下，四川、广东的军事工业仍有很大的发展与进步，成为晚清两个重要的军事工业中心。

当时紧张的军事形势也不断动摇清政府统筹与调整军事工业布局的决心。晚清时期，全国各地军事工厂已有不少，一些地方的中小型军事工厂经过长期经营，有的已经初具规模，并在保证当地新式军队的军械、弹药供应中发挥着重要作用。而铁良所计划集中力量建设的南、北、中三大厂，除中厂是湖北已成之局外，南、北二厂均属新建。大型军事工厂的建设颇费时日，而全国的军事需求刻不容缓，在南、北二厂建成之前，全国各地的军械与弹药之需求如何保证供应？这显然是清政府必须面对的一个难题。事实证明，这一问题不时动摇清政府的意志和决心，阻碍着其军事工业布局调整计划的有力执行。这在清政府对于江南制造局及江苏南京金陵制造局（以下简称"金陵制造局"）的处理上体现得尤为明显。

练兵处一方面计划将江南制造局搬迁，另设新厂；一方面又将其大部分经费强行移作所谓"北方大厂"的办厂经费，这使得江南制造局陷于进退维谷的境地。练兵处在给两江总督周馥的咨文中，一方面要求江南制造局"应将不急工作、闲冗员司，核实删减"，减少支出、缩小规模，以备今后归并；一方面又要求其"于现时应需各件，如各项子弹及炼钢、修船等事精求造法，暂应急需"。②周馥并没有因

---

① 《岑春煊奏广东扩充制造移建新厂折》（光绪三十一年二月初七日）、《练兵处奏议广东应缓建新枪厂折》（光绪三十一年四月二十九日）、《岑春煊奏请以新机扩充广东之旧厂片》（光绪三十一年十二月初十日）、《练兵处奏拟准广东以新机扩充旧厂折》（光绪三十二年五月初四日），载《中国近代兵器工业档案史料》编委会编：《中国近代兵器工业档案史料》第 1 册，兵器工业出版社，1993 年，第 202—205 页。

② 练兵处向两江总督下达的于江南制造局办理咨文原档未见，但其具体内容见于《周馥奏江南制造局裁汰冗员精求造法以应急需折》（光绪三十一年），载《中国近代兵器工业档案史料》编委会编：《中国近代兵器工业档案史料》第 1 册，兵器工业出版社，1993 年，第 71 页。

为这一比较模糊的政策而束缚自己，而是利用清政府急于保证新军军需供应的机会，以"精求造法"为名义，趁机进行扩张。光绪三十年（1904），周馥奏请，将江南制造局的铜元铸造机器设备归并于江宁铜元局，次年又将江南制造局内的船坞划出商办，从而完成练兵处要求删减不急之务的任务。光绪三十一年（1905），他又上奏清廷，以江南制造局设备老旧、制造落后，为"精求造法"，派员赴日本及欧洲访问学习，雇募洋匠，并在厂内设立工艺学堂。① 此后，江南制造局又相继添购新机扩充炮厂、枪厂和枪子厂，并进一步扩充龙华分局之无烟药厂。②

金陵制造局最初由李鸿章于 1865 年筹建于江宁（今江苏省南京市），后迭经扩充，是当时长江下游地区规模仅次于江南制造局的重要军工制造厂，③ 但却不在练兵处所拟的南、北、中三大厂计划之列，按规定亦须进行关、停、并、转。由于军需供应紧迫，加之江南制造局又计划搬迁，因此清政府对于金陵制造局的处置方案颇费斟酌。光绪三十二年（1906），两江总督周馥为节省经费，奏请将金陵制造局交给江南制造局总办张士珩统一管理。不久继任两江总督的端方又奏请，金陵制造局停造旧式枪子，添购机器设备制造新式枪子。④ 宣统年间，两江总督张人骏又一度计划裁撤金陵制造局，将其机器设备及经费归并江南制造局，⑤ 因招致陆军部的反对而未能如愿。⑥ 不无讽刺意味的是，地处沿海而安全形势堪忧的江南制造局，

① 《周馥奏将江南制造局鼓铸铜元归并江宁办理片》（光绪三十年）、《周馥奏将江南制造局船坞划出改照商坞办法办理折》（光绪三十一年）、《周馥奏江南制造局裁汰冗员精求造法以应急需折》（光绪三十一年），载《中国近代兵器工业档案史料》编委会编：《中国近代兵器工业档案史料》第 1 册，兵器工业出版社，1993 年，第 70—72 页。

② 《张士珩呈报遵饬筹议江南制造局炮厂添机加造新式炮位之禀文》（光绪三十四年五月二十九日）、《江南制造局呈报筹议扩充枪厂加造枪枝之禀文》（约光绪三十四年）、《江南制造局龙华分局扩充无烟药厂需添机器厂屋清单》（宣统三年四月初十日），载《中国近代兵器工业档案史料》编委会编：《中国近代兵器工业档案史料》第 1 册，兵器工业出版社，1993 年，第 72—77 页。

③ 《中国近代兵器工业》编审委员会编：《中国近代兵器工业——清末至民国的兵器工业》，国防工业出版社，1998 年，第 142—143 页。

④ 端方为将金陵制造各局归道员张士珩派员经理事致张士珩之札文（光绪三十三年十月初一日）、《端方奏金陵制造局停造老毛瑟枪子添购机器改造新式枪子折》（光绪三十三年十二月初六日），载《中国近代兵器工业档案史料》编委会编：《中国近代兵器工业档案史料》第 1 册，兵器工业出版社，1993 年，第 88—89 页。

⑤ 《张人骏就金陵机器局归并江南制造局后之机器及经费事致江南制造局总办张士珩之札文》（宣统二年七月初九日），载《中国近代兵器工业档案史料》编委会编：《中国近代兵器工业档案史料》第 1 册，兵器工业出版社，1993 年，第 89—90 页。

⑥ 《军咨处陆军部为金陵机器局未可轻议裁撤事致两江总督张人骏电》（宣统二年七月二十一日）、《朱恩绂为请暂缓定议金陵机器局办法事致陆军部电》（宣统二年八月十七日），载《中国近代兵器工业档案史料》编委会编：《中国近代兵器工业档案史料》第 1 册，兵器工业出版社，1993 年，第 92—93 页。

在朝野上下甚至举国一致的迁建声浪中，其生产能力和规模实际上仍不时得到扩充，只不过其扩充的势头有所缓和而已。

相对而言，清政府对于建设"北方大厂"计划的推行积极而有力。早在光绪二十八年（1902），为解决北洋新军的弹药供应，以恢复被八国联军损毁的天津机器局的名义，袁世凯奏请在山东德州建立机器制造局，生产军火。1903年初动工兴建，1904年秋即建成投产。该制造局占地800余亩，花费库平银约69万两，共包括枪子厂、卷铜厂、无烟药、机器、铸铁厂等12厂，[①]重点生产新式枪弹，以供北洋新军所需。不久即命名为北洋机器制造局，此后进一步明确为计划中的"北方大厂"而进行扩充。据统计，该局自1903年至1910年，共花费468万余两，[②]北洋机器制造局实际上成为袁世凯"北洋六镇"新军的重要军火供应基地。

宣统元年（1909）五月，铁良失势之后，陆军部开始在军事方面筹备预备立宪，并提出军械制造新办法。奕劻在上奏中，指出铁良方案的不足，奏请派遣一位熟悉军械制造的官员，考察全国各主要军事工厂，重新制定整顿计划。旋得旨"朱恩绂着赏给三品卿衔，前往各省制造军械各局厂切实考查，筹拟办法，详细覆奏"。[③]宣统二年（1910）十二月，负责考察各省军事工厂的朱恩绂上奏，提出用6年时间，满足全国36镇新军军械供应问题之计划，并拟定整顿全国制造军械局厂办法6条：一为规定全国军事工厂；二为划一军械制式；三为统一各厂财政；四为按镇核计械数；五为分拨布置经费；六为分年筹备进行。其中第一条规定的全国军事工厂事宜，与铁良南、北、中三大厂的计划不同，朱恩绂主张：

> 局厂规划，首在交通。兼权并计，拟定为东、西、南、北、中五厂：在宁为东厂，在川为西厂，在粤为南厂，在鄂为中厂，而以德州之子药厂设法扩充，作为北厂。再建武库于京师，并沪厂于金陵。从此兼营并进，亦可及时补救。[④]

---

① 《袁世凯就在德州设立北洋机器制造局情形及费用事致民政部之咨文》（光绪三十三年四月二十二日），载《中国近代兵器工业档案史料》编委会编：《中国近代兵器工业档案史料》第1册，兵器工业出版社，1993年，第274—275页。

② 《中国近代兵器工业》编审委员会编：《中国近代兵器工业——清末至民国的兵器工业》，国防工业出版社，1998年，第173—174页。

③ 《清实录·附宣统政纪》第60册，中华书局，1987年，第286—287页。

④ 《朱恩绂奏整顿制造军械局厂办法折》（宣统二年十二月十三日），载《中国近代兵器工业档案史料》编委会编：《中国近代兵器工业档案史料》第1册，兵器工业出版社，1993年，第356页。又，原折亦见于《清实录·附宣统政纪》第60册，中华书局，1987年，第829—832页。

朱恩绂的方案，表面上似乎比铁良的计划更为宏大，但实际列入统筹的"东、西、南、北、中"五厂中，南厂、北厂、中厂、西厂分别计划在广东、直隶、湖北和四川等地方既有兵工厂的基础之上进行改建或扩建，东厂也是以原有的金陵制造局为基础，将江南制造局迁移归并。这表明清政府重新调整军事工厂布局的规模和力度已有所减弱，并不得不认可地方督抚既定的军事工厂建设。可以推断，这一方案在执行过程中将要遭遇到的阻力，理应比铁良方案有所降低，其所需经费也会减少。不过，从总体上来看，朱恩绂方案在强化中央对全国军械生产的统筹控制方面，与铁良的方案并无二致。随后，陆军部提议将全国各省军械工厂收归陆军部统一管理。① 这表明清政府加强中央集权的意图日趋强化。

五、结论

甲午战后，晚清军事工业布局的调整经历了三个不同的发展阶段：战后初期，清廷决定将军事工业布局由沿海向内地迁移、扩散；不久即因内外情势紧迫，不得不继续就各地已成之局扩充生产；后期则力图集权于中央，统筹全国军事工业，集中发展若干重点军事工厂。以甲午战争为界，晚清军事工业布局的演变呈现出两个重要趋势，一是军事工厂由沿海地区向广大内地迁移，二是从地方性、分散的工业布局模式向全国统一、集中的分布模式转变。

姜鲁鸣先生在论及国防生产力布局时指出："国防生产力合理与否，取决于三个原则：国防经济资源的地域配置是否具有安全性，生产、流通诸环节的布局是否具有经济性，所提供的产品和劳务是否具有时效性。"② 如果借用国防经济学的这三个原则来分析评价晚清军事工业的布局，则不难发现：晚清军事工业布局的决策及其演变，可以说是在不同时势之下，在上述三个原则间的艰难权衡与取舍。不过，在不同的时代背景及军事技术水平之下，所谓安全性、经济性及时效性的评判标准会大不相同。

是利用沿海地区的有利经济地理区位，加速发展军事工业以保障供给，还是将

---

① 《陆军部奏请将各制造军械局厂收归陆军部管理折（奏底）》（宣统二年十二月）、《陆军部为派员接收江南制造局事致该局总办张士珩之照会》（宣统三年四月），载《中国近代兵器工业档案史料》编委会编：《中国近代兵器工业档案史料》第 1 册，兵器工业出版社，1993 年，第 357—358、364 页。

② 姜鲁鸣：《中国国防经济历史形态》，国防大学出版社，1995 年，第 220 页。

沿海军事工业迁建于内地以保障安全？是集中全国资源重点发展若干重要军事工业以提高生产效率，还是将军事工业大面积地分散于全国各地以保证安全与供给？这是清政府在面对经济发展水平严重落后、军事力量极为薄弱、国内外安全形势相当严峻，而国土面积又极为辽阔的情形下，所必须考虑而又难以抉择的问题。类似的难题与选择不仅晚清政府不得不面对，而且在此后相当长时期之内，都是中国统治者或决策者要面对的问题。分析这一时期中国军事工业生产布局所面临的问题和挑战及其经验教训，对于理解中国后世的军事工业生产与布局有着不容忽视的借鉴意义。

甲午战前，中国军事工业布局侧重于沿海地区，既便于引进西方设备、原料、技术与人才，又便于就近供应军事需求，兼具经济性和时效性，但沿海地区面对列强海上坚船利炮的威胁，安全性堪忧，洋务运动早期的决策者李鸿章等人，对此也深感忧虑。[1]尤其是中法战争之后，国内有识之士对军事工业安全性的担心进一步上升。不过，由于早期中国军事工业生产，主要仰给外来的煤炭与钢铁等原材料，沿海布局在经济上的优势仍相当显著。清政府为了获得经济利益，不得不牺牲军事工业布局的安全性。甲午战后，中外关系形势丕变，一方面，北洋海军覆没后中国海权尽失，国门洞开，沿海军事工业安全性问题进一步上升。另一方面，自19世纪70年代以来，国内工矿业已有所发展，不少内地军事工厂利用国内煤炭及钢铁资源，生产成本较诸购自外洋大为降低。即以江南制造局论，至十九世纪八九十年代，该厂因主要购用来自外洋的煤炭、钢铁等资源进行生产，生产成本较之于使用当地开平煤炭的天津机器局和中兴煤矿资源的山东机器局偏高。[2]1891年，该厂自行设立炼钢厂，主要利用江西萍乡煤炭和湖南湘乡铁矿进行冶炼。路遥途远，运道艰难，成本昂贵，其靠近沿海的经济优势，实已不复存在。因此，甲午战后，荣禄力主沿海军事工厂内迁，在内地靠近煤铁资源比较丰富的省份分散办厂。

值得注意的是，国人对于沿海与内地布局的选择及其争论非常关注，相对而言，对于军事工业布局的集中与分散问题，则较少留意。其实，集中与分散的问题，亦对军事工业布局的经济性与安全性等影响深远。集中布局，对于近代机器制造工业来说，会带来经济上的规模效益，也便于监督与管理。晚清时期对于工业集中布局的鼓吹，其着眼点主要是监督和管理方面的便利性，所谓集中人力、财力办

---

① 李鸿章：《筹议海防折》（同治十三年十一月初二日），载吴汝纶编：《李文忠公全集》卷24《奏稿》，文海出版社，1974年，第16页。

② 向玉成：《江南制造局的选址问题与迁厂风波》，《乐山师专学报》1997年第4期。

大厂，甚少有人从近代机器工业生产的规模效应上立论，这显示出近代国人经济学知识的匮乏。但军事工业集中布局就安全性而言，却未必优于分散布局，尤其是对于军事上的弱国而言，一旦仅有的少数军事工业为敌所毁或者沦入敌手，其后果不堪设想。甲午战后，沿海、沿江、沿铁路地区均成为军事工业布局的禁区，但时人对于在内地集中办大厂的安全性问题，似乎甚少关注，这恐怕与当时世界军事技术发展有关。

内忧外患深重，国防能力低下，近代中国始终面临着严酷的军事威胁，这使得安全性成为近代中国军事工业布局的首要原则。不过，值得注意的是，在军事安全形势最为严酷的时候，往往并不是按照安全性原则进行军事工业布局与调整的良好时机。在这种情形下，保障军需供应的任务往往会空前紧迫，这时候，出于时效性的考虑，清政府不得不暂时放弃沿海军事工业的内迁政策，而是尽一切可能利用既有工厂扩充生产，保障供给。即以近代中国规模较大的沿海地区军事工厂——江南制造局而论，是迁移到内地，还是仍就原厂进行扩充，从晚清政府、北洋政府到南京国民政府，决策者们随着时局的变化几经反复，直到抗战爆发前才最终实现迁移。

决策不易，执行更难。晚清军事工业最初由地方督抚领导建立，因其投资规模巨大，一经建立便成为一个相当庞大的组织实体，与当地政治经济与社会结成盘根错节的利益关系，并不断自我膨胀，很难轻易改变。晚清中央政府的财政日益窘迫和中央政府权力的下移，地方督抚势力的扩张，又进一步加大了军事工业统筹布局与调整的困难。中央与地方政府财政与权力的此消彼长及变迁过程，成为影响晚清军事工业布局的重要因素。而军事工业布局调整的过程，对于我们深入认识清季中央与地方权力的演变，也提供了新视角。江南制造局内迁计划的失败，归根结底是清政府"重北轻南""强干弱枝"，收拢分散的财政和军事权力，主动调整军事工业布局的结果。晚清中央政府力图对各省分散的军事工业布局进行统筹与集中，势必严重打击地方督抚业已获得的权力和利益，因此受到地方势力的重重阻挠、破坏，未能如愿。南方的广东、四川等省打破中央的制约，积极扩张，建立起颇具规模的近代军事工业。所谓的"北方大厂"，虽然在中央极力扶持下得以建成，但最终却落入袁世凯的掌握之中。他所统领的"北洋六镇"，凭借这一中央集权政策，获得足够的饷源与军需供给，成为晚清最大的一支军事力量，深刻影响着中国近代历史进程。

不过，从军事工业布局调整的角度来观察晚清中央与地方间权力的消长，则不难发现：近代以来，面对数千年未有之大变局，清政府决策能力不足，未能及时提出因应之策，地方各种新兴事业、机构甚至新式军事力量都是在地方督抚的领导下建立的，中央监管乏力，这造成了中央政府权威的下降与地方督抚权力的上升。但中央统一管理地方的合法权利仍然存在，这就是晚清军事工业布局调整能够进行的原因。晚清中央政府权力下降，地方督抚权力上升，固然是事实，但也不宜过分强调晚清中央权力的式微。①

---

① 何汉威：《清季中央与各省财政关系的反思》，《中央研究院历史语言研究所集刊》2001 年第 72 本第 3 分；刘增合：《地方游离于中央：晚清地方财政形态与意识疏证——兼评陈锋教授〈清代财政政策与货币政策研究〉》，《中国社会经济史研究》2009 年第 1 期。

乾隆时期长江中游地区"丰年米贵"问题探析 *

赵伟洪 **

内容提要： 乾隆时期，长江中游地区呈现出丰年米贵的新特点。米贵放大了民生问题，并促使清政府为应对米贵，以乾隆十三年（1748）为界，进行了以普免米豆税银为主的促流通政策转向停止扩张常平仓储、增加市场供给的政策调整。米价上涨也促使江广三省出现广开垸田、复作制度、推广杂粮、发展经济作物等农业经济重要变革，保证了长江中游较平稳的米价变动与大规模的粮食输出，促使长江中游进一步融入全国粮食市场。

关键词： 乾隆　长江中游　米贵　政策调整　农业经济结构　市场一体化

自二十世纪七八十年代以来，清代粮食市场整合研究取得了突出进展，不断论证和补充着王业键关于"十八世纪全国市场"的论断。近年来对长江中游粮食市场的研究表明，这一重要粮食输出区在乾隆时期已经融入了全国市场体系。[1] 然而在市场一体化过程中区域内部的社会经济变化仍然有诸多方面亟待深入研究。

早期，安部健夫指出长江中游作为重要产米区，因受到外省仓储采买、商人购买的影响而容易引起价格暴涨的"根底浅"的性质。[2] 随后，罗友枝考察了清代米

---

* 本文系国家社会科学基金青年项目"清代中期长江中游流通与市场整合研究"（16CZS042）阶段性成果。文章的修改得到魏明孔研究员、王文成研究员、张海英教授的指导，特此致谢。

** 赵伟洪，中国社会科学院经济研究所助理研究员，中国史学博士，理论经济学博士后，主要从事中国经济史方向的研究。

① 赵伟洪：《乾隆时期长江中游米谷市场的空间格局》，《中国经济史研究》2017 年第 4 期。

② （日）安部健夫：《米穀需給の研究——〈雍正史〉の一章としてみた》，《東洋史研究》第 15 卷第 4 号，1957 年。

谷市场的扩张、米谷贸易对湖南地区农业经济的促进。[①] 岸本美绪分析了乾隆前期粮价骤涨时，各地爆发的"抢粮""遏籴"等社会事件，反映了清代中期谷物市场兼具开放性与不稳定性。[②] 乾隆十三年（1748）米贵问题曾被视为18世纪米价上涨的重要证据。[③] 诸多学者围绕这一年的常平仓改革探讨了清政府的经济政策调整及其成效。[④] 区域经济史领域的一些学者注意到，粮食贸易促进长江中游地区农业发展、市镇繁荣的同时，米价上涨对农业生产、区域经济结构带来了积极与消极的双重影响。[⑤]

本文在前人研究基础上，从乾隆时期米贵问题入手，通过探讨乾隆时期长江中游米贵问题与粮食贸易、农业经济结构变化、政府政策变动之间的动态关系，以剖析18世纪长江中游区域社会经济发展的一些面相。

一、乾隆时期长江中游米价变动分析

本文所探讨的长江中游，特指清代湖南、湖北、江西三省所辖行政区域，清代常以"江广"称之。本文利用王业键清代粮价资料库中的中米府级月度价格资料，整理出分省年度平均价格，首先通过分析米价变动来判断乾隆时期是否确实存在米贵问题。

---

① Evelyn Sakakida Rawski, *Agricultural Change and the Peasant Economy Of South China*, Harvard University Press, Cambridge, Massachusetts,1972.

② （日）岸本美绪：《清朝中期經濟政策の基調——一七四〇年代食糧問題を中心に》，《近きに在りて》第 11 號，1987 年。中译版载刘迪瑞译：《清代中国的物价与经济波动》，社会科学文献出版社，2010 年，第 263—294 页。

③ 全汉昇：《乾隆十三年的米贵问题》，载氏著：《中国经济史论丛》（二），中华书局，2012 年，第 650—671 页。

④ 江太新：《清代粮价变动及清政府的平抑粮价》，《平准学刊》第 5 辑下册，1989 年；（日）则松彰文：《清代中期の経済政策に関する一試論——乾隆十三年（一七四八）の米貴問題を中心に》，《九州大学東洋史論集》第 17 號，1989 年；常建华：《乾隆早期廷议粮价腾贵问题探略》，《南开学报》1991 年第 6 期；高王凌：《活着的传统——十八世纪中国的经济发展和政府政策》，北京大学出版社，2005 年。Helen Dunstan, *State or Merchant? Political Economy and Political Process in 1740s China*, Harvard University Press,2006；（澳）邓海伦：《乾隆十三年再检讨——常平仓政策改革和国家利益权衡》，《清史研究》2007 年第 2 期。

⑤ Peter C. Perdue, *Exhausting the Earth：State and Peasant in Hunan* 1500—1850, Harvard University Press, Cambridge,1987, p.236. 邓永飞：《米谷贸易、水稻生产与清代湖南社会经济》，《中国社会经济史研究》2006 年第 2 期。

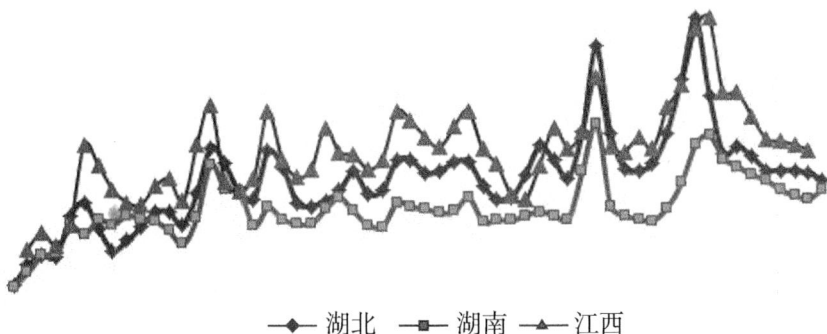

→◆← 湖北　—■— 湖南　—▲— 江西

图 1　长江中游三省米价变动趋势图（1738—1795）　单位：两 / 石

从图 1 可见，乾隆时期长江中游三省米价具有阶段性上涨的特点。乾隆前期三省米价上涨较为明显，乾隆后期波动较为明显，乾隆中期价格相对平稳。从表 1 中可以更为清晰地观察到米价变动的阶段性特征：乾隆前期 20 年间，三省米价增长量皆在 0.2 两 / 石以上，涨幅在 25% 左右。乾隆中期 20 年，三省价格变动相对稳定，湖南省涨幅仅为 4.34%，涨幅最高的湖北省为 14.2%。乾隆后期 20 年，虽有剧烈波动，但三省米价涨幅只在 10% 左右。

表 1　乾隆朝长江中游地区分段米价变动

单位：两 / 石

	湖南省		湖北省		江西省	
	增长量	增长率	增长量	增长率	增长量	增长率
乾隆前期（1738—1755）	0.228	26%	0.252	28.64%	0.231	22.6%
乾隆中期（1756—1775）	0.048	4.34%	0.162	14.2%	0.148	11.81%
乾隆后期（1776—1795）	0.108	9.36%	0.149	11.52%	0.139	9.92%
合计（1738—1795）	0.372	42.4%	0.407	46.25%	0.381	37.28%

数据来源：王业键的"清代粮价资料库"。江西省可供使用的数据时段为 1739—1794 年，乾隆前期、后期的起止年分相应有所调整。

长江中游地区地势四周高、中间低：西、南、东三面有湘鄂西、湘南、赣南、赣东北几片山区包围；由外围向腹心，逐渐由山地过渡到丘陵，形成湘中、赣中、鄂东三大块丘陵盆地。长江自夔州东下，宛如一条腰带，连接起汉江、洞庭湖、鄱阳湖诸水系，历经无数次的泛滥冲积，形成广阔的湖区平原——江汉平原、洞庭湖平原及鄱阳湖平原。从地形与农作条件来看,洞庭湖区、鄱阳湖区、湘中丘陵、鄂中东部以及赣中地区属于主要的粮食生产区、输出区;湘南、赣南、赣东北地区土壤条件虽不如前述区域,但局部地区也可列入重要产米区;鄂西南、鄂西北山区则难以有粮食输出。

表 2　长江中游地区米谷生产与米价增长

主输出区	增长量	增幅	次输出区	增长量	增幅	非输出区	增长量	增幅
鄂中东部	0.546	66.42%	湘南	0.318	40.58%	湘西	0.316	30.78%
湘中	0.479	64.81%	赣南	0.322	31.51%	鄂西北	0.252	25.36%
洞庭湖区	0.458	56.7%	赣东北	0.353	32.65	鄂西南	0.175	21.27%
鄱阳湖区	0.408	39.92%						
赣中地区	0.404	40.6%						

数据来源:王业键的"清代粮价资料库"。

从表 2 来看各区域米价变动,湘中地区、洞庭湖区、鄂中东部地区涨幅最大,在 50% 以上;其次为赣中地区、鄱阳湖区、湘南地区,涨幅在 40% 左右;再次为赣东北地区、赣南地区,涨幅在 30% 以上;鄂西北、鄂西南、湘西地区涨幅最小,在 30% 以内。显然,米价涨幅在 40% 以上者基本属于主要粮食输出区,涨幅在 30% ~ 40% 者属于次要输出区,涨幅在 30% 以内的区域基本属于杂粮种植区。再从周期波动幅度来看:乾隆后期米价波动幅度最为剧烈,其中鄂中东部地区波幅曾达到 0.4 ~ 0.5 两/石;其次为赣东北地区、赣中地区、鄱阳湖区与湘西地区,波幅曾达 0.3 ~ 0.4 两/石;波动最为平缓的区域是鄂西南地区。综合上述分析,乾隆时期产米区的米价上涨与波动幅度显著高于非产米区,主要产米区的粮价变动又显著高于次要产米区,这说明除去农业生产条件以外,市场因素是造成米价区际变动差异的重要原因。

再结合图 1 进一步考察价格波动的峰值年,乾隆时期,江广三省出现了乾隆八年(1743)、乾隆十七年(1752)、乾隆四十四年(1779)及乾隆五十一年至五十二年(1786—1787)这四次明显的波峰,米价呈现逐次递增的趋势。由此看来,乾隆时期长江中游地区确实出现了米贵的问题。

二、乾隆时期长江中游的"丰年米贵"问题

米价波动往往与前一两年的气候、灾荒有极大的关系。然而，通过对峰值年米贵问题的考察，笔者发现江广三省并非只有灾年才出现米贵，丰年同样会有米贵的现象。

乾隆六年（1741），长江中游均获丰收。① 乾隆七年秋收前，江汉—洞庭湖区垸田及湘中、赣南等区域虽有局部地区遭水灾，但总体收成尚可。② 乾隆八年三省又获丰收，③ 米价却连续上涨，特别是江西省均价上涨了 0.31 两 / 石。原因在于乾隆六年七月间，江淮地区连日暴雨，引发淮北水灾。乾隆七年又因淮河上游暴雨，汇注洪湖引发水灾，秋收受到严重影响，米价昂贵。④ 灾情之重引起朝廷的高度重视，中央专门派大臣赴地方协理赈务，拨运江南各州县仓谷 50 余万石，截漕 80 万石，又拨运山东、河南漕粮、仓米运往江南赈济。⑤ 江南大量人口离乡背井，奔赴江西、湖广、河南、山东等产粮区觅食。长江中游的米谷也源源不断地贩运至下游，致使米价上涨。"湖南巡抚许容奏，近日米价增贵，因商贩源源搬运。邻封官买，亦有咨会，理无禁遏。窃计湖广虽熟，在湖广且难以言足也"。⑥

乾隆八年（1743），江广三省皆获丰收，两湖米价渐平稳，而江西省米价仍居高不下。乾隆八年五月江西巡抚折奏，"窃查江西上年止有数处偏灾，其余收成不过歉薄，原未至于灾荒。实因楚闽江粤各省均值米价昂贵，邻省之重价贩运既多，本省之民贪价多卖，亦所不免。故自去冬及春，米价已昂，闰四月初旬则各处米价陡增，每石至三两内外，实为前此所未有"。⑦ 米贵导致江西省内严重的饥荒。乾隆八年二月至八月间，广信、饶州、赣州、袁州、吉安各地接连出现抢米事件百余

---

① 《清高宗实录》卷 147，乾隆六年七月，中华书局，1985 年，第 1124 页。
② 《清高宗实录》卷 175，乾隆七年九月，第 1157 页。
③ 《清高宗实录》卷 197，乾隆八年七月，第 539 页。
④ 《清高宗实录》卷 148，乾隆六年八月，第 539 页；卷 174，乾隆七年九月，第 233 页；卷 175，乾隆七年九月丁丑，第 246 页。
⑤ 《清高宗实录》卷 162，乾隆七年三月壬申，第 44 页；卷 174，乾隆七年九月丁巳，第 228 页；卷 175，乾隆七年九月，第 259 页；卷 176，乾隆七年十月乙未，第 268—269 页。
⑥ 《清高宗实录》卷 173，乾隆七年八月，第 225 页。
⑦ 《乾隆八年五月二十七日江西巡抚陈弘谋奏折》，载中国第一历史档案馆藏，宫中档朱批奏折，档号：04-01-35-1125-028。

起，尖锐地暴露出江西省的困窘。[1]

乾隆八年（1743）米贵事件以乾隆六、七两年江淮涝灾为引子，在中国南方地区催生了一场长距离、牵涉众多省份的米粮调运行动。中央、地方以及民间商人为平抑粮价所做的各种努力，最终导致江苏、浙江、安徽、湖南、湖北、江西、福建、两广各地，无论丰歉，无论产米区与缺米区，米价皆明显高于平时。乾隆八年四月，南部九省除江西以外，米价较上年同期大都增长了 0.2 两 / 石—0.3 两 / 石，上涨 13.75%—27.18%；江西省米价同比上涨了 0.451 两 / 石，涨幅达到了 40.67%。通过各地抚臣连续发回的有关灾情、粮价的奏折，乾隆帝敏锐地察觉到米贵这一问题，并在乾隆八年四月己亥日的上谕中指出："米价非惟不减，且日渐昂贵。不独歉收之省为然，即年谷顺成，并素称产米之地，亦无不倍增于前。"[2] 这段话便点明了乾隆前期的米贵出现了不同于以往的新特点，即丰年米贵现象。

乾隆十七年（1752），长江中游地区再次出现了米贵问题。乾隆十六年（1751）春夏，湘中遇旱，[3] 赣东北局部地区春夏连旱，但总体收成仍然算好：湖南早、中、晚三稻收成七分七厘至七分八厘；湖北收成八分以上；江西早稻收成七分，晚稻八分以上。[4] 然而从四五月起，三省米价便普遍上涨。究其原因，乃"自正月以来，因邻省商贩搬运日多，渐次增长"。[5] 湖北巡抚恒文亦指出，"总缘江浙等省歉收，官商采贩络绎不绝，湖北本年收成尚属丰稔，而米价昂贵如故"。[6] 江西米价昂贵的情形更为严重。乾隆十六年（1751）早稻收割前，全省米价在一两七八钱至二两以外，局部灾地达二两五六钱。[7] 早晚稻收成之后价格仍居高不下。[8] 该年腊月，江西全省米价较上年同比上涨了 0.4 两 / 石—0.5 两 / 石，涨幅达 30% 以上。乾隆十七年（1752），三省虽获丰收，但各省均价较上年又上涨了 0.2 两 / 石左右。

---

[1] 中国人民大学清史研究所主编：《康雍乾时期城乡人民反抗斗争资料》下册，中华书局，1979年，第 572—575 页。

[2] 《清高宗实录》卷 189，乾隆八年四月己亥，第 429 页。

[3] 乾隆十六年九月二十五日，署理湖广总督印务湖北巡抚恒文奏折，载台北故宫博物院编辑委员会编：《宫中档乾隆朝奏折》第 1 辑，台北故宫博物院，1982 年，第 771 页。

[4] 台北故宫博物院编辑委员会编：《宫中档乾隆朝奏折》第 1 辑，台北故宫博物院，1982 年，第 85、87、463、627、771、813 页。

[5] 《乾隆十七年三月初十日湖南布政使周人骥奏折》，载台北故宫博物院编辑委员会编：《宫中档乾隆朝奏折》第 2 辑，台北故宫博物院，1982 年，第 415 页。

[6] 《乾隆十六年九月二十五日署理湖广总督印务，湖北巡抚恒文奏折》，载台北故宫博物院编辑委员会编：《宫中档乾隆朝奏折》第 1 辑，台北故宫博物院，1982 年，第 771 页。

[7] 《乾隆十七年三月初四日江西巡抚鄂昌奏折》，载台北故宫博物院编辑委员会编：《宫中档乾隆朝奏折》第 2 辑，台北故宫博物院，1982 年，第 382 页。

[8] 《清高宗实录》卷 405，乾隆十六年十二月己未，第 320—321 页。

从乾隆十七年（1752），浒墅关税收情况可观察到江广米贵的原因。这一年浒墅关税收银 54.48 万余两。安宁奏道："因上年浙省歉收米贵，江广各省贩运赴浙者多，是以较之上届多银一十一万有奇。"① 查这一年关期，长江中下游米价差达到 0.594 两 / 石—0.855 两 / 石，因此，正是下游米贵，江广粮食大量外运导致了本地米价的上涨与丰年米贵问题的出现。

乾隆后期，长江中游三省又同时经历了两轮米价上涨。乾隆四十三年（1778），湖南遇旱，早稻收成六分有余，中晚二禾收成七分有余。"虽收成不及往年丰稔，新米入市，即为商贩转运出境，有去无来，粮价不无昂贵"。② 湖北省连遇夏旱秋涝，二麦收成八分，早稻收成五分，中晚二稻六分有余。③ 是年湖北米贵，各处纷纷招商买米。然而川东也因春夏灾歉米贵，直到九月以后川西、川南米谷丰收，川米才源源东下。六月以来汉阳米价持续高涨，至四十四年二月，汉阳米价达 2.65 两 / 石。中游三省中，唯有江西省获得了丰收，收成达九分。④ 江西米价比湖南、湖北二省皆低，米谷大量运往邻省及下游，使本省米价迅速上升，一度达到 2 两 / 石。乾隆五十年（1785），四川、湖南、江西皆获丰收。然而，湖北遭遇旱情更甚于四十三年，受灾区域达 47 州县；淮北及江宁、常州、镇江等地旱情亦严重，收成歉薄。⑤ 于是四川、湖南、江西米谷纷纷运往湖北、安徽等灾地。⑥ 大规模的粮食外运导致江西、湖南二省虽获丰收米价亦高涨。

通过上述分析可知，米贵之缘由，主要不在于本地局部的春旱与歉收，而在于下游淮北、浙东、安徽、福建等省地米贵，大量粮食贩运下游导致中游地区粮食供应紧张。⑦ 乾隆时期长江中游地区出现的丰年米贵现象，反映了跨区域大宗粮食贸

① 《乾隆十七年十月初六日安宁奏折》，载台北故宫博物院编辑委员会编：《宫中档乾隆朝奏折》第 4 辑，台北故宫博物院，1982 年，第 76 页。
② 《乾隆四十三年八月二十五日湖南巡抚李湖奏折》，载台北故宫博物院编辑委员会编：《宫中档乾隆朝奏折》第 44 辑，台北故宫博物院，1982 年，第 630 页。
③ 《乾隆四十三年八月二十四日湖北巡抚陈辉祖奏折》，载台北故宫博物院编辑委员会编：《宫中档乾隆朝奏折》第 44 辑，台北故宫博物院，1982 年，第 617 页；《乾隆四十三年十月二十八日湖北巡抚陈辉祖奏折》，载台北故宫博物院编辑委员会编：《宫中档乾隆朝奏折》第 45 辑，台北故宫博物院，1982 年，第 293 页。
④ 《乾隆四十三年十二月十七日署江西布政使按察使瑞龄奏折》，载台北故宫博物院编辑委员会编：《宫中档乾隆朝奏折》第 46 辑，台北故宫博物院，1982 年，第 242 页。
⑤ 《清高宗实录》卷 1231，乾隆五十年五月癸酉，第 516—517 页；卷 1236，乾隆五十年八月戊寅、甲申、乙酉，第 607、618、619、621 页。
⑥ 《乾隆五十年八月二十一日、十一月初九日江西广饶九南道穆克登奏折》，载中国第一历史档案馆藏，宫中档朱批奏折，档号：04-01-35-1180-025、04-01-06-0003-007。
⑦ 虽然乾隆后期的灾歉导致湖北省也加入到需米行列中来，但长江中游作为粮食输出区的定位仍没有变。

易的大发展，也是长江中游通过粮食贸易融入全国市场过程中呈现的一个明显特征。

三、乾隆前期清政府应对"丰年米贵"的政策调整

学界此前对乾隆米贵的研究主要集中于"乾隆十三年米贵"问题，然而，随着更多粮价数据的系统整理，人们发现乾隆十三年（1748）的米价变动并不明显。[①] 因此有学者指出，乾隆十三年（1748）发生的米贵问题讨论的性质更像一个行政问题，而非经济问题，[②] 相关政策的探讨则多围绕常平仓改革展开。笔者通过梳理文献发现，自"丰年米贵"问题出现时起，清政府便开始了经济政策的调整，而乾隆十三年（1748）对常平仓政策的检讨，是新一轮政策尝试和调整的结果。下文便对这一调整过程进行探讨。

（一）乾隆十三年以前：普免米豆税银

翻阅《清高宗实录》中乾隆七、八两年的记载，关于灾歉、米贵的记录非常密集。巫仁恕的研究发现：1561—1800 年间的米价变动与城市米粮暴动频率变动呈现一致的变动趋势，而 18 世纪的粮食暴动集中于乾隆前期。[③] 乾隆八年（1743），长江中下游及其他各处多发抢米事件，江西省情况尤为严重，"袁州一带于二三月间，即有抢案一百六十余起。南、吉、抚、饶各属闻风效尤，旋拿旋息，此息彼起，抢案不一而足"。[④] 除了抢米以外，产米区还频频出现民间自发的遏籴、罢市等事件。丰年米贵以及多发的抢米等暴力事件，使清政府开始对米贵问题产生了以往不曾有过的注意与紧张，也促使乾隆帝思索米贵的原因，找寻平抑米价的手段。

首先提出的政策是普免米豆税银。乾隆七年（1742）四月，"将东省之韶关及

---

① 王业键："The Secular Trend of Price during the Ch'ing Period（1644～1911）"，《香港中文大学中国文化研究所学报》1972 年第 2 期；阮明道：《吴氏经商账簿研究》，《四川师范学院学报》1996 年第 6 期。

② 陈春声、刘志伟：《贡赋、市场与物质生活——论 18 世纪美洲白银输入与中国社会变迁之关系》，《清华大学学报》2010 年第 5 期。

③ 巫仁恕：《激变良民：传统中国城市群众集体行动之分析》，北京大学出版社，2011 年，第 174—175 页。

④ 中国人民大学清史研究所主编：《康雍乾时期城乡人民反抗斗争资料》下册，中华书局，1979 年，第 574 页。

西省之梧、浔等处，米船料税豁免"。① 七月，将各关米麦豆税银悉行宽免。② 蠲免米税并非乾隆时期初创，据邓亦兵的研究，从顺治开始，各朝已有间断性的蠲免个别税关米豆税银的政策。③ 但是，乾隆七年（1742），将所有税关米豆税银全部蠲免，却是首度实行。施行普免米豆税银政策，旨在通过政府让利的方式鼓励粮食跨区域流通，让市场机制发挥作用以促进各地米价的平衡。"免其输税，则百谷流通，粮价必减，民食可得充裕。恤商正所以惠民也"。④

那么，这项政策是否达到了平抑米价效果呢？站在乾隆十三年（1748）这一时点看，免除税关米麦豆税已有七年。其间，除贵州价格相对稳定，广东、广西、甘肃略有下降之外，长江中下游等地仍然在平缓上升，平抑粮价的效果似乎并未达到。然而，普免米麦豆税政策确实导致浒墅关等以粮税为主的税关收入出现明显下降。乾隆十年（1745）三月戊戌，谕："宽免各关米麦税银，所以纾商力而平粮价……近日以来，各省所报米粮过关之数，日见其多，而税课交官之数，日见其少。即如临清关，七年免过米麦税一万七千二百九十余两，八年即免过米麦税四万七千三百余两；淮安关，七年免过米豆税十九万三千四百余两。八年即免过米豆税二十五万六千八百余两；浒墅关，乾隆七年，一年免过米豆税二十一万二千余两，八年分四个月即免过米豆税九万六百九十余两。再临清关，六年缺额八千四百余两，七年即缺额一万五千二百六十余两；由闸，七年缺额一万一百五十余两。其他关口，大率类此。夫年岁即有不齐，而每年过关米粮，其多寡之数，大约不甚悬殊。若果过关米豆递年有加，则彼处米豆价即应大平。何以各督抚所奏粮价折中，又未有较往年大平之处"。⑤

从乾隆七年至十三年（1742—1748），米贵问题并未得以遏制，而普免米豆税银导致的弊病却十分突出，这促使乾隆帝开始思考变更平抑粮价的手段。乾隆十一年（1746）六月辛卯，谕："朕思加惠商民，恩施格外，于乾隆七年四月内，特降谕旨，将各关向来例应征收之米豆税课，悉行蠲除。原因小民朝饔夕飧，惟谷是赖，免其输税，则百谷流通，粮价必减，民食可得充裕。恤商正所以惠民也。自免税以后，各关所报过关之米，果日见较多于前，而价值并未平减，且反增加。朕细

---

① 《清高宗实录》卷 165，乾隆七年四月，第 93 页。

② 《清高宗实录》卷 170，乾隆七年七月辛未，第 166 页。

③ 邓亦兵：《清代前期抑商问题新探》，《首都师范大学学报》2004 年第 4 期。

④ 中国第一历史档案馆编：《乾隆朝上谕档》第 2 册，乾隆十一年六月二十七日，广西师范大学出版社，2008 年，第 109—110 页。

⑤ 《清高宗实录》卷 237，乾隆十年三月戊戌，第 51—52 页。

加咨访，皆因商人唯利是图，不知朕恩，并不肯因免税之故，稍减价售卖与民。且过关之时，隐匿夹带，种种偷漏。胥吏又乘势为奸，刁蹬勒索，以致米价转昂，百姓并未受益……是朕以国家之制赋，为无益之蠲除，转不如照例征收，使帑项有余……"[1]乾隆十三年（1748）十一月，停止米豆税普免政策，各关恢复米豆税银的征收。[2]

（二）乾隆十三年以后：停止常平仓扩张政策

清代前期，清政府一直致力于扩张常平仓储量，乾隆初期尤其如此。[3]乾隆三年（1738），重启常平捐监事例，于常平仓额定谷数 2800 万石外，增定谷数 3200余万石。[4]至乾隆八年（1743），常平仓已收捐谷 600 余万石。乾隆八年（1743）因丰年米贵，清政府一方面通过实施普免米豆税银来促进流通、平抑米价，另一方面对常平仓扩张政策也进行了调整。乾隆八年（1743）四月的上谕中，指出常平仓政导致米贵的两个主要原因：其一，常平仓定额以外，各省举行纳粟入监之例客观减少了市面米谷通行量；其二，众多省份集中于产米地采买，共同抬高了产米地的米价。一言以蔽之，米贵"实系各省添补仓储，争先籴买之所致"。[5]从乾隆八年开始，减去增定的常平仓额数 400 万石，并暂停外省采买补仓及捐监收米之例。然而仅过一年，便又重新恢复了捐例及采买。[6]此后各省常平仓仍在扩张，乾隆十三年（1748）全国常平仓谷额数已达 4800 余万石。[7]

乾隆十二年（1747）底，因蠲免米豆税银政策未达预期效果，乾隆帝再次转向对常平仓政的关心，由此引发了皇帝与地方各省大员之间一场规格极高、持续近一年的大讨论，最终形成当代学者所关注的"乾隆十三年米贵问题"。据清实录，乾隆十三年（1748）正月至八月间，共 14 个省区、13 位督抚向皇帝奏报了个人关于

---

① 中国第一历史档案馆编：《乾隆朝上谕档》第 2 册，乾隆十一年六月二十七日，广西师范大学出版社，2008 年，第 109—110 页。

② 中国第一历史档案馆编：《乾隆朝上谕档》第 2 册，乾隆十三年十一月二十三日，广西师范大学出版社，2008 年，第 256—257 页。

③ 刘翠溶：《清代仓储制度稳定功能之检讨》，载陈国栋、罗彤华主编：《经济脉动》，中国大百科全书出版社，2005 年，第 317—346 页。

④ 《清高宗实录》卷 61，乾隆三年正月庚午，第 7—8 页。

⑤ 《清高宗实录》卷 189，乾隆八年四月己亥，第 429 页。

⑥ 《清高宗实录》卷 209，乾隆九年正月壬寅，第 690 页；卷 211，乾隆九年二月癸酉，第 714—715 页；和卫国：《乾隆前期纳谷捐监研究》，载朱诚如、王天有主编：《明清论丛》第 7 辑，紫禁城出版社，2006 年。

⑦ 李鸿章等修：《光绪朝大清会典事例》卷 190《户部·积储》，中文书局影印版，第 5b 页。

米贵的看法，除对人口增长这一因素表示一致认同外，皆将重点投注于对常平仓储扩张以及官方采买的检讨。如湖南巡抚杨锡绂奏，"积贮当以足敷赈济而止，不必过多"。湖北巡抚彭树葵奏，"今欲价平，必酌减官买"。江西巡抚开泰奏，"特是办理采买，略有不当，难保米价不昂"。两广总督策楞奏，"若不暂停采买，将丰年仍同歉岁，终无平减之时"。①

综合各地督抚的"采买过多，米价益昂"之意见，乾隆帝改弦更张，正式停止了常平仓扩张政策。乾隆十三年（1748）七月辛丑，谕："溯查康熙雍正年间，各省常平已有定额。朕以积贮为要，故准臣工奏请，以捐监谷石增入常平额。虽益仓储，实碍民食。朕既知初意之失，不可不为改弦之图。各省常平已有定额，直省常平贮谷之数，应悉准康熙雍正年间旧额。其加储者，以次出粜，至原额而止。或邻省原额不足，即就近拨运补足，所需运价，照例报销。"②乾隆十四年（1749）三月，议定仓储定额谷 3379 万余石，较乾隆十三年额数减少 1431 万余石。③当乾隆十七年（1752）再度发生米贵后，长江中游地区督抚向皇帝申诉米贵时，重点仍旧集中于对官方采买的检讨，强调民间自由流通的重要性。④透过此次政策调整，可观察到乾隆前期，政府虽实行积极干预的经济政策，但非常注重利用市场机制发挥作用，以达到稳定粮食市场的目的。

四、地区农业结构变化

在长江流域的粮食市场格局中，长江中游是重要粮食输出区，米价上涨也促进了长江中游地区的农业经济发展。乾隆前期，江广地区为应对米贵问题，采用各种手段扩大粮食生产；加之长江下游地区经济作物种植及手工业发展导致对商品粮的旺盛需求，⑤共同推动了跨区域粮食贸易的进一步发展。反过来，粮食贸易的发展也推动了长江中游地区农业格局的变化。

其一，垸田开发。江汉平原、洞庭湖平原与鄱阳湖平原是长江中游地区重要的

---

① 《清高宗实录》卷 311，乾隆十三年三月，第 97、98、100 页。

② 《清高宗实录》卷 319，乾隆十三年七月辛丑，第 243 页。

③ 李鸿章等修：《光绪朝大清会典事例》卷 190《户部·积储》，中文书局影印版，第 5b 页；《清高宗实录》卷 337，乾隆十四年三月庚午，第 640 页。

④ 《乾隆十七年十一月十二日署理湖南巡抚范时绶奏折》《乾隆十七年十一月廿二日暂署江西巡抚鄂容安奏折》，载台北故宫博物院编辑委员会编：《宫中档乾隆朝奏折》第 4 辑，台北故宫博物院，1982 年，第 304、388 页。

⑤ 张海英：《明清江南地区与其他区域的经济交流及影响》，《社会科学》2003 年第 10 期。

产米地。唐宋以来，围垦堤垸逐渐成为湖区开发的主要形式。乾隆时期，湖区垸田开始急剧扩张，尤其是乾隆前期规模最盛，成为扩大粮食生产的重要手段之一。湖南省洞庭湖区，除华容、安乡在明代已有开发外，其余地区的垸田大都是在清代前期的开发成果。[①] 以湖南湘阴县为例，清代所筑一百多处堤垸，绝大部分完成于乾隆前十数年间。[②]

其二，扩展双季稻作、稻麦连作，提高土地复种率。在康熙时期，长江中游地区仅有个别地区实行双季稻作，至乾隆时，双季稻作几乎覆盖了江西全省。乾隆《会昌县志》载，"会邑三十年以前，田种翻稻者十之二，种麦者十之一，今则早稻之入不足以供口，于是有水之田至秋尽种翻稻"。[③] 湖北省的双季稻作记载不多，但在乾隆中期，小麦种植迅速在江汉平原以及鄂东丘陵地带普及，实现了稻麦连作制的推广。[④]

其三，推广杂粮种植。乾隆中期以来，玉米、甘薯种植在湖广两省迅速推广，在湘鄂西、湘南山区甚至可替代稻谷，成为山民主食。[⑤] 乾隆前期的米贵对两湖的杂粮推广发挥了直接的促进作用。乾隆前期，玉米尚未成为湘鄂西、湘南山区的主要杂粮作物，但经历乾隆前期的米贵事件以后，这一情形迅速被改变。乾隆十七年（1752），湖南按察使奏报："至各属上年米少价贵，是以今年民间多添种荞麦、苞谷、杂粮之类。永顺、辰沅及靖州等属苗地，尤资杂粮糊口。今年所种亦较多于往年。"[⑥] 湖北省，据《房县志》载："苞谷……自乾隆十七年大收，数岁山农恃以为命，家家种植。"[⑦] 乾隆十七年（1752）开始，湖北省常平仓新增了玉米这一品种。[⑧] 乾隆十九年（1754）二月湖广总督开泰奏，在湖北通山县、随州、襄阳府、宜昌府

———————

① 龚胜生：《清代两湖农业地理》，华中师范大学出版社，1996年，第86页；载湖南省地方志编纂委员会编：《湖南通鉴》，该书收入《湖湘文库》编辑出版委员会编：《湖湘文库》乙编第4号，湖南人民出版社，2008年，第368页。

② 张建民：《清代江汉—洞庭湖平原堤垸农业的发展及其综合考察》，《中国农史》1987年第2期。

③ 乾隆《会昌县志》卷16《土物》。

④ 参见谢美娥：《清代前期湖北的人口、商业化与农业经济变迁》，花木兰文化出版社，2009年。

⑤ 龚胜生：《清代两湖农业地理》，华中师范大学出版社，1996年，第130—134、139—145页。

⑥ 《乾隆十七年十一月二十日湖南按察使沈世枫奏折》，载台北故宫博物院编辑委员会编：《宫中档乾隆朝奏折》第4辑，台北故宫博物院，1982年，第364页。

⑦ 同治《房县志》卷11《风俗》。

⑧ 《乾隆十七年十二月初五日湖北巡抚恒文奏报民数谷数折》，载台北故宫博物院编辑委员会编：《宫中档乾隆朝奏折》第4辑，台北故宫博物院，1982年，第519页。

及湖南澧州、常德等地购买二万石玉米运往江南。[①] 这说明两湖玉米种植已经颇具规模。杂粮的推广以及主食替代等行为有助于缓解本地市场的米谷供求的紧张。

其四，烟草种植、加工业的发展。乾隆中期以来，番薯、玉米等杂粮在江西省赣南与赣东北山区也有所推广，但种植规模远不及湖南省。[②] 颇值得注意的是，赣南、赣东北山区的烟草种植加工业迅速发展。从清初开始，赣南山区已有部分地区种植烟草，乾隆以后种植面积继续扩张。乾隆《赣州府志》载："烟……赣属邑遍植之，甚者改良田为蒮畬，致妨谷，收以获利，闽贾争挟赀觅取。"[③] 乾隆《广信府志》载："广丰烟叶盛行于闽，或谓禁之，岁可增粟千万。"[④] 乾隆时期，种烟区已经覆盖整个赣南、赣东北地区，并形成了瑞金县烟草种植中心，大庾、广丰二处重要的烟叶生产中心。[⑤] 嘉庆以后，江西省种烟区仍在扩大，如建昌府新城县成为新的种烟区。[⑥] 赣南、赣北山区从粮食作物种植为主转向发展经济作物种植、加工业，反映出江西省农业经济结构的提升。

五、结语

乾隆时期，长江中游的米价上涨往往发生于长江下游及东南诸省灾歉米贵、本地粮食大量输出的背景下，由此出现了"丰年米贵"的新现象。这一现象的产生，说明气候、收成等因素以外，市场机制发挥着深层次的作用。因此，"丰年米贵"可视为18世纪跨区域粮食贸易迅速发展与全国粮食市场体系逐渐形成的一个重要表现特征。

米贵直接影响民生，致使南方多地无论产米区还是缺米区均出现频繁的抢米、遏籴等暴力事件，也促使清政府对其粮食政策进行调整：乾隆十三年（1748）前的调控手段以蠲免米豆税银为主，旨在促流通，实现跨区域米价平衡；乾隆十三年（1748）后转向停止常平仓储扩充政策，旨在减少行政干预，客观增加粮食市场供给以平抑米价。这一政策变化说明乾隆时期，政府逐渐注重发挥市场的资源配置功

---

① 《乾隆十九年二月二十一日湖广总督开泰奏折》，载台北故宫博物院编辑委员会编：《宫中档乾隆朝奏折》第7辑，台北故宫博物院，1982年，第640页。

② 曹树基：《明清时期的流民和赣北山区的开发》，《中国农史》1986年第2期。

③ 乾隆《赣州府志》卷2《地理志·物产》。

④ 乾隆《广信府志》卷2《地理·物产》。

⑤ 曹树基：《明清时期的流民和赣南山区的开发》，《中国农史》1985年第4期；曹树基：《明清时期的流民和赣北山区的开发》，《中国农史》1986年第2期。

⑥ 同治《新城县志》卷1，嘉庆十年《大荒公禁栽烟约》。

能，通过结合行政手段、转变方式来谋求粮食市场的稳定。

通过市场机制的作用，米价的上涨也引起长江中游地区的农业经济格局出现重要变化：通过开发垸田，扩展双季稻作、稻麦连作制，推广杂粮种植等方法来扩大粮食生产，增加商品粮食供应量；江西赣南、赣北山区则由粮食作物种植转向大力发展经济作物种植、加工业，推动了产业升级。这些变化推动长江中游地区进一步融入全国粮食市场。乾隆中期，长江中游米价涨幅明显放缓，而乾隆中后期，长江流域长距离米谷贸易进一步发展，达到鼎盛的规模。

中华人民共和国成立前后东北人才工作的展开

姜长青*

内容提要： 中华人民共和国成立初期，中央做出东北经济恢复发展先行一步的决策，并给予东北多方面的特殊政策。东北经济恢复中大力加强人才队伍建设，积极从关内招聘选调人才，发展教育培养人才，认真抓好科研；充分发挥工人阶级的积极性和创造性；苏联专家中很大一部分安排在东北工作。人力资本要素对东北经济恢复发展起到了重要作用。

关键词： 人才　招聘　苏联专家

人才是现代社会发展最重要的资源。在中共七大的政治报告中，毛泽东就指出："为着建立新民主主义的国家，需要大批的人民的教育家和教师，人民的科学家、工程师、技师……和普通文化工作者。一切知识分子，只要是在为人民服务的工作中著有成绩的，应受到尊重，把他们看作国家和社会的宝贵的财富。"①

一、东北经济恢复工作中，技术人才队伍的加强

东北是解放较早的地区，也是中华人民共和国成立前后重点建设的区域。新中国成立初期，东北延揽了大量的人才，这为东北的经济恢复和发展起到了重要作用。恢复与发展工业生产，必须依靠科学技术，必须尊重知识，尊重人才。早在 1948 年 6 月，时任东北地区领导人的李富春在分析入城后面临的困难时就指出，

---

* 姜长青，中国社会科学院经济研究所副研究员，经济学博士后，主要从事中华人民共和国财政史研究。

① 毛泽东：《毛泽东选集》第 3 卷，人民出版社，1991 年，第 1082 页。

技术人员的流失将是恢复经济中面临的突出问题，"我们自己太土包子了，科学人才少，科学技术差"，[①] 对于技术业务所知甚少，即令有些同志过去是学技术的，但参加革命后当行政首长，结果以前学的技术丢了。

由于中国共产党长期从事武装斗争和农村工作，而管理城市和进行经济建设的经验和人才则严重缺乏。中国虽然人口众多，然而有文化、懂技术的劳动力与技术人员则相对十分短缺，技术人员与劳动力的供求矛盾也很尖锐。建国初期，这个问题也严重困扰着我国，一方面，当时劳动力供给总量大大超过需求，另一方面，从供给结构来看，有文化和技术的劳动力又严重短缺，许多企事业单位招不到合适的职工。据统计，1949 年平均每万人中，仅有大学生 2.2 人，中学生 23 人，小学生 50 人；据 1952 年统计，在全国就业人口中，每万人中有科技人员 7.4 人；每万名职工中（尚不包括占就业人口 90% 以上的农民和个体经营劳动者）有科技人员 269 人。另据 1952 年全国干部统计资料，在 247 万多名干部中，按文化程度分，大专以上文化者占 6.58%，高中文化者占 15.54%，初中文化者占 36.98%，小学文化者占 37.80%，文盲占 31%。以最大的鞍山钢铁企业为例，那里的 70 名工程师中竟有 62 名是日本人，他们中有的在心理上仇视中国人，很难在经济恢复中依靠他们。据中国有关统计资料，作为全国钢铁工业中心的东北，在日本人被遣送回国后，其技术人员占该行业人员总数的比例已经降至 0.24%。

中国共产党各级组织通过多种方式为东北经济恢复积聚人才，其中对教育工作的重视为工业生产的发展准备了高素质的人才和劳动力。"东北解放区的教育工作在土地改革基本完成的区域，不论数量或质量上均起了重大变化，广大的翻身农民子弟在土改后纷纷入学"。[②] "另外，如东北大学、中国医科大学、军政大学及各地区、各部门设立之专门干部学校、铁路学校、艺术学校等亦有十余处，学生达万名以上。最近成立之东北科学院，专门招收科学、技术人才以应东北广大建设部门之需"。[③]

1949 年 8 月，中共中央东北局常委林枫所作的《东北三年来的政府工作报告》指出：三年来，培养了大批的为人民服务的工农和新的知识分子干部，东北行政委员会和各省都设立了行政干部学校，各省各县市共训练了各种干部约 11 万人，这些干部经过思想改造和实际锻炼以后，都有了很大的进步，其中有 183 名已被提拔

---

① 房维中、金冲及主编：《李富春传》，中央文献出版社，2001 年，第 363 页。
② 《人民日报》1948 年 5 月 31 日，第 2 版。
③ 《人民日报》1948 年 5 月 31 日，第 2 版。

为县级干部，8818 名被提拔为区级干部。①

东北还从内地大量招聘人才。中华人民共和国成立前夕，东北人民政府就在《人民日报》等主要报刊上发布招聘启事，《东北人民政府招聘专家教授及工作人员简章》中指出："为适应东北经济建设之需要，决定在京津招聘下列各种人员：（甲）各种专家教授，名额不限。（乙）专科以上及大学毕业生一千名（包括理化、工矿、财经、会计、统计、银行、医科、文科等。）"②当时关内的科技人员有 30 万人左右，李富春指示东北工业部从关内招聘科技人员到东北地区工作，1948 年 8 月 31 日，他给雍文涛写信，提出 5 点优惠招聘条件：愿来东北的专家，可照东北工薪提高 1/3（最高可达 1000 分）；如有特别好的还可提高；冬衣费可以预支，有具体困难者，可全力帮助解决；家属留关内者，可预支安家费，也可以汇款养家；工薪从动身来东北之日算起。只要是东北需要的专家、教授与科技人员，而思想又进步者，尽量吸收来。大学毕业生亦如此。③此信经高岗、林枫等领导人签字同意，作为东北局和东北人民政府决定的政策传达贯彻下去。

东北局到全国招聘技术人员的工作得到中央的支持。由于当时关内有些地方的国民党反动派还在负隅顽抗，新解放区的土改还在进行，暂时尚无法从事大规模的经济建设，中共中央决定对东北给予特殊政策，从全国各地抽调科学技术人员，支援东北的经济恢复与建设，进而创造条件，以东北为基地，支援全国的经济建设。

根据中央指示精神，李富春决定让武衡出任招聘团团长，去关内招聘科学技术人员。武衡带领招聘团兵分四路，赶赴华北、华东、中南和西南，招聘有专长的人员。由于中央的支持，李富春的多方联系，华东局、华中局等各地领导都十分支持东北局招聘技术人员的工作，招聘团只用三四个月的时间就完成了任务，招聘到四千多名各方面的技术人员，其中既有科技人员，也有医务人员和财务人员。他们到达东北后，大多被分配到各主要厂矿和高等院校。这四千多人对东北工矿的恢复和发展，对东北教育的开创和教育水平的提高做出了重要贡献。就像武衡所说，这些爱国的知识分子就像当年奔赴革命圣地延安一样，不畏东北气候的寒冷、环境的艰苦，毅然离开繁华的城市、熟悉的家乡，抛弃优裕的生活，投身到建设东北的洪流中。他们胼手胝足，夜以继日地工作，比较迅速地解决了东北工业、农业、铁路交通运输以及医药卫生方面的各种技术问题，很快把经济恢复起来了。

① 《东北解放区财政经济史资料选编》第 1 辑，黑龙江人民出版社，1987 年，第 146 页。
② 《人民日报》1949 年 9 月 29 日，第 5 版。
③ 房维中、金冲及主编：《李富春传》，中央文献出版社，2001 年，第 365 页。

在派武衡到全国招聘技术人员时，李富春进一步指示，要结合东北经济建设的需要招聘人才，并根据东北优先发展重工业而矿产资源的地质情况仍不清楚这一问题，专门要求武衡组织北平和南京的地质学家到东北参加地质矿产的调查勘探工作。随后，李富春派武衡到关内聘请了约占全国一半的地质专家到东北从事地质勘探工作。经过反复磋商，组织了一支包括专家、学生、工人在内的八百余人的东北地质矿产调查队。从 1950 年 4 月开始，他们进行了中国有史以来第一次有计划、有组织的大规模地质矿产调查工作。历时半年，对东北十多个煤、铁、有色金属及非金属矿区进行了调查、勘察和测量。他们的研究成果，对东北的矿产开发、工业建设做出了巨大贡献。他们当时撰写的论文和工作报告，直到现在仍是东北工矿企业制定发展战略时的重要参考文献。

对一些行业发展所需人才，还通过组织抽调到东北帮助恢复生产。全国钢铁会议于 1949 年 12 月 16 日至 25 日召开，出席的有东北、华北、华中南、华东、西北各大行政区的有关负责人和专家。12 月 25 日，陈云在会议上作总结讲话，指出：现在国家财政困难，下决心在东北建设钢铁工业，这是国家大事，各地区要克服本位打算，动员专家去东北。东北方面对各地送去的人要妥善安排。技术人员是实现国家工业化不可缺少的力量，是我们的"国宝"，对他们要采取信任态度，在物质上也应有必要的保证。技术人员要正确对待物质待遇和地位问题，高高兴兴地去东北从事新的经济建设工作。① 最后会议指出："全国钢铁技术干部非常缺乏，仅占钢铁业职工总人数的 0.71%，其中华北占其职工总数的 2%，太原占 2%，华东占 4.6%，华中南占 3.5%，而东北为恢复钢铁生产的重点，技术干部却最为缺乏，仅占其职工总数的 0.2%。因此会议决定从华北、华东、华中南地区抽调大批技术人员赴东北工作。"② 抽调技术人员去东北工作，对于东北地区钢铁工业的恢复发展发挥了非常重要的作用。

据《鞍钢志》记载："为了加强鞍钢修复和建设的领导，党和国家从 1949 年下半年起，陆续从东北、华北、华东调来 500 多名县地级以上领导干部支援鞍钢；又从中南、华东招聘了 500 多名具有较高文化、专业知识的工程技术人员和管理人员。根据中苏政府协议，帮助鞍钢建设的苏联专家也陆续来到鞍钢。"③

1950 年 3 月，毛泽东在沈阳召开的东北高级干部会议上指出："东北是全国的

① 中央文献研究室编：《陈云年谱》中卷，中央文献出版社，2000 年，第 15—16 页。
② 《人民日报》1950 年 1 月 3 日，第 2 版。
③ 鞍钢史志编纂委员会编：《鞍钢志》，人民出版社，1991 年，第 15 页。

工业基地，希望你们搞好这个工业基地，给全国出机器，给全国出专家。我们现在从关内搞一批知识分子来，以使将来给全国训练专家。"①4月14日，陈云同薄一波致电毛泽东并中共中央，作关于全国钢铁、有色金属、电机、化工、机器会议和重工业部第一季度工作的综合报告，指出：钢铁会议确定，目前建设中心为东北，其次为华北。今年工作的重点是增加轧钢和冶炼设备，从关内商调技术干部。其他会议也都确定恢复和建设的重点在东北，并注意解决一部分人对此思想不通的问题。该月16日，中共中央转发了这个报告。②

1952年4月，陈云为中财委起草致各大区财委（计委）、中央各工业部中共党组并报毛泽东、周恩来电，指出：鞍钢改建的初步设计规定改建完成期限为7年，苏联已允按期供应鞍钢的全部重要装备和援助施工安装，目前的关键在于我们能否调集足够的干部和技术员工适应改建工作的需要。集中全国力量首先完成鞍钢的改建，是我国工业化的首要步骤。为此，除由东北自行配备者外，决定从全国各地和工业部门抽调技术人员到鞍钢去，限于5月份调齐。③根据毛泽东的批示，全国各地选派了大批有经验的干部到鞍钢工作，有力地加强了鞍钢生产建设的领导。东北老工业基地的每一历史性进步都同发挥人才作用密切相关。新中国成立初期，国家从全国各地选派了一大批领导干部、工程技术人员和大学毕业生，与东北的广大建设者一道，为东北经济恢复做出了历史性贡献。

二、抓好科研工作　培养科技人才

科研机构是知识分子和人才活动的主要人被遣送回国后场所，也是科技发展和人才建设的摇篮。东北地区原有的科研机构在日方人员被陆续遣送回国后受到严重损害，在解放战争期间又受到严重的破坏，几个大的研究机构已丧失原来的作用。1949年夏天，为了使科学技术在恢复经济中发挥更大作用，李富春提出在伪满"大陆科学院"原址上，建立东北工业研究所（后更名为东北科学研究所），以解决东北工农业恢复和发展中的技术问题。

此外，李富春还十分关心科技工作，亲自选派干部去抓科学研究单位。经过反复比较挑选，李富春通知中共黑龙江省委，调当时担任省工业厅厅长、曾在清华大

---

① 《毛泽东在东北局高级干部会议上的讲话》，1950年3月3日。
② 中央文献研究室编：《陈云年谱》中卷，中央文献出版社，2000年，第47页。
③ 中央文献研究室编：《陈云年谱》中卷，中央文献出版社，2000年，第135—136页。

学地学系学习过的武衡去执掌东北工业研究所。1949 年 7 月，武衡接到东北局的调令。他回忆当时的情景时说："我开始有点犹豫，一是由于我搞工业已多少摸到一点门路，不愿骤然调离；二是由于在延安时期，对科学工作经常有争论，我不想再继续卷入争论的漩涡。当我申述了个人'理由'之后，省委的同志说，这是富春同志决定的，而且非常坚决，我们本来也提出意见，但都被否决了。组织上既然已经决定，我便服从了。"李富春还明确指示武衡，科学技术要为经济建设服务，嘱他先到鞍山、抚顺、本溪等大厂矿看看，再去研究所工作。

武衡到任后确定工作重点：(1) 到关内招聘科学技术干部，或请关内有关大学和研究单位派人到东北工作，为东北培养干部；(2) 向关内广为收集、购买图书资料、仪器设备、化学试剂等；(3) 组织已有的科学技术人员，到东北各厂矿企业参观、学习，了解他们需要解决的技术问题；(4) 继续修缮房舍，修复仪器设备等。

1949 年 8 月 1 日，中共中央东北局、东北行政委员会发布《关于整顿高等教育的决定》，指定东北工业研究所为全东北高级科学研究机关。9 月，东北工业部规定该所任务是："配合（东北）各工厂建设，进行资源的调查研究；培养科学技术研究干部；检验各工厂产品的质量，联系指导各工厂的技术研究工作；介绍苏联科学上的成就与先进经验。"在当时百业待兴的形势下，东北工业研究所担负了艰巨的任务。

为了支持东北工业经济的恢复与发展，东北工业研究所的研究工作采取了从东北工农业的恢复工作中找研究课题的方法和道路，提出科学研究要为经济建设服务，并且积极组织科研人员到各厂矿开展调查，以期对东北工业现状和存在的有关问题进行全面了解，并立足于工业生产中急需解决的科学技术问题，确定研究项目。在此基础上，他们对科学研究做出年度计划。这种研究思路，使科学研究直接服务于经济建设和工业发展，针对性和实践性特别强，对于东北经济的恢复和发展发挥了积极作用。

三、工人阶级积极主动性的发挥

工人阶级是东北工业恢复和建设的主力军，他们中间有着各式各样的人才。东北的全面解放，使得在过去压抑已久的工人爱国热忱得以充分的释放。工作中他们视厂如家，积极奉献、积极发明创造，促进了东北工业的恢复和建设。在东北工业恢复和发展的过程中，广大工人创造性地做出了自己的贡献，涌现出来一批杰出的工人阶级的优秀代表。

1. 开展献器材、修设备的群众运动

由于东北大多厂矿百废待兴，厂矿设备毁坏、散失严重，为了尽快开工生产，东北的工人们自发地开展了献纳器材的运动。孟泰是鞍钢的老工人，他以自己的主人翁精神和爱厂如家的实际行动为鞍钢的工人们开了个好头。他将捡到的千种材料、万种零件储存在"孟泰仓库"里，供恢复生产使用。在不到一个月的时间里，鞍钢的工人、技术人员就献出各种设备和器材 21 万多件。本钢在献纳器材的运动中，几千员工献纳出的各种器材约值十多亿元东北币。同时，各个厂矿的职工又将散失的各种设备收集起来，加以修理，加快了各个厂矿的复工速度。

2. 开展创造新纪录和合理化建议运动

东北工业恢复工作正式启动后，紧接着又开展了创造新纪录和合理化建议的运动。1949 年 10 月，东北工业部就开展群众性创造生产新纪录运动作出一个《决定》，指出创造新纪录运动的重大政治意义。东北第三机器厂劳动模范赵国有首先挑起了东北工矿业的生产大竞赛，到 1950 年 10 月下旬，参加这一竞赛的厂矿已有数百个之多。生产竞赛在东北地区开展后不久，齐齐哈尔第二机床厂的工人们就将这一运动推向全国范围："1951 年 1 月 17 日，马恒昌小组向全国职工发出的开展爱国主义劳动竞赛的倡议，在《工人日报》上刊登出来。这个倡议在全国工人中引起了巨大的反响，从首都到边疆，从大城市到县城，全国共有 1.8 万多个班组响应，爱国主义劳动竞赛蓬蓬勃勃地开展起来了。"

合理化建议运动主要是为调动广大职工的生产积极性，动员职工就优化生产流程、改进生产工具、提高劳动效率等方面提出意见和建议。合理化建议运动取得了很大的成绩。例如，东北被服局第一工厂职工提出改进劳动组织的合理化建议，迅速在东北地区推广，结果，仅被服业的劳动生产率就提高了 25%。[①] 另据沈阳、鞍山、大连、本溪等地的 212 个厂矿的不完全统计，1951 年职工在运动中提出 1.16 万件合理化建议，其中 6808 件所创造的价值约 1391 亿元。

3. 开展技术革新运动

我国旧工业基础落后，工人的技术水平和文化水平都整体偏低，因此，加强工人的技术、文化及基本科学知识的学习是持久广泛地开展技术革新运动不可缺少的条件。早在 1949 年 12 月，陈云就指出："要建设好我们的国家，提高广大人民的

[①] 中国企业史编辑委员会编：《中国企业史·现代卷》上卷，企业管理出版社，2002 年，第 201 页。

生活水平，需要发展工业，这就需要技术。我们有勇敢战斗的精神，这很好，但还不够，还要掌握科学技术，并且发扬中国的优秀文化。"[①]技术革新就是生产设备、生产工具、技术过程、技术标准、操作方法以及劳动条件等方面的改进与提高。第二次世界大战后，世界各国的经济纷纷转向以技术革新为主的扩大再生产，工业发达国家如日本、美国、德国、英国等都是如此。日本战后的经济恢复和经济发展主要走的是技术革新道路。他们积极引进国外先进技术，结合实际加以消化吸收和创新，再利用新技术来发展工业，以技术革新实现其经济的腾飞。早在1952年9月，鞍钢小型轧钢厂的张明山就在党的领导和支持下，在苏联专家和许多同志的协助下创造了"反围盘"。从此，鞍钢以技术革新为主要内容的劳动竞赛迅速开展起来，涌现出了王崇伦、黄德茂等一批先进人物。至1954年4月，有1.7万多名职工提出合理化建议3.86万多件，被采纳的有2.2万多件，其中运用到生产中去的有1.3万多件。

这些技术革新提高了劳动生产率和产品质量，降低了生产成本，保证了国家计划的完成和超额完成。"技术革新的目的就是要不断提高劳动生产率，来保证全面完成并争取超额完成国家计划"。在技术革新运动中，广大工人增强了科学意识，也提高了学科学、用科学的热情。

四、苏联专家的帮助加速东北经济恢复

新中国成立初期，外交上实行一边倒的政策，倒向了社会主义阵营一边。中华人民共和国与苏维埃社会主义共和国联盟（苏联）于1950年2月14日签定了有效期为30年的《中苏友好同盟互助条约》，这对于巩固中苏友好关系、加强社会主义阵营力量等都有着重要意义。而此时苏联经过几个五年计划的建设，工业较为发达，有相对成熟的发展现代工业的人才和技术。新中国成立初期，中国和苏联的特殊友好关系也使得得到苏联人力和技术等帮助成为可能。作为当时国家重点建设的地区，东北经济恢复和发展，还需要外国专家特别是苏联专家的帮助。

1949年1月10日，陈云复电高岗指出：中国一向缺少五金方面的专家，据说翁文灏曾将全国2/3的钢铁专家集中在鞍山，但他们仅在国外实习过，并无实际经验。留在鞍山的日本技师技术上既不精，政治上也不忠。因此，需要尽快聘请苏联

---

① 陈云：《陈云文选（1949—1956）》，人民出版社，1984年，第46页。

专家前来。否则，不仅鞍山、本溪难以全面复工，而且究竟需要从国外订购制作哪些设备都开不出清单。①

中国党和政府对引进苏联专家进行了紧锣密鼓的准备工作。1949 年 8 月 10 日，中共中央致电刘少奇、王稼祥：同意关于苏联专家到中国工作的待遇条件协定全文，望即照此签字。8 月 26 日，刘少奇电告中共中央：与来华苏联专家的负责人柯瓦廖夫及苏联专家 220 人，已于 25 日抵沈阳，拟于 27 日开欢迎会，于 28 日与柯及高级专家 30 人一道去北平。②8 月 28 日，刘少奇在东北局干部会议上的讲话中强调，在国内，只要第三次世界大战不爆发，我们的任务就一直是经济建设，使中国工业化。建设国家就要有一套知识。苏联专家来，给了我们学习的好条件，但还要靠自己努力学习得快一些。如果没有学好，不管工作职位高低，就要调动、撤职。③

1949 年 9 月 3 日，刘少奇在北平召开的中共高级干部会议上作关于中苏关系的报告，指出全党现在的任务就是集中全力恢复和发展国民经济，这是中国人民的最高利益，需要苏联在这方面的帮助。苏联要派大批专家来，中国的同志要同他们搞好关系。要善于向他们学习，保证用最快的速度、最好的标准学习好。④

1950 年 3 月 2 日，毛泽东和周恩来看望了在沈阳工作的苏联专家，听取他们对经济建设的意见和建议。3 月 3 日，周恩来在东北局干部会议上讲话，先是介绍了毛泽东访苏的情况，并说明李富春领导的代表团还在莫斯科继续谈判经济问题，主要是贸易、经济合作和聘请苏联专家问题；接着肯定了先解放的东北在支援全国解放战争中和在本地区经济恢复工作中的成绩；最后指出：这次苏联给我国贷款的绝大部分，中央给了东北，这是"因为东北经济建设的发展，对于全国影响是很大的，有局部然后才能有全国"。⑤

工作中，中央要求多方征求苏联专家的意见，多沟通，以便更好地发挥苏联专家的作用。1950 年 6 月 4 日，周恩来致函陈云：今后凡有苏联专家工作的机关、企业的负责人，务必将本机关、企业的生产业务计划扼要地告诉苏联专家，还要指

① 中央文献研究室编：《陈云年谱》上卷，中央文献出版社，2000 年，第 547 页。
② 中央文献研究室编：《刘少奇年谱》下卷，中央文献出版社，1996 年，第 221 页。
③ 中央文献研究室编：《刘少奇年谱》下卷，中央文献出版社，1996 年，第 222 页。
④ 中央文献研究室编：《刘少奇年谱》下卷，中央文献出版社，1996 年，第 223 页。
⑤ 中央文献研究室编：《周恩来年谱（1949—1976）》上册，中央文献出版社，1997 年，第 27 页。

定专人经常找苏联专家面谈，并与他们密切联系，借以更好地发挥专家们的作用。①

1950 年，中苏两国签订了由苏联援助中国建设和改造 50 个大型企业的协定（后来逐步增加到 156 项），鞍钢列于榜首。1951 年 12 月 3 日，李富春给周恩来和毛泽东写报告，请求动员全国有关方面的力量帮助鞍钢建设"三大工程"。毛泽东于 17 日亲笔批示："完全同意，应大力组织实行。"1952 年 2 月 26 日，被称为新中国工业建设史上"三大工程"的鞍钢无缝钢管厂、大型轧钢厂和 7 号高炉正式开工。

对于以鞍钢为代表的东北地区工业建设所取得的成就，党和国家的领导人是高兴的。1952 年 12 月 14 日，毛泽东复信鞍山钢铁公司炼钢厂全体职工："我很高兴地读了你们十二月二日的来信。祝贺你们在平炉炼钢生产上的最新成就。你们以高度的劳动热情和创造精神，在苏联专家的帮助之下，创造了超过资本主义各国水平的炼钢时间和炉底面积利用系数的新纪录。这不仅是你们的光荣，而且是我国工业化道路上的一件大事。希望你们继续努力，为完成一九五三年度炼好优质钢的新任务而奋斗。"② 1953 年 12 月 21 日，周恩来为祝贺鞍钢"三大工程"提前开工题词："大型轧钢厂、无缝钢管厂、七号炼铁炉的开工生产，是我国社会主义工业化建设中的重大胜利。祝贺鞍钢职工同志们这一伟大的成就。希望你们在毛主席的教导下，继续学习苏联的先进经验，为实现社会主义工业化贡献出更大的力量。"③

鞍钢职工经过艰苦的努力，终于战胜了重重困难，"三大工程"于 1953 年底全部建成投产。"三大工程"的建成投产，大大增强了以鞍钢为中心的东北钢铁基地的实力，是新中国社会主义工业化起步的一个重要标志。如 1953 年，鞍钢完成了国家计划的 113.55%，完成增产节约计划的 105.1%，完成劳动生产率计划的 114.4%，比 1952 年提高了 24%。④

中华人民共和国成立初期，东北经济恢复发展的实践充分证明：人才资源是第一资源，人力资本是第一资本。今天，我们在振兴东北老工业基地的过程中，要充分发挥和重视人才和人力资本的作用，把引进人才和留住人才作为振兴东北老工业基地的一项重要工作来抓。

---

① 中央文献研究室编：《周恩来年谱（1949—1976）》上册，中央文献出版社，1997 年，第 45 页。

② 中央文献研究室编：《毛泽东年谱（1949—1976）》第 1 卷，中央文献出版社，2013 年，第 637 页。

③ 中央文献研究室编：《周恩来年谱（1949—1976）》上册，中央文献出版社，1997 年，第 339—340 页。

④ 《开展技术革新运动，把劳动竞赛向前推进一步》，《人民日报》1954 年 4 月 18 日，第 2 版。

财政与货币史专题

金宣宗贞祐年间货币政策大讨论探微

王　雷* 　赵少军**

内容提要： 金宣宗贞祐年间，金朝政府在内忧外患，面临经济、军事、政治等方面巨大压力的背景下，围绕财政开支与严重的通货膨胀问题，进行了一次轰轰烈烈的大讨论。讨论分为三个阶段完成：第一阶段，从贞祐三年七月改交钞名为贞祐宝券到贞祐四年八月宣宗诏集百官讨论之前，为零散讨论阶段；第二阶段，从宣宗诏集百官讨论到讨论结束，为集中讨论阶段；第三阶段，讨论结束以后至兴定元年二月，为实施讨论结果阶段。这次讨论的核心议题是实施何种货币政策，即以什么样的政策保障财政收支平衡。根据主张的不同，这次讨论分为更造派和征敛派两大主流阵营。无论是更造派还是征敛派，通过这次货币政策的大讨论，对金末的货币政策的走向，乃至于对宣宗末年的政治都产生了深远的影响。

关键词： 金代　货币政策　大讨论　背景　主张　政策走向

金宣宗贞祐年间，金朝政府围绕财政开支与严重的通货膨胀问题，进行了一次轰轰烈烈的大讨论。这次讨论是一次思想火花的大碰撞，形成更造派和征敛派两大阵营，奠定了贞祐四年（1216）以后金代的货币政策走向，对于金代末期的货币政策走向，乃至于对宣宗末年的政治都产生了深远的影响。

《金史·食货志》对这次讨论集中择要记载，当今学术界已有多位学者意识到这次讨论的重要史料价值，并予以探讨。笔者结合相关文献记载和学界已有研究成果，拟对这一事件的背景和发生过程进行梳理，并从贞祐四年以后货币政策走向的

---

* 王雷，内蒙古民族大学政法与历史学院讲师，历史学博士，理论经济学博士后，主要从事辽金经济史、制度史的研究。

** 赵少军，辽宁省文物局馆员，历史学硕士，主要从事东北地区考古、历史及文物保护的研究。

角度重新审视这一事件。不足之处，敬请方家指正。

一、政策背景及其必要性

这次讨论是在宣宗贞祐年间内忧外患的大背景下提出的，其时金政权面临着经济、军事、政治等方面的压力，其中，经济和军事方面的压力是显见的，政治方面的压力则是隐形的。

（一）经济压力

在金朝国内，由于严重的通货膨胀和财政收支的锐减，庞大的军费开支给金朝政府带来了极大的经济压力。

金末的严重通货膨胀问题，可追溯到章宗时期的废除七年厘革之制和施行交钞不限分路流通政策，在此之前，为对交钞的流通和发行环节进行控制，金朝规定交钞"与钱并行，以七年为限，纳旧易新"，[①]并推行黄河以南用钞，黄河以北用钱的币制政策。[②]直到章宗继位以后，"遂罢七年厘革之限，交钞字昏方换"。[③]取消厘革之限后，"交钞字昏方换"，实现了从有限期流通到无限期流通。同时，也逐步放开交钞的流通区域，"圣旨印造逐路交钞，于某处库纳钱换钞，更许于某处库纳钞换钱，官私同见钱流转"。[④]虽然流通收换仍有地域之别，[⑤]交钞已经可于诸路流通，金朝国内市场更加统一，实现了从区域小范围流通到境内大范围流通的转变。

废除七年厘革之制和施行交钞不限分路流通政策，在国力强盛、国家信用良好的章宗朝前中期，其取信于商民和促进货币流通等优势比较明显，且被认为在中国纸币发展史上具有划时代意义，得到学界的高度评价。[⑥]但章宗后期，国力由盛转衰，政策弊端开始显现，凭借国家信用充当信用货币的交钞逐步成为金朝政府解决财政危机的工具，通过透支国家信用、增发交钞获利，造成了交钞持续贬值，为恶

① 《金史》卷48《食货志三》，中华书局，1975年，第1073页。
② 参见（宋）范成大撰，孔凡礼点校：《揽辔录》，载氏撰：《范成大笔记六种》，中华书局，2002年，第12页。
③ 《金史》卷48《食货志三》，中华书局，1975年，第1073页。
④ 《金史》卷48《食货志三》，中华书局，1975年，第1074页。
⑤ 刘森：《宋金纸币史》，中国金融出版社，1993年，第239页。
⑥ 彭信威：《中国货币史》，上海人民出版社，1958年，第375页；乔幼梅：《中国经济通史·辽夏金经济卷》，经济日报出版社，1998年，第446页；穆鸿利：《关于金代交钞的产生和演变的初步探讨》，《中国钱币》1985年第1期。

性通货膨胀的出现以及金末货币政策的大讨论埋下了伏笔。

由于交钞完全凭借国家信用充当信用货币，七年厘革之制废除之后，交钞的流通和发行，逐渐变得不可控，尤其是金朝政府为了解决财政危机，"收敛无术"，不断增发交钞的发行量，"出多入少，民浸轻之"，其后"其法屡更，而不能革"，[①] 政策的弊端开始凸显。金朝政府在货币发行上失去了限制，造成通货膨胀，交钞贬值，经济凋敝的严重后果。[②] 大量印发的交钞不断透支国家信用，造成交钞持续贬值，为之后恶性通货膨胀埋下伏笔，而交钞流通区域的放开，造成通货膨胀的蔓延不再受制于地域的限制。

从泰和二年（1202）开始，在国家经费支出的压力下，金朝政府抛开之前严控交钞发行量的政策，转而"专以交钞愚百姓"，交钞彻底沦为金朝政府谋取利益的工具。"自是而后，国虚民贫，经用不足，专以交钞愚百姓，而法又不常，世宗之业衰焉"。[③] 到宣宗贞祐四年（1216）更造新券之前，金朝政府先后出台了"收毁大钞，行小钞"[④]、颁行"限钱法"（章宗泰和七年至宣宗贞祐三年间先后三次颁行）[⑤]、更改钞名（改名为贞祐宝券）[⑥] 等措施，不断加强交钞的发行和流通，其结果虽然迫使铜钱从金代货币流通领域中彻底退出，建立起以交钞为本位的货币体系，但是，交钞大量超发引起了货币流通市场的反弹和抵制，出现了"壅滞""滞塞"的局面。

这一时期，南宋断绝岁币更使得金朝政府的财政雪上加霜，打开经济上的困局成为严重困扰金朝政府的问题。金灭辽后，南宋原向辽朝交纳的岁币改为向金朝交纳，金熙宗皇统二年（1142）二月，"辛卯，宋使曹勋来许岁币银、绢二十五万两、匹，画淮为界，世世子孙，永守誓言"。[⑦] 自此以后直到宣宗南渡，近百年间，虽

① 《金史》卷48《食货志三》，中华书局，1975年，第1073页。
② 王德厚：《金代交钞浅议》，载陈述主编：《辽金史论集》第2辑，书目文献出版社，1987年，第323页。
③ 《金史》卷48《食货志三》，中华书局，1975年，第1078页。
④ 《金史》卷12《章宗本纪四》，中华书局，1975年，第282、283页；《金史》卷48《食货志三》，中华书局，1975年，第1082页。
⑤ 金朝一共实行了五次限钱法，其中，金章宗时期先后于明昌五年、承安三年、泰和七年、泰和八年共颁布了四次限钱法；宣宗贞祐三年，又颁布了第五次限钱法。参见王雷、赵少军：《金代限钱法及相关问题研究》，载魏明孔、赵学军主编：《中国经济发展道路的历史探索——首届中国经济史博士后论坛论文精选集》，九州出版社，2015年，第95—109页。
⑥ 《金史》卷14《宣宗本纪上》，中华书局，1975年，第310页；《金史》卷48《食货志三》，中华书局，1975年，第1084页。
⑦ 《金史》卷4《熙宗本纪》，中华书局，1975年，第78页。

略有损益，但宋朝向金朝纳岁币的格局基本未有大的改变，丰厚的岁币也成为金朝财政收入的稳定来源。金朝迫于蒙古的军事压力南渡后，这一格局发生了改变，按《宋史·蔡幼学传》记载：

> 先是，朝廷既遣岁币入金境，适值其有难，不果纳，则遽以兵叩边索之。中外汹汹，皆言当亟与。幼学请对，言："玉帛之使未还，而侵轶之师奄至，且肆其侮慢，形之文辞。天怒人愤，可不伸大义以破其谋乎！"于是朝论奋然，始诏与金绝。[①]

以上材料表明，宋廷遣使入金境纳岁币，"适值其有难，不果纳"，在金朝索要岁币过程中，南宋"朝论奋然"。宋朝大臣贾涉更是提出："金人所乏惟财与粮，若举数年岁币还之，是以肉啖馁虎，啖尽将反噬。"[②] 最终，"诏与金绝"。面对南宋迟迟不纳岁币的行为，财政紧张的金国首先行动了，宁宗嘉定七年（1214）三月，"庚辰，金国来督二年岁币"。[③] 对此，宋朝的反应则是：宁宗嘉定七年秋七月，"庚寅，以起居舍人真德秀奏，罢金国岁币"。[④]

按《宋史》载，"季世金人乍和乍战，战则军需浩繁，和则岁币重大，国用常苦不继"。[⑤] 对于南宋一方，由于要交纳的岁币数目重大，"以十年计之，其费无虑数千亿"，[⑥] 以至于造成国用不继局面，对国家的财政收入带来了严重的影响；而不纳岁币，则大大缓解了本国的财政压力。但对于金朝而言，失去了这一稳定的财政收入来源，经济状况无异于雪上加霜。

（二）军事压力

金宣宗时期，蒙金之间战争的天平已向蒙古一方倾斜，彼时在蒙古的蚕食之下，金朝统治范围日益缩小。金宣宗贞祐元年（蒙古成吉思汗八年，1213），蒙古军第三次攻金，先后夺取居庸关、袭破紫荆关、围攻中都，山东、河北郡县悉被其占领，对金朝造成了巨大的军事压力，迫使宣宗向元太祖铁木真遣使求和，"奉卫

---

① 《宋史》卷434《蔡幼学传》，中华书局，1977年，第12899页。
② 《宋史》卷403《贾涉传》，中华书局，1977年，第12207页。
③ 《宋史》卷39《宁宗本纪三》，中华书局，1977年，第760页。
④ 《宋史》卷39《宁宗本纪三》，中华书局，1977年，第760页。
⑤ 《宋史》卷173《食货志上一》，中华书局，1977年，第4182页。
⑥ 《宋史》卷374《胡铨传》，中华书局，1977年，第11587页。

绍王女岐国公主及金帛、童男女五百、马三千以献,仍遣其丞相完颜福兴送帝出居庸",① 才换来了成吉思汗的撤兵。

在蒙古的军事重压之下,贞祐二年(蒙古成吉思汗九年,1214)五月乙亥,宣宗害怕蒙古军再围国都中都,"决意南迁,诏告国内……壬午,车驾发中都",② 正式迁都南京(开封),从此以后,直至灭亡,金朝偏安于一隅,在蒙宋双重军事压力之下苟延残喘。贞祐三年(蒙古成吉思汗十年,1215),蒙古军攻破中都城,③ 并攻掠河北、山东等地。蒙金之间的战争,消耗了金朝军队大量精锐兵力,破坏了金朝的经济生产活动,同时还掠夺了大量的财物,金朝的经济状况由此进一步恶化,财政收入紧张的状况进一步凸显。

金宋和议以后,双方画淮为界,相持近百年,直到宣宗南渡,这一战略平衡才被打破。《金史》记载,

> 初,宋人于国朝君之、伯之、叔之,纳岁币将百年。南渡以后,宋以我为不足虑,绝不往来。故宣宗南伐,士马折耗十不一存,虽攻陷淮上数州,徒使骄将悍卒恣其杀虏、饱其私欲而已。④

由于南渡后,宋人认为金朝"不足虑"而"绝不往来",金宋关系日趋紧张,至于兴定元年(1217)六月,"戊午,以宋遣兵数犯境,及岁币不至,诏谕沿边罪宋",⑤ 则是紧随其后发生的事情了。在时任丞相术虎高琪的力主下,金人于兴定元年四月南伐。⑥ "迨夫宋绝岁币而不许和,贪其淮南之蓄,谋以力取,至使枢府武骑尽于南伐",⑦ 金朝贪于"淮南之蓄"而"谋以力取",北抗大元,南伐赵宋,陷

---

① 《元史》卷1《太祖本纪》,中华书局,1976年,第17页。

② 《金史》卷14《宣宗本纪上》,中华书局,1975年,第304页。

③ 《金史》载:"五月庚申,招抚山西军民,仍降诏谕之。是日,中都破,尚书右丞相兼都元帅定国公承晖死之。"参见《金史》卷14《宣宗本纪上》,中华书局,1975年,第309页。

④ 《金史》卷112《完颜合达传》,中华书局,1975年,第2468页。

⑤ 《金史》卷15《宣宗本纪中》,中华书局,1975年,第330页。另有《金史·完颜赛不传》记载:"兴定元年二月,转签枢密院事。时上以宋岁币不至,且复侵盗,诏赛不讨之。"见《金史》卷113《完颜赛不传》,中华书局,1975年,第2480页。

⑥ 《金史》记载,兴定元年正月癸未,宋贺正旦使朝辞,宣宗曰:"闻息州透漏宋人,此乃彼界饥民沿淮为乱,宋人何敢犯我?"高琪请伐之以广疆土。上曰:"朕但能守祖宗所付足矣,安事外讨?"高琪谢曰:"今雨雪应期,皆圣德所致。而能包容小国,天下幸甚,臣言过矣。"四月,遣元帅左都监乌古论庆寿、签枢密院事完颜赛不经略南边,寻复下诏罢兵,然自是与宋绝矣。参见《金史》卷106《术虎高琪传》,中华书局,1975年,第2344页。

⑦ 《金史》卷46《食货志一》,中华书局,1975年,第1030页。

入两线作战的窘境，实为不智。

（三）政治压力

这一时期，金朝统治集团内部也面临着胡沙虎、术虎高琪先后专权和宰执更换频繁导致的施政政策不稳定所带来的巨大政治压力。

章宗末年，金朝由盛转衰，至卫绍王时，"政乱于内，兵败于外，其灭亡已有征矣"。[①] 至宁元年（1213）八月，叛臣胡沙虎"以兵入宫，尽逐卫士，代以其党，自称监国都元帅。癸巳，逼上出宫。以素车载至故邸，以武卫军二百人锢守之"。后"使宦者李思中害上于邸"。[②] "至宁元年八月，卫绍王被弑，"身弑国蹙"之后，徒单铭等迎（宣宗珣）于彰德府。既至京，亲王、百官上表劝进"。宣宗就是在这种背景下被迎立为皇帝的，即位当月，"以纥石烈胡沙虎为太师、尚书令兼都元帅，封泽王"；"丙午，以驸马雄名第赐胡沙虎"；"壬戌，授胡沙虎中都路和鲁忽土世袭猛安"。[③] 而弑上的胡沙虎此时已经表现出专权跋扈的迹象，"戊申，御仁政殿视朝。赐胡沙虎坐，胡沙虎不辞"。[④] 其后，高琪"本无勋望，向以畏死擅杀胡沙虎，计出于无聊耳。妒贤能，树党与，窃弄威权，自作威福"，[⑤] "高琪自为宰相，专固权宠，擅作威福，与高汝砺相唱和。高琪主机务，高汝砺掌利权，附己者用，不附己者斥"。[⑥] 宣宗入承大统之后，胡沙虎、高琪相继专权，对宣宗朝初期政治环境的破坏是巨大的。《金史》云："金自胡沙虎、高琪用事，风俗一变，朝廷矫宽厚之政，好为苛察，然为之不果，反成姑息。"[⑦]

这一时期，金朝的宰执职务变动频繁，据不完全统计，自贞祐元年（1213）九月宣宗即位至贞祐四年（1216）十二月出现货币政策大讨论，短短 3 年多的时间，大臣中有 28 人次的宰执职务发生变动（包括晋职、兼职、封爵、外放、罢免、死亡等），既有外官入京转为宰执的情况，如横海军节度使承晖、知大兴府事胥鼎等；也有外系的官员转为宰执的情况，如御史中丞芎术鲁德裕、御史大夫仆散端、太常卿侯挚等。笔者据《金史·宣宗珣纪上》绘制了表 1。

---

① 《金史》卷 13《卫绍王本纪》，中华书局，1975 年，第 298 页。
② 《金史》卷 13《卫绍王本纪》，中华书局，1975 年，第 296、297 页。
③ 《金史》卷 14《宣宗本纪上》，中华书局，1975 年，第 301、302 页。
④ 《金史》卷 14《宣宗本纪上》，中华书局，1975 年，第 302 页。
⑤ 《金史》卷 106《术虎高琪传》，中华书局，1975 年，第 2342 页。
⑥ 《金史》卷 106《术虎高琪传》，中华书局，1975 年，第 2345 页。
⑦ 《金史》卷 111《康锡传·赞》，中华书局，1975 年，第 2461 页。

表1　金宣宗即位至贞祐四年底宰执职务变动情况统计表 ①

时间	月份	姓名	旧职务	新职务
贞祐元年	九月	胡沙虎		太师、尚书令兼都元帅，封泽王①
	九月	徒单镒	尚书右丞相	进左丞相，封广平郡王②
	十一月	完颜承晖	横海军节度使	为尚书右丞（都元帅定国公）
	十一月	耿端义	翰林侍讲学士兼户部侍郎③	为参知政事
	十二月	徒单公弼	平章政事	进尚书右丞相
	十二月	完颜承晖	尚书右丞	进都元帅兼平章政事
	十二月	术虎高琪	左副元帅	进平章政事兼前职
贞祐二年	四月	胥鼎	知大兴府事	为尚书右丞
	四月	完颜承晖	都元帅	为右丞相
	四月	徒单镒	左丞相监修国史广平郡王	薨
	五月	完颜承晖	右丞相	加金紫光禄大夫，封定国公④
	五月	抹捻尽忠	尚书左丞	加崇进，封申国公
	六月	高汝砺	按察转运使	为参知政事
	十月	抹捻尽忠	左副元帅兼尚书左丞	进平章政事⑤
	十月	孛术鲁德裕	御史中丞	为参知政事兼签枢密院事⑥
	十一月	仆散端	御史大夫	为尚书左丞相
贞祐三年	八月	侯挚	太常卿	为参知政事
	十月	乌古论德升	翰林侍读学士权参知政事	出为集庆军节度使兼亳州管内观察使
	十月	徒单思忠	御史中丞	为参知政事
	十月	仆散端	尚书左丞相	兼都元帅，行尚书省于陕西

---

① 《金史·宣宗本纪上》记载，贞祐元年九月，"壬戌，授胡沙虎中都路和鲁忽土世袭猛安"。参见《金史》卷14《宣宗本纪上》，中华书局，1975年，第302页。

② 《金史·宣宗本纪上》记载，贞祐元年闰九月，"授尚书左丞相徒单镒中都路迭鲁猛安"。参见《金史》卷14《宣宗本纪上》，中华书局，1975年，第302页。

③ 《金史·耿端义传》记载："宣宗即位，召见，访问时事，迁翰林侍讲学士兼户部侍郎，未几，拜参知政事。"参见《金史》卷101《耿端义传》，中华书局，1975年，第2234页。

④ 《金史·宣宗本纪上》记载，贞祐三年，"五月庚申，招抚山西军民，仍降诏谕之。是日，中都破，尚书右丞相兼都元帅定国公承晖死之"。参见《金史》卷14《宣宗本纪上》，中华书局，1975年，第309页。

⑤ 《金史·宣宗本纪上》记载，贞祐三年九月，"戊辰，遥授武宁军节度副使徒单吾典告平章政事抹捻尽忠逆谋，诏有司鞫之"。又载，同年十月，"庚寅，遂诛尽忠"。参见《金史》卷14《宣宗本纪上》，中华书局，1975年，第312、314页。

⑥ 《金史·宣宗本纪上》记载，贞祐二年十月，"乙卯，遣参知政事孛术鲁德裕行尚书省于大名府"。参见《金史》卷14《宣宗本纪上》，中华书局，1975年，第305页。

续表

	正月	高汝砺	尚书右丞	进尚书左丞
贞祐四年	正月	侯挚	参知政事	进尚书右丞
	正月	完颜守纯	枢密使濮王	为平章政事
	二月	完颜永锡	信武将军、宣抚副使	签枢密院事，权尚书右丞
	二月	胥鼎	河东南路宣抚使	为枢密副使，权尚书左丞，行省于平阳
	十一月	胥鼎		为尚书左丞兼枢密副使
	十二月	术虎高琪	平章政事	加崇进、尚书右丞相
	十二月	李革	参知政事	罢

金朝正隆官制确立了尚书省为唯一的最高政务机构，世宗以来，设置有尚书令、左右丞相、平章政事、左右丞、参知政事等，并成为定制，即所谓"人主有政事之臣，有议论之臣。政事之臣者宰相执政，和阴阳，遂万物，镇抚四夷，亲附百姓，与天子经纶于庙堂之上者也。议论之臣者谏官御史，与天子辨曲直、正是非者也"。[①] 他们或总领纪纲、仪刑端揆，或掌丞天子、平章万机，或佐治省事，是金代各项政治制度的顶层设计者和组织者。金末频繁的人员更迭，导致各项政策缺乏连贯性和稳定性。其中相当一部分官员成为宰执之前，为地方大员或六部之外的行政官员，缺乏执政经验。因此，一旦出现胡沙虎和高琪这样的强势人物，极易出现宰执专权的情况，更加不利于金末政策的顶层设计和实施。在这种大背景下，这次大讨论就显得非常必要，具有非常强的现实意义。

二、讨论过程及主要主张

（一）货币政策大讨论的三个阶段

这场大讨论始于零散的议论，之后，参与讨论的官吏各抒己见、畅所欲言，系统阐述了金代货币政策的制度设计、实施过程与阶段性成果。（尽管这一成果惨不忍睹，几乎等同于失败。）其核心是货币政策的探讨，讨论的结果及其思想影响到了金末的货币政策走向乃至于政治格局。这次讨论分为三个阶段完成：

---

① 《金史》卷109《陈规传》，中华书局，1975年，第2404页。

第一阶段，从贞祐三年（1215）七月改交钞名为贞祐宝券 ① 到贞祐四年（1216年）八月宣宗诏集百官讨论之前，为零散讨论阶段，又以平章高琪上奏为界，分为前后两小段。

前段主要是围绕贞祐宝券发行和流通中遇到的问题发表看法，征敛主张也发轫于这一时期。贞祐三年（1215）七月交钞更名为贞祐宝券，由此引发了一系列的通胀问题。当年九月，超量发行的贞祐宝券因通胀而贬值，京师物价日贵，御史台有针对性地提出了"惟官和买计赃之类可用时估，余宜从便" ② 的货币政策。十二月，宣宗又因近京郡县多籴于京师，谷价翔踊，令尚书省集户部、讲议所、开封府、转运司集议，其中开封府提出：

> 宝券初行时，民甚重之。但以河北、陕西诸路所支既多，人遂轻之。商贾争收入京，以市金银，银价昂，谷亦随之。若令宝券路各殊制，则不可复入河南，则河南金银贱而谷自轻。若直闭京城粟不出，则外亦自守，不复入京，谷当益贵。宜谕郡县小民，毋妄增价，官为定制，务从其便。③

开封府不但指出超量印发宝券是其从"民甚重之"到"人遂轻之"的原因，也预见了"若令宝券路各殊制，则不可复入河南，则河南金银贱而谷自轻"的结果。其后，贞祐四年（1216）正月，监察御史田迥秀提出贞祐宝券"行才数月，又复壅滞"，原因在于"出太多、入太少"，并提出了解决的办法，"若随时裁损所支，而增其所收，庶乎或可也"，"因条五事，一曰省冗官吏，二曰损酒使司，三曰节兵俸，四曰罢寄治官，五曰酒税及纳粟补官皆当用宝券"。最终，宣宗只采纳了其中关于酒税的建议。④ 贞祐四年（1216）三月，针对宝券流通滞塞的情况，翰林侍讲学士赵秉文指出，"比者宝券滞塞，盖朝廷将议更张，已而妄传不用，因之抑遏，渐至废绝，此乃权归小民也"，提出应当复置迁汴以来废除的回易务，"令职官通市道者掌之，给银钞粟麦缣帛之类，权其低昂而出纳之"，他认为这对"券法通流"

---

① 《金史》记载，贞祐三年，"七月，改交钞名为'贞祐宝券'"。见《金史》卷48《食货志三》，中华书局，1975年，第1084页。

② 《金史》卷48《食货志三》，中华书局，1975年，第1084页。

③ 《金史》卷48《食货志三》，中华书局，1975年，第1084页。

④ 《金史》记载："诏酒税从大定之旧，余皆不从。"见《金史》卷48《食货志三》，中华书局，1975年，第1084、1085页。

是有益的。[1] 由于宝券滞塞，"商旅赍贩继踵南渡，遂致物价翔踊"，金朝政府不得不对宝券流通"权宜限以路分"，这又带来了新问题，即"河北宝券以不许行于河南，由是愈滞"，故贞祐四年四月，河东行省胥鼎提出，"交钞贵乎流通，今诸路所造不充所出，不以术收之，不无缺误。宜量民力征敛，以裨军用"。又言，"河中宣抚司亦以宝券多出，民不之贵，乞验民贫富征之。虽为陕西，若一体征收，则彼中所有日凑于河东，与不敛何异"？胥鼎提出了"量民力征敛，以裨军用"的想法，宰臣也表示支持，"今鼎既以本路用度繁殷，欲征军须钱，宜从所请"。[2]

应该说，这一时期的重点仍然集中在贞祐宝券的流通问题上，讨论的核心议题是如何解决宝券流通滞塞的问题。这一时期末，胥鼎提出了征敛的主张，虽然获得了宰臣的支持，针对河东行省的实际情况实施了特定政策，却未扩大到金境其他地区，"若陕西可征与否，诏令行省议定而后行"，[3] 故并未引起巨大的反响。

后段则是更造和征敛两大主张的形成时期，代表性人物分别为平章政事术虎高琪和平章政事濮王完颜守纯，他们各自表达了不同的主张。首先是贞祐四年八月，平章高琪奏：

> 军兴以来，用度不赀，惟赖宝券，然所入不敷所出，是以浸轻，今千钱之券仅直数钱，随造随尽，工物日增，不有以救之，弊将滋甚。宜更造新券，与旧券权为子母而兼行之，庶工物俱省，而用不乏。[4]

高琪的核心主张是"更造新券，与旧券权为子母而兼行之"，这引起了以濮王守纯为代表的一批大臣的担忧，于是守纯向宣宗表达了自己的看法，

> 自古军旅之费皆取于民，向朝廷以小钞殊轻，权更宝券，而复禁用钱。小民浅虑，谓楮币易坏，不若钱可久，于是得钱则珍藏，而券则亟用之，惟恐破裂而至于废也。今朝廷知支而不知收，所以钱日贵而券日轻。然则券之轻非民轻之，国家致之然也。不若量其所支复敛于民，出入循环，则彼知为必用之物，而知爱重矣。今徒患轻而即欲更造，不惟信令不行，且恐新券之轻复同旧

---

① 《金史》卷 48《食货志三》，中华书局，1975 年，第 1085 页。
② 《金史》卷 48《食货志三》，中华书局，1975 年，第 1085 页。
③ 《金史》卷 48《食货志三》，中华书局，1975 年，第 1085 页。
④ 《金史》卷 48《食货志三》，中华书局，1975 年，第 1086 页。

券也。①

守纯将宝券贬值的原因归结为国家，主张"量其所支复敛于民，出入循环"，他将更造和征敛两种主张进行对比，表达了对更造新券"复同旧券"的担忧。其时，高琪和守纯均已晋身为平章政事。金末政治中，尚书令一般虚设不授，连左丞相一职也不再轻易授人，平章政事成为宰相的主要成员。②因此，这两位金廷重臣的言论，把金廷内部讨论的重心从旧券（贞祐宝券）的流通问题转移到更造新券或是计支征敛上来，为集中讨论奠定了基调和方向，继起参与讨论的官员多附议其中一人的主张。这一时期，参与讨论的人员还有陇州防御使完颜宇及陕西行省令史惠吉等。

第二阶段，从宣宗诏集百官讨论到讨论结束，为集中讨论阶段。金朝文武百官集体参与，各抒己见，形成了分别以更造和征敛为主张的两大阵营以及其他多种主张，议论长达月余之久，却并未取得一致的看法。先是"户部侍郎奥屯阿虎、礼部侍郎杨云翼、郎中兰芝、刑部侍郎冯鹗皆主更造"，继而"户部侍郎高夔、员外郎张师鲁、兵部侍郎徒单欧里白皆请征敛"。官员们不惮于表达自己的主张，旗帜鲜明地分为两大阵营，其后，户部尚书萧贡提出了维持现状，"止当如旧"的主张；工部尚书李元辅赞同更造和征敛并行；侍御史赵伯成、刑部主事王寿宁、转运使王扩都主张征敛，只是在征敛的对象是农民或市肆商贾之家以及征敛的时机等方面略有不同；太子少保张行信和吏部尚书温迪罕思敬都主张以立法促宝券流通，区别在于思敬除与张行信不同意更造的主张一致外，亦不同意征敛。个别还有偏离讨论核心议题的主张。③

第三阶段，从讨论结束以后至兴定元年（1217）二月，为实施讨论结果阶段。这场旷日持久的大讨论议而不决，宣宗厌倦了无休止的争执，"乃诏如旧，纾其征敛之期"，④既未采纳更造主张，亦未采纳征敛主张，而是先从政策执行角度予以延缓，选择暂时维持现状。不久，采用了更造派阵营中陕西行省令史惠吉的主张，发行了新券"贞祐通宝"，标志着这场大讨论的彻底结束。

---

① 《金史》卷48《食货志三》，中华书局，1975年，第1086页。
② 程妮娜：《金代政治制度研究》，吉林大学出版社，1999年，第126、127页。
③ 《金史》卷48《食货志三》，中华书局，1975年，第1086、1087页。
④ 《金史》卷48《食货志三》，中华书局，1975年，第1087页。

（二）货币政策大讨论的几种主张

根据讨论中的不同主张，这次讨论分为更造派和征敛派两大主流阵营，以及刑罚派等非主流阵营，各派官员均明确提出了自己的主张。下面，笔者结合陈瑞台、张婧、黄澄等学者的相关研究成果，[①] 择要简论如下：

更造派以平章政事术虎高琪、陕西行省令史惠吉为代表，基本主张是更造新券，与旧券兼行。持这一主张的还有户部侍郎奥屯阿虎、礼部侍郎杨云翼、郎中兰芝、刑部侍郎冯鹗等人。对于交钞，惠吉的言论很有代表性："券者所以救弊一时，非可通流与见钱比，必欲通之，不过多敛少支尔。然敛多则伤民，支少则用不足，二者皆不可。"[②] 他认识到发行纸币只是权宜之计，纸币流通要做到畅通无阻只能是多敛少支，但是"敛多则伤民，支少则用不足"，从眼前的利益着眼，更造新券是最好的选择。对于更造新券的好处，高琪指出"更造新券，与旧券权为子母而兼行之，庶工物俱省，而用不乏"。高琪的出发点在于金朝的军费支出都仰仗纸币的印造，"军兴以来，用度不赀，惟赖宝券，然所入不敷所出，是以浸轻，今千钱之券仅直数钱，随造随尽，工物日增，不有以救之，弊将滋甚"。在这一惯性思维下，他认为更造新券，不但能够保障军旅用度，还能够有效地规避宝券的通货膨胀问题，于金代的财政和通货膨胀问题的解决都有益处。而实际上，更造新券不过是在旧券贬值而难以流通之时，换一种方式的掠夺，完全是一种障眼法而已，从本质上说，国家通过发行纸币谋取利益的实质并无任何改变。

征敛派以平章政事完颜守纯为代表，持这一主张的还有户部侍郎高夔、员外郎张师鲁、兵部侍郎徒单欧里白等，侍御史赵伯成、刑部主事王寿宁、转运使王扩也可归入此派。征敛派反对更造新券的原因，以守纯的言论最有代表性。他提出，"自古军旅之费皆取于民，向朝廷以小钞殊轻，权更宝券，而复禁用钱。小民浅虑，谓楮币易坏，不若钱可久，于是得钱则珍藏，而券则亟用之，惟恐破裂而至于废也。今朝廷知支而不知收，所以钱日贵而券日轻。然则券之轻非民轻之，国家致之然也"。在他看来，国家从民间敛取军费用度自古以来就是合理的，金朝采取发行纸币的方式敛取军费，当朝纸币日益贬值，这种贬值不是因为百姓的原因，而是因

① 陈瑞台：《金代纸币制度探析》，《内蒙古大学学报》1986年第3期；张婧：《金代交钞研究》，博士学位论文，中央民族大学，2008年，第100—102页；黄澄：《金代后期货币制度研究》，《学理论》2009年第21期。

② 《金史》卷48《食货志三》，中华书局，1975年，第1086页。

为国家知支而不知收的行为所致。因此他对更造新券持否定的态度，提出"今徒患轻而即欲更造，不惟信令不行，且恐新券之轻复同旧券也"。即仅仅因为"贞祐宝券"的贬值而更造，不只是信令不行的问题，恐怕新造纸币仍然会走旧券贬值的老路。要想改变旧券贬值的状况，"不若量其所支复敛于民，出入循环，则彼知为必用之物，而知爱重矣"。即按照国家财政支出的数量向民间征敛，达到纸币循环流通，旧券的信用自然就回归了。理论上，这种国家计量支出进行征敛获得财政收入的方法，较之无限制印造纸币要更加可控，更具有操作性。而实际上，诚如张婧所指出的，守纯这种收支协调的论点，在理论上有一定的道理，至于如何收钞，他却没有论及。[1]

大多数官员都围绕更造和征敛这一核心议题进行了讨论，即使如户部尚书萧贡"止当如旧"和工部尚书李元辅"二者可并行"的主张，亦都在此范围内。

还有以太子少保张行信和吏部尚书温迪罕思敬等少数官员为代表的刑罚派，也对更造和征敛问题进行了表态，并在此基础上提出了通过严格法令来加强制度执行环节的监管，以确保贞祐宝券流通的主张。

其他主张，如榷货司杨贞提出"节无名之费，罢闲冗之官"，[2] 即是从节流的角度提出的通过节省开支、罢除冗官来变相增加财政收入，与主流的方案不符，自然孤掌难鸣，未受重视亦在意料之中。另有"或有请铸大钱以当百，别造小钞以省费。或谓县官当择人者"[3] 等主张，更是偏离了讨论的核心议题，于《金史》中只是一笔带过。

三、结果及政策走向

更造派和征敛派激烈交锋的实质，是以什么样的方式更好地保障财政收支平衡。实际上，早在贞祐三年（1215）九月，御史台便提出：

> 自多故以来，全借交钞以助军需，然所入不及所出，则其价浸减，卒无法以禁，此必然之理也。近用"贞祐宝券"以革其弊，又虑既多而民轻，与旧钞无异也，乃令民间市易悉从时估，严立罪赏，期于必行，遂使商旅不行，四方

① 张婧：《金代交钞研究》，博士学位论文，中央民族大学，2008年，第101页。
② 《金史》卷48《食货志三》，中华书局，1975年，第1087页。
③ 《金史》卷48《食货志三》，中华书局，1975年，第1087页。

之物不敢入。夫京师百万之众，日费不赀，物价宁不日贵耶？且时估月再定之，而民间价旦暮不一，今有司强之，而市肆尽闭。复议搜括隐匿，必令如估鬻之，则京师之物指日尽，而百姓重困矣。臣等谓，惟官和买计赃之类可用时估，余宜从便。①

御史台明确指出，伴随蒙古攻金之后，金朝政府"全借交钞以助军需"，"所入不及所出"，造成了交钞贬值，发行"贞祐宝券"的本意是割除弊端，却又担忧"既多而民轻"，与旧钞无异。当年十二月，宣宗令尚书省集户部、讲议所、开封府、转运司等集议京师谷价翔踊问题时，也曾提出"宝券初行时，民甚重之。但以河北、陕西诸路所支既多，人遂轻之"，②深刻认识到"贞祐宝券"刚发行时，"民甚重之"，之后贬值是由于"所支既多"，超发货币造成的。

尽管金朝政府早就意识到新券与旧钞在本质上是一样的，新交钞一旦超发，其结果"与旧钞无异"，为了确保财政收支平衡，以解决燃眉之急，结果如《金史》所记载，更造派代表之一的陕西行省令史惠吉的建议最终被采纳，新券"贞祐通宝"进入货币流通领域，表明更造派的主张得到了宣宗的采纳，同时，也奠定了贞祐四年以后货币政策的基本走向，即以更造派主张为主导的货币政策，通过更造新券的手段来保障政府的财政收支。自此以后，兴定五年（1221）的"兴定宝泉"、元光二年（1223）的"元光珍货"，以及天兴二年（1233）的"天兴宝会"银钞，在纸币的一次次更造中，守纯"新券之轻复同旧券"的判断一次又一次地得到应验。"贞祐通宝"及此后的数次纸币更造，都是更造派的货币思想在贞祐四年以后货币政策上的反映。客观而言，宣宗时实行的更换钞名的措施不但对抑制通货膨胀于事无补，反而将金朝政府的眼光局限在仅仅满足于获取眼前利益，解决燃眉之急，而不顾对经济巨大危害的后果，这一政策措施无疑是非常失败的，之后虽然屡次更换钞名，通货膨胀却愈演愈烈，在以交钞为本位的货币体系彻底崩溃后，金朝陷入严重通货膨胀的泥沼中无法自拔。③

征敛派虽然在这次讨论中铩羽而归，但是在贞祐四年以后的货币政策中，仍然有征敛派货币思想的影响，从兴定元年五月开始计征桑皮故纸钱一事可以窥见。

---

① 《金史》卷48《食货志三》，中华书局，1975年，第1084页。
② 《金史》卷48《食货志三》，中华书局，1975年，第1084页。
③ 王雷：《试论金代的通货膨胀：过程、程度及实质》，载魏明孔主编：《历史上的经济转型与社会发展——第二、三届全国经济史学博士后论坛论文精选集》，九州出版社，2017年。

五月，以钞法屡变，随出而随坏，制纸之桑皮故纸皆取于民，至是又甚艰得，遂令计价，但征宝券、通宝，名曰"桑皮故纸钱"，谓可以免民输挽之劳，而省工物之费也。①

计征桑皮故纸钱的原因有两点，一是"钞法屡变，随出而随坏"，二是"制纸之桑皮故纸皆取于民，至是又甚艰得"，于是"但征宝券、通宝"。表面上看，这种做法有两点好处，一是"免民输挽之劳"，二是"省工物之费"。仔细分辨，正如高汝砺所言：

> 河南调发繁重，所征租税三倍于旧，仅可供亿，如此其重也。而今年五月省部以岁收通宝不充所用，乃于民间敛桑皮故纸钞七千万贯以补之，又太甚矣。而近又以通宝稍滞，又增两倍。河南人户农居三之二，今年租税征尚未足，而复令出此，民若不粜当纳之租，则卖所食之粟，舍此将何得焉？今所急而难得者刍粮也，出于民而有限。可缓而易为者交钞也，出于国而可变。以国家之所自行者而强求之民，将若之何？向者大钞滞则更为小钞，小钞弊则改为宝券，宝券不行则易为通宝，变制在我，尚何烦民哉？民既悉力以奉军而不足，又计口、计税、计物、计生殖之业而加征，若是其剥，彼不能给，则有亡而已矣。民逃田秽，兵食不给，是军储钞法两废矣。臣非于钞法不加意，非故与省部相违也，但以钞滞物贵之害轻，民去军饥之害重尔。②

高汝砺认为计征桑皮故纸钱是"以国家之所自行者而强求之民"，且"变制在我，尚何烦民"？并指出，随意增加税负，征敛无度，会导致百姓"彼不能给，则有亡而已"，最终形成"民逃田秽，兵食不给，是军储钞法两废矣"的局面。但金朝政府只看眼前利益，为补军用，既顾不得"钞滞物贵"，也顾不得"民去军饥"。

最后，值得一提的是，贞祐年间货币政策的大讨论，是讨论双方的代表性人物术虎高琪和完颜守纯分别于贞祐元年（1213）十二月和贞祐四年（1216）正月先后晋升平章政事，跻身于宰执后在施政理念层面的第一次交锋。兴定年间，两人有了第二次交锋，这次则是政治方面的斗争，按《金史·完颜守纯传》记载：

> 四年九月，守纯欲发丞相高琪罪，密召知案蒲鲜石鲁剌、令史蒲察胡鲁、

① 《金史》卷48《食货志三》，中华书局，1975年，第1087页。
② 《金史》卷48《食货志三》，中华书局，1975年，第1087、1088页。

员外郎王阿里谋之，且属令勿泄，而石鲁剌、胡鲁辄以告都事仆散奴失不，奴失不白高琪。及高琪伏诛，守纯劾三人者泄密事，奴失不免死，除名，石鲁剌、胡鲁各杖七十，勒停。①

相关记载也见于《金史·术虎高琪传》，且对这一事件的细节有所补充，

平章政事英王守纯欲发其罪，密召右司员外郎王阿里、知案蒲鲜石鲁剌、令史蒲察胡鲁谋之。石鲁剌、胡鲁以告尚书省都事仆散奴失不，仆散奴失不以告高琪。英王惧高琪党与，遂不敢发。顷之，高琪使奴赛不杀其妻，乃归罪于赛不，送开封府杀之以灭口。开封府畏高琪，不敢发其实，赛不论死。事觉，宣宗久闻高琪奸恶，遂因此事诛之，时兴定三年十二月也。尚书省都事仆散奴失不以英王谋告高琪，论死。蒲鲜石鲁剌、蒲察胡鲁各杖七十，勒停。②

两相参照，这一事件的经过如下：守纯欲发丞相高琪罪，召人密谋—密谋者泄密—守纯惧高琪党与，遂不敢发—高琪报复，使奴赛不杀守纯妻并借开封府之手灭口—宣宗以此事（高琪指使奴赛不杀守纯妻一事）诛高琪—高琪伏诛，守纯劾三位泄密者—处理泄密者（奴失不免死，除名；石鲁剌、胡鲁各杖七十，勒停）。结合《金史》中术虎高琪"专固权宠，擅作威福，附己者用，不附己者斥"、③动辄打压政见异己者（如完颜伯嘉、承晖等）的大量事例观之，贞祐年间关于货币政策的大讨论，形成了以平章政事高琪为代表的更造派和以平章政事守纯为代表的征敛派两大阵营，表面上是坚持各自政策主张，实质上是高琪和守纯两位平章政事及其代表的两大政治势力在治国施政层面的交锋。数年后，守纯一方对时任丞相的高琪发起了主动攻击，"欲发其罪"，其间虽经历密谋者泄密、高琪报复等意外，这场政治斗争最终以高琪被诛④而收场。可以说，高琪被诛虽源于指使奴赛不杀守纯妻这一偶然事件，却是高琪专权和金朝内部政治斗争的必然结果。高琪败前，金人李纯甫

---

① 《金史》卷93《完颜守纯传》，中华书局，1975年，第2062页。

② 《金史》卷106《术虎高琪传》，中华书局，1975年，第2346页。

③ 《金史》卷106《术虎高琪传》，中华书局，1975年，第2345页。

④ 关于高琪被诛杀的时间，《金史·术虎高琪传》记载为兴定三年十二月，《金史·宣宗本纪中》亦记载，兴定三年十二月，"丁巳，右丞相高琪下狱"及"十二月，诛高琪"，故高琪被诛当在兴定三年十二月无疑。《金史·守纯传》则记载"守纯欲发丞相高琪罪"为兴定四年九月，这个时间显然有误，勘其当为兴定三年九月。参见《金史》卷15《宣宗本纪中》，中华书局，1975年，第348页。

已有预见，《归潜志》中记载："时丞相术虎高琪擅权，擢（笔者注：李纯甫）为左司都事。公审其必败，以母老辞去。俄而高琪诛死，识者智之。再入翰林，连知贡举。"①

综上所论，无论是更造派还是征敛派，通过这次货币政策的大讨论，都对金末货币政策的走向，乃至于对宣宗末年的政治产生了深远的影响。

---

① （金）刘祁撰，崔文印点校：《归潜志》卷1，中华书局，1983年，第6页。《金史》亦有记载，"时丞相高琪擅威福柄，擢为左司都事。纯甫审其必败，以母老辞去。既而高琪诛，复入翰林，连知贡举"。参见《金史》卷126《李纯甫传》，中华书局，1975年，第2734—2735页。

由虚及实：宋代内藏库借贷模式的流变

董春林[*]

内容提要： 宋代内藏库借贷钱物给计司，这些钱物常常因为计司无力偿还而被皇帝下诏蠲免，遂突显出皇权主控下财权集中的面相。但这种传统视域里内藏库钱物借出必蠲免的现象，并不完全反映宋代内藏财政实行的借贷模式。宋代内藏库钱物借贷给计司，大致经历了宋神宗朝之前的借贷蠲免、宋神宗朝至北宋末年的支借偿还、南渡以后的双重模式三个阶段。内藏财政支出所体现出的财权集中路径，既透露出天子期许圣德形象以提升皇权的主观愿望，亦折射出内藏库支援国家财政背后无限私权对国家公权的侵夺。计司借贷内藏库钱物的蠲免或偿还，并不反映财权集中的此起彼伏，而深刻表明内藏库财权集中手段的不断成熟。

关键词： 宋代　内藏库　借贷　财权集中

　　宋代内藏库支援计司应对军需及灾害救助的外向性财政职能，是建立在天子私财的性质与侵夺计司财权的基础上的，是实现皇权相对提升的一种财政手段。之所以这样理解，是因为内藏库名义上借贷给计司应对财政急需的钱物，大多时候计司都无力偿还，皇帝为彰显圣德常常将其任性蠲免，潜在实现财权集中。[①] 然而，内藏库借贷的蠲免现象，只不过因为彰显圣德而被正史文献普遍记载了下来，并不能遮蔽内藏库借贷钱物必须偿还或潜在收入的实例。纵观史料记载，自宋神宗朝开

---

　　* 董春林，成都师范学院史地与旅游系教授，历史学博士、博士后，主要从事宋代政治文化史方向的研究。

　　① 参见（日）梅原郁著，郑梁生译：《宋代的内藏与左藏——君主独裁制的财库》，《食货月刊》1976年第6卷第1、2期；李伟国：《论宋代内库的地位和作用》，载氏著：《宋代财政和文献考论》，上海古籍出版社，2007年，第192—215页；汪圣铎：《两宋财政史》，中华书局，1995年，第9—11页；黄纯艳：《宋代财政史》，云南大学出版社，2013年，第3—5页；等等。

始，内藏库支借钱物给计司，皇帝不再尽数蠲免，内藏库支借偿还的借贷模式成为内藏库支出钱物的重要模式。笔者此前曾对宋神宗朝内藏库支借偿还的借贷模式有过粗浅的探讨，[①] 遗憾的是没有对整个宋代内藏库的借贷模式进行全面梳理，以至于内藏库外向性财政职能构造了财权集中，只停留在我们对概念的浅层次理解上，而不能认识到财权集中过程的意义。笔者将借助对宋神宗朝之前、宋神宗朝至北宋亡、南渡以后这几个时期的内藏借贷模式特征的解读，尽可能勾勒出宋代内藏库财权集中过程中的动力或路径。

一、习惯面相：内藏库的借贷蠲免模式

就宋神宗朝以前的内藏财政支出情况来看，宋辽、宋金战争是造成内藏大额支出的主因，与这些战争相关的宋朝的边防主要是河北、陕西、河东三路，频繁的战争及边防常规支出致使这三路的物质生产能力十分匮乏，一般性质的和籴军储在这些地区基本都行不通。[②] 尽管宋朝政府解决这些地区军储需求的主要方式是市储军储，但实质上是通过便籴、博籴来完成的，也就是政府出钱物招引商人入中，来弥补地方生产能力之不足。那么，宋代内藏库在这方面的财政支出到底有多少呢？庆历七年（1047），三司使张方平在疏奏陕西路近五年来财用情况时说道：

> 本道财赋支赡不足，募商人入中粮草，度支给还钱帛，加抬则例价率三倍，茶盐矾缘此法贱，货利流散，弊悉归官。又自庆历三年以后，增添给送西北银绢，内外文武冗官，日更增广，以此三司经用不赡。庆历二年六月，圣恩特赐内藏银一百万两，绢二百万匹，仍尽放免日前所贷内库钱帛。庆历二年八月，又蒙恩赐内藏绸绢三百万匹。据此银绢六百万匹两，为钱一千二百万缗。庆历五年，又赐江南所铸到大铜钱十一万，当小钱一百一十万缗。及今未满五

---

① 董春林：《"量出制入"与宋代地方财政困境——以宋代内藏财政为线索》，《兰州学刊》2015年第2期。

② 这里主要指三边地区某一处的粮草囤积并不取决于该处的和籴粮草，而多数是根据诸路丰稔情况市籴之后以应付某路的急需。程民生即指出，西北地区的物资的吞吐在时间上、空间上、品种上有着调节机制，输入物资是援助国防军费，而不是援助地方经济，但输出物资却是该地区经济实力的体现。见氏著：《宋代地域经济》，河南大学出版社，1992年，第255页。且不说该地区如何体现经济实力，地区之间的物资调节即表明这里的和籴军储是异地互援的，并不是一般意义上的和籴粮草服务于本地。另外，财政危机造成的籴本不足，也是和籴难以实行的原因。朱家源、王曾瑜指出，由于宋朝前中期出现了旷日持久的财政危机，无力支付充足的籴本，故置场和籴逐步衰落了。参见氏著：《宋代的和籴粮草》，《文史》第24辑，中华书局，1985年，第142页。

年，相添费用已尽，乃是每年常将内藏银绢近三百万缗，供助三司经费，仍复调发诸路钱物应副，方始得足。即日外州府库搜刮亡余，不知内藏蓄积几何，可供今后支拨？天下山泽之利，茶盐酒税诸色课入，比之先朝以前，例皆大有增剩，可谓无遗利也。若据国家天下之广，岁入之数，自古无此之多者。然有司调度，交见匮乏，直以支费数广，不量入以为出所致尔。①

这里所谓"加抬"，是指"边郡所入直十五六千至二十千者，即给茶直百千"。②陕西路财用不足显然与商人入中关系密切，商人入中的利益诉求，以及长途运输中的不确定因素，再加上京师蓄贾之家的无端谋利，③常常造成中央的财政补贴往往无济于事。所以说，庆历二年至庆历七年间（1042—1047），内藏每年名义上借给三司银绢近三百万缗，调发应付诸路军需，实质上都无力偿还。

皇祐二年（1050）现钱法的推行，从商人入中角度来说，显然会刺激商人入中的兴趣，但地方尤其是三边地区的现钱在此之前就已不足，包拯所言陕西路无现钱支付商人入中解决军储的话并非空穴来风，上奏请求宋仁宗出内藏钱援助更是整个北宋时期军事财政的实际情况。内藏借贷钱物用于博籴及便籴的现钱支出，在现钱法推行之后，不仅导致内藏亏空，甚至还会挫伤商人入中的积极性，这主要缘于商人长途转运粮草与内藏现钱兑换钞引时间上的冲突。我们这里需要弄清楚的是，内藏财政在支助三司及诸路军需时，在表面上的借贷方式与实质上务必赐予之间，为何宋朝皇帝选择了频繁蠲免？要解决这个问题，我们还要回到历史场域之中，去分析那些士大夫的政治论点或许才能找到答案的根源所在。前文已引庆历年间三司使张方平的话说："即日外州府库搜刮亡余……不量入以为出所致尔。"这段话显然是在为内藏储备可能亏空而担忧，把内藏蓄积与国家财政收支联系起来，甚至以量入为出的财政思想作为反面教材警示朝廷。我们是否可以认为，内藏财政收入或钱物储备几何即预示着国家财政的状况如何，宋朝皇帝支出内藏钱物给三司，并非简单的支借，而是本质上支配国家财政的行为。宋朝皇帝借助内藏钱物支配国家财政运

① （宋）李焘：《续资治通鉴长编》卷161"庆历七年十二月庚午"条，中华书局，2004年，第3895页。

② （清）徐松：《宋会要辑稿》食货36之8，上海古籍出版社，2014年，第6788页。

③ 史载："皇祐二年，知定州韩琦及河北转运司皆以为言，下三司议。是时虽改现钱法，而京师积钱少，恐不足以支入中之费，帝又出内藏库钱帛百万以赐三司。久之，入中者浸多，京师帑藏益乏，商人持券以俟，动弥岁月，至损其直以售于蓄贾之家。"参见（元）脱脱等撰：《宋史》卷184《食货志下六》，中华书局，1977年，第4492页。

行，以此换取国家财权集中，更博得"圣德"之类的政治利益，但我们并没有详细界定，究竟宋代什么时候的内藏库这种政治"功能"较为明显，以及内藏钱物如何支配国家财政运行。

李心传曾云："自淳化迄景德，每岁多至三百万，少亦不下百万，三年不能偿即蠲除之，此库乃为计司备经费耳，故仁宗后西北事起，大率多取给于内藏。"[①] 这里所谓"为计司备经费"，无疑点明内藏在宋真宗、宋仁宗两朝实际上干预了国家财政运行，也反映出作为天子私财的内藏库，是通过为计司提供经费来为皇帝博得"圣德"的。这种"圣德"式的政治利益，说更直观些就是皇帝借此实现对国家权力的控制。有学者即指出，北宋皇帝已从"天子"身份蜕化为官家，对官家来说，金钱绝不仅仅意味着可以奢侈享受，更是皇权须臾也离不开的保障。正因为如此，从宋太祖开始的北宋历代官家，都无一例外地把内藏库中的金钱视为北宋立国的根本来高度给予重视的。[②] 不过，北宋前期的内藏库在作为立国之本起到一定积极作用的同时，其储备必然面临亏空，至少在宋神宗朝初期仍是这样。

二、支借偿还：内藏库的潜在收入模式

熙宁年间的王安石变法也同样涉及内藏财政，其根本财政意图也在巩固内藏立国之基的作用。元丰初年的文献记载中常常提到内帑钱物如何山积，宋神宗甚至将原本输纳到内藏的一些经费转存到新设置的元丰库，[③] 与榷货务入中钱物相关的坊场净利钱也仅仅每年定额一百万保持输入内藏，但我们必须清楚，此时内藏库的储备激增应该与其出纳管理上的条理化、严格化有关。宋神宗朝内藏钱物借贷给诸司，诸司无力偿还时很少见到皇帝蠲除借款的案例。那么，此时的内藏实质性支借给诸司钱物的目的何在？在回答这个问题前，我们首先要弄清楚催还内藏钱物及借贷内藏钱物的行政部门都是哪些。

有学者曾指出，熙宁以前由皇帝亲掌的封桩库所藏，是在地方输入京师财赋

---

① （宋）李心传：《建炎以来朝野杂记》卷17《内藏库》，中华书局，2000年，第384页。

② 范学辉：《三司使与宋初政治》，载姜锡东、李华瑞主编：《宋史研究论丛》第6辑，河北大学出版社，2005年，第46页。

③ （宋）蔡絛《官制旧典》云："王安石为相，自著《周礼义》以符合新法，故持冢宰掌邦计之说，谓宰相当主财计，遂与三司分权，凡赋税、常贡、征榷之利，方归三司；摘山、煮海、坑冶、榷货、户绝、没纳之财，悉归朝廷。"参见徐自明：《宋宰辅编年录校补》卷7，中华书局，1986年，第427页。榷货入中金银现钱本为入纳内藏的内容，坑冶课利也多为内藏所有，这些钱物在王安石变法之后被部分转给由朝廷主管的元丰库管理。

总额中提取的部分，而朝廷封桩则是地方"岁课上供数"以外的钱物，属"额外之求"，地方上的朝廷封桩钱物归常平司掌管，不隶转运司。① 这里的认识主要来源于《玉海》载："神宗始分天下之财以二司，转运司独用民常赋与州县酒税之课，其余财利悉归常平司掌其发敛，储之以待非常之用。"② 由此可见，内藏封桩库的钱物在地方上主要由转运司负责输纳，而朝廷的元丰库钱物来源则由常平司负责。然而，这里混淆了两个问题。一是皇帝所亲掌的内藏库和朝廷所主管的第三类财库③ 的钱物来源并不十分清晰，内藏库的钱物来源不仅包括地方输入京师财赋总额中的部分窠名，还包括坊场钱、市易息钱等"岁课上供数"以外的部分钱物；二是常平司与转运司在掌管朝廷封桩钱物方面的差别，并不反映在管理地方与内藏财政方面，转运司负责内藏钱物的筹集，而提刑司、常平司对内藏库在地方的钱物周转方面有着一定的监管职能。我们从宋神宗熙宁初年，常平、转运二司分管天下之财之后的文献看到，地方财政不足借贷内藏钱物事宜主要由常平司和转运司来完成，而常平司对内藏钱物的监管实际上较之其对内藏钱物的借出更为弱化。我们从宋神宗朝的文献中，很少发现常平司直接催促转运司偿还内藏钱物的案例，倒是发现常平司常常制定新的偿还方案，奏请皇帝同意转运司延期偿还内藏钱物。比如，熙宁三年（1070）十月，京东路提举常平司上奏说："转运司有未偿内藏库绸绢十四万缗，乞借充青苗钱，候三年还内藏库。"④

不过，常平司并不是真正的借贷方，反倒更像是介于内藏库与地方财政之间平衡借贷关系的行政部门。熙宁年间，王安石变法时为推行新法，设置提举常平司。熙宁三年（1070）七月，宋神宗曾下诏规定："诸路提举常平官到阙，并令辞见，如有合奏陈乞上殿，即依提点刑狱仪制施行。"⑤ 可见，提举常平司官只对皇帝及朝廷负责，在处理地方借贷内藏钱物问题上显然也能尽职尽守。有学者即指出，宋代提举常平司制度的创置，是王安石变法的产物，也是宋代地方财政体制的一次重大

---

① 沈松勤：《北宋文人与党争》，人民出版社，1998 年，第 33 页。
② （宋）王应麟：《玉海》卷 186，江苏古籍出版社 □ 上海书店，1987 年，第 3404 页。
③ 南宋人章如愚曾说："今日财计有三所：内之库，天子财也；南库，宰相财也；户部，天下财也。"参见氏著：《群书考索》后集卷 64《内库类》，上海古籍出版社，1992 年影印本，第 12 页。梅原郁先生认为，这里的"南库"应该指南宋时的左藏南库，自孝宗乾道至淳熙之间，左藏南库作为第三财库，曾经补助户部的财政。参见氏著：《宋代的内藏与左藏——君主独裁的财库》，《食货月刊》1976 年第 6 卷第 1、2 期。
④ （宋）李焘：《续资治通鉴长编》卷 216"熙宁三年冬十月甲子"条，第 5254 页。
⑤ （宋）李焘：《续资治通鉴长编》卷 213"熙宁三年七月癸丑"条，第 5181 页。

改革，在王安石变法时期，提举常平司积极推行新法，监察不法官吏。[①] 常平司对诸路借贷内藏钱物监管较之其辅助于转运司借贷内藏钱物弱化，主要是因为常平司所主管之常平仓在平籴地方粮食及生产方面与转运司目的一致，而提举常平官位阶在路级行政官员中较低。[②] 通过常平司在内藏支借钱物管理上的特征我们可以明晰，宋神宗朝内藏支借钱物之所以成为实质性支借而很少蠲除，可能与王安石变法之时中央加强财政管理及蓄积国家财富的大方向有关。梅原郁先生认为："北宋中期，内藏库虽以天子恩惠方式贷放，而严格催促缴还的时候也不少，然其通常例子，却只要经过几十年，则必可免还的，结果还是和赐予无异。当这种事实增多时，将由内藏拨给户部的财货说成借贷，自有人会以为这与事实不符。当内藏拥有自己财源，经常负担部分的国家财政以后，天子私藏的秘密部分与非私藏的可公开的部分，便自然而然地分离。这种事实，就形成设第三财库的背景之一。"[③] 所谓严格催促缴还，应该在宋神宗朝居多，经过几十年必可免还，无疑是毫无意义的。我们可否这么理解，内藏借出钱物的实质性与内藏拥有自己固定财源的基本方向一致。至少我们从元丰等第三财库的出现看到，内藏作为国家计司财政后备的职能在渐趋淡化。

宋神宗朝之后的元祐更化，不仅对王安石变法时期设置的提举常平司等机构进行了拨乱反正，更对内藏实质性的支借偿还模式进行了改易，我们从现存文献中仅查阅到有限的内藏支出钱物具体偿还方案的记载。宋哲宗亲政之后，提举常平司重设，但内藏财政仍然以支出为主，诸司借支内藏的钱物能够偿还的不多，内藏出金帛赴五路经略司封桩以助边费的次数过于频繁，以至于绍圣三年（1096）春之后，"降赐非一，不尽录"。[④] 为应付五路经略司军赏，元符三年（1100），宋哲宗甚至在内藏阙银时将内藏储备半数的绢贴支出去。[⑤] 宋徽宗朝内藏支出钱物的案例多以

---

① 贾玉英：《宋代提举常平司制度初探》，《中国史研究》1997 年第 3 期。
② 宋人云："置提举司，位叙资级视转运判官，遂与提点刑狱、转运、发运副使及使定为迁格。"参见（清）徐松辑：《宋会要辑稿》职官 42 之 18，上海古籍出版社，2014 年，第 4079 页。
③ （日）梅原郁著，郑梁生译：《宋代的内藏与左藏——君主独裁的财库》，《食货月刊》1976 年第 6 卷第 1、2 期。
④ 陈均：《皇朝编年纲目备要》卷 24 "绍圣三年春正月" 条，中华书局，2006 年，第 594 页。
⑤ 宋哲宗曾下诏："鄜延、泾原、熙河、环庆路见管军赏银绢不多，虑缓急阙用，特于内藏库支发银绢共二百万匹两，赴逐路经略司封桩，专充准备边事及招纳之用。内鄜延、泾原路各六十万匹两，熙河、环庆路各四十万匹两，仰户部剗割，计纲起发前去。"后来，内藏库阙银，"以绢七十万匹贴支，上止令应副五十万，以封桩夏国岁赐绢二十万贴支，因谕曾布等曰：'内藏绢才百万，已辍其半。'"参见（宋）李焘：《续资治通鉴长编》卷 505 "元符二年元月丁卯" 条，第 12043 页。

皇室消费为主，元祐中拨给转运司三分，坑冶课利全部仍输入内藏，[①]内藏的固定窠名进一步扩大，以至于户部常常诟病云："天下常赋多为禁中私财，支用取足，不恤有司之上溢下漏，而民力困重。"[②]一旦内藏在国家军费开支、社会应急赈济中的财政支出淡化，其作为国家财政后备的职能必然淡化。

三、虚实相继：内藏库借贷的双重模式

南渡以后，内藏的财政支出较之北宋时期多有不同，但支借偿还的模式继续存在，内藏在社会赈济方面的支出甚至更频繁，我们只能说内藏的支借偿还模式在宋神宗朝之后被延续了下来。一方面，内藏固定窠名在南宋时期被法定化，国家财政三足鼎立的状况使得皇帝更为关注内藏的蓄积；另一方面，名义上的左藏南库、左藏封桩库两种朝廷财库，在南宋时期承担了军费应急及奉亲的职能，致使内藏的收入范围较北宋萎缩，军需支出只是在兵兴之时，[③]遂使得内藏钱物的支出更多地表现在社会救济方面。另外，我们需要注意的是，上文所谓"宋神宗朝形成的内藏支借偿还模式在南宋时期被延续下来"，并不是南宋时期内藏支出钱物的主要特征，而宋神宗朝之前内藏支借蠲免的情况在宋廷南渡以后再现。

表 1 淳熙十五年以前皇帝蠲放内藏钱物统计表

时间	借贷对象	积欠情况	积欠原因	蠲放方案
庆历二年六月	三司	日前所贷内库钱帛	三司经用不赡	放免
皇祐二年闰十一月	河北路	民税	河北频年水灾	蠲民税几尽
治平元年三月	三司	借内藏库钱15万贯	修奉仁宗山陵	依乾兴例蠲免
宣和三年三月	诸路州军	积欠估剥亏官钱		自政和五年已前并特除放
建炎四年十二月	户部	左藏西库岁供内藏库钱金银		止逐旋供纳银5万两，余权免
绍兴三年十月	汉阳军	合发内藏库绢8000匹	本军经残破	特予免放一年
绍兴四年六月	岳州	内藏库绢	本州岛屡经盗贼，残破尤甚	今年并以前者并特予除免

---

① （清）徐松辑：《宋会要辑稿》职官27之26，上海古籍出版社，2014年，第3724页。
② （清）徐松辑：《宋会要辑稿》，上海古籍出版社，2014年，第7305页。
③ 《宋史》载："南渡，内藏诸库货财之数虽不及前，然兵兴用乏，亦时取以为助。"见《宋史》卷179《食货下一》，第4373页。

绍兴五年九月	婺州	合起绍兴二年内藏库素罗、花罗		特予放免
绍兴十四年正月	成都潼川府路	截留支用还过合纳内藏库钱帛		并免改拨，特与除放
绍兴二十六年二月	诸州	合发物料	累年所造军器，内库山积，诸军亦各自制	特与减免
绍兴二十六年二月	绍兴府	欠岁贡小绫	民间织造费力	自二十三年已前，并与除放
绍兴二十六年八月	建康府	绍兴二年以后至二十年终，积欠内库折帛钱233万余缗、绢20.7万余匹	积年拖欠，岁久无所从出	御笔蠲放
绍兴二十七年八月	荆南、襄阳府，光州、随州、安丰军	自绍兴十四年至今，合起内库钱帛		蠲免
绍兴二十七年九月	淮南、京西、湖北路州军	自绍兴十四年至二十七年，合起内藏库绸绢钱帛		并与蠲免
绍兴二十七年十一月	婺州	绍兴二十二年以前，见欠内库绫罗及折帛钱	人户残欠经涉岁月，实难追催	并与除放
绍兴三十二年十二月	建康府	上供绢1.05万匹、数内桩阁绢1.38万余匹	今年分猪羊息钱应付修造行宫及修添府城支用	蠲免
隆兴元年十月	扬州	年额坊场钱		蠲免一年
隆兴二年七月	扬、泰、楚、滁州、盱眙、高邮军	合桩发隆兴二年分内藏库岁额坊场钱		蠲免一年
隆兴二年十一月	光化军	隆兴三年分内藏库天申圣节银100两，折绢银75两		免一年
乾道元年三月	楚、真、滁、扬、濠、庐、光州、寿春府、盱眙、光化军	乾道元年进奉天申圣节内藏库绢	人马残破或侵扰去处	蠲放一半
乾道元年三月	信阳军	乾道元年进奉天申圣节内藏库绢		免一年

续表

乾道元年五月	盱眙军	绍兴三十二年、隆兴元年、隆兴二年，分内藏库坊场钱各500贯文		蠲免
乾道元年六月	和州	内库钱物		免一年
乾道四年七月	光化军	进奉内藏库天申节银		蠲免一年
乾道五年八月	江、淮等路	拖欠绍兴二十七年至乾道元年终，合发内藏库岁额钱共875319贯461文		蠲免
乾道七年二月	两浙、京西州军	拖欠内藏库乾道五年以前坊场钱	艰于输纳	并免放
淳熙十五年三月	户部	会庆圣节进奉内藏库银5959两、折银绢钱4984贯375文		权免一年

文献来源：中华书局点校本《建炎以来系年要录》、上海古籍出版社点校本《宋会要辑稿》等。

　　从上表不难看出，建炎四年（1130）至淳熙十五年（1188），宋高宗、宋孝宗蠲免户部及诸路州军借贷内藏钱物23次之多，主要以积欠绢帛及坊场钱为主。南宋初期内藏储积钱物应该颇丰，至少在宋孝宗朝中前期内藏钱物应该十分充裕。绍兴三十二年（1162）四月，礼部侍郎黄通老曾建言："足食之计在于量入为出，今天下财赋半入内帑，有司莫能计其盈虚。"[①]李心传亦记载："绍兴末年，合茶盐酒算坑冶榷货籴本和买之钱，凡六千余万缗，而半归内藏。"[②]嘉定十一年（1218）十二月，有臣僚亦上言说："中兴驻跸吴会，亦且出内帑以佐调度，以犒戍兵，以济水旱，虽逆亮叛盟师，兴财费，而无横敛暴赋及民者，以素有储积也。及宪圣慈烈皇后尊居慈福，当时宫中所入已非大内之比，而金帛缗钱，府藏充塞，此陛下之所亲见。今诸色窠名与夫房廊僦赁之属，皆犹旧也，安得至是而遽耗哉？"[③]由此可见，南宋初期内藏借支出去的钱物之所以被蠲免，根本原因是内藏储蓄丰厚，这显然和宋真宗、宋仁宗两朝有所不同。这一时期，内藏在灾害赈济方面的无偿支出，也都

---

　　① （宋）李心传：《建炎以来朝野杂记》卷17《左藏南库》，第382页。
　　② （宋）李心传：《建炎以来系年要录》卷193"绍兴三十一年冬十月癸丑"条，中华书局，2013年，第3759页。
　　③ （清）徐松：《宋会要辑稿》食货51之7，上海古籍出版社，2014年，第7144页。

反映了这一点。不过，我们仍要清楚，宋代内藏借支钱物的历史流变，不仅和内藏的收入途径及贮藏力度相关，并且反映出国家财权逐步集中的态势。从真、仁二帝时期计司后备库的身份，到神宗王安石变法时计司的债权方身份，再到南宋初期的"如来救世"面相，宋代内藏外在财政形象流变的背后，预示着国家财权的不断集中。

四、结语

综上所述，我们大致得出结论：先是北宋初年内藏设置，到仁宗朝宋夏战争象征性的借贷，以及从非常规到常规支借给三司钱物，神宗时期王安石以理财为要务，对内藏收支进行制度化的调整，这种化繁从简的内藏输入钱物模式，一定程度上弥补了治平以后内藏的亏空，也使得内藏借贷给计司钱物成为实质性的契约关系，内藏对三边及熙河路的军费支出则成为非常规的赐予，市易之利及坊场净利钱也一定程度上增大了内藏财力，遂使得哲宗以后赐予钱物成为内藏支出的主要方式。南渡以后内藏收入膨胀的同时，全面作为应急经费的内藏支出成为南宋财政的典型面相，频繁的内藏财物蠲免，以及内藏支出代交天灾州县赋税，都折射出南宋内藏财政职能的某些特征。

宋代内藏库借出钱物在北宋前期多是形式性借贷，借方无力偿还时皇帝都会蠲免这些借款；自宋神宗朝起，内藏借出的钱物多是需要偿还的，也就形成了条理化的支借偿还模式；到了南宋时期，内藏支借钱物的对象有所改变，内藏作为计司财政后盾的形象开始转变，内藏作为天子私财性质直观化的同时，赐予性社会赈济职能几乎遮蔽掉内藏的支借偿还模式。但我们必须清楚，内藏借贷钱物给计司或其他诸司的财政行为，本身并不是期望获得那些潜在的财政收入，以天子圣德为核心的皇权形象，才是宋代内藏财政运作的根本诉求。当然，这种近乎主观的政治诉求背后客观的财政面相，可能透露出内藏财政真实的一面。内藏借贷钱物给计司支撑部分国家财政运行，是内藏财政职能的体现，至于天子是否蠲免计司无力偿还内藏的钱物，则是内藏财政职能的延伸。以此为视角我们发现，宋代内藏财政对借出钱物的管理及约束，都是某个时期内藏财政职能的伸缩，这种伸缩背后暗藏的是内藏财政在国家财权集中过程中由虚及实的理路。

近代宁波的洋银流入与货币结构[*]

熊昌锟^{**}

内容提要： 明末清初，外国标准化的机制银圆逐渐流入宁波等地，与秤量使用的银锭相比，银圆形制统一、检验方便，节省了一定的交易成本，因此行用日广，进而流通至浙江的其他城镇和农村地区。五口通商以后，国内埠际之间有大量的洋银流动，而自香港等地进口的洋银数量极少。清后期，浙江省厘金收支的四柱清单中，银圆的使用已超过银锭与制钱，成为最重要的收支货币。结合清中期至民国初期的契约文书，可以发现丝茶产地以外的宁波及浙东地区农村市场的洋银使用份额远不及银锭、制钱，洋银在港口与农村两个不同市场层级的使用呈现出迥异的特点。

关键词： 近代　宁波　洋银　货币结构

明中后期以来，已有一定数量的外国机制银圆（又称洋银、洋钱）进入中国东南沿海港口。五口通商之后，输入中国的洋银数量急剧增长，种类也相应增多，流通范围逐渐向沿江和内陆地区扩张，埠际之间也有大量的洋银流通。而其用途也从对外贸易的结算货币，逐渐演变成缴纳赋税与日常交易的媒介。学界此前对于外国银圆在中国市场的流通研究，主要有日本学者百濑弘对清代西班牙银圆流入中国的时间、数量以及单位制度"元"进行的详细考证，同时他还评估了西班牙银圆流入

---

　*本文为国家社会科学基金青年项目（批准号：17CZS028）、中国博士后科学基金面上资助项目（批准号：2017M610142）阶段性成果之一。

　**熊昌锟，中国社会科学院经济研究所助理研究员，中国史学博士，理论经济学博士后，主要从事近代经济史方向的研究。

对中国货币制度的影响。① 美国学者万志英（Richard Von Glahn）从物质文化史的角度解读了 19 世纪中国市场上的外国银圆。② 在国内，陈春声关注的是清代广东市场上的银圆流通情况，对洋银流入广东的时间进行了考证，并对嘉庆至光绪年间广东各地银圆的价格进行了梳理，结合民间文献大致描述了银锭、制钱、银圆之间的流通比例。③ 张宁简要论述了墨西哥银圆（又叫鹰洋）流入中国的时间、范围，并对鹰洋流入中国的数量进行了估算。④ 邹晓昇考察了墨西哥鹰洋行市的更替以及鹰洋在上海流通主币地位的确立，并对鹰洋行市的取消和龙洋行市的确立进行了评价。⑤ 关于近代宁波的金融市场，如钱庄的空盘交易、过账制度等议题，也有不少讨论。⑥ 总体来看，既有论著多缺乏对外国银圆进出数量的统计、银圆在货币结构中的比重以及在不同层级市场使用情形的论述，给本文留下了一定的讨论空间。

浙江是明清时期对外贸易的重要窗口，同时也是外国银圆流入较早、使用广泛的省份之一。明中后期，浙江生丝、棉布远销欧洲，对外贸易十分活跃，并成为明政府获取白银的重要来源。清中叶以来，这一区域的对外贸易持续增长，逐渐超越粤闽，成为中国对外贸易的中心以及清政府的财赋重地。而宁波作为浙江最重要的通商口岸（其贸易历史远比上海悠久），早在康熙二十四年（1685）已设置浙海关，成为全国仅有的四个海关之一，是清初对外贸易的重要港口。第一次鸦片战争后，英国要求开放五口通商，宁波位居其中，成为第一批"约开商埠"。

与此同时，清中期以来，宁波与其他沿海商埠类似，随着贸易的快速增长，此前作为法定货币的制钱越来越不能满足大规模贸易结算的需要，因此形制统一的机制银圆逐渐成为重要的结算货币。而农村虽然也不可避免地卷入经济全球化的浪潮，但其货币结构并未发生根本性改变，农村市场仍以制钱为最主要的货币，这与港口的货币结构差异较大。因此，宁波实际上可作为观察洋银在近代中国商埠流通情形以及地方市场货币结构的窗口。

① （日）百濑弘著，南炳文译：《清代西班牙银圆的流通》，载刘俊文主编，栾成显、南炳文译：《日本学者研究中国史论著选译》第 6 卷，中华书局，1993 年，第 449—486 页。
② Richard Von Glahn, "Foreign silver coins in the market culture of nineteenth century China", *International Journal of Asian Studies*, 2007,4（1）, pp. 51-78.
③ 陈春声：《清代广东的银圆流通》，《中国钱币》1985 年第 1 期。
④ 张宁：《墨西哥银圆在中国的流通》，《中国钱币》2003 年第 4 期。
⑤ 邹晓昇：《银圆主币流通与上海洋厘行市的更替》，《史学月刊》2006 年第 8 期。
⑥ 郑备军、陈铨亚：《中国最早的金融投资市场：宁波钱庄的空盘交易（1860—1920）》，《浙江大学学报》2011 年第 3 期；陈铨亚、孙善根：《晚近宁波的航运与金融》，《宁波大学学报》2013 年第 5 期。

一、清中前期的贸易和洋银流入情形

宁波位于东南沿海，是古代中国重要的贸易港口，在唐宋时期已有较为繁荣的商业。北宋淳化三年（992），在宁波设置市舶司，"掌蕃货海舶征榷贸易之事，以来远人，通远物"。[①] 南宋迁都临安后，江南经济进一步繁荣，宁波的对外贸易迅速发展，与日本、高丽等国来往密切。当时自宁波运往日本的货物主要为丝织品、瓷器、漆器、香药等，也有一定数量的铜钱、银锭。从日本进口的货物包括药珠、鹿茸、茯苓、硫磺、松板、杉板等。[②] 而输出到高丽的商品与出口日本的类似，多为丝织品、瓷器、茶叶，从高丽输入的商品有人参、麝香、茯苓等，此外还有一定数量的白银。[③] 除了与地理位置相近的日本和高丽有贸易往来外，宁波还与东南亚的阇婆、占城等地有商业联系。[④] 元代，宁波的对外贸易在唐宋基础上迅速发展，进口货物由宋代的 170 余种增加到 220 余种，往来的贸易国亦日渐增多。[⑤] 至明初，政府开始严格控制对外贸易，仅剩宁波、泉州、广州 3 个口岸与外往来，规定宁波通日本，泉州通琉球，广州通占城、暹罗、西洋诸国。此后，宁波与其他诸国的商贸联系虽未完全断绝，但与此前相比已日渐低迷，不过与日本的贸易规模却日甚一日。"在胜国时，许其互市，乃至四明沿海而来，艨艟数十，戈矛森具，出其重货与中国人贸易。"[⑥] 四明即为当时宁波的称谓。前揭史料表明国家层面的商业联系繁盛，而宁波民间富商大贾前往日本贸易者，亦为数甚巨，"以数十金之货，得数百金而归，以百金之船，卖千金而返。此风一倡，闻腥逐膻，将通浙之人弃农而学商，弃故都而入海。官军利其贿，惟恐商贩之不通；倭夷利其货，惟恐商主之不至"。[⑦] 不过到了顺治年间，清政府先后颁布"禁海令"及"迁界令"，强迫沿海几省商民内迁，宁波的商业贸易因此大受影响。康熙二十四年（1685），清政府正式开放海禁，在宁波设置浙海关，其商业贸易逐渐复苏，"鄞之商贾，聚于甬江，嘉

---

① 《宋史》卷 167《职官七》，中华书局，1977 年，第 3971 页。
② （宝庆）《四明志》卷 6《市舶》，复旦大学图书馆古籍部藏，索取号：0656。
③ 《宋史》卷 487《外国三》，中华书局，1977 年，第 9651 页。
④ 《宋史》卷 489《外国五》，中华书局，1977 年，第 9672 页。
⑤ （宝庆）《四明志》卷 6《市舶》复旦大学图书馆古籍部藏，索取号：0656。
⑥ （明）张萱：《西园闻见录》卷 56《防倭》，明文书局，1991 年，第 162 页。
⑦ （明）王在晋：《越镌》卷 21《通番》，载四库禁毁丛刊编辑委员会编：《四库禁毁书丛刊》第 104 册，北京出版社，1997 年，第 498 页。

道以来，云集辐辏，闽人最多，粤人、吴人次之"。[①] 贸易范围"自东向西约 290 英里，自南向北约 350 英里，除了杭州以北靠近上海的地区外，杭州以南和安徽东南部均以宁波作为对外贸易的供应和土货出口之口岸"。外国商船和货物也大量涌入，"每遇阁广船初到或初开，邻舟各鸣钲迎送，番货海错，俱聚于此"。[②] 这其中就包括数量不菲的洋银。《宁波钱业会馆碑记》载："海通以来，宁波为中外互市之一，地当海口，外货之转输，邻竟（境）物产之销售，率取道于是。廛肆星罗，轮舶日月至，俨然称都会矣。顾去闭关时不远，市中行用以钱不以银。问富，数钱以对。自墨西哥银币流入内地，始稍变其习。"[③] 最初大量流入宁波的其实是西班牙银圆，道光以后开始盛行墨西哥银圆。而且，当时宁波是浙省唯一的对外窗口，"在温州开埠（1877）以前，浙江各地口岸和周围地区的洋货，均由宁波陆路或民船运来"。[④] 因此马士曾称："照它与葡萄牙和早期英国贸易的商馆的历史来看，宁波曾经被寄以很大的希望。"[⑤]

伴随贸易的发展，鸦片等大宗货物和外国银圆源源不断地进入宁波。嘉道时期的宁波通货，"除制钱外，尚有佛洋与宝银二种。佛洋俗称本洋，宝银即系元宝，佛洋行使较广……宝银……不如本洋之普遍……迨墨洋输入，制钱与佛洋始渐归淘汰"。[⑥] 起初，本洋与银锭、制钱一并使用，本洋的流通胜于银锭。鹰洋（墨洋）进入后，逐渐取代本洋和制钱，成为市场上主要的流通货币。

二、埠际之间洋银的流动与进出数量

明末即有外国船只到达双屿港一带，随船携带一定数量的洋银。但因当时海关尚未建立，故洋银具体数额无从知晓。而明末至清中叶，商船仍然到宁波等地开展贸易活动，因而洋银源源不断地进入宁波等地。其实在鸦片战争期间，英军就勒索了巨额洋银。道光二十三年（1843），英军曾在战争期间勒索宁波的店铺、钱庄洋银共 25 万元，后经耆英等与英方交涉，作为偿付战争赔款之用。"英夷前在宁波

---

① 光绪《鄞县志》卷 2《风俗》，光绪三年（1877）刻本。

② （清）徐兆昺:《四明谈助》卷 29《东城内外》，宁波出版社，2000 年，第 945—946 页。

③ 《宁波钱业会馆碑记》，中国钱币博物馆藏拓片。

④ 中华人民共和国杭州海关译编:《近代浙江通商口岸经济社会概况——浙海关、瓯海关、杭州关贸易报告集成》，浙江人民出版社，2002 年，第 411 页。

⑤ （美）马士著，张汇文等译:《中华帝国对外关系史》第 1 卷，上海书店，2000 年，第 404 页。

⑥ 《宁绍钱业之今昔观（上）》，《中行月刊》1933 年第 7 卷第 2 期。

府，曾向该处士民索取洋银二十五万元……今已与夷酋要约明白，定于本年十二月给夷银内扣出洋银二十五万元，暂贮广东藩库，留备甲辰年给夷之用，仍移知浙省体察情形酌量办理。"[①] 此外，又从官库掠走洋银 12 万元，变卖财物值银 15.786 万元。[②] 这都说明当时宁波市面上不仅有洋银流通，而且数量不少。另一方面，"宁波地临海滨，富殖鱼盐，五口通商以还，尤为全浙进口贸易之要埠……所有绍属与上江一带之商品，无不赖甬商以为转移，而外埠如沪汉暨长江各口，殆靡不有甬商之足迹，故金融上之往来，在甬商多少发生关系，而甬地钱业之放账，其范围至为广远"。[③] 五口通商以后，埠际之间的金融和贸易往来密切。

同治三年（1864）后，始有完整统计。根据对海关资料的整理，1864—1919年间宁波银锭和银圆的进出口数据，详见表 1：

表 1　1864—1919 年间宁波银锭、银圆进出统计

单位：海关两

年份	外国银圆进口				银条进口	外国银圆出口				银条出口
	上海	温州	厦门	合计		上海	温州	厦门	总计	
1864	375 318		200	375 518	172 424	932 462		17 000	949 462	84 549
1865	591 175			594 175	226 910	1 320 159			1 320 159	38 477
1866	325 547		2 322	795 564	187 244	2 749 335		32 500	3 460 549	524 783
1867	640 791			644 191	253 480	1 906 128		19 479	1 926 207	62 527
1868	670 434			670 434	261 760	3 305 102		44 650	3 398 752	60 582
1869	552 845		5 700	558 545	238 850	1 632 773		18 170	1 650 943	75 373
1870	112 760		4 125	116 885	773 800	3 447 399		22 682	3 447 399	18 375
1871	51 582		550	67 632	770 750	2 460 660		8 612	2 460 660	27 705
1872	165 500		5 000	176 025	905 750	2 215 360		6 350	2 215 360	12 220
1873	243 100			243 100	851 270	2 163 003		2 387	2 163 003	2 113
1874	296 300			296 300	854 250	2 573 700		1 400	2 573 700	
1875	752 197			752 197	293 683	2 306 438			2 306 438	42 277
1876	999 082			999 082	390 076	3 714 368		5 500	3 719 868	69 644
1877	951 622			951 622	470 090	3 112 720	151 600	800	3 267 120	58 356
1878	904 919	111 200		1 016 119	362 644	888 128		2 420	890 548	16 279
1879	986 927	733 601		1 720 528	385 329	2 929 339	1 000		2 930 339	53 695

---

① 全宗：总理各国事务衙门；册：道咸筹办夷务始末补遗；件：宁波府士民请在给夷款内还被索洋银（抄档），中研院近代史研究所档案馆藏外交部门档案，档号 01-01-011-02-003。

② John Elliot Bingham, *Narrative of the Expedition to China, from the Commencement of the War to its Termination in* 1842, Vol.2 (Wilmington: Scholarly Resources,1843)，p.258.

③ 《宁绍钱业之今昔观（上）》，《中行月刊》1933 年第 7 卷第 2 期。

续表

年份										
1880	935 846	714 637		1 650 483	365 386	2 404 048	3 600		2 407 648	44 066
1881	1005 232	714 637		1 719 869	392 476	2 499 289			2 499 289	45 812
1882	1 222 862	579 298		1 802 160	477 446	2 303 345			2 303 345	42 220
1883	802 886	284 590	1 000	1 088 476	313 474	2 603 695			2 603 695	47 726
1884	674 987	288 827	500	964 314	263 538	1 432 981	2 600		1 435 581	26 266
1885	281 235	49 190		330 425	109 803	446 989	4 000		450 989	8 193
1886	654 746	108 116	550	763 412	255 635	1 046 976	1 100		1 048 076	19 191
1887	653 613	59 450		713 063	255 193	1 484 959	1 000		1 485 959	27 219
1888	116 278	16 600		132 878	297 817	951 217	8 392		959 609	17 436
1889	307 980			307 980	506 101	1 807 585			1 807 585	102 587
1890	2 211 945	87 848	197	2 299 990	325 098	5 825 734			5 825 734	52 785
1891	528 199	43 570	261	572 030	187 026	2 456 981	14 052		2 473 647	57 673
1892	204 119	21 752	1 307	227 178	80 555	1 496 302	654	588	1 500 448	44 273
1893	180 129	19 012	196	199 337	58 044	1 234 914	1 176		1 242 952	50 332
1894	388 521	22 168	667	411 356	65 596	1 038 092	20 472	4 410	1 074 282	38 922
1895	304 400	4 666		309 066	72 046	398 205			398 205	74 330
1896	479 580	1 566		481 146	157 193	1 095 761	48 743		1 152 337	81 623
1897	428 833	49 474		478 307	130 386	1 789 334	13 134		1 803 134	2 916
1898	1 170 452	69 820		1 240 272	50 045	2 817 317	3 601	2 067	2 822 985	63 484
1899	619 625	47 932		667 557	65 200	3 699 734	11 733		3 714 957	59 757
1900	452 799	54 998		507 797	260 742	1 649 731	44 ,576		1 694 307	31 131
1901	470 666	19 727		490 393	125 314	2 124 532	500		2 125 032	13 151
1902	172 433	11 980		184 413	56 318	717 247	70 600		788 247	30 623
1903	334 596	3 834		338 430	63 303	842 767	327 667		1 170 434	
1904	18 432	50 086		68 518	38 998	336 600	141 067		477 667	4 750
1905	102 310	25 586		127 896	2 000	652 826	20 799		673 625	
1906	596 341	85 419		681 760		1 173 018			1 173 018	7 500
1907	2 661 039	65 617		2 726 656		2 210 987			2 210 987	500
1908	2 115 303	85 641		2 200 944		2 065 868	10 465		2 076 333	
1909	90 000	138 733		229 400		230 333	3 733		234 066	4 099
1910	8 950	38 533		47 483	4 350	130 400	50 533		180 933	14 800
1911	518 315	234 060		756 375	12 580	1 709 866	2 666		1 712 532	15 000
1912	690 667	240 247		931 681	1 600	1 066 948	4 000		1 074 681	3 300
1913	128 000	191 521		319 521		657 153			657 153	
1914	504 063	279 087		783 150		548 332	667		555 666	
1915	385 987	163 101		549 088		86 357	12 000		98 357	
1916	681 000	98 933		779 933		80 000	6 667		86 667	

续表

1917	246 667	44 933		291 600		76 666	9 333		85 999	
1918	441 333	37 667		479 000		242 667			242 667	
1919	252 000			252 000		662 667			662 667	
总计	32 662 468	5 897 657	22 575	39 083 254	12 391 573	93 755 497	992 130	189 015	949 462	2 217 097

资料来源：茅家琦、黄胜强等主编：《中国旧海关史料（1859—1948）》，京华出版社，2001年；吴松弟主编：《美国哈佛大学图书馆藏未刊中国旧海关史料（1860—1949）》，广西师范大学出版社，2014年。

从表1来看，1864—1919年间，宁波从上海、温州等地共进口银圆39 083 254海关两，平均每年约697 915海关两。其中从上海运入的银圆为32 662 468海关两，占总量的83.57%；从温州运入的共5 897 657海关两，占总数的15.09%。而从宁波输往上海、温州等地的洋银数量共达到95 672 002海关两，平均每年输出1 708 429海关两。其中输往上海占绝大多数，每年平均达1 674 205海关两。如此巨额的洋银进出上海，原因在于"就吾甬一埠而论，进出口货均以上海为交易地点，上海通用规银，甬江通用洋元，申甬汇兑必须以银与洋相兑换"。[①] 同时，洋银大量运往宁波，甚至引起了上海洋厘的上涨。"连日沪市洋厘逐渐增长，昨又涨起一厘二毫半，其原因系被各庄收买现洋运往宁波之故"。[②] 在这56年中，从上海、温州等地运入的银锭共12 391 573海关两，平均每年运入221 278海关两。其中从上海运入的银锭共12 129 638海关两，平均每年达216 601海关两。而从宁波输往上海、温州等地的银锭则共计2 217 097海关两，平均每年为39 591海关两。其中运往上海的银锭总量为1 437 156海关两，年均输出25 664海关两。此外，上海成为洋银进出最重要的目的地，同时从香港进口的洋银数量有限，说明此时宁波已逐渐成为上海的转口港，直接的对外贸易在急剧萎缩。输出的港口还包括九江、福州、汕头、烟台、广州、芜湖、淡水，不过进出数量均无法跟上海、温州、厦门相比。此外，与银圆相比，无论是进口还是出口，银条的数量都要少很多，由此可知当时的宁波市场上，银圆的流通要超过银锭（因当时的银圆、银条均需进口）。

然而，海关统计的数据是不完整的，仍有相当数量的洋银并未报关而直接进入宁波等地，譬如由侨汇或商人、旅客随身携带的银圆。《浙海关十年报告

---

① 《甬江钱业对于革除现水之意见》，《申报》1918年9月24日，第10版。

② 《甬江吸收现洋之影响》，《申报》1918年3月21日，第10版。

（1922—1931 年）》记载："宁波人在中国其他地方有数百万元的大量存款。"从这一情况来推测，这些大量的资金经常在宁波与上海之间流动。但为何这些巨款未能体现在海关报告中？原因就在于这部分洋银主要通过随身携带流通，只有少数作为货物被船运并正式登记时才被记录下来。[①] 那么，这些数额巨大的洋银在宁波市场上究竟起着怎样的作用？

三、市面洋银的使用情形

宁波市面上的洋银，执行着货币的三种主要职能。首先是大宗商品的价值尺度和结算工具。同治元年（1862），太平军入侵造成金融、经济秩序的巨大破坏，宁波各行业会馆共同商议账务和债务问题，一致认为应重新开始并同意所有支付一律以银圆计付，此后银圆成为宁波通用货币。[②] 宁波市场上的鸦片、茶叶、棉花、桐油、麦子等主要商品，皆以洋银定价。鸦片是进口的大宗货物，在中国市场上又有"洋土"之称，"宁波上年洋土每洋 1 元卖 2 两 2 钱，自今岁以来逐渐递减，至现在则每洋 1 元仅得 1 两 8 钱 5 分矣"。[③] 而出口的大宗商品——茶叶以及棉花的价格在长时期内也有一定波动。光绪初年，宁波茶市销路稍旺，每斤值洋银 1 元 2 角，到了光绪末年，宁波茶市日渐萧条，价格日低，以致茶栈日益减少，而价格每斤仅售洋银 4 角，最高只需 1 元左右。[④] 棉花主要来自宁波附近的农村，也是市场上畅销的商品，"棉花向来销路最畅，近因出口不多，各处到货稀少，以致市价较前渐昂。前每银洋 1 元可售花 4 斤 12 两，现已减至 4 斤 4 两"。[⑤] 到第二年底，棉花出口增多，价格持续上涨，每洋 1 元仅购白花 4 斤 12 两。[⑥] 除此之外，麦子等农产品也以洋银作价，"甬江麦价每担涨至 2 元零，因余姚孙家泾孙某积货十万余担，不肯出售，宁地所进之货姚麦居多，今彼处囤积居奇，故麦价骤涨也"。[⑦]

宁波钱庄业世家——宁波慈溪三七市董家的"旧计簿"曾详细记载了嘉庆二十

---

① 《浙海关十年报告（1922—1931 年）》，载茅家琦、黄胜强等主编：《中国旧海关史料（1859—1948）》第 158 册，京华出版社，2001 年，第 117—118 页。

② 中华人民共和国杭州海关译编：《近代浙江通商口岸经济社会概况——浙海关、瓯海关、杭州关贸易报告集成》，浙江人民出版社，2002 年，第 208 页。

③ 《土价日贵》，《申报》1878 年 7 月 10 日，第 2 版。

④ 《甬江小志》，《申报》1903 年 7 月 7 日，第 3 版。

⑤ 《甬江市情》，《申报》1903 年 7 月 11 日，第 2 版。

⑥ 《棉花市价又高》，《申报》1905 年 12 月 18 日，第 10 版。

⑦ 《甬江消息》，《申报》1876 年 8 月 26 日，第 2 版。

四年（1819）至宣统元年（1909）间宁波市面每月洋银和制钱的比价（见表2）。[①]从中既可看出洋银早在嘉庆时期已普遍使用，又可观察其与制钱的汇兑比率。

表2　1819—1909年间宁波董家"旧计簿"银（元）与（制）钱汇兑表

年份	1月	2月	3月	4月	5月	6月	7月	8月	9月	10月	11月	12月
1819			920	940	940	935	950	955	965	915	920	925
1820	925	936	940	945	960	950	960	955	960	950	960	975
1821			925	948	940	940	915	890	908	910	928	925
1822		893	885	825	777	730	773	854	850	878		894
1823		872	870	890	882			871	890	893	875	873
1824			882	880	868	870	850	836	833	841	828	820
1825		824	808	824	828	813	813	815	832	826	838	830
1826		837	844	851	855	848	835		847		857	852
1827		849		851	855			874	890			906
1828	898	905			901	912		906			952	943
1829				947					935			961
1830				965	969			950		956		962
1831					963		977				950	
1832												1 000
1834											1 015	
1836						1 052						
1838				1 060							1 100	
1842					1 340							
1862					1 040				1 100	1 130	1075	1 115
1863	1 135	1 150	1 160					1 155	1 170	1 060		
1864	1 100	1 100		1 100	1 025	1 010	950	925	900	930	970	960
1865	950	940	940	965	1 000		945	960	950	950		966
1866	960	960	970	980	980	985	980	1 050	985	960	1 000	
1867	1 000	1 030	1 020	1 030	1 100	1 050	1 020	1 035			1 085	1 090
1868	1 120		1 150	1 110	1 150	1 130	1 150	1 140	1 130	1 120	1 130	1 110
1869	1 150	1 140	1 125	1 135	1 150	1 145	1 150	1 135	1 135	1 150	1 130	1 130
1870		1 145	1 150			1 190	1 190	1 150		1 215	1 200	1 230
1871		1 230	1 250	1 260	1 260	1 245		1 240	1 215	1 210	1 220	1 215

---

① 民国《鄞县通志》已编《食货志》"金融"，1951年铅印本，第219页。

续表

1872		1 230	1 250	1 245	1 250	1 230	1 215	1 250	1 230	1 230	1 220	1 245
1873	1 230	1 270	1 240	1 240	1 240	1 348	1 240	1 250	1 240	1 225	1 250	1 250
1874		1 250	1 250		1 250	1 255		1 225		1 209	1140	1 175
1875		1 170	1 160	1 160	1 160	1 170	1 170	1 190	1 160	1 160	1 160	1 170
1876	1 170	1 170	1 175	1 180	1 180	1 200	1 170	1 180	1 190	1 170	1 170	1 190
1877	1 200	1 190	1 175	1 180	1 180	1 170	1 170	1 175	1 170	1 120	1 100	1 100
1878	1 100	1 085	1 095	1 100	1 100	1 120	1 120	1 095	1 100	1 085	1 090	1 095
1879	1 100	1 110	1 130	1 130	1 130	1 140	1 160	1 130	1 135	1 140	1 135	1 140
1880	1 150	1 140	1 150	1 160	1 155	1 160	1 165	1 150	1 150	1 145	1 140	1 140
1881	1 150	1 135	1 150		1 145	1 150	1 150	1 140	1 140	1 140	1 140	1 140
1882	1 140	1 140	1 140	1 180	1 150	1 160		1 145	1 155	1 140	1 135	1 140
1883	1 140	1 140	1 140	1 150	1 150	1 150	1 155	1 160	1 150	1 150	1 145	1 145
1884	1 145	1 145	1 160	1 170	1 160	1 160	1 160	1 160	1 160	1 160	1 153	1 145
1885	1 145	1 150	1 150	1 150	1 145	1 145	1 145	1 145	1 145	1 140	1 135	1 140
1886	1 130	1 135	1 130	1 130	1 130	1 135	1 135	1 135	1 090	1 080	1 090	
1887	1 060	1 050	1 050	1 060	1 075	1 075	1 080	1 090	1 090	1 100	1 060	1 080
1888	1 075	1 075	1 075	1 080	1 080	1 075	1 080	1 080	1 085	1 090	1 080	1 090
1889	1 090	1 090	1 090	1 080	1 080	1 075	1 085	1 090	1 080	1 080	1 085	1 090
1890	1 090	1 090	1 080	1 085	1 085	1 090	1 100	1 090	1 095	1 100	1 100	
1891	1 080	1 090	1 085	1 090	1 100	1 100	1 100	1 085	1 095	1 090		1 100
1892	1 100	1 070	1 080	1 070	1 070	1 090	1 085	1 100	1 090	1 095	1 100	1 090
1893	1 095	1 080	1 095	1 085	1 100	1 100	1 100	1 100	1 100	1 100	1 095	
1894	1 085	1 100	1 100	1 085	1 100	1 080	1 090	1 080	1 085	1 095	1 100	1 080
1895	1 085	1 060	1 100	1 110	1 065	1 100	1 085	1 100	1 108	1 060	1 045	1 045
1896	1 040	1 040	980	955	970	950	940	930	930	905	858	835
1897	825	905	915	910	915	935	940	935	935	930	855	890
1898	910	920	930	945	960	970	910	925	930	915	925	915
1899	920	925	935	950	950	955	965	960	960	960	945	930
1900	925	920	930	930	930	935	935	945	955	930	925	920
1901	915	920	920	920	920	920	920			920	920	920
1902					960	940	940	910	900			
1903								870			840	
1904					850							
1905	810				830	830	880	900	950	940	950	950

续表

1906	960	960	970	970	970	970	980	980	980	980	890	980
1907		970		970	980	980	980	980	980		960	
1908	900			900	900	900	900	900	900	950	930	
1909				900	900	900	900	950	950	950		950	950

资料来源：根据民国《鄞县通志》己编《食货志》"金融"，1951 年铅印本，第 220—235 页相关数据整理。

从表 2 来看，不同季节或月份洋银的价格存在一定的差异，"每年除了一些固定的季节，当土特产（如茶叶和蚕丝）由买卖中间人向农民收购时才需要较多的现金。在这种时候，银圆经常有 2%—3% 的贴水"。[①] 具体来看，四月、五月茧丝上市，洋价见涨。六月茧市已过，但新丝上市，且逢端节结账之期，洋元用途未能减少，故价格不致大跌。七月丝茶市面将过，各业清淡，洋元用途渐少，厘价日落。八月份，花、麦及杂粮等将次登场，银圆渐有运去，价格又涨。九月、十月，棉花及杂粮已上市，又逢中秋节结账之期，洋元用途最多，厘价又涨。十一、十二月及次年一月、二月因商业冷清，大宗的丝茶、棉花均未上市，洋银价格较低。[②] 由此可见，洋银价格的高低与市面丝、茶、棉花等大宗货物的上市、退市有着直接关联，这也说明洋银当时已成为上述货物重要的结算货币。

除了充当市面交易的结算货币，洋银还被储存在钱庄里，执行贮藏手段的职能。钱庄除经营存放业务外，还以银圆、银角子收付为主要业务。一般现兑钱庄在早晚派人到各业门市商店去收取现洋、银角，在市场上（钱业公所）出卖，从升水中牟利。[③] 同治三年（1864）的宁波钱业《庄规》规定："一议英洋虽已行用，所畅通者宁、绍、上海而已，故佛洋仍旧通用，然价目不同，应听来人，或英或佛，收付交易，公平作价，勿得抬抑，以翼招徕。"[④] 当时英洋（鹰洋）已在宁波、绍兴、上海等地畅行无阻，而佛洋（本洋）也并未完全退出市场，可按价收付。但洋银大量进入窖藏，对市面的影响颇大，造成通货紧缩，百货诸业生意不畅。"近年南北号糖、米、油、花大小诸业，生意平常，除开销外，所获微利，大率相类其间，幸

---

① 《浙海关十年贸易报告（1892—1901）》，载茅家琦、黄胜强等主编：《中国旧海关史料（1859—1948）》第 155 册，京华出版社，2001 年，第 514—515 页。

② 永祚：《上海金融季节》，《银行周报》1919 年第 3 卷第 18 号。

③ 茅普亭：《旧时宁波的经济动脉——钱庄》，载中国人民政治协商会议宁波市委员会文史资料研究委员会编印：《宁波文史资料》第 4 辑，1986 年，第 48—49 页。

④ 民国《鄞县通志》己编《食货志》"金融"，1951 年铅印本，第 77 页。

能矫矫独异者，惟钱庄耳。每年盈余每庄或一万三千或二千元不等余元"。① 此外，清代以来，宁波盛行"过账"制度（主要是钱庄之间的资金汇划），早期以制钱为主，到了道咸以后，逐渐被洋银取代。咸丰年间历任鄞县知县、宁波知府的段光清在《镜湖自撰年谱》中提及，咸丰八年（1858）时，"无论银洋自一万，以至数万、十余万，钱庄只将银洋登记客人名下，不必银洋过手"。② 同治五年（1866），宁波允和钱庄的过账簿共有 317 笔进出记录，账簿上半部分记录"过出"账目，计77 笔，金额共计 11 122.88 元。账簿下半部分为"过入"账，计 240 笔，金额为 11 711.6 元。③ 可见洋银在当时的过账中也有普遍使用。

随着洋银的广泛使用，市面逐渐改定银圆为本位，以洋银为计算单位的拆息——"洋拆"（洋银 1 000 元日息）应运而生。洋拆的涨落，与市面洋银的进出和数量互相影响。"甬江某钱庄近日将现洋趸杠高抬，洋拆每日竟有 4 角 5 分之谱，因之现洋进出每百元须升五六角，各项生意受累非浅，现由申庄将现洋 200 万运甬以维市面"。④ 洋拆居高不下，原因在于市面缺少现洋，因而从上海紧急调运现洋。不过洋拆把持在少数钱庄手上，商民深受其害。因此在光绪十七年（1891）十月，宁波北号众行商状告怡记、咸德两钱庄擅自镕毁洋元，以致甬洋日少，洋拆日重。⑤ 在众商号联合控告之下，官府规定洋拆限定每日 3 角，不得任意高涨。光绪三十二年（1906）十一月，又有商号状告老北号乾康把持洋拆，虽经商会劝阻，未有效果。⑥ 甚至到了宣统二年（1910）十一月，仍有少数钱庄把持垄断，高抬洋拆，市面商家莫不受其影响。⑦ 然而仅靠政府的行政命令，并不能完全控制洋拆的涨落。

另一方面，洋拆的竟日变动又使得宁波金融市场上"空盘"交易盛行。"甬江之所谓空盘者，即汇划银数以赌输赢者也"。⑧ 空盘交易的实质是一种投机行为，与市面洋银的价格和数量互相作用。洋银数量不多，则价格高涨，引发"买空"，反之亦然。光绪元年（1875）十二月，"各钱庄空买空卖之风实与市面大有关系，

① 《甬上商情》，《申报》1874 年 9 月 23 日，第 3 版。
② （清）段光清：《镜湖自撰年谱》，中华书局，1960 年，第 122 页。
③ 清同治五年，允和钱庄"过账簿"过出、过入款项全部记录，载张介人、朱军：《清代浙东钱业史料整理和研究》，浙江大学出版社，2014 年，第 128—132 页。
④ 《钱庄破坏市面》，《申报》1907 年 10 月 21 日，第 12 版。
⑤ 《核定洋拆》，《申报》1891 年 10 月 25 日，第 2 版。
⑥ 《严禁高抬洋拆》，《申报》1906 年 11 月 3 日，第 17 版。
⑦ 《甬江钱业之垄断》，《申报》1909 年 11 月 22 日，第 12 版。
⑧ 《甬江空盘》，《申报》1876 年 5 月 22 日，第 2 版。

昨闻宁波洋拆仍至1元4角半。①"空盘"交易使得部分钱庄损失惨重，损失百余万之数，因赌负而店业闭歇者多达数家。②空盘盛行致使洋拆日趋高涨，物价也随之攀升，对商民日常生活造成不良影响，"日来甬江洋价顿长（涨），每元可换至一千二百文，柴米油烛色色昂贵"。③基于这种情况，官府为维持正常的交易秩序，严厉打击"买空""卖空"行为。④然而，受暴利驱使，空盘交易屡禁不止。实际上，利用洋银价格涨跌进行套利，在上海等地市场上屡见不鲜，这是洋银具备的另一种身份——"套利资本"。⑤

上述两节分别介绍了埠际之间的洋银流动和洋银在宁波市面使用的情形，侧重点在观察洋银在港口的流通和使用，那么，洋银在腹地城镇和农村的使用情形如何？

四、清季浙省厘金中的货币结构

厘金是清后期设置的内地商业税种，最初是为了解决庞大的军费开支，其后逐渐演变成一种固定性税收，并成为清政府主要的收入来源。浙江厘金开征于咸丰年间。咸丰六年（1856）时，浙江巡抚何桂清称："浙省捐厘事宜，前抚臣黄宗汉在省城设局设办，并据杭州府王有龄在前署湖州府任内于该郡试办丝绸各捐，俱有成效。上年茶局委员金安清在嘉兴接署试办，该处本系居货多而行货少……于饷需不无裨益……并以宁波南北各号商人海舶生涯，较内地略为生色，可以一律劝捐。"⑥丝、绸、茶等捐先后在湖州、嘉兴、宁波等地开征。浙江厘金正项税收共有7项，计百货厘捐、丝捐、茶厘捐、牙帖捐、洋药厘捐、土药捐、加抽糖烟酒二成捐。⑦而其大宗，主要为百货厘捐、丝捐、茶厘捐等项。

四柱清单为古代中国传统的记账方式，分为"旧管""新收""支款""实在"4项。本文选取浙江省同治十三年（1874）至光绪二十九年（1903）经收厘金及解支各款四柱清单，以此观察银锭、洋银、制钱在收支各项中所占的份额，进而分析这

---

① 《再述钱市情形》，《申报》1875年12月21日，第2版。

② 《甬江空盘》，《申报》1876年5月22日，第2版。

③ 《宁郡年景》，《申报》1877年2月10日，第2版。

④ 《严究钱业买卖空盘》，《申报》1906年10月21日，第9版。

⑤ 笔者将在洋银和银锭、制钱竞争的文章中，专门讨论"套利资本"的问题，兹不赘述。

⑥ 浙江巡抚何桂清咸丰六年三月初四日奏浙江试办捐厘情形折，载中国第一历史档案馆藏军机处录副奏折，档号03-4441-051。

⑦ 罗玉东：《中国厘金史》，文海出版社，1979年，第263页。

三种货币的使用情形，详见表3：

表3 浙江省同治十三年至光绪二十九年经收百货丝茶及解支各款

单位：海关两

	旧管项下			新收项下			支款项下			实在项下		
	存银	存洋	存钱	银	洋	钱	银	洋	钱	银	洋	钱
1874	18 459	290 587	133 684	674 327	820 421	434 664	680 217	1 229 195	496 303	58 142	265 279	79 610
1875	61 464	245 485	45 638	697 841	1 061 722	637 550	716 864	1 055 900	654 615	42 441	251 307	28 573
1876	51 282	210 480	35 239	756 255	1 102 542	743 056	774 360	1 102 982	730 483	33 178	210 039	47 814
1877	22 367	85 159	43 719	756 657	728 577	555 538	766 628	810 022	557 332	12 397	3 715	41 924
1878	22 049	5 371	25 931	667 617	801 614	536 265	668 930	800 015	544 800	20 736	6 970	17 397
1879	10 626	29 478	12 662	605 545	964 232	555 858	640 459	1 107 099	576 325	-24 286	-113 389	-7 806
1880	-30 183	-139 226	-12 072	348 473	499 160	307 944	361 843	400 656	296 730	-43 552	-40 722	-858
1882	-236 273	-386 631	-103 988	658 422	1 076 130	460 881	617 632	1 069 003	477 718	-195 483	-379 505	-120 825
1883	-111 715	-208 436	-55 441	307 680	380 854	221 310	340 528	392 311	195 623	-144 563	-219 893	-29 754
1884	-228 748	-466 443	-82 721	528 842	1 106 016	453 993	435 710	1 178 386	441 417	-135 616	-538 818	-70 144
1885	-28 319	-360 436	22 122	419 894	1 260 221	520 845	320 810	866 879	492 180	70 765	32 905	50 785
1886	92 835	170 736	41 303	483 368	1 241 701	427 909	532 234	1 167 036	435 825	43 972	245 394	33 388
1887	3 215	224 338	40 296	869 468	782 389	453 401	1 085 904	788 799	425 742	4 306	61 828	67 955
1888	8 042	54 692	79 658	744 573	806 360	380 881	734 396	634 749	383 325	18 218	226 303	77 214
1889	15 829	288 152	29 305	1 303 028	642 467	389 792	1 269 972	630 138	404 561	48 886	300 481	14 536
1890	48 712	374 451	63 199	1 087 769	430 209	390 465	1 108 101	576 528	343 477	28 381	228 204	110 187
1891	17 282	111 398	63 091	1 257 462	642 205	317 709	1 275 363	570 403	375 014	-620	183 200	5 786
1892	20 263	169 860	7 241	1 221 780	477 638	399 892	1 223 987	579 176	400 298	18 056	68 322	7 501
1893	2 674	21 177	3 960	578 149	289 096	196 661	576 253	224 635	200 577	4 269	85 638	44
1894	23 833	12 878	326	461 521	419 931	265 448	482 421	326 484	265 715	2 933	106 325	58
1895	92 397	533 707	96	1 051 313	1 051 611	236 090	973 693	882 938	465 049	169 999	702 380	65
1896	80 553	274 998	27	480 390	464 952	221 971	549 676	318 601	220 992	17 266	421 348	5
1897	85 728	364 814	40	1 016 054	915 654	180 816	904 264	727 389	350 687	197 518	627 364	62
1898	216 274	539 394	113	1 017 837	1 012 357	363 256	1 044 868	1 121 526	363 117	189 243	430 224	253
1899	134 245	372 567	343	1 131 691	1 020 322	297 672	1 124 691	1 196 079	297 375	137 583	120 810	277
1900	182 012	-21 270	231	976 812	691 811	335 213	1 050 216	1 048 159	335 270	108 606	-516 198	173
1902	5 022	-594 573	382	365 928	543 357	181 933	556 187	1 210 272	181 713	-185 236	-666 915	601
1903	-168 306	-775 963	459	486 759	400 220	116 844	781 010	1 311 699	116 829	-294 251	-911 479	514
共计	411 619	1 426 744	394 843	20 955 455	21 633 769	10 583 857	21 597 217	23 327 763	11 029 092	203 288	1 191 117	355 335

资料来源：根据中国第一历史档案馆藏军机处录副奏折"浙江省同治十三年至光绪二十九年经收百货丝茶及解支各款四柱清单"（档号：03-6485-032至03-6485-075）等档案

整理。

说明：档案中洋银的单位为元，铜钱为文，为了便于统计，按 1 元 =0.72 海关两，1000 文 =1 海关两进行计算。光绪七年（1881）、光绪二十七年（1901）全年数据缺失；光绪元年（1875）、光绪九年（1883）、光绪二十年（1894）、光绪二十八年（1902）、光绪二十九年（1903）上半年数据缺失；光绪十九年（1893）、光绪二十二年（1896）下半年数据缺失。

首先来看"旧管"项下，1874—1903 年间银锭共 411 619 两，绝对值为 2 018 707 两；洋银 1 426 744 两，绝对值为 7 332 700 两；而铜钱则为 394 843 两，绝对值为 903，287 两。从数值来看，洋银的比例最高，银锭次之，制钱最少。"新收"项下银锭为 20 955 455 两，洋银为 21 633 769 两，制钱为 10 583 857 两，洋银亦高于银锭和制钱。从"支出"项下来看，银锭共 21 597 217 两，洋银 23 327 763 两，制钱 11 029 092 两，洋银最高，银锭次之，制钱相对较少。"实在"项下，银锭 203 288 两，绝对值为 2 250 502 两；洋银 1 191 117 两，绝对值为 7 964 955 两；制钱 814 109 两，绝对值为 355 335 两，洋银还是高于银锭和制钱。4 项综合来看，洋银的使用比例最高，银锭次之，制钱最少。

根据表 3 中的数据，可以观察银锭、洋银、制钱在收支各项中的比重。对于年份之间的增减变化，因受资料限制，很难逐一解释变化的原因。不过从 1875 年至 1886 年，洋银的收支均高于银锭。1886 年后，银锭超过洋银。尤其是 1888—1891 年间，银锭的收支远超洋银。制钱的收支份额基本不如银锭、洋银，仅有 1883 年、1884 年两个年份的支出额超过银锭数。此外，无论是银锭、洋银还是制钱，其收支高低趋势接近一致，即收入高，相应支出较高；收入少，相应支出也较少。

为了进一步论证各项厘捐与贸易、货币结构之间的关系，特选择"新收"项下（包括百货厘捐、丝厘捐、茶厘捐）来观察洋银、银锭和制钱各自所占的比例，详见表 4：

表 4 浙江省同治十三年至光绪二十九年百货厘捐、丝捐及茶厘捐的货币结构

单位：库平两

年份	百货厘捐			丝厘捐		茶厘捐		
	银锭	洋银	制钱	洋银	制钱	银锭	洋银	制钱
1874	611 711	431 141	43 463	772 747	66	108 188		
1875	654 359	362 421	637 454	699 301	77	93 481		19
1876	660 636	292 650	743 001	809 892	54	95 619		

续表

1877	660 151	223 114	555 488	505 464	49	96 506		
1878	589 340	244 678	536 224	556 936	41	78 276		
1879	518 900	315 994	555 800	684 238	57	86 645		
1880	691 226	410 553	634 014	773 907	987	89 523	9 216	
1882	564 648	553 049	460 816	523 153	64	93 773		
1883	255 571	243 563	221 154	137 290	155	52 109		
1884	433 244	557 878	453 175	548 137	816	95 597		
1885	267 862	753 245	518 812	506 976	2 033	95 192		
1886	146 265	719 315	425 897	522 379	2 012	90 699		
1887	762 312	240 996	452 705	538 748	681	107 155		
1888	649 394	317 187	377 292	481 941	3 578	95 158		
1889	809 578	174 167	383 953	451 336	5 830	93 450		
1890	813 247	131 946	389 349	282 069	1 103	74 521		
1891	948 617	281 431	316 600	360 773	1 109	108 844		
1892	951 653	223 050	399 797	254 588	93	70 125		
1893	419 698	24 498	196 623	264 598	38	58 149		
1894	304 015	90 839	265 405	329 092	42	57 505		
1895	734 867	476 037	464 929	575 574	88	116 445		
1896	344 351	167 469	220 934	297 483	36	36 038		
1897	821 141	415 226	350 608	574 713	119	144 912		
1898	914 989	323 464	373 083	636 067	150	97 577		
1899	948 037	283 731	297 450	619 543	157	99 483		
1900	707 909	286 116	335 059	405 695	152	78 902		
1902	197 873	233 621	181 863	309 736	69	58 055		
1903	360 853	189 900	116 821	210 320	62	65 905		
总数	16 742 447	8 967 279	10 907 769	13 632 696	19 718	2 437 832	9 216	19

资料来源：根据中国第一历史档案馆藏军机处录副奏折"浙江省同治十三年至光绪二十九年经收百货丝茶及解支各款四柱清单"（档号：03–6485–032 至 03–6485–075）等档案整理。

表 4 主要从"新收"项下来看银锭、洋银和制钱的使用情况，主要的征税项目包括百货厘捐、丝捐和茶厘捐。结合表中数据，百货厘捐以银锭为主，占到总数的 45.72%；其次为制钱，占总数的 29.79%；洋银所占份额最少，但也达到了

24.49%。而在丝捐的收项中，几乎全是洋银，仅有极少数的铜钱，银锭则无所见。茶厘捐的主要收项是银锭，洋银和制钱的收入则可忽略不计。从总的收项来看，银锭共 19 180 279 两，而洋银计 22 609 191 两，制钱为 10 927 506 两，分别占总数的 36.38%、42.89%、20.73%，其中洋银最高，银锭次之，制钱不足洋银的一半。

为何会出现上述情况？原因在于各种捐项征收银钱皆有规定，首先来看百货厘捐，"查核浙省厘捐，旧章系估计货本价值，抽收百分之一，续后逐渐议加添设卡局，分列名目，已增至百分之六七"。在征收时，"厘捐钱文应通饬各局一律收钱也，查各处厘局或有钱洋并收者，非高抬洋价即掺杂低洋，流弊渐多，此后应通饬各厘局一律收钱"。而洋药等则收银锭，但需按章核收足色库平纹银，以杜银水低昂，掺和短少等弊。① 但浙东、浙西征收百货厘捐税率有别，浙东货厘税率为 10%（正厘 9%，附款 1%），浙西为 5.5%（正厘为 4.5%，附款 1%）。② 百货厘捐征收之初，规定只收制钱，厘捐"例定制钱，现时制钱缺乏，不得不以银圆充数，兑价高低不能划一"。不过由于制钱缺乏，厘饷局规定洋价 1 元折钱 1 000 文，但在实际征收过程中各厘卡、分卡任意短抑洋价，"近日甬上市价，银圆一枚可兑制钱一千零二三十文，而北门卡完纳捐钱时，每银圆作制钱七百六十文至九百文不等，且捐数在制钱四百文以上即责令完纳银圆"。③ 正是征收洋银可牟取巨额利益，因此百货厘捐中有数量不菲的洋银。而丝捐原定每包 80 斤，收洋 16 元，此后又有沪饷、善后、塘工、赈捐等附加捐项，至清季每包共捐 27.7 元。用丝捐原照货厘章程见货抽收，光绪初年改为各属丝行承认，每两收正捐银 4 文，光绪十年（1884）加抽善后捐 2 文，三十年（1904）加山东赈捐钱 1 文，共计每两征收 7 文。光绪三十三年（1907）通饬收回官办，每两增收 6 文，停止山东赈捐 1 文，共收 12 文。④ 通过丝捐章程，也就能够理解为何丝捐以洋银占绝大部分比例，同时有一定数量的制钱。茶厘捐的征收也有严格规定，同治二年（1863）箱茶每引（100 斤）抽捐 0.9 两、厘 1.4 两，共 2.3 两；篓茶、袋茶每引抽捐 0.4 两、厘 0.6 两，共 1 两。同治五年（1866）箱茶每引统收厘银 1.4 两，篓茶、袋茶每引 0.6 两。⑤ 因而茶厘捐几乎

---

① 《浙省新定筹饷百货捐厘章程》，载全国图书馆文献缩微复制中心编：《国家图书馆藏清代税收税务档案史料汇编》第 59 册，全国图书馆文献缩微复制中心，2008 年，第 29160—29161 页。

② 罗玉东：《中国厘金史》，文海出版社，1979 年，第 255 页。

③ 《浙江咨议局第一届常年会议事录》，载杭州文史研究会、民国浙江史研究中心、浙江图书馆编：《辛亥革命杭州史料辑刊》第 6 册，国家图书馆出版社，2011 年，第 133 页。

④ 浙江清理财政局编：《浙江清理财政局说明书》，载北京图书馆出版社古籍影印室编：《清末民国财政史料辑刊》第 10 册，北京图书馆出版社，2007 年影印，第 362 页。

⑤ 浙江通省丝茶牙厘总局辑：《茶饷章程》，上海图书馆古籍部藏，索书号：416589。

全为银锭，洋银和制钱几乎不见踪影。

厘金支出主要集中在军饷、京饷银、协济甘饷银、军需局开支、北洋海防经费等军事开支以及养廉银、织造采办工料钱、委员薪水书役工食等费用。在货币结构方面，亦有一定规律。

从数据来看，军饷支出中银锭为 951 313 两，银圆为 7 250 388 两，两者分别占到 11.6%、88.4%。京饷／甘饷银中银锭支出 3 073 339 两，银圆支出 2 407 210 两，两者所占比例为 56.07%、43.93%。军需局费用中银锭、银圆、制钱支出分别为 2 758 494 两、5 014 941 两和 6 320 618 两，各自占总数的 19.57%、35.58%、44.85%。养廉银几乎全使用银锭，仅有极少数的制钱，而且数额稳定，多数年份均为 8 460 两。织造采办工料钱则几乎全使用制钱，每年均维持在 6 000 万文左右。而委员薪水书役工食费用从光绪六年（1880）开始支出，前 4 年均使用银锭，从光绪十年（1884）开始使用银圆，银锭和银圆的比例为 15.65%、84.35%。

前文提及，厘金的征收最初是为了应付庞大的军费开支，因此有关军事类的开支占到很大比例。浙江厘金解款内包括国家用款、本省用款及其他用款 3 项，国家用款又以京饷、协饷、海防经费等为主。京饷一款自同治三年（1864）起即批解，其时额定数目为 5 万两，光绪五年（1879）增至 15 万两，后又减至 10 万两。而协饷以甘饷银数额为最，常在 5 万两以上。海防经费以筹解北洋为主，自光绪元年（1875）起解，最初数年为 10 万两，光绪十年（1884）至光绪十二年（1886）仅解 3 万两，光绪十三年（1887）后复增至 10 万两以上。而本省用款中，以军饷及军需局的开支为大宗。军饷银每年少则五六万两，多则 10 万两以上，而军需局的开支更甚军饷。[1] 各种解项虽有具体数额，但在实际解款过程中，亦可搭解洋银或折银缴纳。"报解京饷准其拟用三成，不必另行设局，亦准搭解京饷，各省征收钱粮、税厘，准其以银圆搭用三成完纳，各州县解省道等库，各省关解部均按三成搭收，一切支发俸饷等项亦准按三成搭放"。[2] 银圆折银缴纳亦不少见，以军饷为例："炮船军饷无论英、本，每洋一元作银七钱，彼炮船领饷每十元中搭本洋三元可增钱三百数十文，所以定例如此。向年初定英、本对搭嘉湖一律办理之时，则炮船军饷恰是对搭支放，然沪捐、塘工、善后各项所搭本洋均入私橐。及改三七搭解之后，则炮船军粮尽发英洋，并无分毫本洋。"[3] 洋银 1 元作银 7 钱，已受贴水之亏，每 10

① 罗玉东:《中国厘金史》，文海出版社，1979 年，第 267、269—270 页。
② 《推广龙圆说》，《申报》1901 年 9 月 27 日，第 1 版。
③ 《访查丝捐搭收本洋记》，《申报》1876 年 4 月 26 日，第 3 版。

元搭解 3 元本洋，则亏折更甚。（因本洋稀少，本身具有高昂的升水。）因而无论是京饷、协饷、海防经费、军饷、军需银等，银锭、银圆、制钱均混合使用，只是在解款过程中按价折收或搭配使用，其中涉及多种利益主体的纠葛，限于篇幅，容另文详述。

五、洋银在农村的使用情形

宁波是浙江最早开放的商埠，洋银通过对外贸易进入港口，然后经港口流通至广大农村地区。根据日本东亚同文会的调查，清末民初的宁波市场上，银圆中鹰洋流通最广，江南银圆次之，湖北银圆及日本银圆亦有一定流通。鹰洋是本地单位价格的标准，在本地通货中占据重要地位。[①]

而农村地区洋银的流通情形如何？洋银流向农村，一个很重要的原因在于茶商向产茶地区的农民购买茶叶，"宁波市面的鹰洋逐渐连同那些老的本洋流入浙西和浙南以及福建境内，只留下一部分银圆专为收购平水茶之用。直到 1875 年，还有一些宁波茶商为了要去浙西平水向茶农收购茶叶，不得不在宁波钱庄、钱兑铺购进银圆。平水茶农是比较保守的，坚持只收本洋，宁波茶商因此和他们展开了一场斗争。斗争结果是茶商迫使茶农接受鹰洋，其后本洋流传下来的也就极少了。[②] 平水茶农虽偏好本洋，但依然接受了鹰洋，因为当时本洋早已停铸，存世数量有限，鹰洋取代本洋成为必然。平水茶农最终接受了鹰洋，也从侧面说明洋银仍是收购茶叶的首选。

此外，洋银在农村钱会、缴纳赋税等方面也有一定程度的使用。道光十一年（1831），宁波府慈溪县九都外四图郑鸿儒等人发起金兰会（钱会），会约规定："荷蒙亲友高谊玉成，十贤人认会一个，计实足六串制钱一百千文。其会一年一转，限定四月初十日晴雨无阻，各赍现钱赴席，银洋出入均照慈城市价，概不高抬。"[③] 虽然当时金兰会筹措的会资为制钱，但是银洋在支付会息等方面也可按市价兑换使用。光绪十五年（1889），宁波府奉化县廿一都二庄应家棚为开征粮务，制定"立

---

① 支那省别全志刊行会编：《新修支那省别全志》第 13 卷《浙江省》，东亚同文会，1941 年，第 831 页。

② 《光绪四年浙海关贸易报告》，载陈梅龙、景消波译编：《近代浙江对外贸易及社会变迁：宁波、温州、杭州海关贸易报告译编》，宁波出版社，2003 年，第 132 页。

③ 《金兰会约》，载张介人、朱军：《清代浙东钱业史料整理和研究》，浙江大学出版社，2014 年，第 44 页。

甲十议"，其中有关货币的内容云："一议挨次当甲，以三年为满。甲众之洋三百元，至三年后，仍交盘后甲之洋三百元，毋得亏余分毫。一议庄务收费并公事到庄，当甲之家承值，甲众每岁归甲钱五千文。一议庄内老户，除拍户外，新增户头归甲众钱六百文。一议棚民新立户，爱帮归甲众洋三元，如有不守本分者概不立户。"①其后列有 31 户捐资姓名、金额，共捐洋 304 元。从立甲内容可以看出，洋银与制钱均在使用。而《应家棚历年甲事记》记载："光绪十五年十二月，付猪羊田江田亩五亩三分，计契价英洋一百三十九元。十六年：付西呇底田十亩，计契价英洋一百三十八元，又付谢中代洋六元……光绪十八年二月初四日，甲众人等面揭存应孝棠洋四十元，当交与陈桂福洋三十元。又交人头老账欠款钱六七十千文，实存应孝棠洋十元。"从内容来看，应家棚田亩多以英洋计价，但甲首蔡增福（蔡长记）从同治二年（1863）至光绪九年（1883）每年年底的账目，均以制钱结算。②其余各种钱会，如"应友坎会""陈玉堂会"，每年收付也用制钱。这也说明，制钱仍是农村重要的支付货币。

慈溪县掌起桥农村商号"陈房记"与 55 户的资金往来，也为观察洋银在农村中的流通情形提供了最直接的证据。据统计，光绪十七年（1891）"陈房记"共收钱 2 155 730 文，收洋 1 121.879 元。共支出钱 987 249 文，洋 2 487.733 元。③在收入方面，制钱是洋银的两倍；支出方面，洋银数量是制钱的两倍有余。位于余姚城北朗霞、周巷一带的源润钱庄，共有 169 户存户。根据该钱庄的账簿可以发现，光绪二十年（1894）已普遍使用洋银。"光绪廿年七月卅共揭除收过丈洋二百廿七元另六分八，月息率十五，计息四元四角六厘；八月初九收洋廿元。收十五日止，毛二元八角六分一厘，去水率四七五，计息一元三角六分；收三十日止，毛二元六角九分一厘，去水率二二五，计息六角五分四厘。"制钱也有使用，"芳记：旧十二月三十止，揭丈讫钱十二千九七零文。乡记：旧十二月三十止，揭欠洋五十一元五角零四厘，钱一百零一千一百六十一文。宜记：旧十二月三十止，揭欠钱一百零二千五百三十五文。味记：旧十二月三十止，揭欠钱二十四千三百零九文。光绪廿年十二月三十日，收洋二元四角。维记：旧十二月三十止，揭欠钱一百五十七千二百四

① 《立甲十议》，载张介人、朱军：《清代浙东钱业史料整理和研究》，浙江大学出版社，2014 年，第 10—11 页。
② 《应家棚历年甲事记》，载张介人、朱军著：《清代浙东钱业史料整理和研究》，浙江大学出版社，2014 年，第 11—12 页。
③ 根据《光绪十七年陈房记来往账》相关数据整理，载张介人、朱军：《清代浙东钱业史料整理和研究》，浙江大学出版社，2014 年，第 30—32 页。

十二文。"① 不过，钱庄业务有其特殊性，与钱庄产生收付关系的多是各类商号，双方来往的资金数量颇大，因此银圆使用有相当的比例。而对农村的普通交易来讲，其数额远小于钱庄之间的资金汇划，因此使用制钱更为普遍，这从浙东农村契约文书中可以得到印证，当时农村的土地买卖或资金借贷，制钱的使用远超洋银。

下面，笔者结合已出版的两册契约文书——《清代宁波契约文书辑校》《清代浙东契约文书辑选》，对浙东农村的银锭、洋银、制钱 3 种货币使用比率进行了统计，详细数据参见表 5：

表 5　清代浙东地区农村市场的货币结构

	银锭	所占比例	银圆	所占比例	制钱	所占比例	共　计
乾隆朝	11	40.74%			16	59.26%	27
嘉庆朝	9	40.91%			13	59.09%	22
道光朝	30	8.22%			335	91.78%	365
咸丰朝	15	6.61%			212	93.29%	227
同治朝	8	6.02%	4	3.01%	121	90.97%	133
光绪朝	19	16.1%	15	12.71%	84	71.18%	118
宣统朝	3	60%	2	40%			5

资料来源：根据王万盈辑校的《清代宁波契约文书辑校》（天津古籍出版社，2008 年）；张介人编的《清代浙东契约文书辑选》（浙江大学出版社，2011 年）中收录的契约文书资料整理而成。

从表 5 可以看出，银圆在清中前期的浙东农村土地交易中几乎没有出现，到同治朝才有零星使用，但使用比例远低于制钱和银锭。光绪年间的使用比例有所提高，不过仍远低于制钱，也不及银锭。由于宣统朝的样本太少，暂无法说明其使用情形。由表 5 可知，农村的交易仍以制钱为主，清中前期虽有一定比例的银锭，但总体仍不及制钱的比例。清后期，制钱的使用已占到绝对优势，原因在于制钱更适合农村的小额交易。清季，张之洞指出："大率两广、滇、黔及江浙之沿海口岸市镇，则已银钱兼用。若长江南北之内地州县，至大河南北各省，则用钱者百分之九十九，用银者百分之一二。合计中国全国，仍是银铜并用，而用铜之地，十倍于用

---

① 《"源润钱庄"钱清账簿》，载张介人、朱军：《清代浙东钱业史料整理和研究》，浙江大学出版社，2014 年，第 191—192 页。

银之地。"① 张之洞所言，并非一个确数，只是为了说明内地州县仍以用钱为主。实际上，即使在沿海的农村，地丁银等赋税也多以钱折银缴纳。宣统二年（1910），杭嘉湖道宗舜年指出："伏查征收丁粮例应纳银，而浙省向少现银，是以民间名为完银，实则输钱以折银，州县名为征银，实则收钱而解银。"② 由此看来，在广大农村，制钱不可或缺，重要性高于洋银。

六、结语

明末万历改革，实施"一条鞭法"，赋役改征白银。然而中国自身产银有限，需要通过丝茶贸易换取美洲等地的白银。早期白银以银条形式进入中国，到各地银炉熔铸成银锭后使用，由于检验费用高昂，交易成本上升。而制钱币值过小，且日益缺乏。于是，形制统一、便于检验的外国银圆受到市场欢迎，并逐渐成为市面交易主要的结算货币，在19世纪50年代成为宁波的本位货币。此后，宁波钱庄的收支以及市面主要货物的结算，均以洋银为主。

洋商来华贸易，主要是为购买中国的茶叶、生丝、瓷器等货物，而这些货物的产地多在农村，因而洋银逐渐从港口流向农村丝、茶产地。在宁波周边皖南（茶叶产地）、浙东、苏南（生丝产地）等地的农村，洋银均有广泛流通。不过在丝、茶产地以外的农村地区，银锭和制钱的使用远超银圆，与港口的通货呈现结构性差异。

洋银的广泛流通直接促使近代中国走上仿铸—自铸—改革货币制度的道路。早在清中叶，即有部分省份仿铸洋银，企图取而代之。光绪二年（1876），宁波已出现仿铸洋银，"宁波地方有私自开炉而铸银圆者，其式之大小及边纹面花，悉与外来者无少异，银色亦佳。惟仔细端详觉稍薄耳"。③ 仿铸洋银能带来利润，因此部分商人以此渔利，但其终未能流通开来。光绪十六年（1890），广东率先铸造银圆，其后湖北、江南等地纷纷设局铸银，并运用行政力量加以推动，"窃维各省遵奉谕旨铸造光绪银圆、角子、元宝，以济制钱不足，立意便商益民，不使利源外溢……以湖北、广东、江南、福建、安徽、浙江等省铸造大小银圆。凡市面购物、易钱均准十角作一元，各按地方洋价核算，一律通用，不准低昂抑勒，辄议贴水"。④ 不

---

① 赵德馨主编：《张之洞全集》第4册"奏议"，武汉出版社，2008年，第203页。
② 宗舜年：《调查浙省征收丁粮银钱折算情形清折》，载盛宣怀档案，上海图书馆藏，索引号：011760。
③ 《私铸洋银》，《申报》1876年10月10日，第2版。
④ 《示用银圆》，《申报》1900年3月13日，第2版。

过当时各省铸造的银圆并未能完全取代洋银，到 19 世纪末，宁波市面上流通的银币只剩下墨西哥鹰洋和湖北的银辅币。北洋银圆和其他省的银圆没有流通，而所有的纸币都不被信任，几乎一直受到拒绝，[①] 由此可见市场对洋银的偏好以及接受本国银圆的时间之长。

宣统二年（1910），清政府颁布《币制则例》，宣布以 7 钱 2 分银圆为国币。民国初年，北京政府沿袭银圆为国币的货币政策，随着袁世凯银圆进入市场，加之鹰洋停铸，洋银逐渐退出中国市场。

实际上，银圆的流通是金属货币走向信用货币的重要过渡阶段，外商银行依据银圆发行的银圆票以及法币"元""角""分"单位的确立，都与银圆在中国的流通密不可分。而洋银广泛流通引发的国人关于货币与国家利权、主权的讨论，则成为清末民初币制改革和实现领土型货币的舆论基础。

---

① 《浙海关十年报告（1892—1901 年）》，载茅家琦、黄胜强等主编：《中国旧海关史料（1859—1948）》第 155 册，京华出版社，2001 年，第 514—515 页。

经济制度史专题

明清湘江河道社会管理制度及其演变[*]

陈　瑶[**]

内容提要： 明代河泊所对湘江河道社会的管理主要体现在向渔民征税，清前期，随着湖南商业经济的发展与米谷贸易的繁荣，地方官府加强对商品运输要道——湘江的管理，着力于控制渔户和船户。乾隆年间，湘江下游河道管理中的船行、牙行、埠头等管理中介制度是适应于河道社会的设计，引入地方商业机构与沿河宗族参与对船户和渔户的管理，保障河道的畅通和安全。明清湘江河道社会管理制度及其演变，展现了河道突显的交通运输功能在引起管理制度演变中的水域特征意义，说明水域管理制度需要与实际社会情形紧密契合才能得以落实，亦是全国不同水域管理制度的多元演变趋向的一个例证。由此可见，自明至清，王朝国家对不同水域社会的认识逐渐加深，并灵活运用社会机制不断强化水域管理。

关键词： 水域　河道社会　湘江　明清

一、引言

中国传统时期，王朝国家对海洋、湖泊和河流等各种水域的控制与管理，相对于陆地来说较为薄弱。生活在水上的主要人群是渔民，官府对于水域的管理集中体现在对渔民的控制与征税上。据已有研究可知，王朝水域管理制度中，"渔户"作

---

* 本文是中央高校基本科研业务费项目"市场与社会——17—19世纪湘东米谷市场与社会建构"（批准号：T2013221024）、香港特别行政区大学教育资助委员会第五轮卓越学科领域计划项目"中国社会的历史人类学"（批准号：AoE/H-01/8）、国家社科基金项目"明清河海盗的生成及其治理研究"（批准号：12BZS084）阶段性成果。本文曾提交"边陲社会与国家建构"研讨会（香港科技大学，2012年11月25—26日）。

** 陈瑶，厦门大学历史系助理教授，历史学博士，主要从事明清社会经济史研究。

为一种独特的户籍种类，将渔民纳入户籍管理体系之中，是从元代开始的；明代继承元制，并在全国范围内系统地编订渔户户籍和实行河泊所制度；直到清代，河泊所制度完全废弛，各地官府才先后发展出与不同水域相适应的管理制度。① 生活在不同水域的渔民，如华南沿海的疍民、浙江的九姓渔户、两湖地区的渔民等，在生计方式、社会组织形态、文化传统等方面均各有其自身的特点。② 因此，理清不同水域的管理制度及其演变过程，将有助于更清晰地说明明清王朝对水域社会认识之加深、管理之加强。

中国大江小河纵横交错，在传统时期，江河水道在各种类型的水域里具有独特意义。与海洋、湖泊、塘堰等水域相比，河流具有一个非常突出的重要功能，即交通运输的功能。正基于此，一些重要的交通运输河道进入王朝的视野，相对于其他类型水域以及其他江河，明清王朝对这些重要河道的管理逐渐走向更符合地方情形的演变。众所周知，中国最受关注的内陆河道之一是贯通南北的大运河，关于大运河的研究已经较多地关注王朝制度的设置与运作情况，这与其特殊的政治意义和经济意义紧密相关，并非广袤疆域中众多普通的河道可以比拟。③ 而其他诸多讨论河道历史的论著，主要从历史地理的角度出发，讨论河道的长期演变与自然环境、地质地貌、水文因素、人力工程之间的互动关系，④ 较少考虑河道的交通运输功能，以及王朝制度和社会机制在河道水域管理中的意义。湘江是长江中游注入洞庭湖的一条支流，是中国诸多江河中极为普通的一条，但相对于其他江河水道，湘江是纵贯湖广地区、连接珠江流域与长江流域的主要河道，在明清时期显示出其交通运输枢纽的功能，引起王朝国家和地方官府的关注并进一步施加管理，可借以了解明清

① 吴智和：《明代渔户与养殖事业》，《明史研究专刊》1979 年第 2 期；（日）中村治兵衛：《中國漁業史の研究》，刀水書，1995 年；闫富东：《清初广东渔政述评》，《中国农史》1998 年第 1 期；张建民：《明代湖北的鱼贡鱼课与渔业》，《江汉论坛》1998 年第 5 期；尹玲玲：《明代的渔政制度及其变迁——以机构设置沿革为例》，《上海师范大学学报》2003 第 1 期；杨培娜：《"违式"与"定例"——清代前期广东渔船规制的变化与沿海社会》，《清史研究》2008 年第 2 期；梁洪生：《捕捞权的争夺："私业""官河"与"习惯"——对鄱阳湖区渔民历史文书的解读》，《清华大学学报》2008 年第 5 期；鲁西奇、徐斌：《明清时期江汉平原里甲制度的实行及其变革》，《中央研究院历史语言研究所集刊》2013 年第 84 本第 1 分，等等。

② 参见陈序经：《疍民的研究》，商务印书馆，1946 年；傅衣凌：《王阳明集中的江西"九姓渔户"》，《厦门大学学报》1963 年第 1 期；欧阳宗书：《海上人家：海洋渔业经济与渔民社会》，江西高校出版社，1998 年；赖青寿：《九姓渔户》，福建人民出版社，1999 年；杨国安、徐斌：《江湖盗、水保甲与明清两湖水上社会控制》，《明代研究》2011 年第 17 期，等等。

③ 王云：《近十年来京杭运河史研究综述》，《中国史研究动态》2003 年第 6 期；胡梦飞：《近十年来国内明清运河及漕运史研究综述（2003—2012）》，《聊城大学学报》2012 年第 6 期。

④ 参见鲁西奇、潘晟：《汉水中下游河道变迁与堤防》，武汉大学出版社，2004 年。

王朝对普通河道的具体管理制度及其演变历程。

湘江河道上生活着大量依水而生的流动人群，在相当长的历史时期里，其大多数处于王朝制度管束的边缘。近二十年来，诸多研究者开始关注明清时期湖广地区水域的渔户管理和渔民社会，在大量新资料的基础上，以湖广地区、两湖平原、湖北地区、江汉平原等地理范围为中心，对河泊所制度、"赤历册"、水保甲、"水鱼鳞册"等水域管理制度开展了深入细致的研究。[①] 然而，这些研究并未严格区分河流与湖泊，一般笼统地称为"河湖水域"，侧重点主要放在湖泊与生活在湖泊的渔民方面，时段上则偏重明代。故而，关于湖广地区河道社会管理制度及其演变的问题，仍有进一步探讨之空间。

关于明清湖广地区河湖水域管理制度，中村治兵卫、张建民、尹玲玲、杨国安、徐斌、鲁西奇等学者进行了具体讨论。已有研究表明，洪武十五年（1382），全国范围内的水域渐次设立河泊所，湖广地区设置最多，河泊所之下管理渔户的组织有催首、业甲、网甲、课甲等名头，建立渔户册籍，各地不一。河泊所的任务主要是管理渔户、征收渔税、划分和管辖水域以及管理渔场。[②] 明前期，湖广地区诸河泊所通过对所辖河湖水域渔户攒造水鱼鳞册与甲册，将渔户编排为"业甲"，"业甲"各领业户若干，以全甲为单位或以"业户"身份闸领湖池水域、承办诸色鱼课；然后再由各甲所属之"业户"共同使用所领湖池水域，分担课米。[③]

湖南地区河泊所的设置数量远不如湖北多，覆盖府州县亦不如湖北广泛。[④] 湖南地区在岳州府、常德府、长沙府、衡州府、永州府设有河泊所，其中设于湘江流域的河泊所共十三处。目前可知，湘江下游长沙府境内共设河泊所四处，分别在长沙府、湘潭县、湘阴县和益阳县，前三处河泊所地处湘江下游，其中湘潭县河泊所

---

① 参见张建民：《明代湖北的鱼贡鱼课与渔业》，《江汉论坛》1998 年第 5 期；尹玲玲：《明代的渔政制度及其变迁——以机构设置沿革为例》，《上海师范大学学报》2003 年第 1 期；徐斌：《明代河泊所的变迁与渔户管理——以湖广地区为中心》，《江汉论坛》2008 年第 12 期；徐斌：《明清河泊所赤历册研究——以湖北地区为中心》，《中国农史》2011 年第 2 期；杨国安、徐斌：《江湖盗、水保甲与明清两湖水上社会控制》，《明代研究》2011 年第 17 期；鲁西奇、徐斌：《明清时期江汉平原里甲制度的实行及其变革》，《中央研究院历史语言研究所集刊》2013 年第 84 本第 1 分，等等。

② （日）中村治兵衛：《中國漁業史の研究》，刀水書，1995 年，第 112、149、155、160—178 页。

③ 鲁西奇、徐斌：《明清时期江汉平原里甲制度的实行及其变革》，《中央研究院历史语言研究所集刊》2013 年第 84 本第 1 分。

④ 张建民：《明代湖北的鱼贡鱼课与渔业》，《江汉论坛》1998 年第 5 期。

为洪武十五年（1382）立，[①] 裁革于隆庆二年（1568）；湘阴县和益阳县河泊所裁革于万历六年（1578），长沙县河泊所明后期仍存。[②] 在湘江中游，衡州府明初设置河泊所六处，分布于衡山县、衡阳县、耒阳县、常宁县、桂阳州和临武县，其中衡阳县、临武县河泊所到嘉靖十五年（1536）仍然存在，[③] 衡山县河泊所为洪武七年（1374）创立、正统七年（1442）革，[④] 常宁县河泊所洪武十四年（1381）创建。[⑤] 永州府则在洪武十六年（1383）设置零陵县、祁阳县、永明县、灌阳县、道州、东安县六处河泊所。[⑥] 湘江流域特别是湘江下游的河泊所渔利较为丰厚，从成化二十三年（1487）到弘治十一年（1498）间，湘潭县、湘阴县河泊所的课钞曾多次成为吉府藩王奏讨的赋税资源。

河泊所管理渔户、征收渔税的制度并未能长期有效地实行。明中叶以后，各地的河泊所课钞数量太少，逐渐被裁革，湖广地区河泊所在明中叶以后被裁革的速度加快，其中尤以正德末年及嘉靖、隆庆、万历年间裁革数量为多。[⑦] 湘江流域河泊所也被裁革殆尽。到万历年间，湘江下游湘潭、益阳、湘阴河泊所因渔利较少而相继被裁革，长沙因所征渔课较高而最迟被裁革。[⑧] 如湘潭县，由于大多渔户逋赋，河泊所岁征渔课数量很少，且要从中支付河泊所官员的俸粮，而能征到的渔课仍需县官点收，故知县陈应信在嘉靖三十三年（1554）议定革除河泊所。[⑨] 因征不到税而革除河泊所、改渔课为县官征解的做法说明，相对于管理渔户人身，官府更加关心渔课的征收。经过明清鼎革和吴三桂叛乱，到康熙十九年（1680），湘江流域地区局势已经稳定。在水域管理方面，清初继承"明初河泊所征收"的渔课，将渔课归于"湖洲杂课"项内征收。[⑩] 官府看重的仍然是征收渔课，在湘潭等县，渔民像嘉靖年间一样容易逃税，难以管束。[⑪] 直到盛清时期，湘江河道渔民的管理才引起

---

① 嘉靖十二年《长沙府志》卷4《建置》。按：另说为洪武三年（1370）立，参见嘉靖三十三年《湘潭县志》卷下《建置》。

② 尹玲玲：《明清长江中下游渔业经济研究》，齐鲁书社，2004年，第89页。

③ 嘉靖《衡州府志》之《衡志图》，上海古籍出版社，1981年。

④ 弘治《衡山县志》卷3《公署》，江苏古籍出版社，2003年，第54页。

⑤ 万历《衡州府志》卷3，载（日）中村治兵衞著：《中國漁業史の研究》，刀水書，1995年，第147页。

⑥ （日）中村治兵衞著：《中國漁業史の研究》，刀水書，1995年，第149页。

⑦ 尹玲玲：《明清两湖平原的环境变迁与社会应对》，上海人民出版社，2008年，第51—53页。

⑧ 尹玲玲：《明清长江中下游渔业经济研究》，齐鲁书社，2004年，第90、93页。

⑨ 嘉靖三十三年《湘潭县志》卷下《建置》。

⑩ 同治《长沙县志》卷8《赋役》，岳麓书社，2010年，第97页上。

⑪ 康熙十九年《湘潭县志》卷3《赋役》，岳麓书社，2010年。

地方官员的关注，河道社会管理制度随之发生变化。

　　研究历史时期水域和渔民的相关问题，文献资料最为难寻，幸而湖南府州县方志、《湖南省例成案》①和湘江沿岸宗族的族谱等官私文献为我们了解明清湘江河道社会管理制度的演变提供了丰富的资料。下文即试图以湘江为例，考察清前期河道社会管理制度演变的原因与过程，分析河道社会管理新制度的落实机制与实效，并借此阐发河流等不同水域管理在明清制度演变中的多元趋向。

二、湘江河道社会管理制度演变之原因与过程

　　明代至清初，湖南地方官府及河泊所对湘江河道的管理局限于对渔民进行赋税征收，无力触及渔民的人身管束与控制。虽然湘江历来为纵贯湖南之交通运输要道，但地方官府对湘江河道上的渔民和渔船引起重视并加强管理，则是从康熙朝后期开始。随后，湘江河道社会管理制度发生了重要变化。

（一）湘江河道社会管理制度演变之原因

　　传统时期，湘江是湖南各种外来商品输入和土产输出的主要通道，到了清前期，随着湖南米谷贸易的兴盛，湘江更成为米谷输出要道。从康熙朝后期开始，湖南成为全国重要的米谷输出地，所谓"湖广熟，天下足"的民谚即流行于此时。雍正朝和乾隆朝是湖南米谷贸易最繁盛的时期，每年外运粮米约在五百万石左右，可能还要更多。湖南输出的米谷主要产于湘江中下游地区，其中湘潭和衡阳是重要的米谷生产地和湖南最大的米谷交易市场。外来的常平仓采买官员和客商大多途经湘江来到湖南买米售货，当地人则通过湘江将米谷运到市场上出售，所以，不论是对于地方官、客商来说，还是对于当地米谷生产者来说，湘江河道的顺畅和安全至关重要。②

　　然而生活在河道上的渔户与船户严重影响到湘江河道的秩序，引起地方官府对渔户和船户问题的关注。一方面，渔户在湘江上的活动影响到河道的畅通，如康熙四十一年到康熙四十九年（1702—1710）任偏沅巡抚的赵申乔曾饬令湘潭县知县调查拦河罾户之事：

---

① 《湖南省例成案》，香港科技大学华南研究中心藏，据日本东京大学东洋文化研究所刊本影印。
② 陈瑶：《清前期湘江下游地区的米谷流动与社会竞争》，《厦门大学学报》2012 年第 4 期。

为饬查事。照得：该县沿河一带地方设立拦江罾埠，有用竹木椿木拦河一半，并有将河道拦满者。但河道系往来船只必经之地，既布椿拦满，必致阻碍行船。更访闻过船偶撞椿木，罾户反指留索诈，殊可痛恨。据罾户罗相贤称，系上纳赋税。而该县又称往例俱称如斯。但该县课税，固有定额，其罾户拦河一半者纳税几何？拦满河道者纳税几何？该县作何分别征收？合行饬查，为此，仰湘潭县官吏照文事理，即将该县沿河罾鱼人户共有若干，往例作何，拦截内椿满河道者若干，纳税若干，拦河者若干，纳税若干，逐一查明详覆。并将渔户罗相贤同经管课税经承赍执该县征纳罾户姓名、税银数目，印册赴院，以凭查夺，毋得迟违。①

虽然没有关于这一事件处理结果的相关文献记录，但就该文来说，我们可以看到湘潭县沿河一带渔户的一种"罾户"布桩拦截往来船只必经之河道，影响船只交通运输，并且欺诈客船，而知县并不处理，因为税收制度为罾户的拦河行为提供了合法利用河道资源的空间。这种情况在当时已有"往例"，可见在康熙年间，渔户经常阻碍湘江河道的畅通。到雍正七年（1729），类似事情仍旧不断发生，导致巡抚赵宏恩也通饬严禁渔户设立"椿钉竹木硬挡阻碍行舟"，阻塞河道。②这说明清初对湘江河道的管理非常松散，然而，康熙朝后期之后，地方官员则开始治理渔户阻碍行船的活动，认为罾户等渔户虽缴纳赋税，但他们影响河道畅通之事则是亟须解决之问题。

另一方面，船户是危及河道上商旅安全的重要因素。在官方的记载中，"奸恶船户偷窃客货"之类的案件时常发生。如雍正五年（1727）八月，湖南巡抚布兰泰听闻"有等奸恶船户，揽载客货之时，无不甜言蜜语，皆可信为诚实，及至货载伊船，即起盗心，擅将客盐米货，任意偷卖；倘被本客窥破索讨，竟敢肆行殴打；甚有机乘僻地旷野之处，将客捆绑，撩入河干，亦无顾忌"。③船户在河道水域的客货运输中偷扒抢劫的案件屡屡频发，甚至被称为"江湖盗匪"。④商旅安全亦引起官方对河道秩序的重视。

正是由于康熙朝后期开始，当地商品经济发展繁荣，湘江交通运输功能发挥出

---

① （清）赵申乔：《查湘潭罾户布桩拦河檄》，载氏撰：《赵恭毅公自治官书类集》卷11《牌檄》，上海古籍出版社，1995年，第142页。
② 《湖南省例成案》之《刑律贼盗》卷1《严禁失主豪绅衿男妇聘定河道各款》。
③ 《湖南省例成案》之《刑律贼盗》卷1《严禁奸恶船户偷窃客货》。
④ 杨国安、徐斌：《江湖盗、水保甲与明清两湖水上社会控制》，《明代研究》2011年第17期。

显要作用，渔户拦截河道与船户偷扒抢劫的行径才逐渐进入地方官府管理的视野。随着米谷贸易日益兴盛，湘江河道的畅通和安全事关当地商业环境和社会秩序，故而，湖南地方官府着力加强对湘江河道的管理，重新设计和推行新的管理制度，亦是势在必行。

（二）湘江河道社会管理制度演变之过程

湖南地方官员为了保持湘江运输畅通和防范盗匪，意图实施对河道社会的管控。在不断稽查渔户和船户的过程中，各级官员吸收来自基层的反馈信息，在河道管理制度中极大地加强了针对性，不仅分辨渔户与船户之异同，设定因人而异的管理制度，而且区分不同水文情况，接受州县官员因地制宜的管理办法，建立日趋适应于湘江河道社会的管理制度。

第一，地方官员逐渐认识到渔户和船户对河道产生负面影响的方式和程度并不相同，于是在管理制度上加以区分，以与商业运输相关的船行和牙行等监控船户，以与本地渔业经营相联系的埠头管理渔户。

可以说，雍正年间，湖南地方官在水域管理方面推行保甲法与全国各地水域编立保甲的趋势一致。就全国而言，康熙四十二年（1703）已出现关于澳甲的记录，在康熙朝后期，广东沿海一带编设澳甲，福建沿海也实行管理沿海船只的鳌甲，浙江各县则对滨海居住军民实施保甲之法。[①] 为了解决湖南水域安全问题，雍正五年（1727）曾出台编列和管理船户和渔户之定例：

> 案照雍正五年定例，一切小船，各该地方官取具船户邻佑保结，编列号次于船只两傍，刊刻籍贯姓名，给以印照，持照揽载，地方文武员并不时稽查。倘书役等有借端勒索情弊，立拿枷示。至渔船，亦照陆地保甲之例，十船编为一甲。若一船有犯盗窃者，令九船公首，如隐匿不报，事发一体治罪。十船之外，再有余船，即照保甲法编作畸零。倘有漏匿需索等情，察出严加治罪等因。当经行司通饬遵照。嗣于上年十月内，准兵部咨行，令竭力奉行。[②]

---

① 闫富东：《清初广东渔政述评》，《中国农史》1998年第1期；杨培娜：《"违式"与"定例"——清代前期广东渔船规制的变化与沿海社会》，《清史研究》2008年第2期；常建华：《清顺康时期保甲制的推行》，《明清论丛》第12辑，故宫出版社，2012年，第321—350页。
② 《湖南省例成案》之《兵律关津》卷10《饬查船只编列号次》。

雍正五年（1727）出台的这一船户和渔船管理制度，已然初现区分管理船户和渔户的概念。前一部分针对船户，以船户为单位编号，登记籍贯姓名，给予印照，允许他们凭印照从事水上运输的营生，由地方文武员管理；后一部分针对渔船，模仿陆地保甲的办法，以渔船为单位编立保甲，皆隶属兵部。这项"雍正五年定例"，应与下引"渔船保甲规条"同样出自雍正五年（1727）上任湖广总督的迈柱之手。

据杨国安和徐斌的研究，清初推行保甲制度较为突出的是雍正年间湖广总督迈柱在督府所在地江夏地区实施的渔船保甲法，这一规定在两湖其他沿江近湖地区加以推广，制定了更为详细的渔船保甲规条：

> 请将南北两省沿江近湖地方一切小船逐一清查，各归就近堤岸，彼此认保。每十船具一连环保，挨次编号。遇晚，令其务在本埠一处湾泊。其有别埠别号混入者，即行查逐。每船船户不得过二人。取渔器具止许带罾网等类，其鱼叉、铁钢叉、打鱼之棍棒等物，概行查禁。均责令就近典史、巡检、塘汛兵丁不时清查。并令每十号船内，自行首报匪类，免罪。如平日已经认保，及后为匪，又通同徇隐，不行首出，一船犯事，十船连坐。如此则所有小船，彼此自相察举，似弭盗之一法也。①

杨国安和徐斌的研究指出，为了应对两湖地区日益猖獗的江湖盗匪，官府采取了多种相应措施，在基层社会着力推行渔船保甲制度是其中最重要的一种，渔船保甲不仅实行渔船联保，对船只携带的渔具也进行了严格的限制，更为重要的是规定渔船必须停泊所属埠头，接受检查。②

笔者认为，以上"雍正五年定例"及迈柱上奏的《编查渔船保甲疏》，反映当时的湖南地方官员初步致力于水域管理制度的设计与推行，对船户和渔户生计方式的不同已有基本的观察，为之后管理制度设计的细致化和针对性奠定了基础，指明了方向。

然而，从乾隆朝前期湖南按察使和巡抚多次饬令抽验渔船编列号次来看，雍正年间官府出台的水域管理定例并未有效实行，自上而下推广的渔船保甲法也并没有

---

① （清）迈柱：《编查渔船保甲疏》，《清经世文编》卷75《兵政六·保甲下》，中华书局，1992年，第1856页；杨国安、徐斌：《江湖盗、水保甲与明清两湖水上社会控制》，《明代研究》2011年第17期。

② 杨国安、徐斌：《江湖盗、水保甲与明清两湖水上社会控制》，《明代研究》2011年第17期。

根除湖南江湖盗匪的存在，盗匪事件仍然频发。乾隆四年（1739），巡抚冯光裕重申"雍正五年定例"，因"恐日久懈弛，或致盗贼，得以渐次混杂"，而"再行饬遵"。①乾隆八年（1743）八月二十六日，按察使明德称，"楚省襟江带湖，素称泽国，界连滇、黔、蜀、豫、江、广等省，商贾往来，帆樯若织，诚系五方杂处之区，而萑苻宵小之徒，每有纠伙扒舱，贻害行旅，最为恶毒，如积匪杜二山、杨么等，案牍累累，行窃者不止一年，被害者不仅一处，此案伙党虽经缉获，而此风仍未止息"，于是下令"将禁内渔船逐一查明编列号次，造册查核，仍于船艄粉书州、县、村庄、渔户姓名，用油刷盖，示谕各渔户每日自寅至酉，悉听往来捕取，自初更以及未交五更止，许在近埠江面停舟捕鱼，毋许鼓棹他往，并饬塘汛兵捕，遇有夜行渔船，严加盘诘，其验无粉白书记者，拿送有司究治"。②乾隆十九年（1754）五月二十三日，巡抚胡宝瑔再行严饬"编查船只，以靖盗匪"，提到"水次商渔渡载船只编刻字号，给与印照，久奉定例"，然而，"该地方官视同故套，并未实力奉行，本部院近闻各属船只多有改造，未经补编，及虽编而船户顶名撑驾，奸匪混淆，每于沿湖劫夺，沿江扒窃，行舟失事频闻，更有行旅失物无多，吞声不报，匪窃小船驾使轻捷，任意作奸，塘兵并不遵奉禁止夜行，又不闻声追捕"。③之后，陈宏谋任湖南巡抚期间，亦多次饬令"巡缉江湖匪船"。乾隆二十年（1755）十二月初六日，陈宏谋再申"巡缉匪船，以靖江湖"，指出"各处水路码头及湖、河、港、汊、渔舟、小艇最易藏匿，匪徒乘间窃掠"。无从捉获的原因在于"地方官虽各派役巡缉，各役久已视为故套，止于滨湖河岸游行，并未实力巡缉，或间一巡缉，而惯行窃之匪船多其熟识，索取陋规，反为勾通包庇，所以到处未尝无巡缉之役，而到处仍时有扒窃之事，通行之河道及滨湖之汊港尤甚"。④按察使夔舒也派人抽查渔船编排保甲的实行情况。⑤到了乾隆二十一年（1756）十月，陈宏谋又饬令"严行巡缉匪类"，因为当时"时届寒冬，每有匪徒，潜藏各处水陆塘汛、码头及湖、河、港、汊，日则湾泊以揽载为由，夜则轻舟乘间窃掠，或载妇女为囮，诱娶迷骗"。⑥当年十二月，陈宏谋再次针对武陵、湘潭、衡阳等处口岸特饬巡缉奸

① 《湖南省例成案》之《兵律关津》卷10《饬查船只编列号次》。
② 《湖南省例成案》之《兵律关津》卷3《渔鱼实力编号委员抽验》。
③ 《湖南省例成案》之《兵律关津》卷12《严饬编查船只》。
④ 《湖南省例成案》之《兵律关津》卷6《巡缉江湖匪船》。
⑤ 《湖南省例成案》之《兵律关津》卷6《委员抽查保甲章程》。
⑥ 《湖南省例成案》之《兵律关津》卷6《严饬巡缉匪类》。

匪。^①这样的例子不胜枚举，不仅说明雍正定例与保甲法难以确实推行，还体现出地方官员对水域社会秩序问题的重视程度日益提高，对于河道社会的认识亦日渐加深。其中陈宏谋所揭巡缉之役对匪船的徇私包庇，极为真实地反映出河道问题难以解决的深层原因，亦表明官员知悉利用胥役管理河道社会的运作机制并不成功。

在经常处理江湖匪盗问题的过程中，乾隆年间湖南地方官员制定出对渔户和船户根据不同生计方式分别实施管理的办法。乾隆八年（1743），地方官已经认识到，"捕鱼之船有应分别办理之处"，渔户为"长年专以捕鱼为业者"，^②"捕鱼农业者，俱属扁舟小艇，倚水傍居，原非出外"。^③对待这种渔户，"无论有船无船，照例编号造册，仍将号次、渔户姓名、住址，照依保甲门牌之式，缮给印照，置于船内，如遇兵役盘查，验照放行，不必拘定粉书"。^④这种渔户可能船居，可能住在河边，以捕鱼为生，并非外出运载客货为生，所以无论有船无船，都应仿照陆地保甲制度，粉书红圈墨字或者发给门牌和印照。官府认为这种渔户对于河道运输的负面影响相对来说不大，较易管束。另一种船户则为"另有艺业，偶尔捕鱼者"，^⑤"揽载客货船只"。^⑥对待这种船户，应"责成业总，于认课领票之时，确查果系诚实良民，方许给票办课，如将来历不明之人混给照票，乘机扒窃，事发，将业总照保甲牌头之例究惩"。^⑦这种船户每年乘机为害，故而"总宜严密稽查，除将各项船尾照前粉底编号外，并着落各埠头查明船户姓名、住址以及所雇水手之姓名、住址，逐一另造清册呈官验明，给与印照、门牌"，"客人叫船装货，先令验明牌照，方许装载"，则商旅得以无虞。^⑧亦即，"另有艺业"的船户，由船行、牙行之类的"业总"管理，通过业总"认课领票"，拿到"票"或印照的船户需要课税，同时也获得了载货和载客的合法权利。这种船户如果犯法，他所附属的业总需要承担责任。区分渔户与船户对河道秩序的影响方式与程度，有助于官府出台更有针对性的新管理制度。

① 《湖南省例成案》之《兵律关津》卷6《特饬关会巡缉奸匪》。
② 《湖南省例成案》之《兵律关津》卷3《渔鱼实力编号委员抽验》。
③ 《湖南省例成案》之《兵律关津》卷12《一切大小船只编列号次于船艄粉书州县村庄船户姓名缮给印照以凭查验》。
④ 《湖南省例成案》之《兵律关津》卷3《渔鱼实力编号委员抽验》。
⑤ 《湖南省例成案》之《兵律关津》卷3《渔鱼实力编号委员抽验》。
⑥ 《湖南省例成案》之《兵律关津》卷12《一切大小船只编列号次于船艄粉书州县村庄船户姓名缮给印照以凭查验》。
⑦ 《湖南省例成案》之《兵律关津》卷3《渔鱼实力编号委员抽验》。
⑧ 《湖南省例成案》之《兵律关津》卷12《一切大小船只编列号次于船艄粉书州县村庄船户姓名缮给印照以凭查验》。

　　第二，地方官员意识到滨湖、沿江、一线溪河等不同水域情况，也需要区别管理方式。考虑到河道宽狭和商业发展情况，重点关注湘江下游地处通衢的湘潭、长沙、善化和湘阴四县，力图对这些商贸繁盛的水域和事故频发的河段加强管理，在这些县份发展出新的管理制度。

　　乾隆十四年（1749）八月初六日，按察使周人骥严厉饬行船户管理制度，令湖南各府州清查各地情形并上报抽查结果，从中发现"湖南地方，长沙、衡州、永州、岳州、常德、澧州、辰州、沅州八府州，系水路通衢，商贾往来络绎，匪船易于混迹，其宝庆、永顺、郴、靖、桂阳五府州，或不通水道，或止一线溪河，旁无支港，商贩稀少，本地船只为数无多，与通衢不同，似应分别查办"。①于是，在下令巡查抽验地方船只时，将湖南府州区分为通衢和非通衢两类，湘江流域的通衢府州主要为永州、衡州、长沙等府。到乾隆二十二年（1757）八月，湖南署理布政使暨按察使夔舒再次上奏，议请"编查船只，以靖盗匪，以安商旅"。这是一次全省水次各府州县上奏船户和渔户情况的大规模清查行动。全省各州县范围内的河道情况各不相同，或为通衢大埠，或为山间溪河，各州县官员上禀了本地船户和渔户的具体情况和管理方式。其中，湘江流域的长沙府、衡州府和永州府各州县都上奏详文。

　　由于湘江下游的湘潭、善化、长沙、湘阴等水路通衢州县为米谷生产和输出的重要地区，地方官府对这一河段的监管更为细密和严谨。长沙县，附郭省会，"所属城外河下为水路通衢，往来舟楫如织，然多系别处之船，应听各该地方清编"，本地止有"倒划船一项，向设四十八埠，约计船五百余只，每埠按船只之多寡，原设有船什长二三名不等，在埠稽查；又有捕鱼船一项，约计二百余只，向设一十七团，每处设团总一名弹压"，可见长沙县在乾隆年间已经实行船什长和团总的管理中介制度。善化县，"倒划船多有出外揽载，各处船行见有船户印照，即便相信载客，应请止给印照，不必编号；至渔船一项，俱以捕鱼为业，并不出外揽载，除编给门牌外，其船尾仍行编号粉书，以便稽查；各船遇有更替添造，责成保甲、船什长、埠头人等随时查禀，填照编号，遇晚停歇，责成塘汛稽查不便，孤艇于黑夜中往来水面，卑职一面檄委典史不时查察，卑职亦遇便留心查看各船有无编号给照"，可见善化县亦确立船行、保甲、船什长、埠头等管理中介，并委任塘汛、典史监察，甚至亲自查看。地处湘江沿岸和洞庭湖滨的湘阴县，由于"商贾往来，船只最

---

　　① 《湖南省例成案》之《兵律关津》卷4《委员抽验长衡等八府州编号船只》。

杂，最易藏奸"，故而编号船户，"责成巡检典史半月一次分地抽查，遇有形迹可疑，严加盘诘，拿交地方官审究"，可见水文条件和河道社会更为复杂的湘阴县建立了知县责成巡检典史管制的办法。[①] 湘潭县在知县加大抽查力度之外，亦设立了船总和埠头等管理中介，其中的埠头制度尤为详密。湘江下游沿岸四县的管理方式虽各有侧重，但都通过引入团总、船行、保甲、船什长、埠头、船总、牙行等中介管理层来实施对渔户和船户的控制。[②]

这些中介管理层如何能够成功运作，使清前期演变出来的新的河道社会管理制度得以落实？下面就以湘潭县为例，具体分析新管理制度之运作机制、落实过程与实际成效。

三、湘江河道社会管理新制度之落实与实效

承上可知，湖南地方官府为了加强水域控制，在对河道社会认识日渐加深的基础上，不断修订管理制度以适应河道社会的实际状况，在湘江下游河段发展出各色中介管理层制度。而这一湘江河道社会管理新制度能否真正落实以及发挥多大程度的作用，与城市中的商业机构和沿江聚居的乡村宗族关联甚密，下面以湘潭县河段为例进行阐述。

（一）河道社会管理新制度之落实——以湘潭县埠头制度为例

清前期，湘潭县是湘江下游的重要米谷产地与市场中心，"衡、永、郴、桂、茶、攸二十余州县之食货皆于是地取给，故江苏客商最多，又地宜泊舟，秋冬之交，米谷骈至，樯帆所舣，独盛于他邑焉"，[③] 故而，湘江的畅通和安全显得尤为重要，地方官府极其严密地控制着这一河段。船总与埠头是乾隆年间实行于湘潭的河

---

①　《湖南省例成案》之《兵律关津》卷 12《一切大小船只编列号次于船艄粉书州县村庄船户姓名缮给印照以凭查验》。

②　关于埠头、船行、牙行的已有研究表明，清前期全国其他商业较为繁荣之处也普遍设有埠头、船行、牙行等商业机构，兼有保护商旅安全、参与市场管理等功能。参见方行、经君健、魏金玉：《中国经济通史·清代经济卷》，经济日报出版社，2000 年，第 1324—1325 页；邱澎生：《国法与帮规：清代前期重庆城的船运纠纷解决机制》，载邱澎生、陈熙远合编：《明清法律运作中的权力与文化》，联经出版事业股份有限公司，2009 年，第 275—344 页；林红状：《从地方文献看清代重庆的船行埠头》，《图书馆工作与研究》2012 年第 3 期；燕忠红：《清政府对牙行的管理及其问题》，《清华大学学报》2012 年第 4 期。

③　乾隆二十二年《湖南通志》卷 49《风俗》，载四库全书存目丛书编纂委员会编：《四库全书存目丛书》史部第 217 册，齐鲁书社，1996 年，第 86 页。

道管理中介，在乾隆二十二年（1757）八月湖南水域渔船情况的清理行动中，湘潭县知县张光绪称：

> 卑职遵查卑县河道，上至樊田，与衡山交界，下连善化，与兴马洲交界。适中有小河港汊，西接湘乡，南达衡山，东抵醴陵，上下水程往返数百里。而沿河乡市、大小埠头，历产一色划船。卑职到任检查，前案正在差役遵照陆地编立保甲之法，每埠设一船总，十船编为一甲长，每船给一印照，俱载某埠划鱼船及船户、水手姓名于内，凡经外贸，使经过沿途塘隘，易于盘诘，并将船身粉书某埠潭字某号船只、船户姓名。其鱼船一项，亦按埠头均令照式编列号次，一同取造。各埠划鱼船户姓名、住址、年貌确册备查外，卑职仍不时亲临河干抽验，倘有久经外贸未归者，归日，即令船总、甲长报明补编号次。遇新造，更易顶替死故者，亦着令本埠船总随赴县禀更姓名，换给印照，庶无遗漏隐匿。[①]

湘潭县在这一次清查行动中，仍然在遵循"雍正五年定例"，照陆地编立保甲之法，并区别对待船户和渔户。对于船户，按埠设船总和甲长，以渔船为单位给以印照，允许其出外贸易。而对于渔户，则按埠头编列。亦即，船总和甲长管理外出贸易的船户，埠头则管理捕鱼为业的渔户，而知县则直接管理船总和埠头。下面以湘潭县埠头制度的运作为例，进一步说明埠头与地方社会之间的关系。

乾隆年间确立的埠头制度在湘潭县的实行，则有赖于本地沿河宗族的参与和支持，这与沿河宗族亦追求地方秩序稳定与河道安全畅通有关，因为他们是当地土地的主要控制者，亦是米谷贸易的主要生产经营者，需要畅通、安全的湘江河道来输送米谷。

关于埠头制度的运作机制及其在地方上的实行，关键在于地方社会向官府登记埠头业主户头并交纳赋税。乾隆二十一年（1756）湘潭县修志时，《山川》一卷中特别详细叙述了湘江渔埠之利：

> 渔埠：大河小河，可以取鱼之处，谓之埠头，各有业主。凡网船、罾船、鸬鹚船及装舫捞子皆给值于业主，谓之"买水"；其贩卖者预订各处埠头，谓

[①]《湖南省例成案》之《兵律关津》卷12《一切大小船只编列号次于船艄粉书州县村庄船户姓名缮给印照以凭查验》。

之"总贩";总贩复分发城市,谓之"小贩"。买水之人,埠头一定,则他船不得窃取。每以越占兴讼,至连岁积案者,利之所在,固即争之所由起也。必使各以埠头为限,庶争端可息也。南自樊田(衡山县交界),北至兴马洲(善化县交界),共埠六十六处……以上各埠,每年额征课银七十九两七钱四分五厘,系渔户办纳。内失额银四两六钱四分八厘,历系经征各任垫解,遇闰加银七钱一分一厘七毫零。[①]

由此可见,地方官府建立埠头业主的制度,不仅达到对渔户征税和控制的目的,更增加了埠头业主一项税收。就具体运作机制而言,渔户按捕鱼工具进行分类,附着于固定的埠头,必须向埠头业主"买水"并向官府缴税才能获得捕捞权,其他渔船无权越界捕捞。同时,埠头与牙行一样,具有中介商的性质,将渔户与鱼货市场联系起来,贩鱼的商人需要通过与埠头业主打交道来获取货源。于是,埠头业主成为一种重要的经济资源和权力资源。这套制度意味着湘江流经湘潭境内(樊田至兴马洲)河段被分为六十六个税收和管理的单位。理论上,渔户必须依附某埠头业主才能在水上生存,没有向埠头买水的渔户就会被归为匪盗一类。

制度的设计与确立,一方面为地方社会提供了新的资源空间,一方面也需要地方社会的认可与引入。湘潭县埠头制度的落实与当地湘江沿岸宗族密切相关。乾隆年间,湘潭县境内从马家河市到易俗河市一段的埠头,管理着马家河(舫户、罾户)、瓠皮洲(罾户)、尚家湾鼓磉洲(舫户、网户、钓户、鸬鹚户)、石湾(罾户)、沙头埠(网户)、阳塘(网户)、湘河口(钓户)、易俗河(网户)等使用不同捕捞工具的渔户。[②]而聚居在这一段湘江沿岸的宗族有霞湾月形山冯氏、鼓磉洲罗氏、白沙洲向氏、阳塘周氏、金霞山郭氏等,并非每个宗族都向官府登记了埠头,笔者仅仅查到鼓磉洲罗氏宗族一房以房支的公产形式、阳塘周氏宗族以宗族族产的形式分别向官府登记了不同埠头,从中我们可以观察到,地方宗族通过向官府承税来获取埠头的管理权,向渔户收租的同时,管束附着于埠头的渔户。

鼓磉洲罗氏新屋堂胜祖房大宗公支十四世孙绍湘名下登记了两处渔埠。罗绍湘为雍正元年(1723)生人,嘉庆元年(1796)举耆民,赐九品冠带,嘉庆二年(1797)卒。绍湘"所遗湘河大纲渔埠,上至泥鳅港,下至瓠皮洲,东西两岸册名罗经鸣,正饷八分八厘;又马家河舫户,上至老码头,下至马家河码头,沿河两岸

---

① 乾隆二十一年《湘潭县志》卷4《山川》,江苏古籍出版社,2002年,第47页。
② 乾隆二十一年《湘潭县志》卷4《山川》,江苏古籍出版社,2002年,第47页。

册名罗本末，正饷一钱一分。公之子孙收租完税，余供祭扫，毋许析售"。① 这个例子说明，绍湘主要生活在乾隆年间，其名下湘河大纲渔埠和马家河舫户，可能是乾隆年间登记或买入，以罗氏虚拟名字"罗本末"和"罗经鸣"登记这两段渔埠，由绍湘子孙向渔户收租，作为祭祀绍湘的共同财产，不得瓜分或出售。

阳塘周氏宗族也是湘江河埠的所有者之一。在土地和池塘之外，阳塘周氏宗族管理的另一项重要资源就是埠头。周氏宗族的族谱记载：

> 谨案：河埠渔课。自前明洪武间两峰公徙潭，卜居阳塘关上沿河一带，渔埠不下十里之遥，数百年来，历系吾族私业。其四至抵界，北上抵社山港，南上抵实竹园，下抵铁牛埠，南北两岸茶亭为界，册名周松汉，渔课三钱二分，河岸竖有碑石。乾嘉以前归大祠经理。至道咸间，凡网船及装舫捞子，多至数百，始另择人专司其事云。②

该族谱称河埠是周氏宗族自明初就拥有的产业，这样的历史追溯，其主要目的是强调周氏历来占据沿河一带，并以此历史渊源显示周氏在清前期登记这项河埠的合法资格。由于周氏宗族向官府登记的渔埠册名与周氏在雍正初年向官府承税阳塘的册名相同，都为"周松汉"（一个不存在于族谱中的虚拟名字——笔者按），且族谱中称渔埠"乾嘉以前由大祠经理"，故而笔者推测周氏宗族登记河埠的时间，与湘潭县开始实行埠头制度的时间大致吻合。这段河埠包括南北两岸，从上游北岸的社山港到下游北岸的铁牛埠，以及从上游南岸的实竹园到下游南岸的铁牛埠。周氏宗祠管理下的渔埠，到道光、咸丰年间有数百渔户，一直运作到清末，到光绪三十二年（1906）仍然在周氏宗族中择人经理，专司其事。③

鼓磉洲罗氏绍湘房支和阳塘周氏宗族的例子说明，埠头可以由聚居在湘江沿岸的宗族通过向官府登记赋税来获得，埠头可以作为族产，归在祠堂之下进行管理，埠头业主就是宗族或者宗族房支，同时，宗族也通过经营河埠来向"买水"的渔民收租，与鱼贩进行渔业贸易，成为埠头制度的获利者和协助官府管理渔户的中介

---

① 《新屋堂胜祖房大宗公支》，载十四世绍湘，罗德坤修：《湘潭鼓磉洲罗氏八修族谱》，1914 年，上海图书馆家谱阅览室藏。
② 《河埠任事表》，载周毓鳌主修：《湘潭阳塘周氏八修族谱》卷 26《杂纪》，美国犹他家谱学会藏。
③ 《河埠任事表》，载周毓鳌主修：《湘潭阳塘周氏八修族谱》卷 26《杂纪》，美国犹他家谱学会藏。

层。由此，沿江宗族向官府登记埠头，在获取埠头商业之利的同时，拥有维持河道秩序的权责，在经济利益与地方权威两方面受益。更值得一提的是，埠头制度得以实行到清末，其主要原因在于埠头属于宗族族产或某一房支的共同财产，能够借助宗族组织之延续性，较为持久稳定地实行。可以说，当地社会对埠头制度的利用和持续运作是地方官府设计的河道管理制度能够落到实处的重要原因。

（二）新管理制度之实效

虽然乾隆二十二年（1757），湖南全省编查渔船之后不久，河道不安全的问题又有一定程度的显露，但地方官府尊重各县既已发展出的管理方式，并开始推广实施船行、牙行、埠头等中介管理制度，新制度成效显著。乾隆二十四年（1759）八月二十七日，按察使严有禧禀报，"昨据湘潭县禀报，捕获贼匪李林玉、王四等，纠伙多人乘坐船只，在于沿河居民肆行偷窃，得赃累累，其中谷石尤多"，于是，"通饬所属严督捕巡等官，移会营汛，遴选兵役，在于河干港汊，严密稽查，责成船行、牙保、埠头留心体察，如有匪徒驾船行窃，或得赃销售，一经盘获审实，即将盘获之人给赏鼓励，贼犯从重治罪"。① 乾隆二十八年（1763）八月初八日，按察使五诺玺指出有一种渔船小艇，专门与匪徒勾结串通，虽然从前曾就地编甲稽查，但"本年秋成丰稔倍于往岁，远近农民商旅装载米谷，船只湖面往来络绎不绝"，所以要防范周密，"严饬滨湖各州县并附近水次地方将境内渔、渡载各船共有若干，责成埠头及居住原籍之保甲逐一查明"。② 以上诸例都说明，从乾隆朝前期开始，湖南地方官府不仅区分渔户和船户，还根据当地水次情形区别对待滨湖州县、沿江州县、水路码头等，利用船行、牙行、埠头等中介制度管理湘江河道水域。③

总的来说，乾隆二十二年（1757）的清查以及随后各州县新的河道管理制度的确立，均取得了相当大的实际成效。如乾隆二十八年（1763）四月初一日，湖南巡抚陈宏谋下令"严缉河道匪贼"，其中提到近年"似乎河道肃清，商贾无惊"，失窃案件主要发生在祁阳上游，特别是湖南广西交界之区。综上可见，乾隆年间，湖南地方官府发展出一套极具针对性的河道水域管理制度，在地方社会的参与和支持

---

① 《湖南省例成案》之《刑律贼盗》卷 3《严饬缉拿贼匪》。
② 《湖南省例成案》之《兵律关津》卷 11《各属江湖商渔船只逐一查造册结编号给予印照于船尾粉白大书某号某船姓名》。
③ 如《湖南省例成案》之《兵律关津》卷 8《近河各州县设立巡船分地拨役巡缉各章程》《严饬巡查江湖匪船》，卷 12《严饬编查船只》。

下，新制度得以全面落实，加强了对河道水域的控制和对河道社会的管束。

四、结论

综上对明清湘江河道社会管理制度演变原因和过程的考察以及对新制度落实与实效的分析，本文得出以下几点结论：

（一）明清湘江河道社会管理制度的演变呈现明显的连续性和阶段性

明代通过在湘江上设置的河泊所对湘江河道进行管理，仅仅体现在向渔民征税，并且自明中后期开始逐渐废止。清前期，湖南地方官府加强对湘江河道的管理，着力于控制生活于其上的渔户和船户。自康熙朝后期，地方官员越来越关注湘江河道的通畅和安全问题。"雍正五年定例"虽然并未切实施行，却为之后的制度设计的针对性奠定了方向。乾隆年间，地方官府加深了对河道社会的认识，区分渔户和船户的管理侧重点，重点监督湘江下游通衢河段，在湘江下游河道管理中引入保甲、船行、团总、船什长、埠头、牙行等管理中介，一些新的管理制度如埠头制度，甚至沿用至清末。

（二）区域商品经济与米谷贸易的兴盛是湘江河道社会管理制度演变的重要契机，也为制度演变提供了基层管理的社会资源

湖南米谷贸易的繁盛和商品经济的发展，是乾隆年间湖南发展出与湘江河道相适应的管理制度的契机。湘江河道社会管理制度发生重要变化的清前期，正是湖南乡村生产的米谷成为大量外输商品的时期。在此之前，如何管理湘江河道及渔民的问题，并引起地方官府的特别关注。到了清前期，随着湘江流域商品贸易特别是米谷贸易繁盛起来，渔户和船户在湘江河道上拦截、偷盗、抢劫甚至杀人越货的行为严重影响到交通顺畅和商旅安全，地方官府才转而着力于对渔户和船户的管控。商品经济发展亦为制度演变提供了基层管理的社会资源。在商业繁荣的背景下，地方官府将牙行、船行、埠头之类的商业制度与商业机构引入对船户和渔户的管理中。湘潭县的埠头制度，实际上就是通过赋税制度和商业运作，运用包税和包卖的方式引入地方社会作为管理渔户的中介，用渔业经济利益吸引地方社会的参与，达到官府与地方社会双赢的局面。商品经济发展对于行政管理制度之设计与推行的影响由

此可窥一斑。

（三）河道水域在诸种类型的水域管理中的特别之处在于河道的地理特征和社会特征

诸种类型的水域中，河流与海洋的天壤之别自不待言，而相对于湖泊、塘堰来说，由于河流具有显著的交通运输功能，人们不会任由河道淤积，或者人为地将河道堵塞成土地。所以，从地理特征方面考虑，我们应该将河流从"河湖水域"研究中单独列出，区别考察河道水域在水域管理中的特别之处。湘江河道社会管理制度演变的过程亦说明，湘江河道的特别之处，主要在于其社会性的特征，亦即由于湘江河道并不宽阔，生活于其上的渔户和船户在生活空间上与地方社会密切接触，在生计上依附于船行、牙行和埠头等社会机制，故而较之那些大湖大河上自由往来、易于藏身的渔民来说，湘江上的渔民更容易被纳入社会秩序的管理范围之内。

（四）明清水域管理制度的演变呈现出因地制宜的多元趋势

明代的河泊所制度是全国统一的水域管理制度，并不区分水域类型的特征差异。王朝国家对于不同水域制定和调整管理制度，其中重要的变化发生在清代雍正朝、乾隆朝。随着全国各地水域社会不断出现问题，各地官员在应对和处理问题的过程中，加深了对水域状况和水域社会的认识。清前期广东渔船规制的变化、江汉平原渔户管理制度的变化，以及本文所讨论的湘江河道社会管理制度的演变，就是具体的例证。[1]这些例证说明，不同水域的管理制度历经不同的演变过程，社会因素在其中起到至关重要的作用，制度设计只有与当地实际的社会情形紧密契合才能得以落实。笔者需要说明的是，单从经济角度来解释水域社会管理制度演变的原因，并不适用于全国其他水域。本文意在强调，虽然各地主导因素不同，但全国各地加强水域管理的大趋势是一致的。而成功运作的地方性制度由于其因地制宜的特质，使得全国各地水域管理制度的演变呈现出多元化态势。

（五）制度的落实是官方与社会各方力量互相认识、不断磨合的过程

清前期，在湘江河道社会管理制度的演变和落实的过程中，地方官员、当地商

---

① 杨培娜：《"违式"与"定例"——清代前期广东渔船规制的变化与沿海社会》，《清史研究》2008年第2期；鲁西奇、徐斌：《明清时期江汉平原里甲制度的实行及其变革》，《中央研究院历史语言研究所集刊》2013年第84本第1分。

业机构、宗族组织与船户和渔户是介入其中的几方主要力量。湖南地方官员为了维护商旅安全和河道秩序，意图加强对船户和渔户的管控，通过加深对河道社会的认识，订立与河道社会相适应的管理制度。船行和牙行等商业机构与沿江聚居的宗族对官方制度的认可和切实执行是让新制度发挥实效的关键步骤。值得补充的一点是，渔户和船户的声音极其微弱，以在赵申乔公文中出现的疍户罗相贤为代表，他们在制度演变与落实的过程中，似乎并没有产生多大影响，一直处于较为被动的地位，在官方和地方社会的合力之下被纳入王朝国家的秩序之内。

总而言之，自明至清，王朝国家对不同水域社会的认识逐渐加深，并灵活运用社会机制，不断强化水域管理。

船钞的收与支：近代关税史的一个侧面[*]

伍伶飞^{**}

内容提要： 船钞是近代海关税收体系的基本组成部分之一，已有部分研究注意到其收支问题。但相关成果存在诸多模糊或疏漏之处，且未对船钞的整个收与支的环节进行系统梳理。本文利用已有和新出资料，纠正了已有部分研究成果中的错误，并对已有研究中存在的模糊或疏漏之处进行了补充，特别对已有研究中尚未涉及的辛亥革命前后和民国时期的海关船钞收入和分配情况进行了考察，在此基础上勾勒出了从晚清到民国的海关船钞收支的完整图景。同时指出，1868 年之后，在实际用途上，船钞基本实现了西方人为其预设的核心功能，即真正应用于灯塔事业。近代海关船钞是一种在近代税收体系中地位特殊的税种，理清其收支问题对近代关税研究的深入具有不可忽视的参考价值。

关键词： 近代海关　七成船钞　收支问题　灯塔

以《江宁条约》的签订和五口通商为起点，清政府在与西方各国交涉的过程中，不断调整已有制度并被迫建立新的制度以适应现实的需要，近代海关税收制度的确立就是其中一个重要方面。19 世纪中期，西方主导的全球航运事业快速发展，航速快、船体大、运量高的轮船日益增加，航行风险也随之上升。在此背景下，近代海关船钞[①]这种应西方保障航行安全的要求、由中国海关征收的、试图用于灯塔

---

　　* 本文为国家社科基金重大项目"中国旧海关出版物的整理与研究"（批准号：11 & ZD092）阶段性研究成果。

　　** 伍伶飞，中国史博士，密歇根大学中国信息研究中心博士后，主要从事历史经济地理和海洋史方向的研究。

　　① 为行文方便，本文有时也将近代海关船钞简称为船钞。

等航路标识① 建设的专门税种产生了。1843 年中英《五口通商章程·海关税则》中对船钞税率和征税标准作了最初的规定，但由此到 1868 年船钞真正具备灯塔资金的功能之前，其间还经过了一段"船钞性质未定时期"。② 近代海关的诸多税收类别当中，作为灯塔资金的船钞，以税种功能明确、收支两条线索、在海关内部分配为主等特点而显著区别于其他税种，理清其收支问题对进一步研究近代关税制度的变迁具有独特的价值。

一、已有研究及存在问题分析

民国时期至 20 世纪 80 年代的财政税收史著作中往往对船钞制度有所表述。黄序鹓较早对船钞征收制度进行了介绍，基本只是抄录了早期中外条约的相关规定和 1870 年总理衙门颁布的《各关征免洋商船钞章程十一条》等制度性文件的内容，但作为较早公开出版的船钞通论性著作，对于理解船钞的发展历程仍具有参考价值。③ 高柳松一郎立足日本吨税制度并参考美国的吨税情况，认为"吨税对出入本国港湾之外国船舶征收之，乃一种交通税"，并以此为基础对中国船钞制度进行了分析。④ 贾士毅于 1932 年出版的《民国续财政史》一书，从内容上看应该是参考了高柳松一郎的著作，其将船钞从"关税"中划出，称为"行为税"，意即因船只享受航路标识的服务而支付的费用。⑤ 莱特（即魏尔特，Stanley F. Wright）注意到了外国人在近代早期船钞制度的形成中所扮演的角色，他在参考《中国丛报》的基础上对《江宁条约》签订之前，璞鼎查等人在船钞问题上的态度进行了分析。⑥ 此外，其他论及船钞的著作，大多是对相关制度变迁的简单叙述，缺乏有深度的分析。⑦

① 航路标识以灯塔为主，为了行文方便，本文一般以灯塔代指航路标识。

② 船钞性质未定时期，时间从 1843 年至 1868 年 3 月，是指 1843 年英国全权谈判代表璞鼎查等西方人士对船钞功能的预期与清政府主导下的船钞实际用途出现背离，以致这个时期船钞的性质存在模糊性。

③ 黄序鹓：《海关通志》，共和印刷局，1921 年，第 752—770 页。

④ （日）高柳松一郎著，李达译：《中国关税制度论》，上海商务印书馆，1927 年，第 254 页。

⑤ 贾士毅：《民国续财政史》，上海商务印书馆，1932 年，第 582 页。

⑥ （英）莱特著，姚曾廙译：《中国关税沿革史》，生活·读书·新知三联书店，1958 年，第 37 页。

⑦ 贾士毅：《民国财政史》上册，上海商务印书馆，1917 年，第 689 页；财政部财政年鉴编纂处编：《财政年鉴》，上海商务印书馆，1935 年，第 418 页；吴兆莘：《中国税制史》，上海书店，1989 年，第 202 页。

对近代海关船钞研究较为深入的论文大都是在 2008 年之后出现的。顾宇辉考察了明清至民国的船钞沿革，并指出近代海关船钞制度一方面继承明清时期的船钞，另一方面还受到"国际通行"吨税制度的影响。[①] 任智勇则主要运用中国社科院经济研究所收藏的《总理衙门及同文馆经费》等资料，对船钞中名义上用于同文馆建设的部分进行较为详细的分析，指出在三成船钞的使用上存在的问题。[②] 江涛对晚清时期船钞的税率沿革以及七成船钞的总体使用状况有较多的叙述。[③] 李芳则立足于《旧中国海关总税务司署通令选编》（以下简称《选编》）中所收录的资料，介绍船钞的收入和使用情况。[④] 陈勇认为，晚清的海关船钞是在扣除火耗的基础上分成，并指出船钞分成是晚清海关洋税分成制度的组成部分。[⑤]（王瑞成认为包括船钞在内的洋税分成制度并不存在，[⑥] 陈勇对此观点进行了反驳。[⑦]）

前述已有研究存在三个方面的问题。

一是部分时期的船钞收支情况较为模糊甚至错误。民国时期的船钞制度变化研究较弱，尽管顾宇辉论述的时间覆盖晚清和民国，止于 1951 年《海关代征吨税办法》的实施，但他在述及船钞（船舶吨税）税率变化时遗漏了 1947 年 11 月和 1948 年 8 月、9 月的三次税率调整。[⑧] 无独有偶，江涛的讨论涉及整个近代，却同样遗漏了 1947 年 11 月和 1948 年 8 月、9 月的三次税率调整。[⑨] 由于顾宇辉和江涛的相关论述均未注明文献出处，故难以推测三次税率调整被遗漏的原因。另外，江涛误将七成船钞作为灯塔部门资金的唯一来源；[⑩] 笔者通过研究，发现晚清灯塔部门的收入远不止七成船钞，民国时期更是如此。

二是资料存在错漏的问题。尽管前述论著中常用的总理衙门相关档案、《筹办

---

① 顾宇辉：《船钞稽考》，载上海中国航海博物馆编：《国家航海》第 1 辑，上海古籍出版社，2011 年，第 34—47 页。

② 参见任智勇：《三成船钞与同文馆》，《中国社会科学院近代史研究所青年学术论坛（2008 年卷）》，社会科学文献出版社，2009 年。

③ 江涛：《近代福建沿海助航标志探析》，硕士学位论文，福建师范大学，2012 年。

④ 李芳：《晚清灯塔建设与管理》，硕士学位论文，华中师范大学，2011 年。

⑤ 陈勇：《晚清海关洋税的分成制度探析》，《近代史研究》2012 年第 2 期。

⑥ 王瑞成：《何为"洋税分成"：〈晚清海关洋税的分成制度探析〉一文辨正》，《中国经济史研究》2016 年第 2 期。

⑦ 陈勇：《洋税为何分成：对〈何为"洋税分成"〉一文的回应》，《中国经济史研究》2016 年第 2 期。

⑧ 顾宇辉：《船钞稽考》，载上海中国航海博物馆编：《国家航海》第 1 辑，上海古籍出版社，2011 年，第 34—47 页。

⑨ 江涛：《近代福建沿海助航标志探析》，硕士学位论文，福建师范大学，2012 年。

⑩ 江涛：《近代福建沿海助航标志探析》，硕士学位论文，福建师范大学，2012 年。

夷务始末》、《选编》等史料中包含有丰富的关于近代海关船钞制度的内容，但一方面，《选编》等内容不完整，且翻译存在许多明显的错误。例如，称船钞开支包括"工厂"，[①]就颇为费解。其实原文是"plant"[②]，应译作"设备"；将"general fund"[③]译作"专款"，[④]更是南辕北辙，实际应译为"一般资金"或"非专项资金"；另一方面，一些已出版的文献未能充分利用，如 2009 年已出版的《中国旧海关稀见文献全编》（魏尔特的《关税纪实》即为其中一种）。这些问题都对前述成果的可靠性造成了负面影响；更重要的是，关于船只测量、船钞分配和使用的大量资料出现在《中国近代海关总税务司通令全编》（以下简称《全编》）中，前述被遗漏的三次船钞税率调整即在其内。这套史料出版于 2013 年，故前述研究未能利用。

三是已有研究并不以厘清近代海关船钞的收支问题为目的。这些论著往往都是从某一个侧面对船钞进行讨论，如顾宇辉是从明清以来的"船钞"概念沿革出发，任智勇是从三成船钞的使用情况出发，或者是在论述其他问题时涉及船钞，而非以船钞为中心，如陈勇论述的中心问题是洋税分成制度。江涛的论文虽以"近代"为名，但仅叙述晚清船钞的征收和使用，而未涉及船只测量、船钞分配，特别是避开了民国时期船钞的整个收支情况。这些论著都没有将船只测量和船钞征收、分配、使用的完整过程作为对象，以真正厘清近代海关船钞的收支问题为目的。

基于以上考虑，本文将充分利用已有和新出资料，对船只测量和船钞征收、分配、使用的完整过程进行分析，以期厘清近代特别是民国时期的海关船钞的收支情形，进而尝试展示出近代船钞的整个收支状况。

二、近代海关船钞的征收

首先，船钞的征收是基于规范的制度和准确的船只测量结果。自 1843 年"丈

---

① 《为附送有关船钞使用之两件节略由》（1870 年 12 月 31 日第 25 号通令），载海关总署旧中国海关总税务司署通令选编编辑委员会编：《旧中国海关总税务司署通令选编》第 1 卷，中国海关出版社，2003 年，第 121 页。

② "Tonnage Dues: application of."（1870 年 12 月 31 日第 25 号通令），载中华人民共和国海关总署办公厅编：《中国近代海关总税务司通令全编》第 1 卷，中国海关出版社，2013 年，第 358 页。

③ "Tonnage Dues: application of."（1870 年 12 月 31 日第 25 号通令），载中华人民共和国海关总署办公厅编：《中国近代海关总税务司通令全编》第 1 卷，中国海关出版社，2013 年，第 359 页。

④ 《为附送有关船钞使用之两件节略由》（1870 年 12 月 31 日第 25 号通令），载海关总署旧中国海关总税务司署通令选编编辑委员会编：《旧中国海关总税务司署通令选编》第 1 卷，中国海关出版社，2003 年，第 122 页。

量旧例及出口、进口日月等规"① 废除以后，中国海关开始参考英国相关制度对船只丈量方式进行调整，"1854 年《英国商船法案》的条款 I 被中国采用，作为丈量船只的官方规则"。② 与传统船钞以丈量梁头计算吨位相比，新的丈量方式通过新工具、新算法并考虑更多丈量中的细节，得到的结果更为精确。

在丈量工具的选择上，最初规定量物的丈尺"须按粤海关向用之式制造数副，镌刻图印为凭，每口每件发交二副，以一副交海关，以一副交英国管事官查收"；随后即改为使用防水卷尺，"由于所有亚麻和大麻制品都会缩水，所以必须使用防水卷尺；而只有那样的卷尺不会因膨胀或偏斜或者因长期连续使用导致延长出现实际误差"，丈量工具的更换为更精确的丈量结果提供了可能。除考虑使用新工具外，《英国商船法案》还在具体丈量方法上将船只的长、宽、高分为多个等份进行丈量，以尽量减小因船只本身形状不规则带来的误差。船只空间并非都可用于装载货物，还要保留足够的生活空间和轮船设施的安放空间；考虑到这一点，在丈量过程中对于厨房大小、厕所数量和轮机舱人员工作所占位置等在最后的结果中需要扣除的空间都有详细规定，可见其丈量规则考虑之周全。如果船只类型是帆船，以上丈量基本可以保证结果的准确性；但如果是一艘轮船，则以上丈量还远远不够，因为还要减扣引擎室的空间，这部分空间占轮船总容量的比重有时高达 20% 甚至更多。同时，还需考虑到轮机舱船员为火添煤和操作的空间。当所有丈量完成之后，"丈量员将把他获取的有丈量结果的表格、验船证明书和所有包含丈量信息的文件等寄给上海的登记员或任何其他港口的领事"，以作为计算和征收船钞的基本依据。③

在船钞的具体征收上，1843 年中英《五口通商附粘善后条款》规定，英国船只分为两类，④ 注册吨位为 75 至 150 吨者每进口一次按吨纳钞一钱，不及 75 吨者仍照 75 吨计算；150 吨以上的小船和大洋船，每吨输钞五钱。1844 年中美《望厦条约》增加已纳钞的船只"进别口时，止纳货税，不输船钞"；⑤ 同年，中法《黄埔

① 中英《五口通商章程·海关税则》，载王铁崖编：《中外旧约章汇编》第 1 册，生活·读书·新知三联书店，1957 年，第 50 页。

② "Tonnage Measurement Instructions"（1877 年 2 月 19 日第 15 号通令），载中华人民共和国海关总署办公厅编：《中国近代海关总税务司通令全编》第 2 卷，中国海关出版社，2013 年，第 70 页。

③ "Tonnage Measurement Instructions"（1877 年 2 月 19 日第 15 号通令），载中华人民共和国海关总署办公厅编：《中国近代海关总税务司通令全编》第 2 卷，中国海关出版社，2013 年，第 60—61 页。

④ 中英《五口通商附粘善后条款》，载王铁崖编：《中外旧约章汇编》第 1 册，生活·读书·新知三联书店，1957 年，第 38 页。

⑤ 中美《五口通商章程：海关税则》，载王铁崖编：《中外旧约章汇编》第 1 册，生活·读书·新知三联书店，1957 年，第 52 页。

条约》增加"凡船进口，出二日之外，即将船钞全完"；"凡佛兰西船，从外国进中国，止须纳船钞一次"，[①] 即如果船只停靠超过 48 小时则需纳钞，而法国船只从外国进中国纳钞一次。[②] 1858 年，中英《天津条约》修改 150 吨以上船只税率，每吨纳钞银从五钱下调为四钱；纳钞船只"发给专照，自是日起以四个月为期，如系前赴通商各口，俱无庸另纳船钞"。[③] 这一时期，针对各国商船征收船钞的标准并不统一，如针对恭亲王奕䜣要求对贩运洋货和在中国贩卖土货的法国商船分别按不同标准征收船钞的照会，法国公使认为这是试图以对英国船只征收船钞的标准来对待法国商船，并以目前尚不知是否有本国船只从事贩运土货的贸易为由加以回绝。[④] 各国征税标准不一给海关业务造成很大困扰，直到 1870 年，由总税务司整理并呈交总理衙门的《各关征免洋商船钞章程十一条》颁布。该章程的颁行标志着近代中国海关开始以统一的标准对各国船只征免船钞。其中将之前条约、章程、善后条款、各关具体规则等各种文件中纷繁复杂的规定标准化、统一化，对吨位标准、征税时限、有效期限、免税条件和进入长江贸易的征税标准等作了明确规定，还规定各国商船出口，若是往其他通商口岸或香港、吕宋、安南、日本等国，则 4 个月内再进入中国口岸时可以免纳船钞。[⑤] 1880 年中德《续修条约》更进一步规定，"德国船只已在中国完纳船钞者，如往中国通商各口，或往各国口岸，在 4 个月内，均不重征"，[⑥] 根据"最惠国条款"，则各国皆受此优惠；1882 年颁发的《修订船钞章

---

① 中法《五口通商章程：海关税则》，载王铁崖编：《中外旧约章汇编》第 1 册，生活·读书·新知三联书店，1957 年，第 60 页。

② 此条款有争议，"上海法国领事声称，'凡大法国船，从外国进中国只须纳船钞一次'条款者，即无论法国船在中国沿海各口岸持续从事航运多少年，海关征收船钞不得超过一次之谓也"，参见《为船钞历史沿革及税率由每吨关平银 0.4 与 0.1 两改为每吨国币 0.65 与 0.15 元并取消甲板船钞事》（1933 年 3 月 14 日第 4584 号通令），载海关总署旧中国海关总税务司署通令选编编辑委员会编：《旧中国海关总税务司署通令选编》第 3 卷，中国海关出版社，2003 年，第 217—218 页。

③ 中英《天津条约》，载王铁崖编：《中外旧约章汇编》第 1 册，生活·读书·新知三联书店，1957 年，第 100 页。

④ "Tonnage Dues payable by French Vessel carrying Chinese Produce Coastwise"（1863 年 2 月 16 日第 7 号通令），载中华人民共和国海关总署办公厅编：《中国近代海关总税务司通令全编》第 1 卷，中国海关出版社，2013 年，第 46 页。

⑤ "Forwarding new set of Tonnage Dues Regulations"（1870 年 12 月 31 日第 16 号通令），载中华人民共和国海关总署办公厅编：《中国近代海关总税务司通令全编》第 1 卷，中国海关出版社，2013 年，第 321 页。

⑥ 《为船钞历史沿革及税率由每吨关平银 0.4 与 0.1 两改为每吨国币 0.65 与 0.15 元并取消甲板船钞事》（1933 年 3 月 14 日第 4584 号通令），载海关总署旧中国海关总税务司署通令选编编辑委员会编：《旧中国海关总税务司署通令选编》第 3 卷，中国海关出版社，2003 年，第 219 页。

程》则使"海关之船钞征收更加适应时代需要"。①

表 1 历次船钞税率变化

年月	类别	税率（每吨）	单位	出处
1870.12	≤ 150 吨	0.1	两	《各关征免洋商船钞章程十一条》
	> 150 吨	0.4		
1933.03	≤ 150 吨	0.15	元	海关总税务司署第 4584 号通令
	> 150 吨	0.65		
1945.10	≤ 100 吨	15	元	海关总税务司署第 6732 号通令
	> 100 吨	65		
1947.02	≤ 100 吨	150	元	海关总税务司署第 7001 号通令
	> 100 吨	650		
1947.11	≤ 100 吨	1 500	元	海关总税务司署第 7177 号通令
	> 100 吨	6 500		
1948.08	≤ 100 吨	15 000	元	财关政字第 3085 号训令
	> 100 吨	65 000		
1948.09	≤ 100 吨	0.01	金圆	海关总税务司署第 7371 号通令
	> 100 吨	0.02		

资料来源：根据中华人民共和国海关总署办公厅编:《中国近代海关总税务司通令全编》（中国海关出版社，2013 年）相关年份通令整理。

船钞优惠条件和范围一步步增加的同时，船钞税率自 1858 年以后却在长达 75 年的时间里未作改动，1933 年，总税务司梅乐和认为利用取消关平银改用国币银圆的机会对船钞税率进行改变适逢其时，同年 3 月 10 日起，规定"150 吨以上船舶每吨关平银 0.4 两改为每吨 6 角 5 分国币，150 吨及以下船只每吨关平银 0.1 两改为国币 1 角 5 分，并自该日起取消甲板货物船钞"，②同时规定"凡往来于通商口岸之中外轮船、帆船、汽船、曳船、趸船、货船、拨船等，不论其为国内航路，或国外航路，均一律征课"，③即随着 1931 年常关的撤销，海关将中国船只也加入统

---

① 《为船钞历史沿革及税率由每吨关平银 0.4 与 0.1 两改为每吨国币 0.65 与 0.15 元并取消甲板船钞事》（1933 年 3 月 14 日第 4584 号通令），载海关总署旧中国海关总税务司署通令选编辑委员会编:《旧中国海关总税务司署通令选编》第 3 卷，中国海关出版社，2003 年，第 219 页。

② 《为船钞历史沿革及税率由每吨关平银 0.4 与 0.1 两改为每吨国币 0.65 与 0.15 元并取消甲板船钞事》（1933 年 3 月 14 日第 4584 号通令），载海关总署旧中国海关总税务司署通令选编辑委员会编:《旧中国海关总税务司署通令选编》第 3 卷，中国海关出版社，2003 年，第 220 页。

③ 财政部财政年鉴编纂处编印:《财政年鉴》，1948 年，第 418 页。

一征税对象行列。这次税率调整既是银两购买力下降所致，也是由于灯塔建设的需要。就实际税负而言，将关平银换算为国币，1933 年调整后，相比此前"加征每吨二分六厘八毫，但对甲板上加收吨钞停止征收，相差亦不甚悬殊"，[①] 而重要的是手续变得更为简便了。随着抗日战争期间货币发行量增加，通货不断膨胀，1945 年 10 月规定将船钞税率按照 1933 年所定税率的 100 倍征收。[②] 1947 年 2 月上调税率至 1945 年所定税率的 10 倍；[③] 11 月再次修改税率，上调至年初所定税率的 10 倍。[④] 1948 年 8 月 19 日，财政部核准海关总税务司署"将现行船钞征收率提高十倍征收"的请求，[⑤] 但此后国民政府开始发行金圆券，船钞税率随之调整，1948 年 9 月规定"一、轮船在一百吨以上者每吨纳船钞金圆二分；二、一百吨或一百吨以下之船只每吨纳船钞金圆一分"。[⑥] 此后金圆滥发，但至少至 1949 年 4 月初，国民政府再未在制度上对船钞税率进行修改。另外，自 1945 年开始，历次船钞税率调整均规定，航海木船一律照 100 吨以下税率征收，而在内河航行的木船则免征船钞。

通过整理 1864—1948 年间船钞和税收总额的统计数据，可得到表 2。

表 2　近代海关船钞收入变化（1864—1948）

年份	船钞	税收总额	占比 %	年份	船钞	税收总额	占比 %
1864[1]	294 799	7 872 257	3.74	1907	1 321 192	33 861 346	3.9
1865	269 195	8 289 281	3.25	1908	1 264 915	32 901 895	3.84
1866	217 732	8 781 875	2.48	1909	1 276 218	35 539 917	3.59

① 《船钞改征银币》，《航业月刊》1933 年第 2 卷第 9 期。

② 《为奉令调整船钞征收率仰遵照办理并布告周知由》（1945 年 10 月 1 日第 6732 号通令），载海关总署旧中国海关总税务司署通令选编编辑委员会编：《旧中国海关总税务司署通令选编》第 5 卷，中国海关出版社，2007 年，第 41 页。

③ 《为奉令改订船钞征收率仰遵照办理并布告周知由》（1947 年 2 月 14 日第 7001 号通令），载海关总署旧中国海关总税务司署通令选编编辑委员会编：《旧中国海关总税务司署通令选编》第 5 卷，中国海关出版社，2007 年，第 358 页。

④ 《为奉部令重行改订船钞征收率仰遵照办理由》（1947 年 11 月 14 日第 7177 号通令），载中华人民共和国海关总署办公厅编：《中国近代海关总税务司通令全编》第 36 卷，中国海关出版社，2013 年，第 562 页。

⑤ 《为奉部令重行改订船钞征收率仰遵照办理由》（1948 年 9 月 9 日第 7371 号通令），载中华人民共和国海关总署办公厅编：《中国近代海关总税务司通令全编》第 36 卷，中国海关出版社，2013 年，第 435 页。

⑥ 《为奉部令重行改订船钞征收率仰遵照办理由》（1948 年 9 月 9 日第 7371 号通令），载中华人民共和国海关总署办公厅编：《中国近代海关总税务司通令全编》第 36 卷，中国海关出版社，2013 年，第 435 页。

续表

1867	203 649	8 864 817	2.3	1910	1 329 024	35 571 879	3.74
1868	203 614	9 448 474	2.15	1911	1 346 385	36 179 825	3.72
1869	223 549	9 878 848	2.26	1912	1 371 614	39 950 612	3.43
1870	207 815	9 543 977	2.18	1913	1 534 878	43 969 853	3.49
1871	204 798	11 216 146	1.83	1914	1 491 949	38 917 525	3.83
1872	242 227	11 678 636	2.07	1915	1 194 959	36 747 706	3.25
1873	212 554	10 977 082	1.94	1916	1 122 891	37 764 311	2.97
1874	200 832	11 497 272	1.75	1917	994 221	38 189 429	2.6
1875	236 694	11 968 109	1.98	1918	863 623	36 345 045	2.38
1876	234 315	12 152 921	1.93	1919	1 443 891	46 009 160	3.14
1877	224 034	12 067 078	1.86	1920	1 791 744	49 819 885	3.6
1878	260 101	12 483 988	2.08	1921	1 844 369	59 007 129	3.13
1879	247 833	13 531 670	1.83	1922	2 332 865	59 359 194	3.93
1880	249 591	14 258 584	1.75	1923	2 401 554	63 504 251	3.78
1881	273 574	14 685 162	1.86	1924	2 687 555	69 595 131	3.86
1882	279 799	14 085 673	1.99	1925	2 614 041	70 725 667	3.7
1883	284 044	13 286 757	2.14	1926	2 898 610	80 435 962	3.6
1884	270 914	13 510 712	2.01	1927	2 748 776	68 781 876	4
1885	298 909	14 472 766	2.07	1928	2 965 928	82 332 526	3.6
1886	333 347	15 144 678	2.2	1929	3 177 265	152 830 093	2.08
1887	316 443	20 541 399	1.54	1930	3 106 590	180 619 758	1.72
1888	323 312	23 167 892	1.4	1931	3 363 670	247 113 397	1.36
1889	326 443	21 823 762	1.5	1932	2 739 392	200 241 470	1.37
1890	329 893	21 996 226	1.5	1933[2]	2 825 834	217 923 293	1.3
1891	391 572	23 518 021	1.66	1934	2 761 253	214 791 661	1.29
1892	381 587	22 689 054	1.68	1935	2 773 171	202 515 861	1.37
1893	401 097	21 989 300	1.82	1936	2 588 355	208 365 399	1.24
1894	479 635	22 523 605	2.13	1937[3]	3 224 611	342 899 739	0.94
1895	478 797	21 385 389	2.24	1938	2 913 405	245 565 469	1.19
1896	611 026	22 579 366	2.71	1939	3 660 836	331 323 640	1.1
1897	579 360	22 742 105	2.55	1940	3 094 980	475 749 134	0.65
1898	612 861	22 503 397	2.72	1941	1 998 382	541 678 132	0.37
1899	640 191	26 661 460	2.4	1942	901 458	328 342 450	0.27
1900	724 860	22 873 986	3.17	1943[4]	未知	未知	未知

续表

1901	809 561	25 537 574	3.17	1944[5]	未知	未知	未知
1902	920 911	30 007 044	3.07	1945[6]	未知	未知	未知
1903	953 575	30 530 688	3.12	1946	239 284 719	332 019 940 959	0.07
1904	992 585	31 493 156	3.15	1947	8 742 557 555	2 837 833 890 124	0.31
1905	1 105 350	35 111 005	3.15	1948[5]	18 653 511 690	15 052 407 013 414	0.12
1906	1 326 619	36 068 595	3.68	1948[6]	186 778	239 626 054	0.08

资料来源：根据《中国旧海关史料》1864—1948 年间税收统计中船钞部分整理并计算所得。

注：① 1864—1936 年的船钞和税收总额的统计单位为海关两，其中 1864—1870 年的海关统计报告单位为两，此表 1864—1870 年的数据来自 1871 年统计报告，单位为海关两。
② 1933—1936 年原始数据的单位为元（国币），表中数值是根据 1933—1936 年"海关金单位及国币折合各国通行钱币数目表"中海关两与国币的兑换比例 1:1.558 得出。
③ 1937—1947 年的船钞和税收总额的统计单位为元（国币）。
④ 1943—1945 年，由于战争原因，导致统计数据难以获得。
⑤ 1948 年上半年的船钞和税收总额的统计单位为元（国币）。
⑥ 1948 年下半年的船钞和税收总额的统计单位为金圆。

征收的船钞将统计汇报，并在海关统计报告中发布。根据 1864—1948 年间海关统计报告中税收统计表格"Customs Revenue"，可整理并计算出 1864—1948 年间的船钞收入。从船钞收入的变化趋势看，可以分为四个阶段。第一阶段是 1864—1913 年间，船钞收入保持增长，且多数年份的增长率都在上升，表明这一时期贸易发展较为顺利；第二阶段是 1914—1918 年间，船钞收入开始出现明显下降，从中可以发现第一次世界大战对整个国际贸易的负面影响；第三阶段是 1919—1931 年间，船钞收入不断上升，在 1931 年达到最高点；第四阶段是 1932—1936 年间，船钞收入开始出现严重下降，这一情形的出现与东北沦陷、海关税收不再纳入民国政府海关统计有关。受到东亚局势日益紧张的影响，此后船钞收入在绝大部分年份都出现负增长。此后由于货币单位变化和通货膨胀影响，绝对数额的比较参考价值较小。从船钞占税收总额的比重变化来看，1864—1895 年间基本徘徊在 2% 左右；1896—1928 年间则普遍在 2.5% 甚至 3% 以上；1929 年开始迅速下降，此后经过第二次世界大战，到 1948 年仅为 0.08%。

由此可见，船钞收入额和船钞占税收总额比重的变化，一方面受到国际政治生态、军事行动和经济环境变化的明显影响；另一方面海关税种不断增加并纳入税收统计，如 1868 年的复进口税、1875 年的鸦片税、1887 年的鸦片厘金、1921 年的附征赈捐、1932 年的进出口税附加税、1946 年的进口奢侈品附加税和进口特别附加税以及 1947 年的进口附加税、地方附捐、领事货单签证费、货物税等，故船钞收入占税收总额的比重总体呈现下降趋势也明显受到税收种类增加和统计口径变化的影响。

三、近代海关船钞的功能与分配

分析船钞的分配和使用情况，对于理解近代中国海关船钞的分配机制和灯塔的建设进程都具有重要意义。清中前期，船钞是作为海关正税之一进行征收，税率为 1843 年以后税率的 12 倍左右。[①]1843 年新的船钞税率执行之前，因清政府"迄今在建造灯塔、安放浮标或系船工具、设置立标以促进商务交流方面没有任何作为"，[②]英国全权谈判代表璞鼎查要求降低船钞税率且明确其用途。实际上，西方国家对航行安全设施的渴求并不能简单看作减税谈判的借口，以英国海域为例，仅 1852—1860 年间，就有 10336 艘船因撞击或触礁而损毁，同时有 7200 人因海难而丧生。[③]此时的英国拥有相对先进的灯塔建造技术和完善的灯塔资金征集管理系统，英国附近已是世界上灯塔较多的海域。[④]故对于航行船只而言，海岸线绵长、港湾众多的中国海域地理环境复杂但又缺乏航行安全设施，很难说会比英国海域更安全，故西方因船钞负担过重和航行安全设施不足而抱怨清政府有其合理性。

但西方与清政府在船钞用途问题上存在分歧，前者认为船钞应用于增建灯塔等航行公共设施，而后者则认为船钞是供国家需用的一项税收。[⑤]也就是说，建设灯

---

① 财政部财政年鉴编纂处编印：《财政年鉴》，1948 年，第 418 页。

② "Correspondence between H.B.M.'s Plenipotentiary and the British Merchants", *The Chinese Repository*, Vol.12,1843, p. 45.

③ Roy M. MacLeod, "Science and Government in Victorian England: Lighthouse Illumination and the Board of Trade, 1866-1886", *Isis*, Vol.60, No.1, 1969, pp. 4-38.

④ R. H. Coase, "The Lighthouse in Economics", *Journal of Law and Economics*, Vol.17, No.2, 1974, pp. 357-376.

⑤ "Tonnage Dues: application of."（1870 年 12 月 31 日第 25 号通令），载中华人民共和国海关总署办公厅编：《中国近代海关总税务司通令全编》第 1 卷，中国海关出版社，2013 年，第 344 页。

塔、保障航行安全是参与近代海关船钞设计和征收的璞鼎查等人的初衷，但这一功能并未在《五口通商章程·海关税则》中有正式规定，也未真正有船钞投入灯塔建设，以至于形成了"船钞性质未定时期"。这段时期内，船钞主要与其他税种一道归清政府支配。尽管清政府于 1855 年即设置铜沙灯船，但其经费来源只称"由洋籍税务监督官备款"，[①] 并不能确定出自海关船钞。1858 年中英《通商章程善后条约·海关税则》方首次规定"浮桩、号船、塔表、望楼等经费，在于船钞项下拨用"，[②] 以条约形式确定了船钞可以作为灯塔建设资金。而从 1862 年开始，船钞收入中的三成开始拨付总理衙门作为同文馆办学经费。[③] 此后数年内，清政府为了对付太平军，仍继续挪用"大量被欧洲人称作'船钞'的款项应自身之急"，[④] 七成船钞的用途仍然与灯塔建设无明确关系。

1865 年 1 月，经总理衙门核准，"每季得自各口岸海关监督收取当季征收取之一成船钞，用于改善港口之用"，[⑤] 在此基础上成立了负责灯塔事务的部门，其主要职责包括"港务之管理，灯塔浮标及一切便利航行设备之装置与维持，沿海及内河水道之测量，河海航道图表之绘制，与夫气象报告之记录等"。[⑥] 故船钞是以海务部门费用的形式拨发，该部门事务多种多样，但相关制度并未对船钞的具体用途作详细规定。1868 年 4 月开始，这项支出继续增加，赫德通令各关不再将一成船钞汇往丽如银行的总税务司账户，"总理衙门已饬令各海关，将尔口岸所征收之船钞改按七成照惯例汇至上述银行之总税务司账户 C"，[⑦] 此后"总税务司份额的吨位税记入'C'帐（账）"成为定制；[⑧] 而其余三成船钞则是继续上交总理衙门用于资助同文馆。[⑨] 实际上，作为灯塔等航行安全设施的资金并不止七成船钞。赫德在

① 聂宝璋编：《中国近代航运史资料》第 1 辑，上海人民出版社，1983 年，第 82 页。
② 王铁崖编：《中外旧约章汇编》第 1 册，生活·读书·新知三联书店，1957 年，第 118 页。
③ 《奏报南北各海口外国船钞项下酌提三成银两委员解京交纳情形》（1863 年），台北故宫博物院藏军机处档折件，档号：090091。
④ "Tonnage Dues: application of."（1870 年 12 月 31 日第 25 号通令），载中华人民共和国海关总署办公厅编：《中国近代海关总税务司通令全编》第 1 卷，中国海关出版社，2013 年，第 344 页。
⑤ 《船钞之一成于每季征收后记入总税务司账户 C》（1865 年 1 月 6 日第 1 号通令），载海关总署旧中国海关总税务司署通令选编编辑委员会编：《旧中国海关总税务司署通令选编》第 1 卷，中国海关出版社，2003 年，第 35 页。
⑥ （英）魏尔特：《关税纪实》，中国海关出版社，2009 年影印，第 77 页。
⑦ 《七成船钞按月收取并按季汇出》（1868 年 3 月 13 日第 2 号通令），载海关总署旧中国海关总税务司署通令选编编辑委员会编：《旧中国海关总税务司署通令选编》第 1 卷，中国海关出版社，2003 年，第 55 页。
⑧ （英）魏尔特著，陆琢成等译：《赫德与中国海关》上册，厦门大学出版社，1993 年，第 378 页。
⑨ "Tonnage Dues: application of."（1870 年 12 月 31 日第 25 号通令），载中华人民共和国海关总署办公厅编：《中国近代海关总税务司通令全编》第 1 卷，中国海关出版社，2013 年，第 362 页。

1870 年称，中外条约仅仅规定灯塔维护费用由船钞支付，故"建设灯塔浮标等的费用应由其他资金提供"；① 其后在规划灯塔建设时，赫德进一步指出"假如能获得更多资助，则灯塔可能早于 1880 年建设完毕"，② 可见他的计划中并未将船钞作为灯塔建设管理资金的唯一来源。在赫德的实际操作中，船钞与灯塔资金来源的关系如何呢？据 1870 年第 25 号通令，1865—1867 年间的船钞支出赤字近十万海关两；③ 尽管 1868—1870 年间灯塔部门的可支配船钞已升至七成，但同期设备、劳动力、薪金与专款订购灯具的支出合计仍明显高于船钞收入。④ 海务建设管理支出超过船钞收入的事实表明，除相应比例的船钞之外，灯塔部门应该还有其他收入，如 1869—1870 年间灯塔部门订购的大批灯塔设备均由海关的一般经费支付，⑤ 这类订购灯具的一般经费应当就是船钞之外的资金来源。再如 1871 年第 25 号通令提及"灯塔部门所使用的四艘巡逻船，原价即为二十万两，每年花销还需七万两以上"，⑥ 而这些费用都是由专款，而非以七成船钞支付。特别是在四艘巡逻船的问题上，赫德指出，虽然三成船钞拨予同文馆，但清政府另外支付了灯塔部门巡逻船的购买和维护费用，两者相抵，实际上"船钞已全部用于改善航运条件"。⑦ 从赫德为清政府和同文馆三成船钞的辩护中可知，尽管船钞经过一段性质未定时期，且船钞本身并未全部用于航行安全设施建设，但赫德实质上认同璞鼎查等人对船钞用途的最初设定，即将灯塔等航行安全设施建设作为船钞核心功能。更重要的是，从 1868 年开始至 1931 年，尽管船钞本身长期只有七成或八成用于航行安全设施建设，但清政府和民国政府都会以其他资金对海关航行安全设施建设进行足额补偿。从船钞用于改善航行安全设施的原则出发，可将 1868 年视作近代海关船钞功能的规定与实际走向一致的标志。

---

① "Tonnage Dues: application of."（1870 年 12 月 31 日第 25 号通令），载中华人民共和国海关总署办公厅编：《中国近代海关总税务司通令全编》第 1 卷，中国海关出版社，2013 年，第 351 页。

② "Tonnage Dues: application of."（1870 年 12 月 31 日第 25 号通令），载中华人民共和国海关总署办公厅编：《中国近代海关总税务司通令全编》第 1 卷，中国海关出版社，2013 年，第 362 页。

③ "Tonnage Dues: application of."（1870 年 12 月 31 日第 25 号通令），载中华人民共和国海关总署办公厅编：《中国近代海关总税务司通令全编》第 1 卷，中国海关出版社，2013 年，第 358 页。

④ "Tonnage Dues: application of."（1870 年 12 月 31 日第 25 号通令），载中华人民共和国海关总署办公厅编：《中国近代海关总税务司通令全编》第 1 卷，中国海关出版社，2013 年，第 358—359 页。

⑤ "Tonnage Dues: application of."（1870 年 12 月 31 日第 25 号通令），载中华人民共和国海关总署办公厅编：《中国近代海关总税务司通令全编》第 1 卷，中国海关出版社，2013 年，第 359 页。

⑥ "Tonnage Dues: application of."（1870 年 12 月 31 日第 25 号通令），载中华人民共和国海关总署办公厅编：《中国近代海关总税务司通令全编》第 1 卷，中国海关出版社，2013 年，第 363 页。

⑦ "Tonnage Dues: application of."（1870 年 12 月 31 日第 25 号通令），载中华人民共和国海关总署办公厅编：《中国近代海关总税务司通令全编》第 1 卷，中国海关出版社，2013 年，第 363 页。

1868 年之后，船钞分配还经历了多次调整。随着华商洋船的增多，1877 年，总理衙门同意赫德的请求，在洋船缴纳的七成船钞之外，"按月将华商船钞七成拨交各关税务司代收"，[①] 用于灯塔建设，该比重维持至清末。1901 年《辛丑条约》签订后，三成船钞归外务部支配，1902 年，同文馆并入京师大学堂之后，三成船钞不再用于资助该馆。[②] 辛亥革命后，民国外交部继承了清代总理衙门、外务部的权益，原来用于同文馆的三成船钞也归该部处置。[③] 到 1917 年 4 月，经政府批准，海关总税务司通令各关，此后"将所有吨税收入存入账户 C"，[④] 用于灯塔建设和航道维护；至于原来属于外交部的三成船钞，则"另由税款项下，提拨一固定数目之款项，解交外交部，以抵补船钞项下之三成"。1926 年 7 月 1 日，船钞分配比例再次修改，"除由税款项下仍拨原数外，另由船钞征收确数项下，提出十分之二，按月呈缴外交部"；1931 年 7 月 1 日，"财政部为保存船钞款项起见，特训令将前述二成，亦改由税款项下拨付"。[⑤] 由此可见，船钞项下以灯塔等航行设施建设为目的的经费占比总体呈上升趋势，直到 20 世纪 30 年代所有船钞都被作为灯塔等海务经费使用，这也是璞鼎查等人在 1843 年船钞设计最初目的的实现。由此，可以得到 1864—1948 年间划归海务部门的"海务船钞"份额如下：

表 3　近代海关船钞支出中海务部门占比变化（1864—1948）

年份	单位	船钞[1]	海务船钞	占比%	年份	单位	船钞	海务船钞	占比%
1864	海关两	294 799	0	0	1907	海关两	1 321 192	924 834	70
1865	海关两	269 195	26 920	10	1908	海关两	1 264 915	885 441	70
1866	海关两	217 732	21 773	10	1909	海关两	1 276 218	893 353	70
1867	海关两	203 649	20 365	10	1910	海关两	1 329 024	930 317	70
1868[2]	海关两	203 614	111 988	70	1911	海关两	1 346 385	942 470	70
1869	海关两	223 549	156 484	70	1912	海关两	1 371 614	960 130	70
1870	海关两	207 815	145 471	70	1913	海关两	1 534 878	1 074 415	70

① "Tonnage Dues from Chinese Vessels: 7/10ths to be received for A/c. C."（1877 年 5 月 4 日第 25 号通令），载中华人民共和国海关总署办公厅编：《中国近代海关总税务司通令全编》第 2 卷，中国海关出版社，2013 年，第 91 页。

② （英）魏尔特：《关税纪实》，中国海关出版社，2009 年影印，第 77 页。

③ （英）魏尔特：《关税纪实》，中国海关出版社，2009 年影印，第 77—78 页。

④ "Tonnage dues: total amount to be brought to account in Account C; remittances of Account C balances; instructions"（1917 年 4 月 9 日第 2653 号通令），载中华人民共和国海关总署办公厅编：《中国近代海关总税务司通令全编》第 15 卷，中国海关出版社，2013 年，第 160 页。

⑤ （英）魏尔特：《关税纪实》，中国海关出版社，2009 年影印，第 78 页。

续表

1871	海关两	204 798	143 359	70	1914	海关两	1 491 949	1 044 364	70
1872	海关两	242 227	169 559	70	1915	海关两	1 194 959	836 471	70
1873	海关两	212 554	148 788	70	1916	海关两	1 122 891	786 024	70
1874	海关两	200 832	140 582	70	1917[4]	海关两	994 221	919 654	100
1875[3]	海关两	228 777	160 144	70	1918	海关两	863 623	863 623	100
1876[3]	海关两	223 313	156 319	70	1919	海关两	1 443 891	1 443 891	100
1877[3]	海关两	218 272	152 790	70	1920	海关两	1 791 744	1 791 744	100
1878	海关两	260 101	182 071	70	1921	海关两	1 844 369	1 844 369	100
1879	海关两	247 833	173 483	70	1922	海关两	2 332 865	2 332 865	100
1880	海关两	249 591	174 714	70	1923	海关两	2 401 554	2 401 554	100
1881	海关两	273 574	191 502	70	1924	海关两	2 687 555	2 687 555	100
1882	海关两	279 799	195 859	70	1925	海关两	2 614 041	2 614 041	100
1883	海关两	284 044	198 831	70	1926[5]	海关两	2 898 610	2 608 749	80
1884	海关两	270 914	189 640	70	1927	海关两	2 748 776	2 199 021	80
1885	海关两	298 909	209 236	70	1928	海关两	2 965 928	2 372 742	80
1886	海关两	333 347	233 343	70	1929	海关两	3 177 265	2 541 812	80
1887	海关两	316 443	221 510	70	1930	海关两	3 106 590	2 485 272	80
1888	海关两	323 312	226 318	70	1931[6]	海关两	3 363 670	3 027 303	100
1889	海关两	326 443	228 510	70	1932	海关两	2 739 392	2 739 392	100
1890	海关两	329 893	230 925	70	1933	海关两	2 825 834	2 825 834	100
1891	海关两	391 572	274 100	70	1934	海关两	2 761 253	2 761 253	100
1892	海关两	381 587	267 111	70	1935	海关两	2 773 171	2 773 171	100
1893	海关两	401 097	280 768	70	1936	海关两	2 588 355	2 588 355	100
1894	海关两	479 635	335 745	70	1937	国币元	3 224 611	3 224 611	100
1895	海关两	478 797	335 158	70	1938	国币元	2 913 405	2 913 405	100
1896	海关两	611 026	427 718	70	1939	国币元	3 660 836	3 660 836	100
1897	海关两	579 360	405 552	70	1940	国币元	3 094 980	3 094 980	100
1898	海关两	612 861	429 003	70	1941	国币元	1 998 382	1 998 382	100
1899	海关两	640 191	448 134	70	1942	国币元	901 458	901 458	100
1900	海关两	724 860	507 402	70	1943	国币元	未知	未知	100
1901	海关两	809 561	566 693	70	1944	国币元	未知	未知	100
1902	海关两	920 911	644 638	70	1945	国币元	未知	未知	100
1903	海关两	953 575	667 503	70	1946	国币元	239 284 719	239 284 719	100
1904	海关两	992 585	694 810	70	1947	国币元	8 742 557 555	8 742 557 555	100
1905	海关两	1 105 350	773 745	70	1948[7]	国币元	18 653 511690	18 653 511 690	100
1906	海关两	1 326 619	928 633	70	1948[8]	金圆	186 778	186 778	100

资料来源：根据《中国旧海关史料》历年税收统计中船钞部分整理并计算所得。

注：① 1877 年 3 月底之前，船钞数值不包括华船船钞收入；同时，由于缺乏系统的分季度统计数据，该表中涉及各季度船钞时都是将该年相关船钞平均分配至每个季度，其合理性在于：尽管不同类型的商品，特别是农产品受季节影响较大，但贸易船舶和船钞收入受季节影响相对而言不太显著，因为航运公司会尽可能将船舶充分使用以获取最大利益。

② 1868 年第一季度的一成船钞、后三个季度的七成船钞归海务部门。

③ 1875 年、1876 年的海关贸易统计中，华船船钞开始纳入船钞总数，但该项收入不拨付海务部门，1877 年第一季度的一成洋船船钞、后三个季度的七成华船船钞和七成洋船船钞一起归海务部门。

④ 1917 年第一季度的七成船钞、后三个季度的全部船钞归海务部门。

⑤ 1926 年前两个季度的全部船钞、后两个季度的八成船钞归海务部门。

⑥ 1931 年前两个季度的八成船钞、后两个季度的全部船钞归海务部门。

⑦ 1948 年上半年。

⑧ 1948 年下半年。

由于七成船钞用作灯塔建设之说影响较大，以至部分研究将七成船钞与拨付海务部门的经费直接对应。实际上，一方面，如前所述，海务部门的经费来源不止七成船钞；另一方面，拨付海务部门的船钞比例也非固定七成，而是从一成增长到七成、十成，呈现出一个变动的过程。更重要的是，即便就按比例拨付海务部门的船钞而论，海务部门真正收入的船钞也要小于以上数额，原因在于还有火耗和汇费的支出。也就是说，各个年份海务部门实际可支配船钞的计算公式应为：

$$Cm = C \cdot q \cdot (1 - h - f)$$

其中：

C 表示海关收入的船钞总额（1877 年 3 月底之前,不包括华船船钞收入）；

q 表示拨付海务部门的船钞比重；

h 表示火耗的比重；

f 表示汇费的比重；

C_m 表示海务部门实际可支配船钞数额。

海关关税征收银两，火耗是以熔铸银两将存在损耗的名义征收的费用。需要注意的是，江海关、浙海关、东海关等在 1889 年之前不从船钞中支出火耗。1889 年，江海关船钞的火耗"援照津海等关成案，不准由半税及六成洋税项下开支，以归一律"，[①] 尽管此处并未言明"津海等关成案"是什么，但此时粤海关、闽海关、江汉关等大部分海关均从船钞中支出 1.2% 的火耗。故可推知，至晚到 1889 年，江海等关火耗亦改由船钞中支出。从 1889 年至 1898 年，各关均按照 1.2% 比例征收火耗，[②] 1899 年开始这笔费用降至 0.6%，[③] 该比例至少维持至清末。[④] 民国初期，常关税、田赋等税收先后改征银圆，[⑤] 相关火耗随之永久革除；[⑥] 但是，海关却长期没有以银圆征税，而是以银两等多种货币征收，废两改元的阻力之一就来自海关总税务司安格联。[⑦] 在 1933 年废两改元之前，海关税收仍以关平银计算，[⑧] 部分海关船钞仍以银两征收。[⑨] 这种情形下，火耗的征收恐难以免除。

此外，汇费支出也不可忽视。汇费是海关税收从各个分关分卡运至总关、从总关运至北京等地的花费。汇解税饷的汇费支出对各海关而言均不可少，这项开支一般从该项税款中扣除，费用和该关与京师的距离和交通条件有关。以光绪中期税饷解京的汇费而言，浙海关、江海关、芜湖关分别为 4.8%、4%、3.8%，而路程较远的闽海关、台湾关、蒙自关均为 5.3%。粤海关汇费为 4%，可能和该关税饷数额较大，可拉低运送成本有关。[⑩] 其余较近的津海关等汇费未知，但应当小于 4%。晚清的船钞都是以银两结算，且银两均由与海关监督关联的银行解送，这是导致高昂汇费的重要原因。民国时期，银行增加、竞争加剧，汇费随之降低。1935 年法币推行后，汇费进一步降低，中国银行、中央银行和交通银行规定，银行对顾客的省内汇款收取 0.05% 的汇费，跨省收取 0.1% 的汇费。[⑪] 尽管这类支出数额微小，但

---

① 《各海关华洋各税收支考核底簿》，载全国图书馆文献缩微复制中心编委会编：《国家图书馆藏清代税收税务档案史料汇编》，2008 年影印，第 6453 页。

② 《各海关华洋各税收支考核底簿》，载全国图书馆文献缩微复制中心编委会编：《国家图书馆藏清代税收税务档案史料汇编》，2008 年影印，第 6503 页。

③ 《金台夕照》，《申报》1899 年 5 月 6 日，第 2 版。

④ 《奏报湖北省江汉关宣统元年奉拨倾镕火耗银两业已解清》（1910 年），台北故宫博物院藏军机处档折件，档号：186483。

⑤ 《公电》，《申报》1914 年 4 月 11 日，第 3 版。

⑥ 《新订常关税法之施行细则》，《申报》1917 年 2 月 7 日，第 10 版。

⑦ 刘大钧：《海关税政征银圆提案》，《全国财政会议日刊》1928 年第 6 期。

⑧ 《中华民国二十一年及二十二年两会计年度财政报告》，《申报》1935 年 5 月 14 日，第 9 版。

⑨ 《船钞改征银币》。

⑩ 《各海关华洋各税收支考核底簿》，载全国图书馆文献缩微复制中心编委会编：《国家图书馆藏清代税收税务档案史料汇编》，第 6447、6457、6521、6431、6437、6481、6471 页。

⑪ 汪裕铎：《规定汇款手续费》，《交行通信》1935 年第 7 卷第 6 期。

在分析过程中仍然要有所考虑。

1935 年至七七事变前，船钞仍全数用于灯塔建设等海务事业发展，[①] 但随着抗日战争的爆发，一方面，随着部分海关的沦陷，民国政府可支配的船钞收入大量减少；另一方面，战争期间船钞是否能真正被用于改善航路条件也很难保证，这点可以从 1937 年到 1945 年间灯塔建设几乎完全陷入停滞得到证明。战后，海务部门的船钞收入获得保障，1946 年灯塔数量出现明显增长，但随着国共内战的爆发，灯塔建设再次陷入停滞。

总的来看，自 1865 年至 1948 年，由海务部门支配、主要用于航行安全设施方面的船钞占船钞总额的比重从一成增至七成，再由七成经过一系列变化最终固定为十成。尽管投入灯塔事业的船钞不断增长，且其他来源的资金并未因拨付船钞比例的提高而减少，但根据海关职员的说法，灯塔资金不足仍是海务部门面临的一种常态，甚至多次因资金不足而导致灯塔建设事业陷入停滞。一方面，随着航路标识数量的增加，维持其日常运转的薪资、修理、能源消耗等费用随之上升；另一方面，灯塔设备往往从欧洲采购，以英镑结算，汇率的波动、银价的下跌都导致资金不足的问题进一步凸显。

四、结语

通过以上梳理和分析，本文主要得到以下四个方面的认识。

一是纠正了已有研究中的一些错漏。利用《全编》原文，对《选编》中的部分翻译内容进行辨析；补入 1947 年 11 月和 1948 年 8 月、9 月的三次税率调整，形成完整的税率变化序列。本文指出，海务经费并非固定的七成船钞；船钞之外，海务部门还有其他重要的资金来源；更为关键的是，即便按比例拨付的船钞，也需要扣除相应的火耗和汇费后，才能得到海务部门实际可支配船钞数额。

二是梳理了民国时期的船钞收支制度变革过程。特别是辛亥革命前后的船钞分配情况，已有的研究均未涉及，而民国时期的船钞收支也较少有人研究。本文利用相关资料，将这一时期的船钞收支尤其是船钞分配情况进行了梳理，呈现了拨付灯塔建设的船钞比例从七成到十成的变化过程，由此可以对民国时期的船钞收支情况有更为清晰的认识。

---

① （英）魏尔特：《关税纪实》，中国海关出版社，2009 年影印，第 78 页。

三是对船钞功能和性质的认定。作为一种特殊税种或灯塔使用费，船钞的性质并非由收入源自船只吨位单方面决定，而是由其收入与支出两方面共同决定。本文认为，将船钞作为灯塔资金是1843年来自西方的推动船钞变革者的预设目标，尽管此后经历了20多年的"船钞性质未定时期"，但从1868年开始，凭借七成船钞和用于抵补三成船钞的足额补贴，船钞在实际用途上基本实现了西方人为其预设的核心功能，即真正用于灯塔事业。

四是形成了贯穿整个近代的，从船只丈量到船钞征收、从统计到分配及使用的完整链条，展示出较为完整的近代海关船钞的收支图景。

近代海关船钞的特殊价值在于，一方面，西方人最初的设想是将其作为灯塔建设资金，而在近代大部分时段里，船钞实质上正是作为灯塔等海务设施经费而存在，故船钞存在收与支的两条线索，与其他无特定用途的一般税收有所不同；另一方面，相对于那些只出现在近代某个时期的税种（如鸦片税、进出口附加税等）而言，船钞作为一种独立税种具有很强的稳定性，其征收与支出贯穿整个近代。作为近代灯塔资金的主要来源之一，收支问题的研究有利于更好地认识近代海关船钞的特色和功能。尽管船钞在近代税收中占比不高，但具有税收制度完善、功能明确、征收时段覆盖整个近代且相关统计的连续性、科学性较好等优点。这种以税收的名义长期征取、主要在税收部门内部分配、具有明确目的和功能的资金在近代关税史中有着特殊地位。对船钞收支的讨论作为近代关税研究的一条线索、反映关税历史的一个面向，具有其他税种难以替代的作用，对近代关税史乃至税收史研究的深入和完善都具有弥足珍贵的意义。

历史经济地理专题

历史空间数据可视化与经济史研究

——以近代中国粮食市场为例[*]

王　哲^{**}

内容提要： 本文阐述了历史空间数据的可视化方法在历史研究特别是经济史中使用的发展脉络，探讨了未来经济史研究领域利用可视化手段的可能性。从清代南方粮价空间分布和粮食运销网络两个方面进行清代粮食市场的可视化研究，分析得到清代南方地区米价从东到西的四个空间梯度。并根据旧海关统计中的"多种粮食"贸易源汇数据，在分析其空间属性基础上定量重建了 20 世纪 30 年代的粮食贸易网络。本文认为可视化能够在原始史料"二次整理"过程中发挥较大的作用，在学科交叉和融合方面有着很好的学术前景。

关键词： GIS　可视化　大数据　近代粮价　经济史

历史学是否可以采取"大数据"研究方法似乎尚未形成定论，但在最后结论达成之前，历史研究中的数据目前已经拥有进行可视化（Visualization）研究的巨大潜力。[①] 在任何一个历史研究分支中，一项研究如果占有、产生或挖掘了大量历史

* 本文系教育部人文社会科学研究青年基金项目"近代中国贸易网络的研究——以旧海关源汇数据为中心的分析（1873—1942）"（项目号：13YJC770051）和国家自然科学基金青年项目"近代中国城市体系研究——基于旧海关埠际贸易和子口税贸易 OD 数据的分析（1859—1947）"（项目号：41401149）阶段性成果之一。感谢南开大学王玉茹教授和山西大学晋商学研究所的罗畅在粮价数据方面提供的帮助，同时感谢南开大学历史学院刘煦、王希、江潘婷和蔡慧静四位同学在海关数据输入方面的工作。

** 王哲，上海财经大学城市与区域科学学院助理研究员，中国史博士，经济学博士后，主要从事历史经济地理方向的研究。

① 目前来看，历史研究中所获得的数据，还无法完全符合"大数据"的严格定义，在数据量、数据的实时性和数据传播速度方面均存在较大差异，但本文主旨并不在于此，故不再赘述。

数据，但却未能以最适宜、最直观和最具表现力的方式表达出来，将在一定程度上影响其结论的表达，导致结论被曲解，甚至损害该研究的学术价值及其传播——这无疑是一种巨大的浪费，而合理审慎的数据可视化也许能在一定程度上帮助更深刻结论的达成和学术成果的跨领域交流。

一、历史数据可视化的发展历程

（一）萌芽时期

学界对于历史数据可视化何时登上历史舞台，并没有形成一个客观公认的时间节点。19 世纪上半叶，出现了一位关键性的开创者——普莱费尔（William Playfair），他被认为是柱状图（bar chart）和饼图（pie chart）的发明者，[1] 奠定了数据可视化的一些基本规则和方法。[2]

19 世纪后半期被称为历史数据可视化的黄金时期，此时可视化赖以快速发展的若干条件均已在欧洲得以建立，比如各国的统计部门开始建立，工业、商业和运输业的数字管理信息也越发多了起来，统计思想也在拉普拉斯（Pierre-Simon Laplace）、高斯（Johann Carl Friedrich Gauss）等数学家的推动下进入社会领域。总体来看，可视化的兴起是一个缓慢而渐进的过程。

尽管如此，还是有一些标志性事件值得铭记。最为著名的是斯诺（John Snow）在 1854 年伦敦苏豪区宽街的霍乱平息中发挥的关键性作用。在斯诺的创造性工作之前，对于霍乱是如何传播的，学界并未完全确定。斯诺将霍乱死亡病例的居住地，标注在一幅地图上，发现了其空间分布围绕着一个居民取水点（图 1 中的 PUMP）——那么霍乱的传播手段自然就不言而喻了。这一发现使得斯诺对流行病学有了开创性的贡献，并成为其奠基人之一。[3]

这种数据可视化的研究方式过于超前，那个时代的大部分人认为鞣制皮革和制皂过程产生的恶臭导致了这场霍乱。斯诺提出的霍乱传播成因迥异于大众观点，因

---

① Ian Spence, "No Humble Pie: The Origins and Usage of a Statistical Chart", *Journal of Educational and Behavioral Statistics*, Vol.30, No.4 , 2005, pp. 353-368.

② Patricia Costigan-Eaves, Michael Macdonald-Ross, "William Playfair（1759-1823）", *Statistical Science*, Vol.5, No.3 , 1990, pp.318-326.

③ Paul Fine, et al. , "John Snow's Legacy: Epidemiology without Borders", *Lancet*, Vol.381, No.9874, Apr. 2013, pp.1302-1311.

此受到了广泛质疑。比如有的评论说："他有展示任何实际的证据吗？没有！"[①]1855年，其自费出版的著作《霍乱的传播模式》(*The Mode of Communication of Cholera*)，刊登了那个当时毫不起眼，但现在享誉世界的历史死亡信息可视化地图（图1），可惜这本书仅仅卖出去 56 本，堪称惨淡。

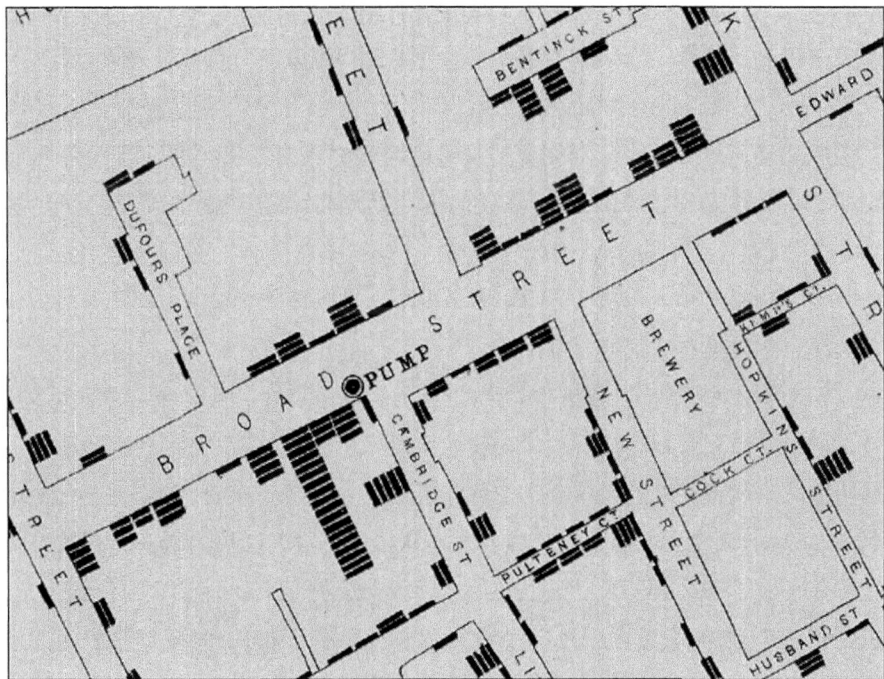

图 1　1853 年苏豪区霍乱死亡街区图

资料来源：Paul Fine, et al. , "John Snow's Legacy: Epidemiology without Borders", *Lancet*, Vol.381, No.9874 ,2013, pp.1302-1311.

1858 年，斯诺不幸死于中风，年仅 45 岁。医学领域最为著名的杂志《柳叶刀》(*Lancet*) 在 1858 年 6 月 16 日，发布了一条非常简短甚至有些讽刺意味的讣告："16 号中午，约翰·斯诺博士，这位著名医师在他萨克维尔街的家中中风去世，其在氯仿和其他麻醉学方面的研究广受同侪赞誉。"讣告全文一字未提其在霍乱研究中的巨大贡献。[②]

伟大的研究不会永远被埋没，斯诺的研究价值，尤其是其将简单的死亡信息

---

① Sandra Hempel, "Obituary: John Snow", *Lancet*, Vol.381, No.9874 ,2013, pp.1269-1270.

② Stephanie Snow, "John Snow: The Making of a Hero", *Lancet*; Vol.372, No.9632 ,2008, p.22.

空间可视化的特殊研究手段，最终收获了公正的评价。《柳叶刀》杂志在斯诺诞辰200周年的2013年4月13号，隆重刊发了足足两个版面的讣告，算是对斯诺先生职业生涯所承受的不公的一种道歉和补偿。讣告检讨了以前的偏见，并刊出了斯诺另外一幅有价值的地图作品——《伦敦多个水厂供水区域地图（1854–1855）》，显示了若干水厂的供水区域及其交叉区域的空间分布，当然，这种分布与霍乱导致的死亡密不可分。这样一个延续了200年的公案也许可以部分回答那个经常会被问到的问题——"数据可视化到底有什么用"？

除此之外，另外一个广受赞誉的划时代的历史数据可视化作品是1869年法国路桥工程师密纳德（Charles Joseph Minard）绘制的一幅历史军事地图（更精确的应该称之为信息图 Infographics）——拿破仑1812—1813年东征俄国地图。密纳德是较为专业的制图师，产量较之斯诺要多得多。他制作了大量的可视化作品，而其中最为优秀的就是图2的这幅东征图。[1]

这幅地图之所以著名，在于其简约、优美和构思理性，以极少的线条表达了极为丰富的历史内涵。如图2所示，浅灰色线条代表东征之路，黑色代表战败后从莫斯科折返之后的退兵之路，线条的粗细代表军队的规模，也就是兵员的数量（1毫米代表1万人）。由图2可见，拿破仑大军从俄国、波兰边境的聂门河开始进军时的42万余人，兵败如山倒，折返之后的败军再次经过聂门河时，军力仅剩1万人，也就是说差不多40余万士兵在这次冰雪之旅中丢掉了性命。这幅地图的阅读者能够强烈感受到力透纸背的战争残酷性。沿途的著名河流和城市均标注清楚，同时在图2的下半部，标注了败军沿途的温度，这暗示了天气是这场战争胜负天平的重要推手。值得注意的是，这幅图绘制于战争结束半个世纪之后的1869年，在那个年代，在二维地图上能够巧妙安排，将多种信息杂糅一体实属不易。在这个线条简约的地图里，起码包含了以下几个方面的信息：部队规模、部队在二维平面上的实时位置、重要城市和河流、部队行进方向、败退之路上的沿途温度。即使以今天的标准来衡量，也是石破天惊的天才之作。

---

[1] "The Graphic Works of Charles Joseph Minard", http://www.datavis.ca/gallery/minbib.php, November,13,2016.

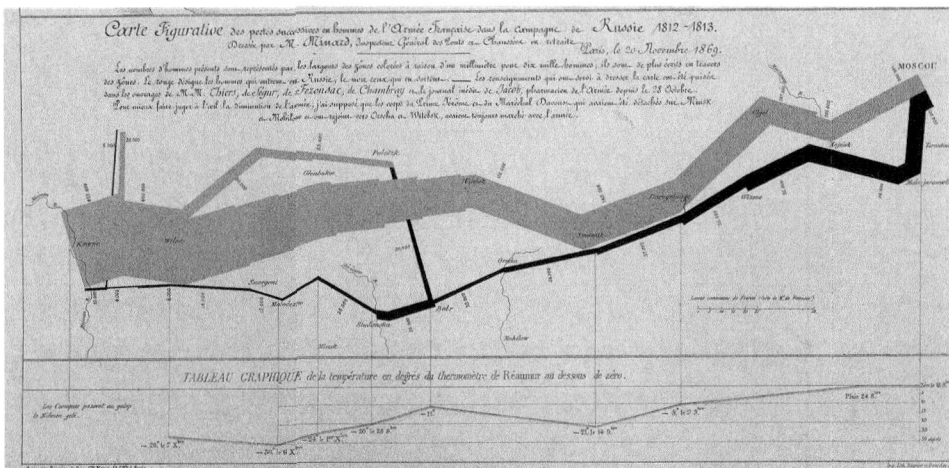

图 2　拿破仑东征俄国人员损失图（1812—1813）

资料来源：http://patrimoine.enpc.fr/document/ENPC01_Fol_10975?image=54#bibnum，November,13,2016.

　　这幅地图是一种特殊类型的可视化作品之滥觞，一般称之为"时空叙事性图表（Narrative Graphics of Space and Time）"。[①]这种类型可视化作品，尤其适用于历史研究，因为历史学在本质上，研究的就是叙事—时间—空间的三位一体。

　　在可视化作品不断生产的过程中，一些基本的原则成为共识。比如，在作品中，要使用尽量少的"笔墨"来绘制与数据无关的东西，舍去细枝末节，"除了数据一概不要"。甚至有人提出了"Data ink ratio"原则，笔者姑且译作"数据墨水比例"，指的是跟数据有关的"墨水"占据作品耗费所有"墨水"的比例。[②]

　　在此之后的可视化作品，都深刻受到上述作品的影响，但是因为技术手段并未取得革命性的进步，可视化的水平也一直停滞不前。

（二）快速发展阶段

　　计算机技术大规模使用之前，数据可视化是手工制作的、零星的、过于精英的和花费昂贵的。尽管有大量的可视化作品出现，人们更倾向于将其视为艺术而不是

――――――――

　　[①]　Edward R. Tufte, *The Visual Display of Quantitative Information*. Cheshire: Graphics Press, 2001, p.40.

　　[②]　Data-ink ratio＝（data-ink）/（total ink used to print the graphic）；Edward R. Tufte, *The Visual Display of Quantitative Information*. Cheshire: Graphics Press, 2001, p93.

科学研究的方式，自然未能深刻影响学术界的研究方法。数据可视化真正进入学界，并深刻影响学者的研究方式，还要等到计算机技术的普及以及个人电脑价格的大幅降低之后。

1987 年，美国国家科学基金（NSF）在一份关于优先支持科学计算可视化的报告中，将可视化定义为"是一种将抽象符号转化为几何图形的计算方法，以便研究者能够观察其模拟和计算的过程和结果"。[①] 换句话说，可视化的本质是将抽象的数据，以几何图形的方式呈现出来，使得科学研究的主体——人，以其最为擅长的观察世界的方式——目视判读来进行更深入的观察和分析。可视化并不是最终目的，而是研究过程的一种辅助手段，当然，历史数据的可视化也仅是历史研究的一种辅助手段。

众所周知，地图的历史要比数据可视化长得多，而且应用更为广泛。现在有一种普遍的看法，将地图也视为数据可视化的一种。比如，2011 年，奥莱利公司（O'REILLY）的《数据可视化之美》在国内出版，系统介绍了数据可视化在数据挖掘过程中的重要作用。"一图胜千言"，说明了良好的数据展示和表达对于决策者的分析以及科学研究的重要性。在该书的第五章《信息映射：重新设计纽约地铁图》中，作者认为：

> 地图是已有的最基本的数据可视化的一种，我们已经有几千年的地图制作历史。然而，我们并没有把地图作为理解复杂系统的一种工具并加以完善。[②]

数字历史和历史数据可视化的工作方兴未艾，[③] 但是具体到中国历史中产生的历史数据的可视化，地理学者似乎做的工作更多一些。[④]

如果可视化的对象是空间数据，这种可视化某种意义上可以被视为地图学（Cartography）。换言之，在一定意义上，地理空间数据可视化可以被看作是数字时

---

① B.H. McCormick, "Visualization in scientific computing", *ACM SIGBIO Newsletter*, Vol.10, No.1,1988, pp.15-21.

② （美）斯蒂尔·伊利斯基等著，祝洪凯、李妹芳译：《数据可视化之美——通过专家的眼光洞察数据》，机械工业出版社，2011 年，第 70 页。

③ 牟振宇：《数字历史的兴起：西方史学中的书写新趋势》，《史学理论研究》2015 年第 3 期。

④ 王加胜等：《南沙群岛历史事件时空演化的可视化表达》，《地理科学》2015 年第 5 期。王占刚等：《历史事件时空过程描述及其可视化研究》，《计算机工程》2014 年第 11 期；谢丽：《民国时期和田河流域洛浦垦区垦荒、摞荒地的空间分布格局——基于历史资料的信息可视化重建》，《地理学报》2013 年第 68 卷第 2 期。

代的地图学。更进一步，如果可视化的对象是历史时期的空间数据，则可称之为某种方式的历史地图制作。因此，历史数据可视化跟历史地理信息系统（HGIS）具有很高的重叠度。

在某些方面，地理信息系统（GIS）较容易完成此种特殊类型——历史空间数据的可视化。过去的二三十年，地理信息系统作为一种工具"侵入"或者"被吸纳入"社会科学的趋势已经非常明显，在流行病学、新闻传播研究、分子人类学以及宗教研究等领域发挥了非常大的作用，得到了常规手段难以获得的结果。尽管中国GIS的产业规模、GIS本身的研究水平都已经进入世界最发达的国家行列，但在国内历史学界，GIS手段的使用尚在积极探索的过程中。

在历史学分支中，经济史是最适合使用GIS的领域，原因无它，二者都以数据为基础。经济史是最倾向于定量研究的历史学分支，近代经济史则是经济史中数据最为丰富的组成部分，二者早就应该拥抱彼此。但由于学科分类更近的关系，历史地理学捷足先登，比经济史更早接触GIS和可视化。

如今，历史地理学界大规模使用GIS已经有十余年的历史。潘威等人在回顾GIS进入历史地理学研究的历程时指出，历史地理学使用GIS的深度和广度尚很欠缺，这一现象已成为历史地理学界之共识。但最近十年来，历史地理学已经开始了具有自己特色的信息化和数字化之路。在历史地理学界，满志敏在历史气候和历史地貌方面的研究是开端。此后，经多位学者不断深入，现今已经遍地开花结果。[1]中国历史时期人口统计资料较为丰富，留有长时段人口数据，侯杨方和路伟东的中国人口历史地理信息系统（CPGIS），拥有近现代多个时间截面的数据。[2]

除此之外，也有学者进行区域性的研究。如王均、陈向东和宇文仲基于GIS数据处理技术，对清代陕西省内的县级政区数字化建库，并链接历史文献中的县级人口、耕地等专题数据，进行了人口分布与人口密度、耕地分布与垦殖密度等方面的数据分析和制图。[3]与之类似的还有初建朋、侯甬坚、陈刚的研究。[4]这类小区域的人口研究基础——底图以及人口数据都是较易获得的。河南大学的史磊等，以梁

---

[1] 潘威等：《GIS进入历史地理学10年回顾》，《中国历史地理论丛》2012年第1期。

[2] 中国人口地理信息系统：http://cpgis.fudan.edu.cn/cpgis/default.asp，2016年11月13日。

[3] 王均等：《历史地理数据的GIS应用处理——以清时期的陕西为例》，《地球信息科学》2003年第1期。

[4] 初建朋、侯甬坚：《基于GIS技术建立明清时期山西省人口耕地资料数据库》，《唐山师范学院学报》2004年第2期；陈刚：《超媒体地理信息技术在六朝建康历史地理研究中的应用刍议》，《南京晓庄学院学报》2004年第3期；

方仲《中国历代户口、田地、田赋统计》为基础,以历史行政区域为基本单元,在GIS 软件中设计历史数据库,实现对历史地理文献数据的计算机管理和可视化制图并进行历史数据的空间分析,以辅助相关历史地理研究。[①] 这其实蕴含着一种逻辑的必然性,那就是几乎所有的 GIS 都会不同程度地将历史数据可视化作为其成果。

城市史在 GIS 使用方面的切入点较多。中研院史语所的范毅军教授,自其专著《传统市镇与区域发展——明清太湖以东地区为例(1551—1861)》的城镇研究开始,就非常注重以精美的可视化成果——地图展示商路和市镇分布(苏州、松江以及太仓二府一州地区出现的 928 个市镇),在这方面他是先行者。[②] 后来,他开始系统地建立台湾的历史地理信息系统(或地理资讯系统),[③] 并有大量的理论性论述发表。[④]

经济史学界使用 GIS 进行历史数据可视化的时间不长,却早已夯实可视化研究的基础工作,对于计算机技术的关注也是远早于历史学界同仁的。最迟在 1991年,《经济史评论》(*The Economic History Review*)就已经开始对每年最新的信息技术进展对经济学和社会科学的贡献进行回顾。此时,编辑人员已经敏锐地认识到新的技术手段对研究方式的巨大改变。但是,当时的技术条件还是较为落后的。1986 年,历史与计算协会(Association for History and Computing,AHC)成立,这个机构成为欧洲最为重要的进行历史统计或曰历史计算交流的平台。针对 1991年研究的回顾文章将主要的篇幅放在数据库管理系统(DBMS)方面。DBMS 在当时刚刚从军用转到民用,因此学界对其热情很高。文章也介绍了另外两种系统(dBASE 和 Open Access III),分析了其在处理数据方面的异同点和各自的优劣。[⑤]此后若干年,一直到 1996 年,都有类似的综述性文章出现。1997 年的一篇综述第一次提到了万维网以及地理信息系统,但并未进行深入介绍。毕竟当时二者均属于初创阶段,本身的发展尚未成熟,对其他学科的帮助也有限。[⑥] 此时的 IT 技术,

---

① 史磊、孔云峰、焦中辉:《基于 GIS 的历史地理数据的管理与可视化——以〈中国历代户口、田地、田赋统计〉一书为例》,《湘潭师范学院学报》2008 年第 2 期。

② 参见范毅军:《传统市镇与区域发展——明清太湖以东地区为例(1551—1861)》,联经出版事业股份有限公司,2005 年。

③ 如台湾历史文化地图,http://thcts.ascc.net/,2016 年 11 月 13 日。

④ 范毅军:《试论地理信息系统在历史研究上的应用》,《古今论衡》1999 年第 2 期;范毅军、廖泫铭:《历史地理资讯系统建立与发展》,《地理资讯系统季刊》2008 年第 2 卷第 1 期。

⑤ Jean Colson, et al., "Annual Review of Information Technology Developments for Economic and Social Historians", *The Economic History Review*, Vol. 48, No.2, 1995, pp.370-395.

⑥ James E. Everett, "Annual Review of Information Technology Developments for Economic and Social Historians,1996", *The Economic History Review*, Vol.50, No.3, 1997, pp. 543-555.

对历史学和经济史学的帮助，停留在"纸和笔"的阶段。也就是说，IT 技术此时仅仅是异化了的纸笔，只能作为一种记录载体或者可视化工具存在，制图是当时计算机重要的功能，其计算功能还非常弱，更遑论分析了。

二、可视化在经济史中的使用

目前的经济史研究领域，如下两种方式利用可视化是最为常见的：

第一种类型，以 GIS 软件输出佐证性或示意性图鉴，作为背景介绍或开篇明义或延伸讨论。比如，对 1350 年以前欧洲北部粮食运销的研究。[①] 作为研究商品在多个国家的港口之间远距离运输的论文，有一个示意性的地图是必不可少的。

又如著名城市史学家安克强（Christian Henriot）的一篇文章，研究的是上海市区内工业分布如何受到中日战争影响。[②] 美租界主要包括黄浦江以北的杨浦区，英法租界在黄浦江以西、苏州河以南，而大的工厂基本都分布在黄浦江两岸，而不是租界内部。1937 年开战后，苏州河以北的闸北区域被密集轰炸，1938 年之后得到快速恢复，1939 年各个工业分支均恢复到了战前水平。文章力图分析空间因素（以及背后的欧美日中不同管理者）在这种超速恢复中的作用。这篇文章是非常具有代表性的：GIS 在大部分情况下，是作为一种"作图工具"出现在经济史研究领域。这样的示意图或者地图，是众多描述性史料的可视化，具有较大的表现力和直观性，也被称之为"可视化叙述（Visual Narratives）"。类似的研究还有比利时鲁汶大学建筑系布洛克（Greet De Block）以及美国新罕布什尔大学历史系的波拉斯基（Janet Polasky）两位学者对比利时 19 世纪晚期的轻轨和城乡交通联系的研究。[③] 比利时的基础建设（铁路和轻轨）对比利时的工业发展非常重要，将乡村和工厂便捷地联系起来，使得乡村的农民可以快捷地进入工厂工作而不用住在城市，在 19 世纪就实现了"离土不离乡"的现代梦想。尽管轻轨对乡村景观有极大的破坏，很多学者都对其有不好的评价，但是其对比利时城市化的进程是极为关键的。国内学者在粮价

① Nils Hybel, "The Grain Trade in Northern Europe before 1350", *The Economic History Review*, Vol.55, No.2, 2002, pp. 219-247.

② Christian Henriot, "Regeneration and Mobility: The Spatial Dynamics of Industries in Wartime Shanghai", *Journal of Historical Geography*, Vol.38, No.2, 2012, pp. 167-180.

③ Greet De Block, Janet Polasky, "Light Railways and the Rural-Urban Continuum: Technology, Space and Society in Late Nineteenth-Century Belgium", *Journal of Historical Geography*. Vol.37, No.7, 2011, pp. 312-328.

方面进行了这方面的尝试，如彭凯翔对 18 世纪中期的粮食价格进行了空间分布的研究，获得了"等价格"梯度分布图，发现了两块具有持久性的"价格高地"。[①]

第二种类型，文章的最主要结论由 GIS 软件或者系统获得。在这个方面，经济学者其实走在了历史学者的前面。[②]这就是经济史学界 GIS 技术的利用现状。经济史研究领域，新方法和新的技术手段的运用层出不穷，是一个较为活跃的学术增长点。[③]因为 GIS 手段的特殊性，学者较多采用建立网站的方式进行 Web 发布，较之以往的研究成果以学术期刊、学术专著发布的方式有所不同。[④]

有一个问题是必须回答的，那就是历史数据的可视化跟数字历史（Digital History）、数字人文（Digital Humanities）、空间历史（Spatial History）到底是个什么样的逻辑关系？毫无疑问，可视化要比上述三个概念狭窄和简单，更偏向于工作流程"后端"的研究领域或者研究方法。换句话说，数字历史、数字人文都必然包含整理原始史料、整理原始历史数据的过程，而一旦这些数据在得到妥善的整理，特别是建立了某种数据库之后，历史数据可视化仅仅是其可以选择的处理方式之一。换句话说，如果把数字历史的工作流程视为三个步骤：收集史料——整理史料——展示（研究）史料的话，可视化仅仅出现在第三步或者第二步。

空间历史则跟数据可视化较为紧密相关，几乎所有的空间历史项目的最终结果都是某个专题历史数据的可视化，而且其发布方式一般以 Web 发布为主，或以地图的方式，或以信息图的方式（infographic），比如最为著名的斯坦福大学的空间历史计划（The Spatial History Project）。[⑤]

对历史数据的可视化是数据导向型的，某种类型的数据则需要相应类型的可视化方式。

第一类，时间序列的历史数据可视化，是传统最为深厚的可视化，从可视化的先驱者普莱费尔开始，在时间轴上做文章就是可视化的必修课了。计算机工具从最

---

① 彭凯翔：《从交易到市场：传统中国民间经济脉络试探》，浙江大学出版社，2015 年，第132—133 页。

② James Kai-sing Kuang, Chicheng Ma, "Can Cultural Norms Reduce Conflicts? Confucianism and Peasant Rebellions in Qing China", *Journal of Development Economics*, Vol.111, 2014, pp.132-149. 李楠：《铁路发展与移民研究——来自 1891—1935 年中国东北的自然实验证据》，《中国人口科学》2010 年第 4 期。

③ 王玉茹、张玮：《国际经济史学研究的新趋向——从第十五届世界经济史大会谈起》，《山东大学学报》2010 年第 2 期。

④ "The Historical GIS Research Network", http://www.hgis.org.uk/resources.htm#map_servers, November,13,2016.

⑤ http://web.stanford.edu/group/spatialhistory/cgi-bin/site/index.php, November,13,2016.

为传统的微软 Excel 开始，到 Tableau、SPSS、SAS 或者 R，均在此方面功力深厚。这方面的可视化几乎贯穿所有以定量为基础的学科，在此不再赘述。

第二类，有空间属性的历史数据可视化，如前所述，可以将其视为制图学的分支，进入信息时代则跟历史地理信息系统密不可分。ArcGIS、MapInfo Pro、QGIS 等 GIS 工具自不待言，甚至连 Tableau 这类专业可视化工具也纷纷加强了自己的地理信息处理能力。更有甚者，作为科学研究者最常用的生产力工具——微软 Office，也在 Excel 2016 配置了原生 GIS 模块"三维地图（Power Map）"，用以在获知数据的地理空间属性的前提下（比如邮编或者经纬度），很方便地在 Excel 中生成专题地图，而不需要专业的 GIS 软件。Excel 2013 版本也可以自行安装插件 Power Map Preview for Excel 2013。[①]

第三类，除了时间序列数据和空间数据，还有一种关系型的数据类型，也就是社会网络分析型（Social Networks Analysis，SNA）数据，这种类型的数据自古有之，但对其大规模的可视化依靠的是现代社交网络的发展，比如 Twitter、微博、微信等产生的人际沟通海量数据及由其所建立起来的虚拟网络。对这样的新类型的数据，有了新的研究工具和路径。历史学者可以借助于这业已成熟的研究路径、指标体系和分析工具（如 Gephi、Pajek、Tulip 等），进行这方面的尝试，比如哈佛大学和北京大学等机构所建设的中国历代人物传记资料库（China Biographical Database Project，CBDB）的数据就是一个典型的形式。当然，这样的方法不仅仅可以分析社会网络，如果把社会网络的主体看作是城市、港口、机构（比如邮政网点），把互相之间的贸易联系、邮件联系、金融流联系作为另一个角度的"人际关系互动"，然后使用类似的分析软件进行研究，也是一种有趣的研究路径。从某种角度来考虑，关系型数据跟空间数据在某些领域是重合的。

还有一个方法论上的问题值得讨论，就是如何解决在历史研究中经常遇到的数据缺失问题。换句话说，就是能否和如何使用空间插值。在经典统计中，一般假定观测值是独立的，也就是说观测值间不存在相关性。在地统计中，使用空间位置的相关信息可以计算观测值间的距离并将自相关建模为距离的函数。空间插值一般可分为两类——确定性方法和地统计方法。本文并未对粮价数据采取 ArcGIS 中常用的空间插值方法，如克里金法（克里金法算是一种行之有效的建构连续表面的方式，在地理学中有大量的应用）。

---

① https://www.microsoft.com/en-us/download/details.aspx?id=38395，November,13,2016.

但通常情况下，经济史研究中是不会轻易尝试进行任何插值的。有一个笔者自己总结的规律——我们"不生产数据，只做数据的搬运工"。为什么呢？因为近代经济数据所产生的微观环境或者叫"下垫面"非常复杂。

比如，下一节我们在处理粮价的空间分布的时候，无论是采用反距离加权法（IDW），还是采用克里金法，都会遇到以下几个问题：

第一个问题，统计的最小单元——府州统计项目的差异化。北方，直隶省（保定府）统计的是粟米、高粱、糜子、小麦、黑豆、上米、上粟米、中粟米、大米；山东省（兖州府）统计的则是高粱、黑豆、黄豆、粟谷、粟米、大米；山西省（泽州府）统计的是高粱、荞麦、粟米、豌豆；仅就这北方三省来看，似乎仅有粟米是可以作为一个统一指标来看待的。南方统计则更为凌乱复杂一些，比如，湖北省（汉阳府）统计的是上米、中米、下米、大麦、小麦、黄豆、粟米；浙江省（杭州府）为籼米、细籼、晚米、细晚米、大麦、小麦、黄豆、上米、稄米；广东省（惠州府）则为上米、中米、下米、大麦、小麦、黄豆、绿豆、黑豆。南方各省差异极大，最为麻烦的是一省内部各府统计的作物种类也有较大的不同。这就决定了我们能够使用的数据非常有限，看似海量的粮价数据被"清洗"成了一个很小的简单数据库，某个年份某个月份全国的数据量可用数维持在几百个左右，也就是下面我们将要讨论的。

第二个问题，粮价数据量过少。清代粮价数据库的总体数据量很大，貌似不存在数据量不够的问题，但是具体来看，某年某个府州的中米价格，其本质上是以一个市场抽样数据代表了一个行政区划，也就是一个"面"的均值，而且，"面"的面积差异极大——府州的面积从几万平方公里到十万公里不等。我们试图采用克里金法来插值，以近代浙江省（十一个府十万平方公里左右）为例，若有一个府的粮价缺失，那么就需要用其他十个值（十个府）的粮价，来确定一个府的价格，那么这样看起来数据样本有些过少了，结果堪忧，有可能误差极大。如果考虑到浙江省十一个府的样本过少而试图扩大样本量，那么是扩大到全国所有的府州合适，还是扩大到浙江省所属的某个施坚雅定义的地文区合适，还是扩大到冀朝鼎定义的某个基本经济区合适，这是一个棘手的问题。

第三个问题，粮价产生"下垫面"的复杂性。克里金法的本质，是用经纬度 xy 值来确定随机的自相关误差项 ε（s）（s 代表了空间位置）。这样的方式在"下垫面"较为均质的条件下还算合适，但是粮价对于"下垫面"自然地理特征过于敏感，比如海拔、坡度或者分水岭的分布。即使是距离非常近的两个府州，也有可能因为分属于不同的小流域而粮价根本就毫不相关。

所以，与自然科学中常见的气温插值、臭氧浓度插值等问题不同，粮价数据的插值会遇到上述几个问题，迫使研究者只能精心选择那些有代表性省份的代表性年份、月份进行研究，本文也是这么做的。

下面，本文用一个小例子说明，数据可视化如何将经济史研究更臻于定量化和可视化。清代粮食价格数据是史学界目前能够掌握的最好的系统经济数据之一，从全汉昇、王业键开始就对此数据进行深入的分析。进入信息化时代以来，我们掌握了他们那个时代未曾有过的它源数据——近代海关数据和可视化手段，我们试图在前人工作的基础之上，贡献我们的一点微小力量。

我们主要从近代粮价的空间分布和近代粮食贸易网络两个方面进行近代粮食市场的可视化研究。粮价方面，本文将选择一种空间分布较为广泛的标志物（中米），分析其在中观尺度上的空间分布状况以及这种空间分布在时间上的变化过程，彻底分析清楚长江以南地区——这个被学界认为市场整合程度较高的区域，其粮食价格到底呈现何种分布态势。这只是一个基本史实的厘清，并不打算加以过多的分析讨论。基本史实清楚之后，研究者自然会考虑下一个问题，这种区域的不均衡必然导致粮食的长途运输，从而形成一个粮食贸易网络。为了定量地刻画粮食贸易网络，我们为此建立一个小小的工作数据库，夯实近代中国大城市间粮食贸易 OD 数据流，同时利用技术手段，重建一个基于海关数据的粮食贸易网络，为其他贸易的研究提供一个模板或者例子。上述二者在空间上呈奇妙的耦合关系，粮价空间分布的不均衡，乃产生粮食长途运输的根本原因，而粮食的贩运则平抑了粮价的不均衡。

三、为何要对清代粮价进行可视化分析

近代以来，清代粮价资料一直受到学界重视，先后有多位学者进行了系统性的整理。早在 20 世纪 30 年代，汤象龙先生就整理了诸多清宫财政经济档案，于1992 年出版了《中国近代海关税收与分配统计（1861—1910）》（中华书局）。除此之外，汤先生领导了多项基础性的、极为重要的整理工作，其中之一便是粮价报告。这部分档案经系统整理后，由广西师范大学在 2009 年出版。[①] 由于众所周知的原因，清宫档案一部分藏于台北故宫博物院，这部分的粮价档案由王业键领衔的团队整理。但王业键先生的工作不止于此，他将上述来源的粮价数据汇总并建立数

---

① 参见中国社会科学院经济研究所编：《清代道光至宣统间粮价表》，广西师范大学出版社，2009 年。

据库发布在互联网上——清代粮价资料库,为其他学者使用提供了极大的便利。[①]
此后谢美娥等均在此方面有所建树。[②]陈计尧与王业键合著的《两次世界大战之间
中国粮食贸易网络,1918—1936》,更是在"重建"国内粮食网络贸易方面令人印
象深刻。[③]陈、王二位先生研究的数据基础,仍旧是蔡谦、郑友揆、韩启桐等学者
根据海关出版物和档案而二次发掘的数据,该文所重建的贸易网络,并非根据定量
的源汇数据矩阵绘制。从该文后所附的表格可见,粮食贸易网络乃由半定量的他人
文献综述所得。这是近代国内商品流通研究中一个绕不过去的困难——除了海关资
料,其他来源的数据统计实在乏善可陈,且不成系统,而尤以后者更为致命。因
此,该文在处理收集到的粮食贸易网络数据的时候,只能采取手绘的方式,绘制了
一幅稍显杂乱的示意图,见图3。

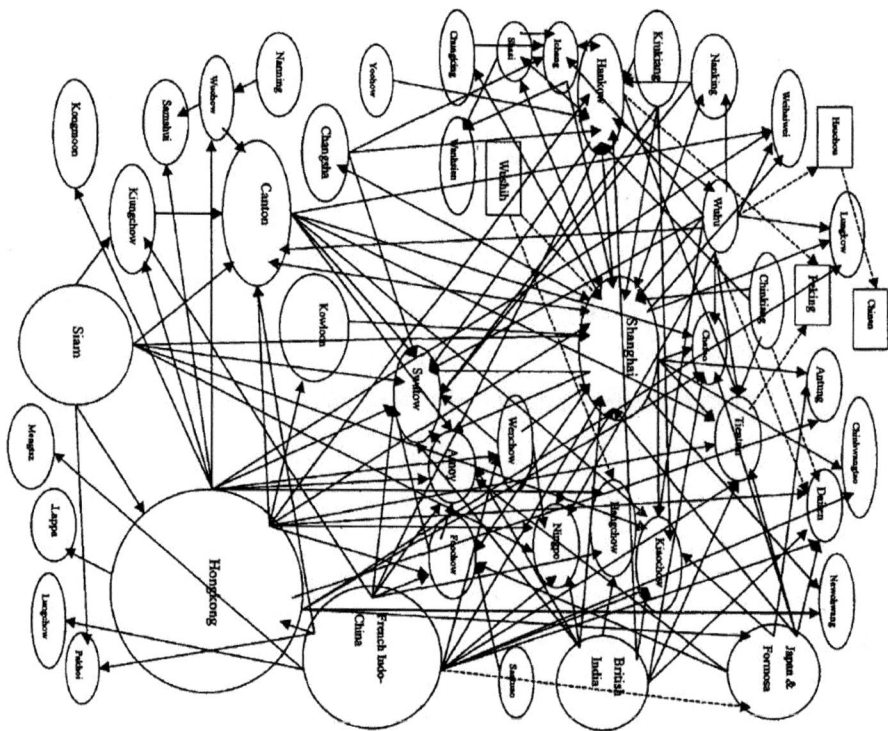

图3 1919—1936 年中国大米面粉运输网络

---

① 清代粮价资料库,http://140.109.152.38/DBIntro.asp,2017 年 6 月 6 日。

② 谢美娥:《清代台湾米价研究》,稻乡出版社,2008 年,第 101 页。

③ 陈计尧、王业键:《两次世界大战之间中国粮食贸易网络,1918—1936》,《中央研究院近代史研究所集刊》2003 年第 39 期。

初见上图，不免为前人学者在史料搜集方面所做的艰苦卓绝工作而叹服，在资料的占有方面已经达到了几乎完美的地步，但是客观而言，图3乃是半定量的研究（箭头粗细一样），是从多种他源文献中获得的，在数据精度的一致性方面有所欠缺。而且此图绘制稍显凌乱，没有充分体现出作者基础工作的深度。

确定粮价数据的质量问题是进行深入讨论分析的首要问题。王玉茹和罗畅在粮价数据资料的使用和数据质量方面进行了深入研究。[①] 研究表明，乾隆朝的粮价数据质量高于嘉庆和道光两朝，嘉庆和道光之数据质量又高于咸丰、同治、光绪和宣统四朝，显然，粮食价格的数据质量是愈往后期愈低的。

本文选择南方"米"为标志作物，但各地略有差别：在南方诸省中，大部分省份，如湖北每一个月份有上米、中米、下米的多个价格。有的省份如安徽仅有中米价格。浙江不以上米、中米和下米统计价格，而是晚米、籼米、细晚米和细籼米。江浙市场上流通的大米，有粳米、糯米和籼（秈）米三大类。糯米流通量较少，多为酿酒所用。粳米的黏性较糯米为逊，而较籼米为强，最适饭食之用，故销路最广，其价格之变动足以左右糯、籼之价格。[②] 据民国时人调查，米之品质，以糯米为最佳，粳米次之，籼米又次之。粳米之中，又分早晚二种，早者约占十分之二，晚稻其质坚硬，纹细皮薄，碾白之后，光泽细润，较早稻为佳。籼米虽成熟时间有所不同，但相差无几，故无早晚之分。[③] 由此可见，浙江统计中的晚米和细晚米实为粳米。

南方"米"的多样性给选择一个统一标志作物带来了困难，为了方便起见，本文统一选择各个省份米价最高的那一类（上米或细晚米等）作为标志物。清代粮食数据具体到每个省份差异极大，西北、东北边疆省份数据不连续，而中、东部传统农业大省的粮食数据较为连续。但每个省份数据质量较高且连续的年份又有所不同，因此选择哪几个年份作截面研究成为首要问题。经过分析，本文选择乾隆朝作为主要研究区段，辅以若干其他年份。

综上来看，尽管有众多学者都对粮价数据进行过时间序列、市场整合等方面的研究，可是还没有回答以下两个问题：粮食价格在空间上到底呈现一种怎样的分布态势？这种分布态势背后的原因可能是什么？类似的问题，比如中国历史时期人口

---

① 王玉茹、罗畅：《清代粮价数据质量研究——以长江流域为中心》，《清史研究》2013年第1期；罗畅：《两套清代粮价数据资料的比较与使用》，《近代史研究》2012年第5期。
② 社会经济调查所编：《上海米市调查》，载张研、孙燕京编：《民国史料丛刊》卷664，大象出版社，2009年，第327页。
③ 社会经济调查所编：《无锡米市调查》，载张研、孙燕京编：《民国史料丛刊》卷664，大象出版社，2009年，第369页。

在空间上的分布，就有学者如侯杨方和路伟东进行过精辟的研究。[①] 换句话说，粮价空间分布即使不是一个学术问题的答案，也是一个很有趣的近代经济史问题。而我们对其进行分析之前，首先要把它做出来。

四、基于 GIS 的清代南方粮食价格空间可视化

学界对清代粮食价格的研究基本都集中于时间序列分析上，著述丰富而深入。粮价的空间研究中，则以粮食市场的整合研究比较深入，[②] 判断市场整合与否主要是看不同区域市场间的价格波动是否具有一致性。当然，学界对于"市场整合"依旧有不同的声音，岸本美绪提出，既然一个市场拥有众多商品种类，粮食仅仅为其中之一，那么，以粮食价格是否"一物一价"的单一指标来衡量市场整合与否就值得商榷了。[③] 这样的疑问也值得思考。恕笔者浅陋，除了前述彭凯翔的研究，粮食价格的空间分布研究并不太多。本文试图使用 GIS 软件，将清代粮食价格的空间分布状况做一些分析。

（一）数据基础

本文的数据基础是王业键的粮价资料库，但是由于进行空间分析，需要 ArcGIS 的软件支持，其所需要的数据库与王业键的粮价资料库的数据结构有较大的不同，所以需要进行数据库重构。首先需要解决的是底图。清代粮价按照不同的行政区划上报，一般是以府州为单位。中国历史地理学界已经较好地解决了这个问题——CHGIS。[④] 本文使用"1820 年层数据 CHGIS V4"，其底图时间为清朝嘉庆二十五年（1820），主要使用的是其中的府级界限。在使用过程中首先要进行地图格式转换，因为 1820 年的行政区划底图是在 MapInfo 环境中使用的，必须转换为

---

① http://cpgis.fudan.edu.cn/cpgis/default.asp，2016 年 11 月 13 日。

② Carol Shiue, Wolfgang Keller, "Markets in China and Europe on the Eve of the Industrial Revolution", *The American Economic Review*, Vol.97, No.4, 2007, pp.1189-1216; Lillian Li, "Grain Prices in Zhili Province, 1736-1911: A Preliminary Study", in Thomas Rawski, Lillian Li ed., *Chinese History in Economic Perspective*. Berkeley: University of California Press, 1992, p.7; 陈春声：《清代中叶岭南区域市场的整合》，《中国经济史研究》1993 年第 2 期；冯颖杰：《"裁厘改统"与民国时期市场整合——基于上海、芜湖、天津三地粮价的探讨》，《经济学季刊》2012 年第 1 期；颜色、刘丛：《18 世纪中国南北方市场整合程度的比较——利用清代粮价数据的研究》，《经济研究》2011 年第 12 期。

③ （日）岸本美绪：《"The Price of Rice: Market Integration in Eighteenth-Century China"书评》，《中国文化研究所学报》2011 年第 53 期。

④ http://yugong.fudan.edu.cn/Ichg/Chgis_index.asp，2016 年 11 月 19 日。

ArcGIS 所能识别的格式才能添加粮价数据库。

府边界所依托的数据表表头主要结构如下（有删减）：

表 1　府边界地图的属性表（部分）

FID	NAME_PY	NAME_CH	TYPR_PY	TYPE_CH	BEG_YR	END_YR	LEV1_PY	LEV1_CH
0	Xizang	西藏			1911	1911	Xizang	西藏
1	Qinghai	青海			1911	1911	Qinghai	青海
2	Ye'erqiang	叶尔羌	Fuji	府级	1911	1911	XinJiang	新疆
3	Akesu	阿克苏	Fuji	府级	1911	1911	XinJiang	新疆
4	Wulumuqi	乌鲁木齐	Fuji	府级	1911	1911	XinJiang	新疆
...	......	......	......	......	......	......	......	......

由表 1 可以看到，"FID"字段是对于每一个"府"唯一的 id 号码，"NAME_CH"字段为府州的中文简体名，"LEV1_CH"为其所属的省份（自治区）。因为粮价统计都是以府州为单位的，因此本表的"FID"是下文将要建设的粮价数据库的索引。而需附加上的粮价数据原始数据结构较为简单，为了能够通过 GIS 手段表达出来，粮价数据库的结构改变如表 2。

表 2　粮价数据库示例（部分）

单位：银分 / 仓石

FID	NAME_PY	NAME_CH	TYPE_CH	LEV1_PY	LEV1_CH	年份 1	年份 2	月份	上米最低	上米最高
291	Tongren Fu	铜仁府	府	Guizhou	贵州	1736 年 9 月	乾隆元年	九月		
291	Tongren Fu	铜仁府	府	Guizhou	贵州	1737 年 9 月	乾隆二年	九月		
291	Tongren Fu	铜仁府	府	Guizhou	贵州	1738 年 10 月	乾隆三年	九月	92	92
291	Tongren Fu	铜仁府	府	Guizhou	贵州	1739 年 10 月	乾隆四年	九月		
...	......	......	...	......	......	......	......	......	......	......

其中，"FID"字段为与前者府边界数据表进行空间上"关联"的关键字段。而"上米最低""上米最高"为月均价格，为后期关键的属性字段。

（二）分析过程与结果

根据上米价格，可以获得不同的专题地图以表征粮食价格的空间分布。

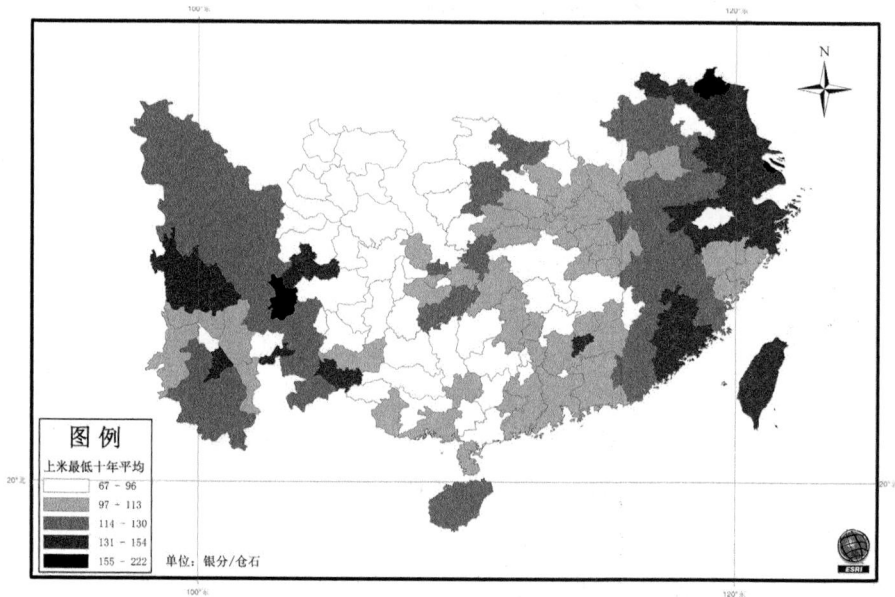

图 4　乾隆六年至十五年十年平均六月份上米月价格空间分布[①]

由图 4 可见，乾隆六年至乾隆十五年的平均状况，自西向东呈现为四个阶梯区间：以松江府、苏州府、嘉兴府、江宁府以及江北之太仓、通州等为核心的第一阶梯，向南延展到漳泉二府和海峡对岸的台湾，浙北粮价在总体上高于浙南山区；第二阶梯为紧邻第一阶梯西侧的若干府州，以安徽、湖北、湖南和江西的核心府州为核心，广东省粮价呈现多样性分布，在二三阶梯中游移；第三阶梯以广西、贵州、湖南为主体，包括四川中东部府州；第四阶梯以云南和四川西部为核心，粮食价格呈现内陆地区的高地现象，某些年份异乎寻常地高于沿海地区。

---

① 本地图使用的 1820 年府界，来自《清时期全图（一）》，载谭其骧主编：《中国历史地图集》清代，中国地图出版社，1987 年，第 3—4 页。

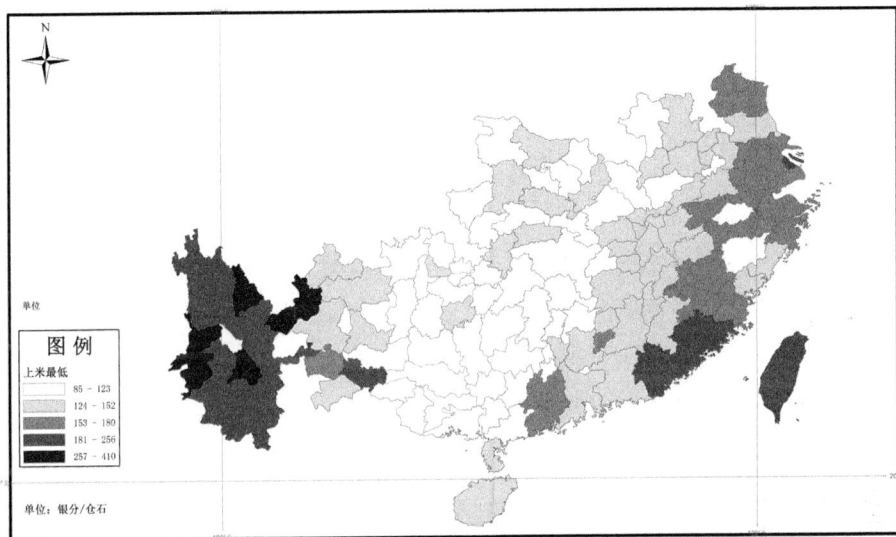

图 5　乾隆三十六年六月份上米月最低空间分布[①]

乾隆三十六年的空间分布更为明显，且四级阶梯的空间分布更为鲜明，云南省诸多府州的价格相当可观。贵州、广西、湖南三省和湖北若干府州是毫无疑问的价格洼地。广东、江西以及安徽和长三角部分地区价格适中。福建、台湾以及浙江省部分府州则又与云南类似，价格较高。

总结而言，清乾隆年间，在可信数据的时间区间内，南方米价的月价格具有强烈的空间分布四级阶梯特征。呈现此种阶梯空间分布特征的原因是长江流域存在粮食生产和消费的地域分工。据研究，长江中上游的若干省份，在清前期，每年有大量粮食运出本省供给下游消费。川粮外运在巅峰期，维持在每年百万石以上，江西在乾隆时期约为 450 万石，湖南省外运粮食更多，甚至可达 800 万石—10 00 万石，湖北、安徽也在 100 万石—200 万石。[②] 郭松义估计，长江线上，年粮食运输量大体是：四川 100 万石—150 万石，两湖 1 200 万石—1 500 万石，江西 400 万石—600 万石，安徽 50 万石—100 万石，统共 1 750 万石—2 350 万石。[③] 在米粮大量输出的时间区段，中上游省份的米粮是供大于求的，价格低于同期的下游地区是非常正常的现象。但是随着上游人口的生齿日繁，能够调剂的米粮也在清后期趋于减少。

---

① 本地图使用的 1820 年府界，来自《清时期全图（一）》，载谭其骧主编：《中国历史地图集》清代，中国地图出版社，1987 年，第 3—4 页。

② 邓亦兵：《清代前期内陆粮食运量及变化趋势——关于清代粮食运输研究之二》，《中国经济史研究》1995 年第 3 期。

③ 郭松义：《清代粮食市场和商品粮数量的估测》，《中国史研究》1991 年第 4 期。

就本文掌握的数据来看，在阶梯分布中，清代云南一直是价格"高原"，其原因较为复杂。云南是高原省份，全省以山地为主，耕地总面积和人均面积均远低于同期其他省份，而且气候、地质灾害较多，农业产量一直不高。① 同时，云南省与其他省份交通不畅，调剂粮食的渠道一直未能稳定形成，形成了一个较为独立的粮食区域市场。清代云南粮食价格一直居高不下，清朝统治者也苦于没有根治之策。② 清代云南人口扩张与可耕地发展呈反向关系：人口增长最快，而耕地面积增长却最少。自 1700 年以来，越来越多的中心区农民宁愿种植烟草和棉花等经济作物，也不愿种植稻谷等粮食作物。③ 云南粮价之高企，还有一种可能是大量移民导致的人地关系紧张。李中清认为，清政府的激励措施使超过 200 万的移民定居在西南的山区。人口与耕地面积的比例，或称为营养密度，是一个很好的指标，它显示了中国西南各地粮食供给负荷的不均衡性，云南 1825 年的平均营养密度为每平方公里耕地 375 人，甚至可达每平方公里 900 人（澂江府），如此失衡的营养密度，意味着必须有很高数额的粮食输入，才能支撑中国西南社会的发展。④

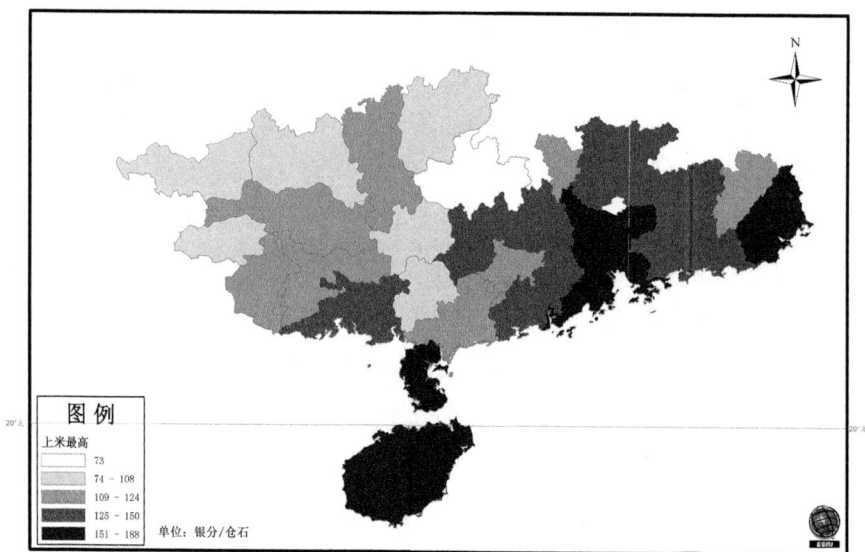

图 6　乾隆十五年两广米价空间分布 ⑤

① 张学渝、李伯川：《云南明清时期五百余年旱灾史研究》，《云南农业大学学报》2012 年第 6 期。
② 王水乔：《清代云南米价的上涨及其对策》，《云南学术探索》1996 年第 5 期。
③ （美）李中清著，秦树才、林文勋译：《清代中国西南的粮食生产》，《史学集刊》2010 年第 4 期。
④ （美）李中清著，秦树才、林文勋译：《中国西南边疆的社会经济：1250—1850》，人民出版社，2012 年，第 185—200 页。
⑤ 本地图使用的 1820 年府界，来自《清时期全图（一）》，载谭其骧主编：《中国历史地图集》清代，中国地图出版社，1987 年，第 3—4 页。

由于山脉之阻隔，虽属南方，两广地区跟长江流域其他省份不同，是一个较为典型的消费生产耦合区域。据陈春声研究，广东省人口压力较大，人地关系紧张，粮食缺口多由广西余粮所填补。[1] 其运输通道，主要依靠西江及其上游支流，多位学者研究均为每年 300 万石。陈春声分析了岭南区域市场的整合情况后发现，18 世纪广东米粮市场尽管有"整合程度越来越高的趋势"，但是本区域的米价区域差异最大可达到 102%。[2] 这说明尽管存在一个区域性的流通顺畅的市场网络，区域内价格空间差异依然是牢固存在的，二者并不矛盾。广西与广东两省具有大量的米粮贸易，同时二者地域接近，米价长期变动趋势有密切关系。珀金斯也认识到了这一点，认为广东之所以呈现出这种特点，一是因为能在 18 世纪中得到它的许多物价资料，二是因为它在商业发展的规模上处于中间地位（特别是就粮食而言）。与长江下游的商业区不同，广东在最坏的歉收季节并不能依靠长江上游的富裕粮仓，却只能退而求其次，依靠仅仅由于人口稀少而有一点点余粮的广西。另一方面，同北方也不相同，广东的大部分地方靠近海岸或其他水上运输路线，并且是中国少数能够在一年中栽种双季稻的地区。[3]

本节使用 GIS 软件，将粮价数据库中南方米价提取出来，选择了若干典型时间断面，分析得到了几幅有代表性的可视化地图，将隐藏在海量数据里面的粮食价格空间分布状况基本厘清。

粮食价格的空间分布深刻地影响了粮食的长途运输。按照常理，大宗货物的运输自然是从价格较低之地运往价高地，运抵之处价格是原产地成本、沿途运费、税费和商人利润之和，要远高于原产地。GIS 软件中可以用数字高程模型（DEM）模拟出可能的地表径流走向，那么，粮价空间分布的价格高程模型也同样应该是粮食贸易网络的自然基底。但是，粮食运销还受到社会其他要素的强烈影响，尤其是国内通行税率的高低。在子口税发达的长江流域，这里的综合运输税率是要远低于近代中国的其他地区（理论上仅有 7.5%）。因此，长江流域成为粮食运销最为繁忙的路线也是可以理解的。长江流域子口税税率低这一比较优势对近代中国贸易网络

---

① 陈春声：《18 世纪广东米价上升趋势及其原因》，《中山大学学报》1990 年第 4 期。

② 陈春声：《清代中叶岭南区域市场的整合——米价动态的数理分析》，《中国经济史研究》1993 年第 2 期。

③ （美）珀金斯著，宋海文等译，伍丹戈校：《1368—1968 年间中国农业的发展》，上海译文出版社，1984 年，第 212—213 页。

形成的影响，在笔者的另外一篇文章中进行了深入的阐述，本文不再赘述。[①]

五、中国旧海关统计的粮食网络可视化

近代国内商品流通的定量分析是中国近代经济史研究的难题，吴承明先生就曾经感叹：仅能间接估计，结果"当然很粗糙"。[②]究其原因，在于没有任何机构或组织有能力，哪怕是尝试性地对近代中国粮食流通网络进行普查分析。所有的当代学者只能借助他源数据进行间接性分析。比如陈计尧和王业键曾经对 1919—1936 年的国内粮食网络进行过分析，依靠的是蔡谦、杨端六、侯厚培和韩启桐等再整理的中国旧海关数据。该研究令人印象深刻，他们制作了 4 幅国内粮食运输网络的基本图示（见图 3），但限于技术条件，都比较简略。[③]

由茅家琦、黄胜强、马振犊合编的《中国旧海关史料：1859—1948》（京华出版社，2001 年）和由吴松弟整理的《美国哈佛大学图书馆藏未刊中国旧海关史料（1860—1949）》（广西师范大学出版社，2014 年），标志着学界对旧海关数据的整理和分析进入了一个新阶段，掌握了更多的数据，其中就包括近代粮食流通的数据。通过一定的技术手段，笔者亦得到了 1936—1937 年，也就是中日全面战争爆发之前的国内粮食贸易的流通网络。需要特别指出的是，此网络不仅包含国内粮食产出运输过程，亦包括进口粮食在国内开埠城市间运输的那一部分，而且后者的份额是不可忽视的。其中，汕头、广州、上海和九龙在 20 世纪初期达到每年 200 万担（米和稻）的进口量，宁波和拱北也达到了每年 100 万担以上的进口量。主要的进口来源是法属印度支那半岛、暹罗、香港和英属印度等地。

近代海关贸易中，点对点之间的贸易（或称之为源汇数据 Origin Destination data）分为两类，一个是埠际贸易，一个是子口税贸易。埠际贸易统计较为完善，基本从 1860 年代到 1949 年每年均有统计，但是到了后期，海关统计体例发生变化，在海关报告和海关统计中不再单独列出。子口税贸易的统计，是从开埠口岸到其腹地较小的不开埠城市的贸易类型，在早期海关统计中有所涉及，后期也消失了。

① 王哲：《源—汇数据在近代经济史中的使用初探——以 19 世纪末长江中下游诸港的子口税贸易数据为例》，《中国经济史研究》2013 年第 2 期。

② 吴承明：《论清代前期我国国内市场》，载氏著：《中国的现代化：市场与社会》，生活·读书·新知三联书店，2001 年，第 148 页。

③ 陈计尧、王业键：《两次世界大战之间中国粮食贸易网络，1918—1936 年》，《中央研究院近代史研究所集刊》2003 年第 39 期。

　　笔者查阅吴松弟教授编制的《美国哈佛大学图书馆藏未刊中国旧海关史料（1860—1949）》，试图从这一国内首次公开出版的海关季报中寻找埠际贸易的统计（此部分在 170 册《中国旧海关史料》中缺失），但是没有发现相关资料。因此，本文只能利用郑友揆、韩启桐所编之《中国埠际贸易统计（1936—1940）》（中国科学院出版社，1951 年）。郑友揆、韩启桐利用从海关总税务司所查到的抗战期间海关统计"原始资料"，经过二次整理，获得了埠际贸易的统计。

　　需要指出的是，《中国埠际贸易统计（1936—1940）》在数据结构上，是一个非常典型的源汇数据矩阵（Origin Destination data matrix），这样的数据集是现代经济学和城市研究中非常珍贵的数据类型，即使是在当代经济研究中也并不多见。虽然两位作者编著该书的时候也许并未认识到这一点，却为我们进行可视化分析奠定了极好的基础。

　　为了对此数据集进行更好的研究，本文在写作过程中，系统数字化了这本著作，建立了《中国埠际贸易数据库（1936—1940）》，将该书所涉及的 350 余个表格数据库化，录入了约 50 万条数据。本文汇总了该书中的 3 个分类作为图 7 的"多种粮食"：表 22（麦粉—麦屑在内）、表 23（米谷）、表 24（小麦），每个表格又分为 5 个年份。数据详见表 3。

表 3　中国埠际贸易数据库（1936 年小麦运输部分）

单位：国币元

来源地 / 目的地	天津	龙口	烟台	威海卫	胶州	重庆	万县	……	沙市	长沙
天津	0	400	0	242	0	0	0	……	0	0
烟台	0	8151	0	1500	0	0	0	……	0	0
威海卫	70	0	78	0	330	0	0	……	0	0
胶州	2800	33840	120120	0	0	0	0	……	0	0
宜昌	0	0	0	0	0	877	1823	……	0	0
沙市	0	0	0	0	0	0	4955	……	0	0
汉口	3402831	0	0	0	23800	3900	7980	……	120973	2096270
九江	0	0	0	0	0	0	0	……	0	0
芜湖	0	72600	6600	4400	0	0	0	……	0	0
南京	310200	0	0	0	122800	0	0	……	0	0
镇江	10500	0	165151	0	0	0	0	……	0	0

续表

| 上海 | 17608416 | 1746698 | 1901880 | 690646 | 1337675 | 1843 | 851 | …… | 6503 | 363 |
| …… | …… | …… | …… | …… | …… | …… | …… | …… | …… | …… |

资料来源：根据郑友揆、韩启桐合编的《中国埠际贸易统计（1936—1940）》（中国科学院出版社，1951 年）中的相关资料整理而成。

需要说明的是，表 3 是《中国埠际贸易统计（1936—1940）》"杂粮及其制品"大类下面的"表二十四"之 1936 年小麦统计的部分展示。"杂粮及其制品"这个分类，在《中国旧海关史料》中所载的 1936 年海关统计的原始报告中也是这个名字，列为"第四组"，英文为 Cereals and Cereals Products，包括麦粉（麦屑在内）、米谷（Rice and Paddy）、小麦（Wheat）等细分。两者的划分是一致的，《中国埠际贸易统计（1936—1940）》基本照搬了海关统计的分类，口径一致，可信度很高。

《中国埠际贸易统计（1936—1940）》的商品统计及分类原则，具体而言是这样的：

> 关于本书统计数字的范围及计算方法，需要说明的，有以下数点。第一，海关对于"土货"转运的管理，仅以按照普通行轮章程行驶之轮船所载为限，其由民船、铁路、公路、飞机以及内港小轮承运的均不包括在内。第二，自 1932 年起，在国内贸易和国外贸易两者界限划分上，关册记载改以各关最后运出口岸为分界点，此法至今照行，因此本书所称中国埠际贸易实际带有广义性质，除一般埠际贸易外，还包括了各埠间接由他埠运往外洋的土产，因在转口途中而增添的记录，如由重庆运往上海的出口猪鬃，包括在上海的进口贸易以内。第三，沦陷期间东北各埠"土货"输出贸易统计无从稽考，不过从关内通商口岸运往东北各埠的货物，仍编列在"国内土货贸易"内。[①]

换句话说，所谓的"埠际贸易"不仅仅包括一般埠际贸易，还包括土货出口之前的转运过程和洋货进口之后的转运过程，覆盖面非常广泛。

上述界定，并非郑、韩两位学者所独有，在国内目前的海关研究中应该算是一个共识。本文也是依此界定来进行制图的。

基于上述所建立的《中国埠际贸易数据库（1936—1940）》，我们将 1936—1937

[①] 郑友揆、韩启桐编：《中国埠际贸易统计（1936—1940）》"说明"，中国科学院出版社，1951 年，第 ii 页。

年的"多种粮食"表格加总，以货物总值计，通过一定技术手段，获得了当时国内粮食贸易的基本空间分布状况。

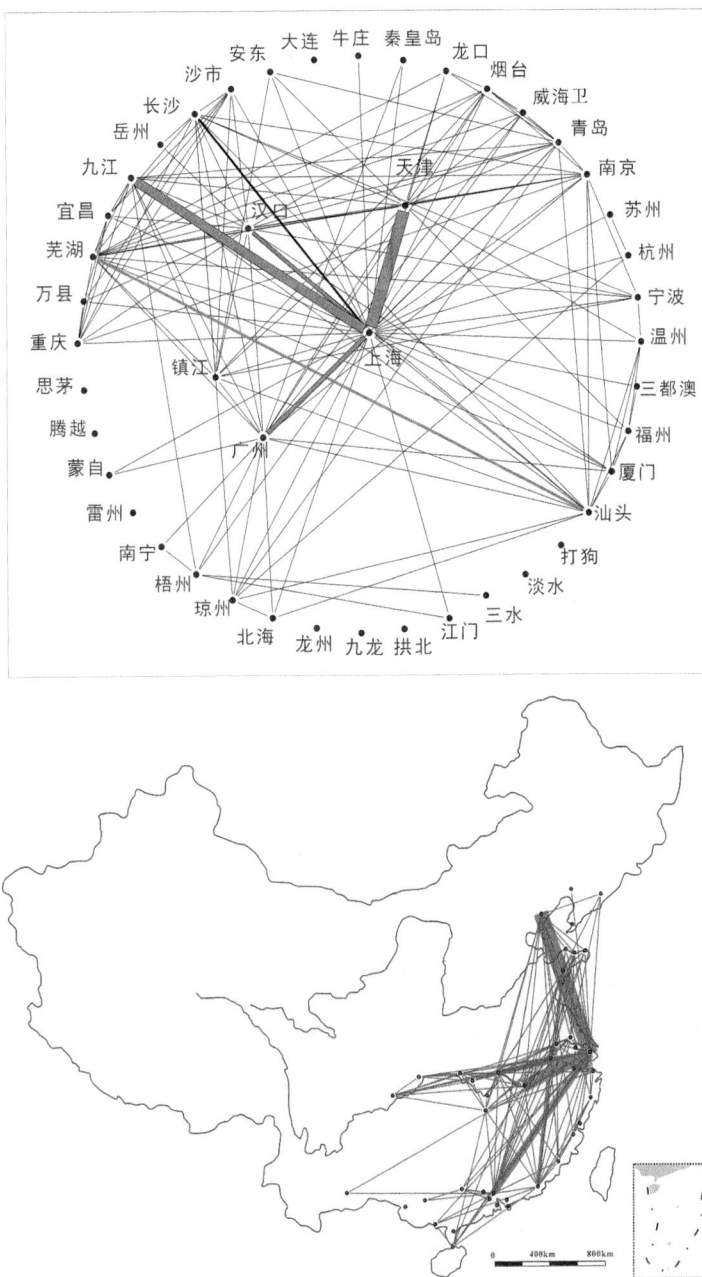

图7　中国多种粮食贸易（麦粉、小麦和米谷）网络（1936—1937）

资料来源：根据《中国旧海关史料：1859—1948》《美国哈佛大学图书馆藏未刊中国旧海关史料（1860—1949）》《中国埠际贸易统计（1936—1940）》等文献中收录的相关资料整理而成。

说明：最粗的 5 个灰色线条为最重要的 5 条粮食贸易流。

1936—1937 年的国内经济发展状况，不仅是抗战前的高峰，也被视为近代经济正常状况最后之一瞥。上海—天津、上海—九江、上海—广州、芜湖—汕头间的粮食贸易占据近代粮食贸易最主要的份额（仅指通过海关的部分）。长江流域和长江以南城市及其腹地的粮食网络要远远比北方地区复杂。这是因为北方开埠港口要远少于南方，而对于粮食这样的大宗货物，轮船和木船运输的经济性要远高于陆运。另外，北方的粮食市场并未"整合"，而是属于南方粮食市场的"附属"或者"下层市场"。香港在华南粮食贸易中的地位无可辩驳，但是因为海关数据将香港视为国外，并未单列其数据，因此图 7 并未显示出香港的粮食网络，实在是一种遗憾。较之珀金斯对 20 世纪 30 年代南方粮食市场运输网络的研究，海关数据能够提供更多的信息。比如九江在粮食贸易网络中的作用要高于汉口，汕头跟芜湖间的直接粮食贸易亦常常被学者所忽视。当然，图 7 所显示的是海外贸易因素加入之后形成的复杂的粮食流通网络，跟珀金斯主要依据 20 世纪初期所编纂的省志、县志、农村实态调查报告和《中国实业志》所得出的结论自然有所不同，在精确性上有了很大提高。[1]

总体来看，粮食贸易网络是李伯重先生所言之"全国市场"的一个重要组成部分。[2] 清代南方地区米粮的运输网络基本上已经清楚，空间分布方面，大米价格从东到西，从沿海到内陆，分为四个"阶梯"：沿海浙江、苏南诸多府州价格较高，越往内地，进入江西、湖南、湖北，价格降低约 0.5 个标准差，而进入广西、贵州，米价又降低 0.5 个标准差。云南省米价一直较高，跟长三角地区几乎保持一致的水平，形成了西南地区的价格高地。

中国旧海关史料中包括精确的含有空间属性的粮食运输数据，可以定量地恢复近代粮食贸易网络的巅峰状况，而且此网络又是国内粮食运销和国外粮食进口二者耦合之结果，较之前人单纯就国内市场的分析更进了一步。

---

[1]　Dwight H. Perkins, *Agricultural Development in China, 1368-1968*, Chicago: Aldine Publishing Company, 1969, pp.151-153.

[2]　李伯重：《中国全国市场的形成，1500—1840 年》，《清华大学学报》1999 年第 4 期；李伯重：《十九世纪初期中国全国市场：规模与空间结构》，《浙江学刊》2010 年第 4 期。

六、总结

本文着力探讨的是可视化手段在经济史中应用的可能性，我们发现，在某些前人进行过深入研究的领域，比如清代粮食价格研究领域，如果我们采取一些新手段，可以在精度上有所推进，尤其是在空间历史数据的可视化方面，学术的潜力还很大。需要指出的是，这样的研究是基于前人多年辛苦的基础资料整理工作而成，无论是海关数据还是粮食价格数据，都是如此。海关数据是笔者多年整理的结果，而清代粮价数据参与学者更为广泛。

历史经济数据可视化的目的是什么呢？这是笔者常常思考的问题。其实，我们可以换一个角度来看待可视化。在历史学界，应该不会有人去质疑收集、整理和出版族谱、地方文献、海外所藏古地图、清水江文书、上海道契、CBDB 和中国旧海关出版物等史料的意义和价值，因为学者们都深知这样的工作是造福学界的基础性工作。如果我们把可视化手段视作对上述史料的"初加工"或"粗加工"，也就是史料"整理"中的一个探索过程，是学者对上述史料进行严肃的学术研究之前的一个预研究手段，那么可视化的作用就很清楚了。可视化"整理"的探索过程，实际上就是一系列"试错"的实验，虽然它并不一定能够保证会得出颠覆前人的或者具有启发性的结果，但它会让我们更容易地进行"试错"。此外，当你的研究进入别的领域学者的视野时，可视化结果会大大降低对方理解的难度和时间，一些学科交叉的火花也许就碰撞了出来。

最后需要指出的是，历史经济数据拥有极大的可视化潜力，可视化的结果在直观性和表达力度上均具备一定的优势。但是，近代经济数据也许尚不能跟"大数据"概念等量齐观。笔者认为，历史研究中的众多数据库，比如经济数据、人口数据、报刊和地方文献全文数据库等，目前来看，均难以符合"大数据"的严格定义。因此，中国历史数据的分析和深入挖掘还需要从现实出发，首先在历史数据可视化和量化历史研究方面做一些探索性工作，在此基础之上再来讨论"大数据"的可能性。

清代粮价的空间溢出效应及其演变研究（1738—1820）[*]

余开亮[**]

内容提要：清代粮价数据是时间、空间覆盖范围均非常完整的经济史数据集，本文采用基于地理信息系统（Geographic Information System，简称 GIS）的空间计量方法对清代粮价的空间溢出效应及其空间分布模式的演变进行时空分析。此外，本文还采用了地图可视化分析、空间几何分析和空间统计分析等多种分析方法，对1738—1820 年的粮价数据进行了多角度的深入挖掘，梳理了粮价的全局性和局部性空间分布模式，探索了粮价空间溢出效应的演变过程和区域特征。本文的实证分析发现：乾隆朝中后期粮食贸易开始萎缩时，粮价的空间自相关性也急剧下降，价格的空间溢出效应减弱；地理距离是价格空间溢出效应的决定性因素，且小麦价格比大米价格更易于受距离的影响；粮价分布的冷热点分析表明，自然灾害和社会动荡均对粮价分布格局造成影响，且社会动荡的影响更为直接而深远。

关键词：清代　粮价　地理信息系统　空间溢出效应　空间自相关

一、问题的提出：清代粮价研究的空间视角

价格是反映市场上商品的生产、流通、消费等经济活动的重要指标，是传递市场供需状况变动的灵敏信号，在调节市场供需关系上具有重要作用。价格具有时间

　*本文为中国博士后科学基金第 59 批面上资助项目（批准号：2016M590370）阶段性成果之一。感谢匿名评审专家提出的修改意见。本文曾作为第三届量化历史研究国际年会、第二届全国经济史学博士后论坛的参会论文，感谢与会专家学者对本文提出的意见。

　**余开亮，上海社会科学院经济研究所助理研究员，历史学博士，理论经济学博士后，主要从事经济史方向的研究。

　① 吴承明：《论清代前期我国国内市场》，《历史研究》1983 年第 1 期。

属性，现时的价格受到过去价格趋势的影响，同样，现时的价格也会对将来的预期价格产生影响，因此对价格进行时间序列的分析是价格研究的重要内容，而物价史研究更成为经济史研究的重点方向。价格也具有空间属性，贸易驱动力来自产品地区分工产生的供需不平衡，而在交易中所表现出来的直接原因则是价格的地区差异。商品的地区差价减去交易成本后的利润是促成商品在不同空间范围内流通的直接动力，价格的形成不仅仅来自时间趋势的作用，也是"空间溢出效应"影响的结果。在理论上，价格是由商品的供需关系所决定的，实际上也是商品供需关系的信息在空间上传导的过程中所形成的一种信号。一个区域的价格变化会带动另一个区域的价格发生变化，也就出现了价格的空间溢出效应。价格的空间溢出效应越强，说明价格在区域间相互影响、相互作用的关系也越强。因此，本文拟从空间溢出效应的角度，对价格在空间上的相互作用关系及其强弱变化进行探讨，希望能为清代粮价和粮食市场研究提供一些新的思考。

清代中国的商品经济和国内贸易非常发达，其中以粮食贸易为代表的长途贸易在国内市场中占有重要地位。[①] 郭松义、邓亦兵对清代前中期国内粮食贸易的数量和运销路线作过系统而详细的研究，使我们对清代国内粮食市场的整体情况有了一个清晰认识。[②] 清代粮价数据以其罕见的系统性为研究者所重视，因为这是一套可以精确到府级行政区的月度价格数据，且其时间、空间覆盖范围均非常完整。[③] 因此，国内外学界早就从粮价数据入手，运用数理方法研究清代的区域性市场整合

---

① 郭松义：《清代粮食市场和商品粮数量的估测》，《中国史研究》1994 年第 4 期；邓亦兵：《清代前期的粮食运销和市场》，《历史研究》1995 年第 4 期；邓亦兵：《清代前期内陆粮食运输量及变化趋势——关于清代粮食运输研究之二》，《中国经济史研究》1994 年第 3 期；邓亦兵：《清代前期沿海粮食运销及运量变化趋势——关于粮食运销研究之三》，《中国社会经济史研究》1994 年第 2 期；邓亦兵：《清代前期周边地区的粮食运销——关于粮食运销研究之四》，《史学月刊》1995 年第 1 期。

② 目前学界使用的粮价数据主要有：王业键整理的"清代粮价资料库"（http://mhdb.mh.sinica.edu.tw/foodprice/）和中国社会科学院经济研究所整理出版的《清代道光至宣统间粮价表》（广西师范大学出版社，2009 年）。由于收集渠道和保存方式不同，这两套数据各有优劣，在使用时可根据研究特点进行选取。关于各自特点、存在的问题及在使用时应注意的事项，参见罗畅：《两套清代粮价数据资料的比较与使用》，《近代史研究》2012 年第 5 期。

③ 较早的代表性研究成果主要有：Thomas G. Rawski & Lillian M. Li, et al., *Chinese history in economic perspective*, Berkeley: University of California Press, 1992；陈春声：《市场机制与社会变迁——18 世纪广东米价分析》，中山大学出版社，1992 年；谢美娥：《清代台湾米价研究》，稻乡出版社，2008 年；谢美娥：《贩运者多：十八世纪湖北的粮价与粮食市场（1738—1797）》，明文书局，2012 年；（美）马立博著，王玉茹、关永强译：《虎、米、丝、泥：帝制晚期华南的环境与经济》，江苏人民出版社，2011 年；（美）李中清著，林文勋、秦树才译：《中国西南边疆的社会经济：1250—1850》，人民出版社，2012 年。

问题，但缺乏对清代市场整合问题进行全局性的宏观考察。[1] 近年来，学界不仅在清代粮价报告制度及粮价数据使用上有更加深入的认识，[2] 在研究视角上也不断拓展，[3]并在清代粮价与市场整合的研究中先后采用相关分析[4]、回归分析[5]、协整分析[6]等越来越精细化的方法，这对于推进清代粮价及市场整合的研究无疑具有重要意义。[7] 但是这些研究在分析理路上存在一个共性，即都是利用基于时间序列原理的分析方法，而对粮价的空间属性关注不足。虽然部分研究也涉及了价格的地区差异，尝试从价格变动在空间上的同步性来定义市场整合，但均未对区域间价格的空间溢出效应及相互作用进行剖析，也没有将近年来发展迅速的空间分析理论与方法应用于清代粮价与市场整合的研究中。

值得一提的是，凯勒（Wolfgang Keller）和薛华（Carol H. Shiue）于 2007 年首次采用空间计量经济学的分析方法对清代粮价数据进行了分析，探讨粮价的空间依赖性对地区粮价的形成和地区间贸易扩张模式的影响，改变了以分析粮价的时间变化为主的传统研究格局，将粮价的空间相互作用列为中心问题，更清晰地展示了

① 详见余开亮：《清代晚期地方粮价报告研究——以循化厅档案为中心》，《中国经济史研究》2014 年第 4 期；余开亮：《粮价细册制度与清代粮价研究》，《清史研究》2014 年第 4 期；胡鹏、李军：《两套清代粮价数据资料综合使用之可行性论证与方法探讨——基于文献学和统计学方法的分析》，《中国社会经济史研究》2016 年第 2 期；胡鹏、李军：《农历抑或公历？数据形式对数理分析结果的影响——以清代中后期直隶小麦市场整合分析为例》，《中国经济史研究》2016 年第 4 期；吕长全、王玉茹：《清代粮价奏报流程及其数据性质再探讨》，《近代史研究》2017 年第 1 期。

② 详见朱琳：《清代淮河流域的粮价、市场与地方社会》，经济科学出版社，2016 年；朱琳：《回顾与思考：清代粮价问题研究综述》，《农业考古》2013 年第 4 期；马国英：《1736—1911 年间山西粮价变动趋势研究——以货币为中心的考察》，《中国经济史研究》2015 年第 3 期；马国英：《1736—1911 年间山西粮价变动情况及影响因素研究》，《首都师范大学学报》2016 年第 3 期；赵伟洪：《乾隆时期江西省米谷流通与市场整合》，《中国社会经济史研究》2016 年第 4 期；罗畅、李启航、方意：《清乾隆至宣统年间的经济周期——以开封、太原粮价数据为中心》，《经济学季刊》2016 年第 2 期。

③ 如王业键、黄莹珏：《清中叶东南沿海的粮食作物分布、粮食供需及粮价分析》，《中央研究院历史语言研究所集刊》1999 年第 70 本；陈春声：《清代中叶岭南区域市场的整合——米价动态的数理分析》，《中国经济史研究》1993 年第 2 期。

④ Lillian M. Li, "Integration and Disintegration in North China's Grain Markets, 1738-1911", *The Journal of Economic History*, Vol.60,No.3,2000,pp.665-699.

⑤ 如 Carol H. Shiue & Wolfgang Keller, "Markets in China and Europe on the Eve of the Industrial Revolution", *The American Economic Review*, Vol.97, No.4,2007, pp.1189-1216；颜色、刘丛：《18 世纪中国南北方市场整合程度的比较——利用清代粮价数据的研究》，《经济研究》2011 年第 12 期；赵伟洪：《清乾隆朝湖南省米谷流通与市场整合》，《中国经济史研究》2015 年第 1 期。

⑥ 对清代粮价研究数理分析方法的总结，可参见朱琳：《数理统计方法在清代粮价研究中的应用与发展》，《中国经济史研究》2015 年第 1 期。

⑦ 吴承明：《利用粮价变动研究清代的市场整合》，《中国经济史研究》1996 年第 2 期。

区间贸易模式的演变图景。[①] 然而，凯勒和薛华的研究仍有改进之处，具体表现在以下方面：

首先，在粮价数据使用方面的改进。近年来，清代粮价数据的收集和整理工作有了重大进展，数据规模和完整性均较以往大有改善。与此同时，学界对粮价数据产生的相关制度背景研究逐步走向深入，对于如何利用粮价数据以及在利用粮价数据时应注意的数据质量等问题，较之前均有了更为科学的认识。凯勒和薛华主要以二月和八月两个单独月份的粮价数据来代表全年价格，未注意到每月粮价高价和低价的含义，因而其所利用的粮价数据并不能代表某府的平均水平，且忽视了粮价的季节性变化，给研究结果造成一定偏差。因此，本文将在数据利用方面加以改进，并在数据的规模和准确度均有提高的前提条件下进行研究，以得到更为科学的结论。

其次，在研究时空范围的选取方面的改进。在空间范围上，凯勒和薛华的研究主要包括南方大米产区 10 个省的 121 个府。限于当时的研究条件，他们收集的粮价数据未能完整覆盖北方小麦产区的主要省份，因此未能对具有巨大地理差异的南北方市场进行比较研究。[②] 即便是南方大米市场的研究范围，也未能包括在粮食生产和贸易中具有重要地位的长江上游地区，而缺少该地区的粮食市场分析，将影响到对全局性粮食市场的评估。在时间范围上，他们的研究为 1742—1795 年之间，未将 19 世纪初的市场状况纳入分析范围，而 18 世纪末至 19 世纪初被认为是中国经济发生较大变动的时段，因而对这一时期粮食市场变迁进行更长时段的研究显得尤为重要。同时，1796—1820 年的粮价数据质量满足研究的要求，因此本文将把研究时段延展到 1820 年。总之，扩大考察的时空范围将有利于我们更加全面地把握清代粮食市场时空变迁的动态过程。

清代粮价与市场研究借鉴和吸收其他学科的最新方法，不断涌现出新的研究成果，有力推动了粮价研究的进步。GIS 空间分析方法在理论上的发展及相应空间分析工具多样性的开发（包括空间几何分析、空间统计分析等方面）为粮价的空间研究提供了保证，本文将运用空间理论与方法的最新研究成果，对清代粮价数据的空间属性进行相应探索，以期完善我们对清代粮价与粮食市场演变趋势的认识。

---

① Wolfgang Keller & Carol H. Shiue, "The Origin Of Spatial Interaction", *Journal of Econometrics*, Vol.140,No.1,2007, pp. 304-332.

② 而此前的研究也阐述了地理因素在粮食市场中的决定性作用。参见颜色、刘丛：《18 世纪中国南北方市场整合程度的比较——利用清代粮价数据的研究》，《经济研究》2011 年第 12 期。

二、数据处理与研究方法

本文的研究数据来自"清代粮价资料库",时间跨度为1738—1820年,空间范围包括南方大米产区的11个省和北方小麦产区的4个省。[①] 粮价数据的选取,南方以中米价格为主,北方以小麦价格为主。清代粮价数据以府级行政区为单位分列,时间精确到月份,每月数据又分为高价和低价,分别代表该府内粮价最高和最低的县级单位的价格,因此采用高价和低价的平均值代表该府的价格。考虑到粮价的季节波动性较强,不能以某一个月份或某几个月份的价格来代表全年价格,本文采用年平均价格反映全年粮价的整体水平。

本文基于GIS空间分析方法,采用ArcGIS 9.3软件对粮价数据进行管理和处理,建立粮价地理信息系统(Grain Price Geographic Information System,简称GPGIS)。在对无空间属性的粮价数据进行空间分析前,首先将粮价数据空间化,即将粮价数据作为属性数据,与地理数据一一对应,通过链接方式附属于地理数据的属性表中,使得价格数据具备了空间属性。其次,将两类数据整合后,共同置于GIS环境中进行管理和处理,使其满足进行空间分析的要求。本文采用的地理数据来自中国历史地理信息系统(CHGIS)的1820年政区数据。[②] 在此基础上,根据不同时期的府级政区设置略作调整,使其符合当时的政区设置,同时兼顾粮价数据的完整性。

本文采用多种GIS空间分析方法进行粮价数据分析。首先,借用GIS地图分析功能。GIS具有最基本的制图功能,通过空间数据和属性数据的链接,将地理要素及其属性数据的空间特征直观地以地图方式展示出来,相对而言,专题地图以其直观形式在展示事物的空间特性方面明显优于其余统计图表功能。其次,在地图分析基础上,GIS具有进行空间几何分析的功能。利用坐标系统存储的空间位置信息对地理单元进行距离量算,以及将地理数据的属性数据作为加权值计算相应的空间分布模式和集中趋势。常用的空间几何分析方法包括空间分布的重心、中心以及标准差椭圆等,可以直观地展示地理要素的空间分布模式和集中趋势,并对其分布模

[①] 大米市场包括的南方11个省份为广东、广西、贵州、四川、湖北、湖南、江西、安徽、江苏、浙江、福建;小麦市场包括的北方4个省份为河南、山东、山西、陕西,以及长江流域的四川、湖北、湖南、江西、安徽、江苏,直隶因数据缺失严重未列入研究范围。

[②] 复旦大学历史地理研究中心:中国历史地理信息系统(CHGIS),http://yugong.fudan.edu.cn/views/chgis_download.php#1820list,2016年8月30日。

式的变迁过程作出动态分析。最后，GIS 具有最重要的空间统计分析功能。其与传统的经典统计学分析方法的区别在于：经典统计学只关注到事物的时间属性，未关注其空间溢出效应，而空间统计分析方法则认为，地理要素的属性数据不仅仅具有时间上的相关性，还具有空间上的自相关性。经典统计学的基本假设是数据相互独立，而现实中的事物总是相互关联的，其在空间上亦存在自相关性，即数据本身受到其周围数据的影响，且距离越近，影响越大。空间事物的这些特性导致经典统计学分析的假设不成立，从而常常会对分析结果产生干扰，因此必须在分析中关注数据存在的空间依赖性、空间自相关性和空间相互作用等问题。

清代中国的粮食生产和消费结构具有很强的地域性，发达的粮食运销网络使得粮食的生产和消费地区呈现出明显的空间集聚性。相应地，各地粮食价格也具有很强的空间溢出效应，粮价的分布也表现出显著的空间集聚性。因此，本文将采用空间统计学中应用最广泛、最成熟的探索性空间分析方法（Exploratory spatial Data Analysis，简称 ESDA）进行研究。探索性空间分析方法包括全局空间自相关分析和局部空间自相关分析两种。下面将分别说明几种空间几何分析方法、空间自相关分析方法的原理以及与之相关的空间权重矩阵的定义方法。

（一）地理分布的几何分析方法

平均中心（mean center）是将研究区域中所有地理要素的 x 和 y 坐标以属性数据进行加权后的平均值。平均中心的计算原理比较简单，却可以非常直观地表示带有属性数据的地理要素分布的集中趋势，也可用于比较要素在不同时期的集中趋势，以判断空间分布的变化过程，是一种常用的表现空间分布变化趋势的方法。

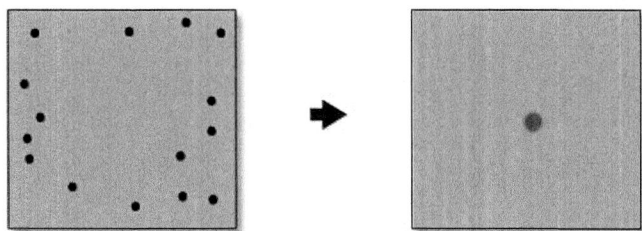

图 1　平均中心原理

资料来源：http://resources.arcgis.com/zh-cn/help/main/10.1/index.html#/na/005p0000001s000000/，2016 年 8 月 30 日。

（二）空间权重矩阵

空间自相关分析的前提是定义空间接近性，空间接近性是对空间关系中"距离"的一种测度，用于测度一个地理单元受到周围地理单元影响的程度。一般用空间权重矩阵 W_{ij} 来表示地理单元之间的空间接近性。目前对空间接近性的定义有两种，一为基于距离的空间接近性，二为基于边界的空间接近性。

基于距离的空间接近性，即以地理单元和周围地理单元之间的实际空间距离的大小作为标准来定义空间接近性。一般使用距离的某种形式来定义具体权重，具体包括：

（1）以距离的倒数为权重，即 $\cdot\, W_{ij} = \dfrac{1}{d}$；

（2）以距离平方的倒数为权重，即 $\cdot\, W_{ij} = \dfrac{1}{d^2}$；

（3）以距离阈值定义权重（在某阈值范围内定义为 1，阈值以外定义为 0），即 $\cdot\, W_{ij} = \begin{cases} 1, \text{在阈值范围内} \\ 0, \text{在阈值范围外} \end{cases}$。

（4）以定义一个距离的函数为权重，即 $\cdot\, W_{ij} = f(d)$。

基于边界的空间接近性，即以地理单元之间有共同边界定义为邻接，反之则定义为没有接近性。如果两个地理单元存在共同边界，则定义权重为 1，反之则为 0，即 $W_{ij} = \begin{cases} 1, \text{邻接} \\ 0, \text{不邻接} \end{cases}$。

基于空间邻接关系定义权重有两种形式，分别为基于多边形的 Rook 邻接（Rook Continuity）和 Queen 邻接（Queen Continuity），简称 R 邻接和 Q 邻接。R 邻接也称边邻接，指两个多边形有一段共同边界；Q 邻接也称广义邻接，指两个多边形有共同边或共同点。

（三）全局性空间自相关分析

全局性空间自相关分析可以描述不同区域之间在整体上的空间分布模式，探测地理要素属性值分布的空间自相关性和集聚性，空间自相关性越高，表示集聚程度越高。一般采用 Moran's I 指数来表示全局性空间自相关性，其计算方法为：

$$Moran's\ I = \frac{\sum_{i=1}^{n}\sum_{j=1}^{n}W_{ij}(X_i-\overline{X})(X_j-\overline{X})}{S^2\sum_{i=1}^{n}\sum_{j=1}^{n}W_j}$$。其中，$S^2 = \frac{1}{n}\sum_{i}^{n}\left(X_i-\overline{X}\right)^2$；$\overline{X} = \frac{1}{n}\sum_{i}^{n}X_i$；

n 为空间单元的数量，Xi 和 Xj 分别表示属性 X 在地理单元 i，j 中的数值，Wij 表示空间权重矩阵。

Moran 指数的取值范围为 –1—1，负数代表呈现相异性属性的空间集聚现象，即属性值高的地理单元和属性值低的地理单元集聚在一起（高—低集聚或低—高集聚）。越接近 –1，表示相异性自相关性越明显；正数代表相似性属性的空间集聚现象，即属性值高（低）的地理单元和数值高（低）的地理单元集聚在一起（高—高集聚或低—低集聚）；越接近 1，表示空间自相关性越强；接近 0，则表示不存在明显的空间自相关性，属性值呈现随机分布的特征。

对于全局空间自相关系数，可以用标准化统计量来检验其显著性水平，并用相应的正态分布函数来检验。其公式为：$z = \frac{I-E(I)}{\sqrt{\mathrm{var}(I)}}$。其中，$E(I)$ 为 I 的期望值，

$$\mathrm{var}(I) = \frac{n^2(n-1)S_1 - n(n-1)S_2 + 2(n-2)S_0^2}{(n+1)(n-1)S_0}，\ S_0 = \sum_{i}^{n}\sum_{j\neq i}^{n}W_{ij}，\ S_1 = \frac{\sum_{i}^{n}\sum_{j\neq i}^{n}\left(W_{ij}+W_{ij}\right)^2}{2}，$$

$$S_2 = \sum_{i}^{n}\left(\sum_{i}^{n}W_{ij} + \sum_{j}^{n}W_{ij}\right)^2。$$

（四）局部性空间自相关分析

全局性空间自相关分析只能观察全部地理单元空间分布的整体集聚水平，难于识别出局部的空间关联模式的差异性，特别是地理单元的空间集聚特征及其区域内部差异性，因此还需要利用局部性空间自相关分析来探测是否存在局部地区的空间集聚现象，弥补全局性空间自相关分析的局限，以求更全面地认识地理现象的异质性及其空间分布特征。

局部性的空间关联模式可以分为 4 种类型：一为"高—高"型关联，即属性值

高于均值的空间单元被属性值高于均值的领域所包围，也称为热点区；二为"低—低"型关联，即属性值低于均值的空间单元被属性值低于均值的领域所包围，也称为冷点区；三为"高—低"型，即属性值高于均值的空间单元被属性值低于均值的领域所包围；四为"低—高"型，即属性值低于均值的空间单元被属性值高于均值的领域所包围。"高—高"型和"低—低"型关联属于正的空间关联，"高—低"型和"低—高"型属于负的空间关联。热点区和冷点区的范围越大，正的空间关联越多，则全局性空间自相关性越强；反之，负的空间关联越多，全局性空间自相关性越弱。

本文的冷热点分析工具使用 Getis-Ord Gi* 统计量来检测局部区域的地理单元是否存在高值或低值的集聚现象，识别具有统计显著性的热点区（高值集聚）和冷点区（低值集聚）。局部性空间自相关分析的 Getis-Ord Gi* 统计量，计算方法为：

$$G_i^* = \frac{\sum_{j=1}^{n} W_{i,j} X_j - \overline{X} \sum_{j=1}^{n} {}_{i,j}}{S\sqrt{\dfrac{\left[n\sum_{j=1}^{n} W_{i,j}^2 - \left(\sum_{j=1}^{n} W_{i,j} \right)^2 \right]}{n-1}}}$$

Gi* 统计量就是 Z 得分。对于具有显著统计学意义的正的 Z 得分，表明位置 i 周围的数值都是高值，且 Z 得分越高，高值的聚类就越紧密，聚集区就是热点区域。对于统计学上的显著性负 Z 得分，表明位置 i 周围的数值都是低值，且 Z 得分越低，低值的聚类就越紧密，聚集区就是冷点区域。

以上即是本文将使用的空间统计方法的原理，空间数据处理、空间权重矩阵的生成和全局性及局部性空间自相关系数的计算，可在 ArcGIS9.3 和 Geoda 软件中实现。

三、粮价空间溢出效应及其演变

（一）地理分布的几何分析

由图 2、图 3 可知，大米市场和小麦市场的价格分布中心点的具体位置基本与地理中心点接近。其中大米价格的分布中心点在江西西部和湖南东北部的两省邻界处，小麦价格的分布中心点在河南南部。比较价格中心点和地理中心点即可发现，大米价格中心点较地理中心点向东有一定偏离，小麦价格中心点较地理中心点有向北的偏离。因为价格中心点实际上是由地理中心点经过价格数据加权后得到的结果，价格中心点和地理中心点的偏离就说明价格分布存在地理偏向，即大米价格呈现东高西低、小麦价格呈现北高南低的空间分布格局。

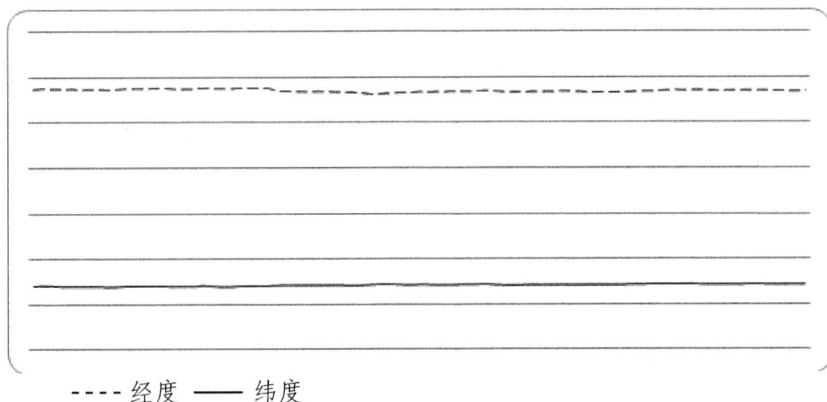

- - - - 经度 —— 纬度

图2　大米价格分布的平均中心点经纬度坐标

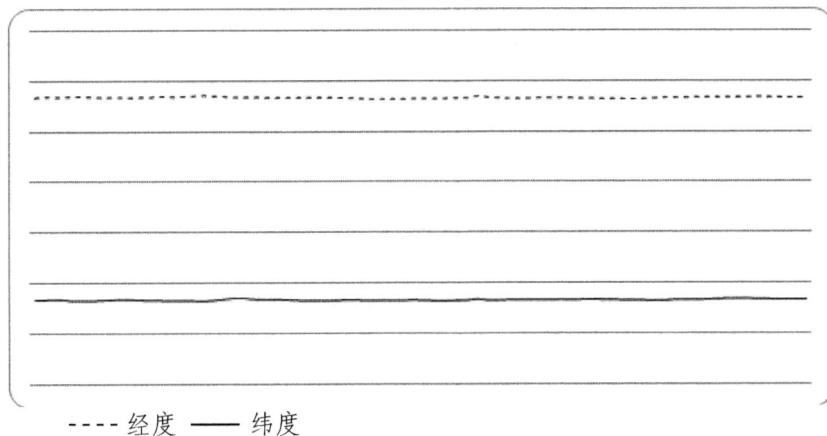

- - - - 经度 —— 纬度

图3　小麦价格分布的平均中心点经纬度坐标

再看价格空间分布中心点的位置移动及变化趋势。大米价格的平均中心点的经纬度坐标变化趋势，在1738—1768年间经度坐标减小、纬度坐标增大，即说明大米价格分布的中心点位置出现了向西北方向转移的趋势，这意味着大米价格东高西低的分布格局出现了减弱的趋势。小麦价格的平均中心点的经纬度坐标变化趋势，前一时期是经度和纬度同时减小，即表示中心点发生了向西南方向的转移，后一时期是经度和纬度同时增大，表示中心点发生了向东北方向的转移。

（二）全局性空间自相关分析

全局性空间自相关分析可以探测地理现象在空间分布模式上的整体情况，其分析结果可用来判断地理要素分布的集聚程度，表示地理现象是否存在空间自相关性和空间溢出效应的强弱。由于地理现象与空间尺度关系密切，在不同的空间尺度下，地理现象的分布格局会呈现不同的模式。因此，本文将设置多种不同的空间权重矩阵，基于距离的空间权重分别定义为100千米、200千米、300千米、400千米、500千米等不同尺度，可以比较空间自相关性随空间尺度的变动趋势，探测距离对空间溢出效应的影响程度。本文首先比较大米市场和小麦市场的空间自相关性，对两个品种的粮食市场特点进行比较分析；其次对两种粮食市场空间自相关性随时间的变化趋势作出分析，并结合粮食贸易的研究进行分析；最后比较不同空间尺度下粮价的空间自相关性，总结粮价空间自相关性强度随距离的变化趋势，探测距离对粮价空间相互作用强度的影响，以此来探讨清代各地之间粮食贸易的空间特性。

1. 对大米市场和小麦市场的粮价空间分布模式进行比较

分别计算大米市场和小麦市场于1738—1820年间逐年的空间自相关系数Moran's I指数（以200千米为空间权重矩阵的距离范围），计算结果显示1738—1820年间的Moran's I指数均通过了显著性检验，表明该时期内粮价空间分布呈现显著的空间自相关性，粮食价格分布呈现显著的空间集聚性：高粮价地区趋向于和高粮价地区集聚，低粮价地区趋向于和低粮价地区集聚，具体结果如图4所示：

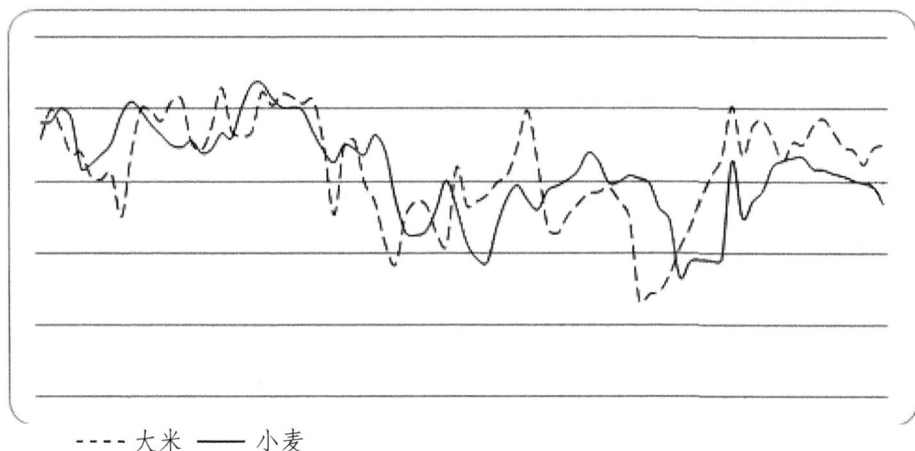

---- 大米 —— 小麦

图 4　大米和小麦价格空间自相关系数（1738—1820）

我们发现，两者的空间自相关系数在整个研究时段内，整体变动趋势基本保持一致。在大部分时段内，两者并没有出现明显差异性，尤其是前 30 年间（1738—1768），两者的变动趋势非常接近。之后，逐渐出现较大差异性，大米市场和小麦市场交替出现高于对方的现象。

2. 比较粮价分布空间自相关性随时间的变化趋势

由图 4 可见，大米市场和小麦市场的价格空间自相关性在整个研究时段内，整体趋势是逐渐下降的，在乾隆前期的 30 年间（1738—1768），空间自相关性保持在较高水平上，空间自相关系数基本保持在 0.7—0.8 之间，偶尔出现极低的情况，这一时期的空间自相关系数比较平稳，年际波动性不大。而在乾隆后期至 19 世纪初年的时段中，粮价的空间自相关系数急剧下降，甚至降到很低的水平，大多数年份的空间自相关系数降到 0.4—0.6 之间，较前一时期有了大幅降低，且这一时期的空间自相关系数显得极不稳定，波动性加剧，出现了几次剧烈的年际变化。进入 19 世纪，这一趋势得到改善，空间自相关系数逐渐回升到较高水平上来，再次与 18 世纪前半期水平相当。

根据学界对清代粮食贸易的研究，我们发现粮食价格的空间自相关性和粮食贸易活跃程度呈现一定的相关性。伴随粮食贸易活动的萎缩，粮食价格的空间相互作用也在减弱。范毅军运用国内关税数量的变化研究明至清中期的国内贸易的变化趋势，对沿运河、沿长江、沿海 3 组榷关的税收进行比较，发现国内贸易量在乾隆中期达到顶峰，从乾隆后期开始，沿运河、沿长江的贸易开始衰退，嘉庆时期则出现全面衰退。① 邓亦兵研究了清代前中期，内陆地区的粮食贸易及粮食运销量的变化趋势，表明沿长江、沿运河的粮食运输量在乾隆以前是上升的，在乾隆以后则出现下降趋势。② 廖声丰的研究也显示乾嘉之际，沿运河各关税收数量开始下降，南北之间的粮食运销出现了衰退，并且从自然灾害、运道不畅及南北粮价差异等角度对这一现象进行了解释。③ 长江沿线和运河沿线的粮食运输到苏州浒墅关集中，浒墅关的税收中粮食税占一半左右，范毅军和廖声丰的研究均表明浒墅关的税收在乾隆后期即开始下滑，嘉庆年间的税收数量更是大大低于乾隆时期。④ 苏州是当时全国最重要的粮食集散中心，其粮食贸易量的下降具有重要的标志性意义，反映了长江流域以及运河沿线粮食贸易的萎缩趋势。可见，粮价的空间分布格局与地区间的粮食贸易之间是相互影响的。随着贸易的发生，地区间的供求关系逐渐发生变化，而粮价的地区差异也会随之降低。地区间粮食差价明显时，粮价的空间集聚性越强，地区间的粮食贸易越容易发生；反之，地区间差价较小时，粮价的空间集聚性不明显，贩运粮食的利润太少，粮食运销活动则会减少，贸易量随之降低。因此，粮价的空间自相关性强弱在一定程度上也可以反映粮食贸易活动的兴衰。

3. 对不同空间尺度下粮价的空间自相关性进行比较，探索区域间粮食贸易的距离偏向

本文分别选取 100—500 千米不等的距离来定义不同的空间权重矩阵，比较不同距离权重下的空间自相关系数的变动规律。

① Fan I-chun, *Long-distance trade and market integration in the Ming-Ching Period 1400-1850*, Thesis(Ph.D.), Stanford University, 1993, p.130.

② 邓亦兵：《清代前期内陆粮食运输量及变化趋势——关于清代粮食运输研究之二》，《中国经济史研究》1994 年第 3 期。

③ 廖声丰：《浅论清代前期运河地区的商品流通——以运河榷关税收考察为中心》，《中国经济史研究》2014 年第 1 期。

④ Fan I-chun, *Long-distance trade and market integration in the Ming-Ching Period 1400-1850*, Thesis (Ph.D.), Stanford University, 1993, p.133. 廖声丰：《清代常关与区域经济研究》附表十一，人民出版社，2010 年，第 356—362 页。

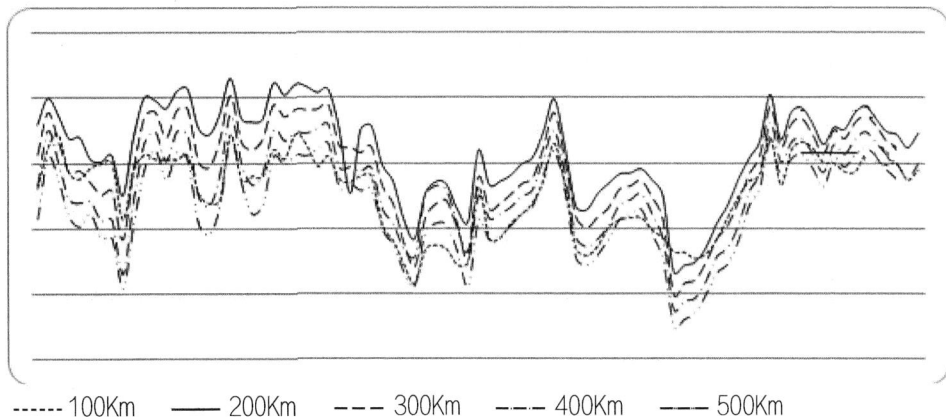

------100Km ——200Km ---300Km ---400Km ——500Km

图 5　不同空间尺度下大米市场的空间自相关系数

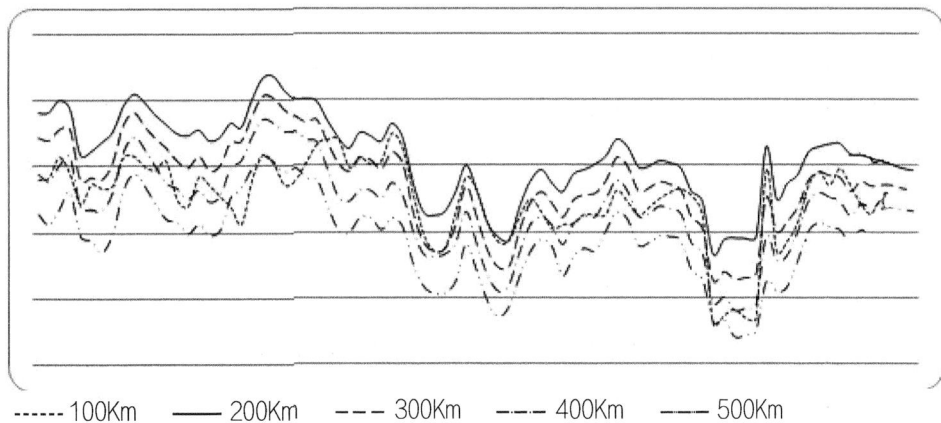

------100Km ——200Km ---300Km ---400Km ——500Km

图 6　不同空间尺度下小麦市场的空间自相关系数

从图 5 和图 6 中，我们发现以下几点特征：

第一，在不同的距离权重下，粮价的空间自相关系数呈现一定的规律性。在多个距离权重的计算结果中，空间自相关系数随着距离的增加先增大后减小，而以 200 千米权重下的空间自相关系数最高，其后空间自相关系数随空间权重距离的增大而呈现递减的趋势。需要指出的是，粮价空间自相关系数并不以 100 千米，而是以 200 千米为空间权重距离为最大，是由本文选取的粮价数据特性决定的。因为清代粮价数据是以府级政区为单位进行统计的，一般来说，大部分府的中心点之间的距离都在 200 千米左右，导致以 100 千米为空间权重距离计算的结果只包括少部分幅员较小、间距较短的府，大部分的府都未纳入计算范围，所得空间自相关系数偏小。而在 200 千米以上的空间权重距离下，空间距离越大，粮价的空间自相关系数越小，粮价的空间自相关性随着距离的增加而减弱，即粮价的空间相互作用符合距离衰减规律。这就说明价格信号的传导机制确实在清代粮食贸易中发挥了作用，并且这种价格信号的传导机制在距离越短时发挥的效率越高。可以说清代粮食的长途贸易也是建立在大量的短距离贸易的基础上的，并且依靠一套具有连续性的价格传导机制在发挥调节作用。

第二，在不同距离的空间权重下得到的价格空间自相关系数，大米市场比小麦市场随距离的波动性要小。这一特点在图 5 和图 6 中的曲线形态上得以表现，大米市场的 100 千米—500 千米曲线要比小麦市场的曲线排列得更加紧密，曲线之间的间隙要小很多，这表明距离变化对小麦市场的空间自相关性的影响要大于大米市场。

小麦市场对贸易距离的敏感程度要高于大米市场，随着距离的增加，小麦市场的空间自相关性比大米市场下降得更快。为了说明这一问题，可以通过设定不同距离的空间权重，然后比较不同权重下空间自相关系数随距离的变率。图 7 表示了 1750 年和 1780 年两个年份在 100 千米—1 000 千米内不同权重矩阵下的 Moran's I 的值与距离的关系。（横轴表示距离，纵轴表示 Moran's I 值。）由图 7 中曲线的斜率可以看出，大米价格的 Moran's I 值随距离增加而下降的斜率比小麦市场要小。这一现象可以从大米和小麦产销区域的运输效率差异程度来解释。大米的主要产区和运销区域都在南方，小麦的产区和运销区主要分布在北方，南方的水运系统较北方发达，运输效率更高。因而在相同的投入条件下，南方市场的大米能到达更远的距离进行贸易，价格在空间上的相互作用可以达到更远距离，因此大米价格的空间自相关系数对距离的弹性要低于小麦价格。

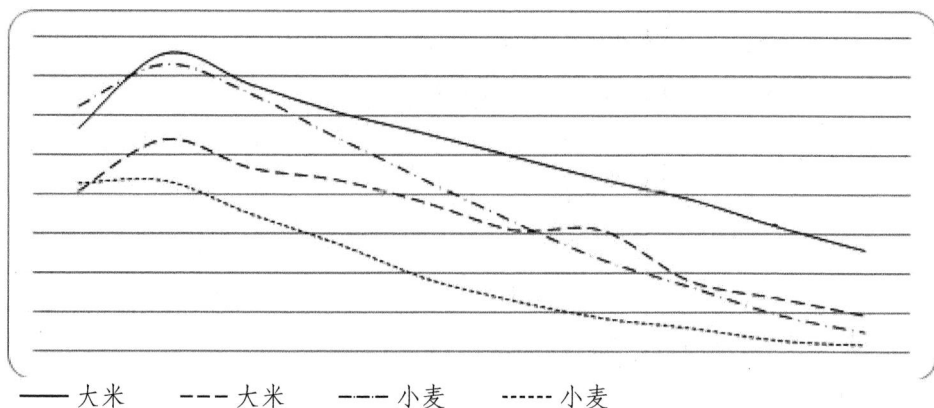

—— 大米　- - - 大米　— - 小麦　······ 小麦

图 7　不同距离权重下的空间自相关系数

（三）局部性空间自相关分析

全局性空间自相关分析仅能对所有府的粮价空间自相关性作出宏观判断，不能很好地揭示粮价在局部区域的集聚性特征，因此还需要采用局部性空间自相关分析方法对以上数据作进一步分析。局部性空间集聚地图可以直观地展示各种空间冷点、热点的分布情况，用于探索粮价的空间关联模式及其分布区域，并清晰呈现出地理单元空间相互作用类型的区域特征。下面，笔者选取全局性空间自相关分析中 Moran's I 指数最高值、普通值及最低值的代表性年份，以粮价分布图和集聚地图分析其局部性空间自相关模式，以此来识别各种空间关联模式的冷热点区域的分布特征。大米市场选取的年份为 1806 年、1778 年、1797 年，其 Moran's I 值由高到低分别为 0.728 0、0.317 9、0.144 7；小麦市场选取的年份为 1759 年、1781 年、1803 年，Moran's I 值由高到低分别为 0.742 7、0.217 6、0.159 8。

1. 大米市场

在图 8 中，左侧是米价分布图，反映的是米价分布的基本空间格局；右侧是米价冷热点分布图，反映的是米价空间自相关性的局部性特征。1806 年是粮价空间自相关性最强的年份，该年的全局性空间自相关系数处于 0.728 的高水平上。局部性空间相关性显著的地理单元数量较多，热点和冷点区域规模均较大。就具体区域而言，粮价分布"高—高"型空间关联的热点区域主要出现在长江下游地区，"低—低"型空间关联的冷点区域主要出现在长江上游、长江中游和西南地区。无论是热点区域还是冷点区域，均呈现大范围的连续性分布态势。这一粮价空间分布格局是与清代的粮食产销格局保持一致的。在清代，长江下游和东南沿海是粮食短缺的两大区域，粮价普遍较高，所以会出现"高—高"型空间分布的热点区域，成为高粮价集聚区。而"低—低"型的冷点区域分布于粮食的主产区，粮食剩余量大，在粮食贸易中处于供给地区，因此形成大规模连片的低粮价集聚区。大米的产销地区几乎未出现严重的旱涝灾害，粮价呈现正常年份的分布格局，高粮价集聚区以长江下游为主，低粮价集聚区以长江上游及西南地区为主，且粮价具有明显的地区梯度差异，自西向东依次递增，具有很强的空间集聚性。

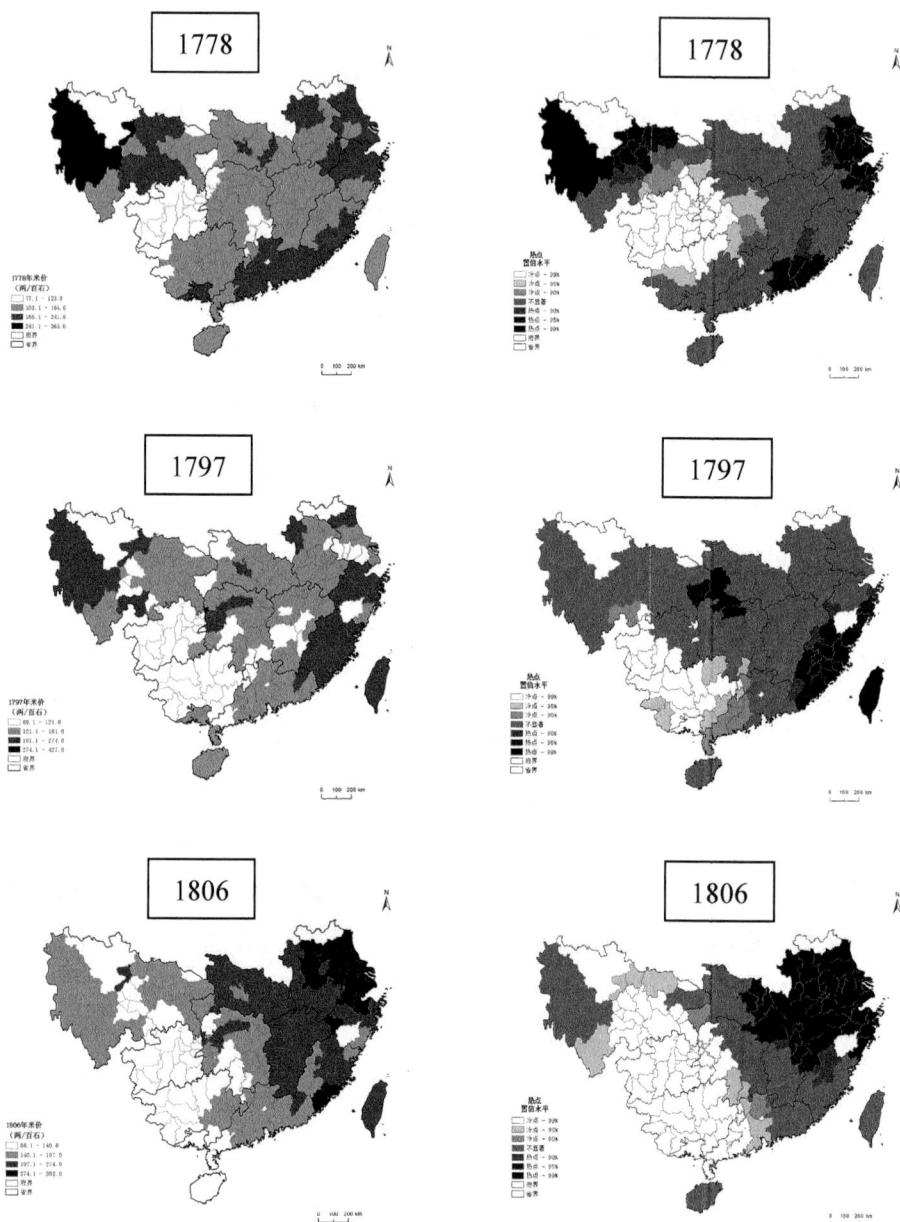

图 8　大米价格的空间分布及其热点区域

一般情况下，东高西低的格局是粮价空间分布的常态，然而区域性的自然灾害或社会动荡不时会将这种常态打破，出现西部局部地区的粮价高于东部地区的现象。在这种情况下，粮价的空间关联模式也将出现异常，全局性空间自相关系数会相应地降低，而局部性空间自相关的冷热点区域范围随之缩小，原有的粮价空间分布模式也会发生变化。

1778年属于粮价空间自相关性偏弱的年份，该年的全局性空间自相关系数为0.3179。局部性空间相关性显著的地理单元数量较少，冷点和热点区域的规模缩小。就具体的局部性区域而言，粮价的热点分布区域不再集中，长江上游、长江下游及华南的局部地区均有出现，呈散状分布，且冷热点的规模均不大。冷点区域主要集中于湖南及贵州地区，规模也有所减小。据《中国近五百年旱涝分布图集》载，[①] 1778年的旱涝等级分布图显示，长江上游、中游地区出现了大范围旱情，四川地区部分受灾府州的粮价明显高于周围府州，甚至达到高于长江下游和东南沿海地区的程度。总体而言，粮价空间分布不同于往年东高西低的格局。东部地区出现"高—高"型空间关联、西部地区出现"低—低"型空间关联的区域减小，且热点分布不集中，出现较多"高—低"型和"低—高"型的空间关联，因而粮价分布的空间集聚性减弱。与此相应，该年的全局性空间自相关系数也降到较低水平上。

1797年是粮价空间自相关性最弱的年份，该年的全局性空间自相关系数处于0.144 7的低水平上。局部性空间相关性显著的地理单元数量最少，热点和冷点区域规模均较小。具体而言，"高—高"型热点区域不再分布于长江下游地区，而是转移到东南沿海的福建等地；"低—低"型冷点区域则集中在西南的贵州和广西范围内。据《中国近五百年旱涝分布图集》载，1797年的旱涝等级分布图显示，长江中游和西南的贵州等地区出现局部的偏旱区域，从粮价空间分布图可见，多地出现局部地区的粮价高于周围地区，四川西部、湖南西部和湖北中部等地的部分府州粮价都远远高出周围地区，粮价空间分布呈现碎片化格局，粮价空间自相关性受到影响。从旱涝分布图来看，虽然该年的旱灾并不严重，受灾范围也不大，但这一时期发生的白莲教战争是造成粮价空间自相关性减弱的主要原因。

2. 小麦市场

在图9中，左侧是麦价分布图，右侧是麦价冷热点分布图。由图9可见，小麦市场的价格在空间自相关性强的年份，全局性空间自相关系数较大，大部分的地理

---

① 参见中央气象局气象科学研究院编：《中国近五百年旱涝分布图集》，地图出版社，1981年。

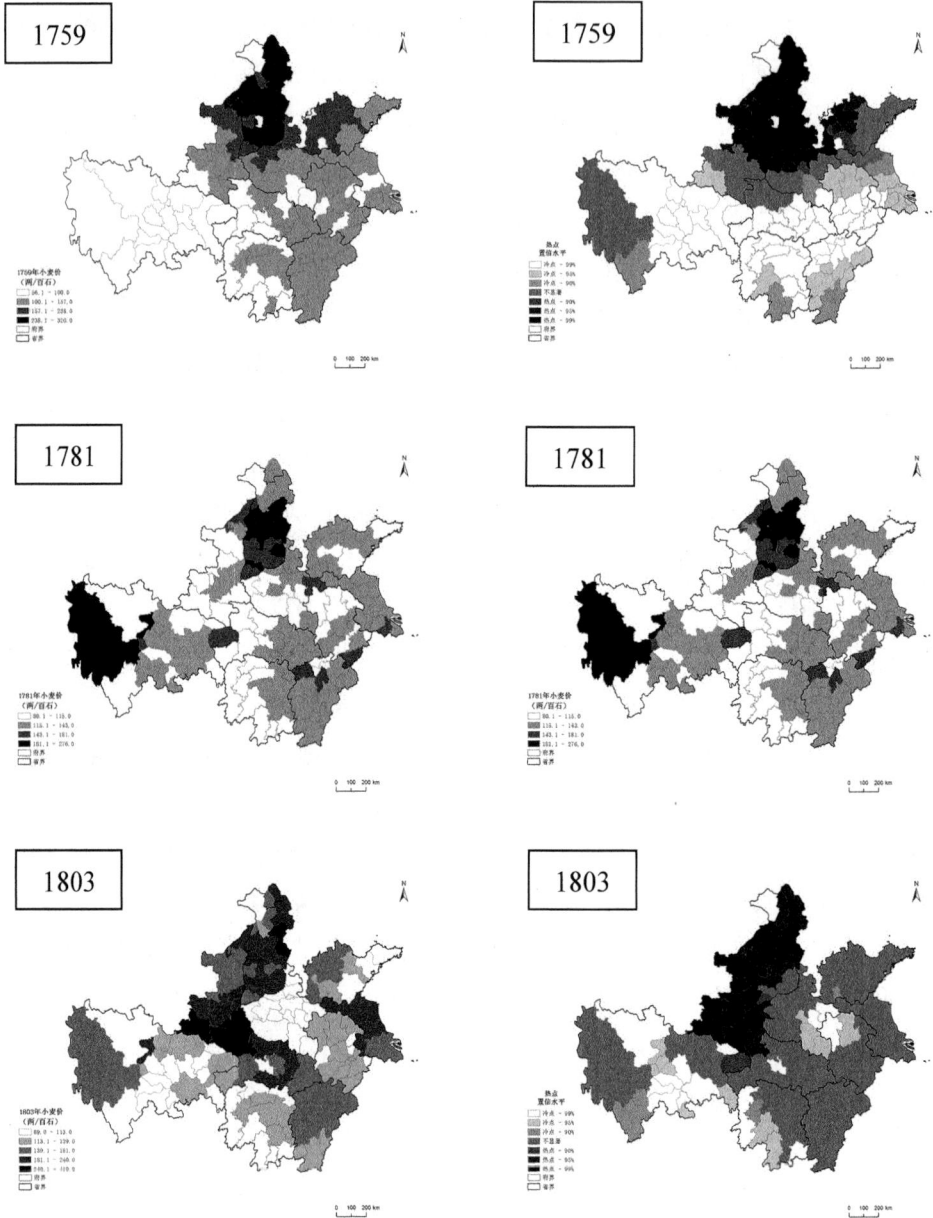

图 9 小麦价格的空间分布及其热点区域

单元都具有显著的空间相关性，且"高—高"型和"低—低"型集聚的地理单元占大多数，热点和冷点集中分布非常明显。由于长江流域粮食剩余较多，沿江的粮食运输非常活跃，加上沿运河运往北方的漕粮，小麦价格的空间分布呈现由南向北逐渐增高的趋势，形成北高南低、东高西低的基本格局，空间集聚性非常显著，北部和东部易于形成"高—高"型的热点集聚区，西部和南部易于形成"低—低"型的冷点集聚区。而当这一粮食产销格局被各种因素扰乱时，小麦价格的空间分布容易呈现碎片化的格局，价格高的区域随机性地出现在各个区域中，表现为较低的空间集聚性，冷点热点分布的区域表现不显著，且较多地出现"高—低"型和"低—高"型的空间关联，全局性空间自相关系数较小。

1759年，小麦价格空间自相关系数高达0.742 7，空间自相关性处于较高水平，由小麦价格的空间分布图可见，其格局是北高南低、东高西低，呈现显著的空间地带性分布。再从冷热点分布图可见，冷热点区域大范围地出现，且区域性特征明显，北部为"高—高"型空间关联的热点区域，南部为"低—低"型空间关联的冷点区域，"高—高"型和"低—低"型集聚的地理单元占所有地理单元的比例很高，具有明显的空间集聚性，因而空间自相关系数较高。

1781年，小麦价格分布的空间自相关系数只有0.2176。根据《中国近五百年旱涝分布图集》可知，长江中游、江西部分地区出现旱灾，山东、安徽和四川的部分地区出现涝灾，导致这些地区粮价高于周围，同时山西一直以来都是高粮价地区，因此，1781年小麦价格的空间分布图中出现了多处高粮价地区，没有呈现规律性的分布模式。从图9可以看出，北部的山西地区仍是"高—高"型集聚区，"低—低"型集聚区出现在湖北和湖南的部分地区。总体而言，空间自相关性不显著的地理单元占较高比例，"高—高"型和"低—低"型两种集聚类型的地理单元占所有地理单元的比例不高，"高—低"型和"低—高"型两类地理单元夹杂分布于其间。因此，1781年小麦价格分布的空间自相关系数的减弱，可以说是自然灾害导致的结果。

1803年，小麦价格空间自相关系数仅为0.1598，空间自相关性处于低水平。由小麦价格的空间分布图可见，其格局没有表现出明显的空间地带性分布，而是呈现杂乱无章的碎片化分布，高粮价区域在多处零星分布，不具有规模性。再从冷热点分布图可见，局部性空间集聚的区域出现在北部，为"高—高"型空间关联；西部、南部的少数地区为"低—低"型空间关联。但从总体而言，"高—高"型和"低—低"型集聚的地理单元占所有地理单元的比例不高，很大一部分的地理单元不具有显著的空间相关性，因此 1803 年小麦价格的空间集聚性很弱。据《中国近五百年旱涝分布图集》载，该年并未出现明显的自然灾害，白莲教战乱亦是造成小麦价格空间自相关性严重减弱的主要原因。

四、小结

本文采用 GIS 空间分析方法，对清代 1738—1820 年间的大米和小麦市场的价格空间分布模式演变进行了多角度研究，我们发现清代粮价分布存在地理偏向，其空间分布的基本格局为：大米价格分布东高西低，小麦价格分布北高南低。这既是由地区间的贸易分工所形成的粮食产销区域结构基本决定的，亦是由地理条件、种植结构、人口分布等因素共同作用形成的。

在全局性空间自相关分析中，我们发现大米价格和小麦价格的空间自相关性的总体趋势是先下降后回升。从乾隆朝中后期直至 19 世纪初年，粮价的空间自相关系数急剧下降到较低水平，且存在极不稳定的剧烈波动，这一时期的粮食贸易也开始萎缩，故粮食贸易萎缩也会在粮食价格的空间自相关性减弱上表现出来。距离变化对空间自相关性的影响具有规律性，空间自相关系数随空间权重距离的增大而呈现先增后减的趋势。但不同粮食品种的价格对距离的敏感度却不同，小麦价格空间自相关系数随距离变化的幅度比大米价格要大，说明小麦市场的空间相互作用对距离变化的敏感度要大于大米市场，小麦价格更易于受距离的影响。

本文还对清代粮价进行了局部性空间自相关分析，我们发现在空间自相关性较强的年份，大米和小麦的价格空间分布均表现为常态化格局：大米价格东高西低，长江下游和东南沿海地区形成"高—高"型集聚的热点区域，长江上游、中游和西南地区形成"低—低"型集聚的冷点区域；小麦价格的空间自相关性较强的年份，呈现北高南低、东高西低的特征，北部和东部易于形成"高—高"型集聚的热点区域，西部和南部易于形成"低—低"型集聚的冷点区域。区域性的自然灾害或社会动荡会打破粮价空间分布模式的常态，使全局性空间自相关系数降低，而从其影响强度来看，社会动乱对粮价空间分布格局的影响要比自然灾害更为直接而深远。

清代粮食产销结构的地域性特征明显，各地区发挥自身的比较优势进行农业生产。长江下游、东南沿海及华南地区传统手工业及商业贸易发达，经济作物种植比例高，且发达的工商业城镇聚集了大量人口，导致这些地区成为巨大的粮食消费市场，长期缺粮的局面需要大量外粮的持续输入。而长江中上游地区的农业以粮食作物为主，人地关系不紧张，有大量的剩余粮食可供输出，这一粮食供需格局使长江流域产生了发达的粮食贸易网络。维持这种基于比较优势的地区间劳动分工和区域贸易，充足的粮食供给和顺畅的粮食贸易是经济增长的必要保证。粮食产销格局地域性结构的外在表现是粮食价格的空间分布模式，因而研究粮价空间分布模式及价格空间相互作用关系的演变对于理解区域分工和贸易也具有重要意义。从这个意义上来说，本文从空间分析的角度对清代粮价进行分析，希望对于深入认识清代粮食市场及粮食贸易的演变趋势有所帮助。

经济思想史专题

论近代中国民族企业"事业集合"思想[*]

赵 伟[**]

内容提要： 进入 20 世纪，中国民族企业界逐渐认识到企业扩张发展的大势，形成了"事业集合"的经营思想，明确了扩张发展所具的"横连""纵合""多角"三种维度。其中，"横连"可降低成本，利于研发、改良，避免了恶性竞争，但规模过大容易导致内部管理混乱；"纵合"可节省交易成本，却易出现生产平衡问题；"多角经营法"便于分散风险及内部挹注，但处理不当会造成危机扩散和内部拖累。民族企业必须权衡以确定实行路径。这一经营思想对近代中国民族企业的发展起到了积极的作用，且与现代经济学的产业链整合、企业一体化等理论有一定契合，具有重要的理论价值。

关键词： 民族企业　事业集合　产业链整合　企业一体化　经营思想

企业扩张有多个面向，以往学界对近代中国民族企业的研究多关注于资本的积聚和集中，对生产及业务的整合虽有提及，然论述并不系统深入。[①] 当时有学者提出"资本之聚集"，同时也认识到"事业之规模，亦随所用资本而增大"。[②] 这里的"事业"实际上就是指企业所涉及的生产及业务，企业扩张又可认为是"事业集

---

* 本文系国家社科基金后期资助项目"近代中国民族企业一体化战略研究（1895—1937）"（项目号：15FJL016）阶段性成果。

** 赵伟，苏州科技大学人文学院历史系讲师，历史学博士后，主要从事中国近现代经济史研究。

① 方显廷在《中国之棉纺织业》（商务印书馆，1934 年）一书中考察过中国"纱厂集合之趋势"，严中平在《中国棉业之发展》（商务印书馆，1943 年）一书中也讨论过棉纺织业的民族资本"集中现象的发生"。具有代表性的论文是杜恂诚的《抗战前上海民营企业的资本集中》（《上海经济研究》1997 年第 9 期），专著方面则是马俊亚的《规模经济与区域发展——近代江南地区企业经营现代化研究》（南京大学出版社，2000 年）等。

② 吴应图：《资本问题》，上海中华书局，1929 年，第 46 页。

合"。较之资本概念，这一思想并非扩张本质的揭示，而是扩张形式的总结。笔者认为"事业集合"这一表述直观和明确地反映了企业扩张的内容及行为特征，遂用来概括近代中国此类企业经营的思想。对其进行系统梳理，将有助于从资本之外的面向认识近代民族企业发展的脉络，也便于追溯现代经济学理论的近代中国话语表述方式。当下关于中国近代民族企业的经营管理思想的论述还主要局限于作为实践者的企业家及企业高管，[①] 企业评论人及经济学者的思想则鲜有论及。笔者将结合对这两类群体的考察，全面梳理"事业集合"思想的发展脉络，以揭示这一思想对近代中国民族企业发展所起到的积极作用。[②]

一、对"事业集合"趋势的认识

19 世纪末 20 世纪初，世界企业生产规模不断加大，大型企业纷纷出现。对此，中国民族企业界的实践者和理论者都有充分的认识。

大生集团是近代中国首个大型民族企业，尽管其扩张模式存在诸多问题，但其创建者张謇晚年（1925）依然认为：办实业"在大农、大工、大商"。[③]"大"字即含有大规模的意思。这种认识的产生除源于民族企业家的经营实践外，还有鉴于国外经验。荣氏集团创始人之一的荣德生，早在 1900 年经营钱庄的时候就"看《事业》杂志、《美十大富豪传》"，[④] 其兄荣宗敬则一贯"力图扩大"，追求"事业之大"。[⑤] 关于扩张的实现方式，民生公司的创办人卢作孚主张"化零为整，合并许多公司"。[⑥] 由此必然导致管理组织由简单而趋于复杂，并形成各业大规模之联合及合并的局面。中国企业经营公司的主持者刘鸿生认为这是经济社会"自然之趋势"。[⑦] 而对于"无规模组织"的企业，永安集团的郭乐认为是"茫然于商战之

---

① 代表性专著有钟祥财：《中国近代民族企业家经济思想史》，上海社会科学院出版社，1992 年。

② 代表性论文有江满情：《论刘鸿生的同业合并思想及其实践》，《安徽史学》2006 年第 3 期。

③ 张謇：《为南通保坍会及垦地致陈省长函》，载张怡祖编：《张季子九录·自治录》卷 4，文海出版社，1965 年，第 19 页。

④ 荣德生：《乐农自订行年纪事》，载上海大学、江南大学《乐农史料选编》整理研究小组选编：《荣德生文集》，上海古籍出版社，2002 年，第 31 页。

⑤ 荣德生：《先兄宗敬纪事述略》，载上海大学、江南大学《乐农史料选编》整理研究小组选编：《荣德生文集》，上海古籍出版社，2002 年，第 316—317 页。

⑥ 卢作孚：《一桩事业的几个要求（代序）》，载《民生实业公司十一周年纪念刊》编辑委员会编：《民生实业公司十一周年纪念刊》，民生实业股份有限公司，1937 年，第 4 页。

⑦ 上海社会科学院经济研究所编：《刘鸿生企业史料》中册，上海人民出版社，1981 年，第 15 页。

形势"。①

这一趋势自然受到企业评论人的关注。早在 1912 年就有论者指出"企业之法乃日趋于集合"。所谓"集合"不仅是企业"以吸收资本者而吸收事权",而且是"以吸收事权者而集合事业"。可见,资本和事业是企业扩张的两个面向,"事权"是指对某一生产及业务经营管理的控制权,"集合事业"实际上是整合生产及业务的意思。论者相信,20 世纪企业发展的趋势是"由分业一变而为集中企业"。②这里的"集中企业"应该是"许多小工厂的大集合",③与现代一体化企业有某种程度的相似。还有论者认为,自工业革命以来,"先进国生产事业莫不趋于大规模之组织"。④对此,有工商管理类的著作进一步解释道,"大规模事业是近代事业界的一个特色",而所谓"大规模事业(Large scale business)",即与"大规模企业(Large scale enterprise)大致差不多"。⑤而就欧美经验看,企业"集合事业"主要由企业家们主持企业合并或联合来完成,对此有论者称:"自 19 世纪后期,企业家的结合已成了最重要的发达了。"⑥尽管表述方式多样,这一时期的中国企业评论者已经认识到"集合事业",扩大生产规模,组织大型企业已成为世界潮流。

其时,日本棉纺织企业是我国民族企业的主要竞争对手,自然也成为中国棉纺织业经济专家重点分析的对象。学者王子建发现,20 世纪 30 年代初,日本棉纺织业"大的公司逐渐膨胀,小的公司遂难于立脚","未见得是少数威权者所能完全支配操纵",但"'联合'(Combine)的局势已成"。⑦兼具棉业专家和企业家身份的穆藕初认为,这种"局势"是"日本纺织家正在预备一伟大计划……从事于大组合",⑧而中国民族棉纺织企业若要与之竞争,就必须"应世界之新运,非从速组织我国纺织业托赖斯不为功"。⑨

可见,在看到了"事业集合"趋势的同时,近代中国民族企业界对顺应潮流的重要性和必要性具有深刻认识。1912 年发表的《资力集合论》一文认为,中国民

---

① 上海市纺织工业局等编:《永安纺织印染公司》,中华书局,1964 年,第 11 页。

② 《资力集合论》,《东方杂志》第 9 卷第 2 号,1912 年 8 月 1 日,《内外时报》第 14 页。

③ 潘念祖:《提倡工厂的积极办法》,《申报》1919 年 6 月 23 日,第 11 版。

④ 龙:《述大规模生产事业》,《钱业月报》第 3 卷第 5 号,1923 年 6 月 15 日,第 17 页。

⑤ 杨端六:《工商组织与管理》,上海商务印书馆,1948 年,第 18 页。

⑥ (英)G. M. Colman 著,蔡庆宪译:《企业的结合》,大东书局,1929 年,第 15 页。

⑦ 王子建:《日本之棉纺织工业》,社会调查所,1933 年,第 31 页。

⑧ 《日本纺织托赖斯之大计划》,载穆湘玥等撰:《藕初五十自述·附刊·藕初文录》上卷,上海商务印书馆,1928 年,第 14 页。

⑨ 《今后东方纺织业竞争之大势》,载穆湘玥等撰:《藕初五十自述·附刊·藕初文录》上卷,上海商务印书馆,1928 年,第 45—46 页。

族企业应"于资力及经营上实行合并主义";如果要在世界市场的竞争中占有一席之地,就必须"以集资主义为唯一之政策,唯一之商略"。"集资主义"的另一面向即"集合事业","合并主义"是"集合事业"的一种方式,"政策"及"商略"则类似于现代话语中的企业战略。可见,该论者不再把"事业集合"看作常规战术经营行为,而是将其放到企业经营战略层面对待,并强调这是与国外大企业抗衡的唯一道路。如果故步自封,民族企业将"不能与世界之大商工业相角逐",不"集合事业"而"以为对抗外人计",则"中国人之生路必为外人垄断罄尽"。因此,中国企业推行"事业集合"是"人民生死问题,国家之存亡问题,非特工商业发展失败之关系"。这种带有经济民族主义的阐释,把重要性和必要性的含义从企业经营的个体层面提升到国家及民族的整体高度,具有鲜明的时代特征。[①]

综合考量,当世界出现企业"事业集合"的扩张趋势后,近代中国民族企业界便认识到这一潮流,其经营理念是与世界同步的,同时也明确了其时的经营战略,实质是提出了追赶的要求。

二、"事业集合"内涵及维度的理解

关于"事业集合"的内涵,当时的企业评论者有两种解释。一种看法认为是企业扩张其"事业"及"事务",并将其置于同一管理之下,即"一机关为之"。[②] 这种理解强调企业对生产及业务的扩张以及协调统一管理,与现代经济学中产业链整合之意类似。[③] 由于企业"事业"及"事务"的承载者是具体的单位及机构,另一种观点认为"事业集合"是生产机构合并,即"集合几个大工厂在一个管理机构之下",[④] 形成大规模组织,即"某种事业在一个最高管理之下进行的状况"。[⑤] 这种以组织单位的集合来解释企业扩张,接近于现代经济学中以组织交易为核心的企业一体化概念。[⑥] 两者定义的角度虽然不同,但并不矛盾,都是对企业扩张现象的概括

---

① 《资力集合论》,《东方杂志》第9卷第2号,1912年8月1日,《内外时报》,第16—17页。

② 龙:《述大规模生产事业》,《钱业月报》第3卷第5号,1923年6月15日,第21页。

③ 产业链整合的目的是要"产生协同运作的效果"。参见白永秀、惠宁主编:《产业经济学基本问题研究》,中国经济出版社,2008年,第150页。

④ 应远涛:《大规模的工业生产与合并制度》,《中国工业》第2卷第4期,1944年4月15日,第20页。

⑤ 杨端六:《工商组织与管理》,上海商务印书馆,1948年,第18页。

⑥ 企业一体化理论是"从组织交易成本角度出发考虑企业的规模(边界)的问题"。参见刘彪文:《企业成长论》,线装书局,2010年,第20页。

总结。

　　具体以棉纺织业为例，有论者指出 20 世纪 30 年代的日本纺织大公司"均自办织布工厂以求工程之'单一制'"，其中四家"更设漂染印花工厂，其工程又进展于'全单一制'"。[①] 关于日本企业对纺纱与织布，甚至与漂染、印花等生产"事业"的集合经营，论者认为是谋求生产工序的"单一制"，即将原属多个企业的多个生产工序集合起来，由某一企业统一管理，而"全单一制"是指对全套产业链条的统一管理。可见，企业"事业集合"内涵的核心是生产或业务的"同一管理"，而规模达到一定程度就会形成垄断或寡头垄断。

　　关于"事业集合"的维度，当时民族企业界认定有"横连""纵合""多角"三种。现代经济学把产业链整合分为水平、垂直、混合三类，企业一体化也有横向及纵向之分，还有多元化之说。前后概念表述上的历史渊源关系显而易见。

　　由于横与纵是相对的两个维度，二者往往会被放在一起定义。

　　"大规模生产"，可以是同种产业的工场，集合于单一管理之下，称为"横的资本结合"；也可以是"连续生产阶段的工场（如造币厂、印刷厂等），集合于同一管理之下"的"纵的资本结合"。[②] 虽然仍以"资本"概念相称，但定义内容都使用了"产业"及"生产阶段"的释义，实际上即当时所称的企业涉及的"事业"，"单一"及"同一"管理也表达出了"事业集合"的核心意思。不仅如此，横与纵的区别还在于所集合的事业的种类及关系，前者是"同种"的，而后者是"连续"的。也有学者把横及纵的结合简单地以"同类的结合"与"异类的结合"加以区分。[③] 不过，"异类"一词不能反映出纵的"事业集合"所要求的"连续"关系。对此，《企业的结合》一书明确解释道："横断的结合"就是"各种相同事业的结合"，而"纵断的结合"则是"不同一的阶段内生产"的结合，并进一步解释说"纵断"是"经营一种物品生产的各阶段的，但它们并不超越于这种范围之外"。[④] 这就直接从"事业"的面向来解释企业扩张，并指出纵向维度是阶段性不同"事业"的整合，但不超出某一物品生产范围，有别于多种不同物品生产"事业"的整合。

　　更到位的定义是，"横连（Horizontal Combination）"即"置同类之事业于同一

①　汪孟言：《英人之日本纺织观》，《纺织周刊》第 5 卷第 6 期，1935 年 2 月 16 日，第 165 页。
②　乐天辑：《名词浅释》，《自修》第 221 期，1943 年 6 月 2 日，第 5 页。
③　简贯三：《论大规模的工业组织》，《申报》1946 年 12 月 23 日，第 9 版。
④　著者不详，蔡庆宪译：《企业的结合》，大东书局，1929 年，第 8—9 页。

管理之下";"纵合(Vertical Combination or Integrity of Industry)"即"对于一种事业,自生产原料,制成商品,以至销售此商品,皆由一机关为之"。[1] 论者采用了"事业"面向的解释,又切中了"集合"的核心意思。其中,对纵的理解已接近现代经济学对产业链的定义。[2]

此外,还有一些定义从承载单位层面阐释:企业扩大规模有两种模式,一种是"同种部门的横断的(水平的)结合",另一种是"上下异种部门间之纵断的(垂直的)结合"。[3] 企业的"事业"以部门的组织形式进行管理,"集合事业"也就是"结合部门"。值得注意的是,对"纵断"的解释中出现"上下异种部门"的概念。这里的"上下"实际上有现代经济学中纵向链条上游和下游的意思。[4] 还有一些定义从企业合并角度去解释,并突出强调了统一管理的核心意思。如,有工商类著作把"横式合并(Horizontal Combination)"解释为"两个以上制造相同产品之企业,共受另一主脑机关管理之组织方式",而"纵式合并(Vertical Combination)"是"两个以上制造不相同产品之企业,共同受另一主脑机关管理之方式"。[5] 此处关于纵的解释仍然只表达了"不相同"的意思,不够完全。还有论者对横与纵采用了较为特别的概念名称,认为"平面性的合并"是"将几个出产同样出品的工厂联合在一个管理机构之下",而"立体性的合并"是"将若干有关制造的必要手续集合在一个管理机构之下",并进一步解释说"这些制造手续大致有共同的性质",还举例"在美国,纺和织往往由一家工厂担任"。[6] 虽然"立体性"不好理解,但从所举例子来考察,就是指"纵合"。

可见,"横"与"纵"是此类概念的关键字。与"横"同指的还有"水平""平面",英文即"Horizontal",核心意思是"同",即"同种产业""相同事业""同类事业""同种部门""制造相同产品之企业""同样出品的工厂"等;与"纵"同指

---

① 龙:《述大规模生产事业》,《钱业月报》第3卷第5号,1923年6月15日,第21页。

② 荷利汉(Houlihan, 1988)认为产业链是从供应商开始,经生产者或流通业者,到最终消费者的所有物质流动。参见芮明杰、刘明宇、任江波:《论产业链整合》,复旦大学出版社,2006年,第6页。

③ 曾广勋编:《世界经济与产业合理化》,上海社会书店,1932年,第74页。

④ 一般而言,在一个经济体系中,商品沿纵向链条"移动"——从原材料和零部件到生产,再经过运送和零售。经济学家认为,处于纵向链条前面步骤的是生产过程的上游,处于后面步骤的则是生产过程的下游。参见(美)贝赞可等著,詹正茂等译:《战略经济学》,中国人民大学出版社,2006年,第112页。

⑤ 财政部财务人员训练所、盐务人员训练班编印:《工商管理》,1943年,第41、39页。

⑥ 应远涛:《大规模的工业生产与合并制度》,《中国工业》第2卷第4期,1944年4月15日,第20—21页。

的还有垂直、立体，英文即"Vertical"，核心意思是"连续"及"同质"，即"连续生产阶段""不同一的阶段内生产"、有"共同的性质"的"制造手续"，并可以扩展到原料的生产或采购以及产品的销售阶段。

除抽象的定义外，横与纵的概念也出现在对国外棉纺织企业发展状况的认识中。著名经济学家马寅初认为日本纺织业形成托拉斯，"其组织又有纵横之不同"。"横的结合"是"同种类企业，集合于一个管理之下"，"如各纺纱厂共同结合成一极大纺纱厂团体"；"纵的结合"则将纺纱厂、织布厂、染色厂"集合于一个管理之下"。[①] 纺织产业经济专家王子建指出日本棉业界出现"纵断的组织"，即"从纺纱织布以至于漂染加工，在同一企业之下依着生产的程序从事一贯的工作"。[②] 除日本外，民族企业家刘国钧出国考察时发现，美国纱厂多数为"纵式连合"，"皆有纺织两部，少数亦有染整部分"，英国则"多纺厂、织厂分立"为"横式连合"。[③] 面对世界主要工业国纺织企业"事业集合"的趋势，有论者认为"今后新办工厂，当以中大规模联合工场为最宜，每一集团自纺而织而染而印"。[④] 这些表述也再次说明近代中国企业界中普遍存在"横连"与"纵合"的观念。

横与纵的扩张理念也出现在近代民族企业家朴素的认识中。早在与人合办无锡振新纱厂时，荣德生就提出在上海、南京、郑州创办分厂，认为"要拿大钱，所以要大量生产"。[⑤] 对此，其兄荣宗敬指出两种实现方式，一是通过自建，"造厂力求其快""扩展力求其多"；[⑥] 二是通过并购，"厂子不管好坏，只要肯卖，我就要买"，[⑦] 目的是要"多办面粉厂与纺织厂"。[⑧] 更为庞大的想法出自无锡永泰丝厂的企业主薛寿萱，他计划组建丝厂"托辣斯"，并草拟了"兴业丝茧贸易公司"的方

① 马寅初：《日本工业进步之原因》，载氏著：《马寅初全集》第9卷，浙江人民出版社，1999年，第351—353页。

② 王子建：《日本之棉纺织工业》，社会调查所，1933年，第19—20页。

③ 缪思三：《访美报告纲要》，载李文瑞主编：《刘国钧文集·附录》，南京师范大学出版社，2001年，第23页。

④ 陈思新：《吾国纺织业将来之展望》，《纺工》第1卷第2期，1941年4月，第4页。

⑤ 荣德生：《乐农自订行年纪事》，载上海大学、江南大学《乐农史料选编》整理研究小组选编：《荣德生文集》，上海古籍出版社，2002年，第71页。

⑥ 李国伟：《荣家经营纺织和制粉企业六十年》，载中国人民政治协商会议全国委员会文史资料研究委员会：《工商史料》第1辑，文史资料出版社，1980年，第6页。

⑦ 薛明剑：《协助荣德生办理申新三厂的会议》，载上海大学、江南大学《乐农史料选编》整理研究小组选编：《荣德生与企业经营管理》下册，上海古籍出版社，2004年，第864页。

⑧ 《总经理自述》，载茂新福新申新总公司编印：《茂新福新申新总公司卅周年纪念册》，1929年，第1页。

案。[①] 不同于前两者,大中华火柴公司总经理刘鸿生主张民族火柴业应通过"同业联合"来实现"大规模之制造"。[②] 这些想法都是关于企业横向"事业集合"的主张。另外一些民族企业家则表达了纵向"事业集合"的诉求。永安纺织染公司的郭乐认为纱厂应"有织布厂相助,用本厂纱,织本厂布",并且"业纺织者必须兼办印染厂"。[③] 对此,常州大成纺织染公司的刘国钧有更简洁明确的表述,即"以纺、以织、以染,三位联营",[④] 强调"集纱厂、织厂、染厂于一堂"[⑤] 以图发展。这些想法及认识虽然无法达到现代企业战略所定义的标准,但这些民族企业家都一贯以此作为企业扩张发展的方向,最终形成的企业结构类型也与之相关,实际上产生了企业战略的效果。

当然,除将横与纵视作企业扩张的第一和第二"基本线"之外,还有论者提出了第三种"基本线",即"纵横综合的结合之扩大",[⑥] 换句话说就是"横连与纵合政策,可以兼行而不废"。[⑦] 不过,纵横综合或兼行,实际上是两种扩张"基本线"的结合使用,维度属性并没有跳出前两者的范围。

"多角经营法"可以看作是第三种基本线。这是一种"兼营数种事业"[⑧] 的扩张维度,即集合无关联的异种事业的经营行为。1926年《纺织时报》第1300号头版报道,在华日资纱厂钟渊纺织会社"力谋多角经营之扩大",所涉及事业"不特纱线织物之整理与销售",而将扩展到"各种原料之生产及副产物之利用"。[⑨] 对此,民族企业家也有相关的认识。郭乐认为"兴办实业则尤为愈多愈好",[⑩] 以简单的语言表达了相近的意思。刘鸿生是近代民族企业家中推行多角经营战略的典型代表。他在给五子刘念孝的信中说:"我并没有让我所有的鸡蛋都放在一个篮子里,那就

---

① 高景岳、严学熙编:《近代无锡蚕丝业资料选辑》,江苏人民出版社、江苏古籍出版社,1987年,第357页。

② 上海社会科学院经济研究所编:《刘鸿生企业史料》上册,上海人民出版社,1981年,第127页。

③ 上海市纺织工业局等编:《永安纺织印染公司》,中华书局,1964年,第43、117页。

④ 刘国钧:《建设纺织公司计划书》,载李文瑞主编:《刘国钧文集·论著卷》,南京师范大学出版社,2001年,第41—42页。

⑤ 刘国钧:《致查秉初》,载李文瑞主编:《刘国钧文集·函电与其他》,南京师范大学出版社,2001年,第59页。

⑥ 曾广勋编:《世界经济与产业合理化》,上海社会书店,1932年,第74页。

⑦ 龙:《述大规模生产事业》,《钱业月报》第3卷第5号,1923年6月15日,第22页。

⑧ 《新词诠》,《中华周报》第42号,1932年8月20日,第1045页(每一年统一编页)。

⑨ 《钟纺扩大多角经营》,《纺织时报》第1300号,1926年7月16日,第1版。

⑩ 上海市纺织工业局等编:《永安纺织印染公司》,中华书局,1964年,第21页。

是说，所有我的资财都是分开投资的。"① 这一比喻以朴实的语言形象地表现了"多角经营法"的内涵。更有甚者，荣氏企业集团的荣德生，勾画了"天元实业公司"的宏伟蓝图。这一构想包括："（一）属于'土'的方面：凡煤、石灰、水泥、砖瓦等类皆是；（二）属于'金''木'方面：如开采矿苗、冶金、铸锻、铁工、化学、塑胶，以至筒管、棉条筒的制造均是；（三）属于'食品方面'：则面粉、饼干、点心之属皆是；（四）属于'水'的方面：如漂粉水之类；（五）属于'火'的方面：即电气等是；（六）属于'纺织'方面：包括棉、麻、毛、丝、人造纤维的纺、织、印染、整理、裁制、缝纫等。"② 这实际上是一个以"多角"为总体框架，兼有"纵合"深度的"事业集合"战略设想。

"横连""纵合""多角"三种维度的确定，为民族企业根据内外环境选择战略方向提供了指引，促成了多样的民族企业集团的形成。"横连"较为典型的有，武汉裕大华棉纺织集团，实行棉纺生产同类事业的集合；无锡永泰缫丝集团，实行制丝生产同类事业的集合；荣氏企业集团，分别是棉纺生产和面粉生产同类事业的集合。相对于裕大华和永泰的一元"横连"形式，荣氏则是二元"横连"。"纵合"在棉纺织业比较明显，有常州大成纺织印染集团、无锡丽新纺织印染集团、上海鸿章纺织印染集团等，实现的是纺织印染生产连续阶段的"事业集合"。实施"多角经营法"的民族企业有大生集团（涉及棉纺织业等各种轻工业、交通运输、金融、商业、服务业等），刘鸿生企业集团（涉及火柴、水泥、毛纺织、搪瓷制品、煤球、煤炭销售、银行、保险等事业），周学熙企业集团（涉及煤矿、水泥、棉纺织、银行等行业），通孚丰集团（"通"指通惠实业公司，"孚"是中孚银行，"丰"即阜丰面粉厂），永安集团（涉及工、商、贸易、金融各业）等。

三、"事业集合"的利益分析

1913 年，张謇曾向大生纱厂的股东们表示："纱厂必谋扩张耳，扩张则必有利耳。"③ 而"横连""纵合""多角"三种"基本线"的利益表现各有不同。

---

① 上海社会科学院经济研究所编：《刘鸿生企业史料》上册，上海人民出版社，1981 年，第 282 页。

② 荣德生：《乐农自订行年纪事续编》，载上海大学、江南大学《乐农史料选编》整理研究小组选编：《荣德生文集》，上海古籍出版社，2002 年，第 151—152 页。

③ 张謇：《大生崇明分厂十年事述》，载张怡祖编：《张季子九录》卷 5《实业录》，文海出版社，1965 年，第 13 页。

对以"横连"方式"集合事业"的企业，有论者认为"大量生产，成本就可以减轻"，[1] 或者说"有种种经济，便利或优待"，"易于获利"。[2] 专门研究棉纺织工场设计与管理的学者也认为，"欲减轻成本，必须将原有设备，加以扩充，使生产增加，而开支得以减轻"。[3] 这实际上就是现代经济学中所讲的规模经济效应。

归纳当时的相关论述，[4] 降低成本主要体现在以下五个方面：

其一，"节省动力"，主要指在"开办费方面"。以发电机为例，小规模工厂至少需要一个，规模扩大数倍却并不需要发电机也随之增加相应倍数，节省了装配费和用电量。

其二，"节省机器"。大规模工厂"机工之不息"，"可以日夜开工"，机器使用时间长，使用数量可以减少，"每小时工作内所占成本之成份必然减低"。

其三，"分工既精，则管理之费用省"。大规模生产利于分工，"使一般职工更趋于专门化，制造步骤分得更精密"。这样可以充分发挥单个生产者或管理者的效能，从而节省成本。又因为"其制度咸取一致"，管理则"经济而有效力"。

其四，"购进原料与售出货品，经济上实具有效力"。由于大批量地采购，原料厂家可给予"较大之折扣"，手续费用也不会随之增加。而由于销售量规模很大，"费用特减"，如"担客及售货人旅行费"。无论是原料还是出品，大规模运货都导致"运输费之减省"。

其五，"充分利用生产事业的副产品"。工厂进行制造都会产生副产品，小规模事业的副产品量小，不宜专门进行加工利用，丢弃则是成本的浪费，卖与其他相关加工工厂则获利微薄。"在大规模之事业，另行设厂经理此副产物，方可无弃材之憾"，还能获得不菲的收益。

实践者对此有更直接的认识。荣氏茂福申新总公司 1932 年度营业报告书中写道：同类"事业集合"，"产额愈多，则进料销货亦愈便易，而管理、营业各费亦愈节省也"。[5] 卢作孚在总结民生公司经营经验时也认为，"将同类的生产事业统一为

---

① 王云五：《科学管理法的原则》，中国工商管理协会，1930 年，第 11 页。
② 屠哲隐：《工商企业管理》，世界书局，1947 年，第 8 页。
③ 张方佐：《棉纺织工场之设计与管理》，崇文印刷所，1945 年，第 309 页。
④ 应远涛：《大规模的工业生产与合并制度》，《中国工业》第 2 卷第 4 期，1944 年 4 月 15 日，第 18—19 页；龙：《述大规模生产事业》，《钱业月报》第 3 卷第 5 号，1923 年 6 月 15 日，第 18—19 页；新德：《联合企业之利益》，《申报》1926 年 8 月 20 日，第 18 版。
⑤ 上海社会科学院经济研究所编：《荣家企业史料》上册，上海人民出版社，1962 年，第 253 页。

一个……节省人力，节省物力，节省财力"。①1928 年，为倡导民族火柴生产企业合并，刘鸿生在告同业书中列数合并的利益，认为"各种经费均可通盘筹算，最合经济原则"，"直接订购大宗原料，可省洋行佣金，并可得廉价利益，每年为数不赀"。②1930 年，随着企业规模的扩大，他在拟定的《实行集中管理之计划及其方案》中指出，大规模公司集中管理有"财用之经济"的优点，具体来说"经济之作用，以集合而消费省……大宗采办、多量运输以及各项消耗物品，均宜集中于同一公司之下，俾以较少劳费，获得较大效果"。③可见，近代中国民族企业界的实践者与理论者所见略同。

减低成本是"横连"最主要的益处。除此之外，利益表现还有以下四个方面：

第一，易于研发和改良。实现"横连"的企业往往资力较为雄厚，能够支持"耗费的自然很多"的"专门的实验与研究工作"，④"专门人才可以聘任，来改良出品或研究市场"。⑤刘鸿生在告火柴同业书中也特别提及："各厂合并后，新公司规模宏大，即可聘请专门技师，改良出品，以与外货相竞……一切改良事宜，均可次第实进，前途光明，不可限量。"⑥

第二，避免恶性竞争。1923 年，中国棉纺织业大萧条之后，民族企业家认识到：同业并购可以避免民族企业间的恶性竞争，从而整合力量与外商相抗衡。1931年，荣宗敬收买三新和厚生纱厂便是考虑到："减少一家纱厂，也可减少竞争对手；而在申新方面，并进一家，力量便更加增大，竞争也就更为有利。"⑦除棉纺织业外，其他行业也有类似的案例。1928 年，面对国内民族火柴企业自相残杀，有被外商各个击破的危险，刘鸿生认为：主要的民族火柴厂合并后，可调剂出产数量，以期

① 卢作孚：《民生公司的三个运动》，载氏著：《中国的建设问题与人的训练》，上海生活书店，1935 年，第 166 页。

② 上海社会科学院经济研究所编：《刘鸿生企业史料》上册，上海人民出版社，1981 年，第104 页。

③ 上海社会科学院经济研究所编：《刘鸿生企业史料》中册，上海人民出版社，1981 年，第16 页。

④ 应远涛：《大规模的工业生产与合并制度》，《中国工业》第 2 卷第 4 期，1944 年 4 月 15 日，第 19 页。

⑤ 屠哲隐：《工商企业管理》，世界书局，1947 年，第 8 页。

⑥ 上海社会科学院经济研究所编：《刘鸿生企业史料》上册，上海人民出版社，1981 年，第103—104 页。

⑦ 上海社会科学院经济研究所编：《荣家企业史料》上册，上海人民出版社，1962 年，第253 页。

供求之适合，减少对内竞争。[①]1931年，他宣称：民族火柴业的"横连"企业大中华火柴公司的成立，"消弭同业竞争，增厚对外力量，则目前固已卓有成效"。[②]

第三，管理复制。由于"横连"式企业经营的事业属于同类，某生产单位的管理人员及制度便于复制转移到其他单位。荣宗敬认为收买纱厂，"申新不需要添人，只要从各厂抽调，负担反可减轻；在总公司方面，只需要添一本账簿，也不要专门设立一个经营管理机构"。[③]公司内某一生产单位管理改革的经验也易于被其他单位借鉴和效仿。申新第三厂在20世纪20年代进行的管理制度改革获得成效，荣德生"力劝各厂整理革新"，"申一等亦改良"。[④]对此，刘鸿生总结道："良法美意，苟能适用于一处者，即无不可适用于全部。"[⑤]

第四，商标及信誉共享。有论者指出："联合若干小公司而成一大公司，故各小公司原有之商标及特许权，均归大公司管辖，因此公司之信用倍增。"[⑥]这一点在荣氏企业的扩张过程中有很好的体现。福新面粉公司成立之初，荣宗敬让浦文汀使用茂新面粉公司已有较好口碑和知名度的绿兵船商标，并利用茂新的商业关系和信用，把福新所需小麦与之一起采办，很快使福新打开了经营局面。[⑦]永泰缫丝集团扩张后的丝厂都用母厂永泰丝厂的商标，也达到了同样的效果。[⑧]

"纵合"式"集合事业"的主要益处仍是节省成本，但由于集合维度不同，其发生的缘由与"横连"有本质区别。"横连"能够降低成本是因规模而产生的效应，且内容包括生产成本、管理成本、交易费用等，而"纵合"节省成本是缘于把原本

---

① 上海社会科学院经济研究所编：《刘鸿生企业史料》上册，上海人民出版社，1981年，第104页。

② 刘鸿生：《救济新工业应提倡同业合并》，载中国工商管理协会编印：《工商问题之研究》，1931年，第6页。

③ 上海社会科学院经济研究所编：《荣家企业史料》上册，上海人民出版社，1962年，第254页。

④ 荣德生：《乐农自订行年纪事》，载上海大学、江南大学《乐农史料选编》整理研究小组选编：《荣德生文集》，上海古籍出版社，2002年，第93页。

⑤ 上海社会科学院经济研究所编：《刘鸿生企业史料》中册，上海人民出版社，1981年，第17页。

⑥ 新德：《联合企业之利益》，《申报》1926年8月20日，第18版。

⑦ 上海社会科学院经济研究所编：《荣家企业史料》上册，上海人民出版社，1962年，第34页。

⑧ 无锡市政协文史资料研究委员会：《无锡永泰丝厂史料片断》，载中国人民政治协商会议江苏省无锡市委员会文史资料研究委员会编印：《无锡文史资料》第2辑，1981年，第55页。

在市场中完成的交易行为纳入企业内部，通过相对简练的组织管理行为来完成。[①]

"纵合"可分为两种情况，一种是生产连续阶段的集合，纺织科学家蒋乃镛认为，纵的"联系组织（Integration）"具有"连环之特性"，"将轧光、纺织、漂染、印染各部门成一大公司，在经济学上极为合理"；[②]另一种是供、产、销的集合，有学者指出企业"添购货物，加设商铺，一方自销本厂货物，以免受间接之挫折回扣"，[③]从而节省交易成本。对此，马寅初通过比较来阐述。他指出英国棉纺织企业"纺、织、染、印工作往往皆独立设厂经营"，连续的生产阶段要通过市场交易才能连接起来，"中间之买卖专输，皆不免多若干之浪费"。[④]日本棉纺织企业购买原料和推销产品都"有联合机关"，不必通过中间商进行，"熟货推行，畅旺无阻，无形利益，不可胜算"。[⑤]对比之下，"纵合"节省交易成本的效应不言而喻。

关于"纵合"的益处，民族企业家有更贴近实际的总结。其一，减少交易环节以节省交易成本。荣德生意识到，企业产品通过商贩到顾客要经过几次手续，"中间有运费之增减，税法之繁简，时日之快慢，利息轻重，随在均与本业有利害消长之关系"，[⑥]如果企业自设采购和销售机构，可免去很多中间交易成本。其二，以自产解决市场交易难以供应的问题。1936年的无锡丽新纺织染公司董事会报告总结道："自纺纱织布，成本减轻，而以前购买他厂棉纱时不能仿造者，均能次第制造，解除困难不少。"[⑦]其三，以自产解决市场供应与生产不符的问题。常州大成纺织染公司经理刘国钧发现，向南通等地购买坯布，"成本既大，规格亦不能统一"，[⑧]增加与后续染色及印花生产衔接的复杂程度，从而提高了交易成本。添设织布厂

[①] "一个交易是在企业内组织（用信中的话说就是是否存在一体化），还是由独立的签约者在市场中进行，取决于进行市场交易的成本与在企业内进行交易的成本的比较"。参见（英）罗纳德·H. 科斯：《企业的性质：起源》，载（美）奥利弗·E. 威廉姆森、（美）西德尼·G. 温特编，姚海鑫等译：《企业的性质——起源、演变和发展》，商务印书馆，2008年，第58页。

[②] 蒋乃镛：《中国纺织染业概论》，上海中华书局，1946年，第16—17页。

[③] 周纬编著：《工厂管理法》，上海商务印书馆，1931年，第24页。

[④] 马寅初：《日本工业进步之原因》，载氏著：《马寅初全集》第9卷，浙江人民出版社，1999年，第353页。

[⑤] 马寅初：《中国之棉织业问题》，载氏著：《马寅初全集》第6卷，浙江人民出版社，1999年，第439页。

[⑥] 荣德生：《欲纺织业之发展全在认真》，载上海大学、江南大学《乐农史料选编》整理研究小组选编：《荣德生与企业经营管理》上册，上海古籍出版社，2004年，第43页。

[⑦] 无锡国棉三厂编史组：《三十年代的无锡丽新厂》，载中国人民政治协商会议江苏省委员会文史资料研究委员会编：《江苏文史资料选辑》第11辑，江苏人民出版社，1983年，第111页。

[⑧] 朱宗武：《大成纺织染公司与刘国钧》，载中国人民政治协商会议全国委员会文史资料研究委员会编：《文史资料选辑》第31辑，文史资料出版社，1962年，第214页。

后，大成自产坯布，便于统一规格。其四，防止机会主义行为。[①]卢作孚在总结经营经验时说："连带的生产事业统一为一个或谋全部的联络……此亦所以谋求适应之直接联络，自己供给自己需求，使双方都不至感有恐慌。"[②]"恐慌"产生的原因，用现代经济学理论解释，是市场交易过程中容易出现机会主义行为。"纵合"使市场交易行为转化为企业内部指令，从而消除不确定性，稳定交易关系。总之，纵向"集合事业"的益处颇多，正如郭乐评价纺织染联营"互相为用，计至善也"。[③]

"多角经营法"所产生的利益也与"事业集合"的维度属性有关。由于兼营数种不同类事业，在生产或业务上彼此不存在关键性的联系，企业"遇一种东西的价格暴落或者原价腾贵，而其他几种事业的利益还可弥补"，可以起到"分散工商业经营上危险"的作用。[④]也有论者总结道："多角"式"事业集合"的企业内各单位之间"能相维于不敝"，"其利在相倚为用"，"一处有损失，可以他处之盈余补充之"。[⑤]对此，马寅初以日本棉纺织企业的经营实例来加以说明。日本企业"于纺厂之外，又兼营银行、堆栈、轮船等营业"，实施"多角"战略，万一"因冒风险而亏损，亦可以他业之利益弥补此业之损失"。[⑥]简而言之，分散风险，互相挹注，是"多角"化的主要利处。

关于这一点，民族企业家们在经营实践中也有相应的体会。范旭东把企业内部各单位比作兄弟，感慨道：永久黄集团之所以能在艰难的条件下发展壮大，是因为"久大和他的一群弱弟，的确做到了兄兄弟弟，相得益彰"。[⑦]除形象的表达外，更多的是现实的感悟。大隆机器厂能够在"一战"后的困境中生存下来，严庆祥认为"就在于严家有房地产的经营"。[⑧]同样，1923年棉纺织业不景气时，荣德生也庆幸

---

① 机会主义是交易费用经济理论的一个基本假设，指的是人或企业为了自身利益的考虑和追求，可能会采用非常微妙的手段或玩弄伎俩。这一行为假设指出，人们单靠契约并不一定能最终完成交易，契约是不完备的。机会主义是依靠市场协议来组织生产所造成的一种成本。参见（美）埃里克·弗鲁博顿、（德）鲁道夫·芮切特著，姜建强等译：《新制度经济学——一个交易费用分析范式》，格致出版社、上海三联书店、上海人民出版社，2010年，第5—6页；王迎军、柳茂平：《战略管理》，南开大学出版社，2003年，第239页。

② 卢作孚：《民生公司的三个运动》，载氏著：《中国的建设问题与人的训练》，上海生活书店，1935年，第166页。

③ 上海市纺织工业局等编：《永安纺织印染公司》，中华书局，1964年，第43—117页。

④ 《新词诠》，《中华周报》第42号，1932年8月20日，第1045页（每一年统一编页）。

⑤ 龙：《述大规模生产事业》，《钱业月报》第3卷第5号，1923年6月15日，第21页。

⑥ 马寅初：《日本工业进步之原因》，载氏著：《马寅初全集》第9卷，浙江人民出版社，1999年，第358页。

⑦ 范旭东：《久大第一个三十年（续）》，《海王》第17年第3期，1944年10月10日，第17页。

⑧ 中国科学院上海经济研究所、上海社会科学院经济研究所编：《大隆机器厂的发生发展与改造》，上海人民出版社，1958年，第25、56页。

申新纱厂"因粉厂小小帮助,尚堪存在"。[①]这方面较为规范化和制度化的是永安公司。其总经理郭泉认为,虽然集团内各联号企业处于统一管理之下便于"随时相助",但"事前素乏准备,临时必诸费周章"。于是,永安公司专门建立"联号公共准备金",让营业状况好的企业"就其余力,拨出若干"存入准备金,"平时用诸生利之途,一遇联号有受风潮影响,须要接济者,即拨用该准备金,以为资助"。[②]"多角经营法"能够分散风险、互相挹注,实质上涉及大型企业局部与总体的关系。对此,刘鸿生有较为深入的分析:"如果一个企业组织亏损了,其余的还可以赚到大量利润。总起来看,在收支差额上还会表现出一种盈余。"[③]所以,企业总体盈利才是关键。

四、"事业集合"的弊端总结

关于"横连""纵合""多角"三种维度"事业集合"的利处,近代民族企业界分析颇多。不过,其弊端也并没有被忽视。

有论者将大规模生产事业的利弊分而述之,分析完"好的结果"后,列出"坏的结果",如"增加开支";"成败结果,影响社会甚巨";"易成独占,垄断市场"等。[④]另有学者称之为"弱点",认为:大规模企业的执行者难以顾及所有人和事,层层监管缺乏弹性,也不易进行急进的改革等。[⑤]对此,马寅初分析道:企业"大规模之程度,亦有一定限制",这是因为扩张"已达生产工具之最高生产力",若"再行扩大规模",则会产生"机器之运用,管理之费用,反将超比例地增大"的情况,随之会导致"不经济之结果"。[⑥]这其实是对当时西方经济学界较为流行的边际效益递减原理的简要概括。

规模过大导致管理费用增加的情况,在"横连"式企业较为典型。随着荣氏企业体量的膨胀,企业家及高管人员都表达了类似的担忧。荣德生素对其兄荣宗敬的

---

① 荣德生:《乐农自订行年纪事》,载上海大学、江南大学《乐农史料选编》整理研究小组选编:《荣德生文集》,上海古籍出版社,2002年,第93页。

② 《郭泉自述:四十一年来营商之经过》,《档案与史学》2003年第3期。

③ 上海社会科学院经济研究所编:《刘鸿生企业史料》上册,上海人民出版社,1981年,第282页。

④ 财政部财务人员训练所、盐务人员训练班编印:《工商管理》,1943年,第39页。

⑤ 屠哲隐:《工商企业管理》,世界书局,1947年,第8—9页。

⑥ 马寅初:《日本工业进步之原因》,载氏著:《马寅初全集》第9卷,浙江人民出版社,1999年,第351页。

激进式"横连"战略表示异议，主张稳健地扩张。茂福申新总公司成立后，他认为："用人既多，耗费日加。"[①] 其次子荣尔仁也有同样的看法，他认为家族企业"范围既广，则管理恒难于周密；事业既博，则措施每难于一致"。[②] 对此，长期参与荣家企业管理的薛明剑提出了严厉的批评。他指出，虽然上海的总公司对荣氏所有企业"总其成"，但"一切办法，不免相差"，且"尚无绝对划一办法，各厂营业方针，时有相反，同辖公司，政出多门，实不相宜"；人员及机构"每不十分划清，以致自恃聪明者，动辄越俎；不求闻达者，往往尸位，甚致徒唱高调，无所事事，因循敷衍，聊以塞责，更有互相倾轧，暗分派别"；对于企业内部的规章制度，"执行者有之，视为具文者有之，无规则而全视当轴者之意旨随时指定者又有之"。[③] 尽管荣氏企业领导层早有认识，也进行过一些改革，但诸如此类的问题一直没有得到根本性的解决。1934 年，申新棉纺织公司"搁浅"与之不无关系。

与"横连"不同，"纵合"的弊端集中表现在连续生产阶段之间的平衡问题。实现纺织染联营的大成纺织染公司便存在这一矛盾。大成二厂的厂长朱希武回忆道：由于印染设备扩充，大成一厂虽亦增加纱锭与布机，然仍不够供应本厂日需五千余疋坯布的需要，须向本地及南通等地购进坯布。[④] 中华人民共和国成立前夕的情况却相反，大成公司"所出棉布一部销售，一部作染漂之坯布"。[⑤] 可见，"纵合"式企业连续生产阶段之间很难做到绝对的供用切合，通过市场交易进行调节十分必要。类似的问题也出现在严氏光裕营业公司的机器厂与纱厂之间。1936 年底，大隆机器厂达到年产四万纱锭的能力，然旗下纱厂的总锭数不过十万，"远非与它联营的纱厂所能容纳"，而国内市场又"绝无纯粹用大隆机器之纺织厂"。[⑥] 由于得不到市场交易的有效调节，光裕公司的"纵合"战略，即棉纺织机器生产与棉纺织生

---

① 荣德生：《乐农自订行年纪事》，载上海大学、江南大学《乐农史料选编》整理研究小组选编：《荣德生文集》，上海古籍出版社，2002 年，第 91 页。

② 荣尔仁：《本总公司成立生产部之商榷》，《人钟月刊》第 1 卷第 4 期，1931 年 12 月 1 日，"言论"第 2 页。

③ 薛明剑：《本社之希望及所负之使命》，《人钟月刊》第 1 卷第 1 期，1931 年 9 月 1 日，"言论"第 4—5 页。

④ 朱希武：《大成纺织染公司与刘国钧》，载中国人民政治协商会议全国委员会文史资料研究委员会编：《文史资料选辑》第 31 辑，文史资料出版社，1962 年，第 214 页。

⑤ 《关于大成公司的历史——摘自大成纺织染公司对书面调查的解答（一九五〇年夏）》，载常州市地方志编纂委员会办公室、常州市档案局编：《常州地方史料选编》第 1 辑《工商业史料专辑》，1982 年，第 143 页。

⑥ 中国科学院上海经济研究所、上海社会科学院经济研究所编：《大隆机器厂的发生发展与改造》，上海人民出版社，1958 年，第 56 页。

产之间的平衡问题较为严重。

"多角"式"事业集合"在理论上可以分散公司局部经营风险,实现内部各单位之间的互相挹注,然而,如果"多角"事业的种类过多且过于分散,反而会使公司资金周转出现问题。若局部经营不利的情况过多,内部挹注以转移风险的目的将无法达到,反致危机扩散,不利于整个公司的发展。刘鸿生之子刘念智指出:父亲过度分散投资使企业"遇到许多困难问题,特别是资金上的问题"。[①]1927 年,上海金融界传出刘鸿生因企业资金周转不灵而出逃国外的谣言,其实未必无因。谣传平息后,账房秘书袁子巍写信向刘鸿生进言:"此种谣言,无谓之至。但责人总不如守己。若专营开滦煤、南北栈、火柴厂数种事业,不出三年,非但欠款可以扫清,即押款亦可透还半数(押款多,亦危险),岂不风险小、心力宽,利益亦未始不厚。"[②] 这实际上是建议刘鸿生应该集中力量经营几种业绩较好的事业,"多角"经营并非越多就越好。无独有偶,1943 年,荣氏申新四厂负责人李国伟致函本集团的公益铁工厂经理章剑慧说:"公益工作不能敷本,申四不能再填……势不宜令人日填亏蚀。"[③] 可见,过度的内部挹注让盈利单位感到十分吃力,反成拖累,"多角经营法"的利益转变成弊端。

于是,对于"事业集合"的经营战略,有论者提醒企业,应"比较其利害得失,以断定其可否实行。则因地点及环境而异,非有深切之经验,不易断定也"。[④]刘鸿生在倡导同类事业合并时也强调:"虽前途利纯,仍应视管理之是否合宜以为断。"[⑤] 企业是否选择"事业集合",必须权衡利弊再做出决定。

利弊分析是近代民族企业界对"事业集合"更深入的理解。一方面,对利弊的权衡是民族企业进行战略选择的依据。荣氏申新系统从积极推行棉纺织生产"横连"战略到"搁浅"后停止进一步扩张的转变,刘鸿生企业集团从迅猛推进多角化转向反多角化,都是比较利弊后战略选择的结果。另一方面,对弊的重视,并予以应对处理,促使了民族企业在经营管理方面的进步。荣氏申新"横连"扩张的同

① 上海社会科学院经济研究所编:《刘鸿生企业史料》上册,上海人民出版社,1981 年,第 290 页。
② 上海社会科学院经济研究所编:《刘鸿生企业史料》上册,上海人民出版社,1981 年,第 291 页。
③ 上海社会科学院经济研究所编:《荣家企业史料》下册,上海人民出版社,1980 年,第 246 页。
④ 龙:《述大规模生产事业》,《钱业月报》第 3 卷第 5 号,1923 年 6 月 15 日,第 21 页。
⑤ 刘鸿生:《救济新工业应提倡同业合并》,载中国工商管理协会编印:《工商问题之研究》,1931 年,第 6 页。

时，弊端也随之出现，并逐步加深。20 世纪 20 年代中期的自觉改革取得一定成效，但并不彻底。1934 年"搁浅"后，银团督促下的深度整改才使得申新内部管理有了显著改进。

五、结语

"事业集合"是抗战前中国民族企业的主要经营战略。一方面，这是民族工业发展壮大的方式。民族工业的发展需要通过每个民族企业的成长来实现。近代中国民族企业在产业间及个体企业间的发展水平极不平衡。一些先进的优势企业实施"事业集合"战略，既可以增加中国民族工业中先进部分的分量，也可以向传统工业及准近代工业部分扩张空间。另一方面，这也是与外商企业竞争的必由之路。"一战"后，尽管民族企业总体发展水平不及外商企业，但在市场竞争中也并非没有任何胜绩可言。如，民族棉纺织企业挤走外来品，基本控制国内粗纱市场，[1] 民族面粉企业在产量上全面赶超外商企业，[2] 化工企业代表——永久黄集团的永利碱厂，在中国市场的销售量反超竞争对手英商卜内门洋碱公司 [3] 等。能够取得这些战绩，无不得益于民族企业积极推行"事业集合"战略。可见，这一思想对推动近代中国民族企业的发展起到了十分重要的作用。

近代中国民族企业"事业集合"思想首先具有及时性。这对于后发国家的企业来说尤为重要。只有认识到了趋势，才知道追赶的方向。这也是民族企业主动性的体现。其次，"事业集合"思想的基本概念和框架已经形成。这表明当时的民族企业界对企业扩张行为已有较为成熟和全面的思考，有利于指导民族企业的经营实践。最后，"事业集合"思想是经济学理论演进过程的一部分。从内涵来看，该思想意识实际上与产业链整合及企业一体化理论有一定的契合，是近代中国话语表达的方式。当然，近代的"事业集合"思想在理论体系的构建、术语的规范统一及学理思考的深度等方面还远不够完善，不过，中国经济学理论的发展，尤其是自主话语体系的构建，有必要从中国经济史的研究中获取养分。因此，近代中国民族企业界出现的"事业集合"思想具有重要的理论价值。

---

① 严中平：《中国棉业之发展》，重庆商务印书馆，1943 年，第 181 页。

② 上海粮食局、上海市工商行政管理局、上海社会科学院经济研究所经济史研究室编：《中国近代面粉工业史》，上海中华书局，1987 年，第 36、44、52 页。

③ 陈调甫：《永利碱厂奋斗回忆录》，载全国政协文史资料研究委员会编：《化工先导——范旭东》，中国文史出版社，1996 年，第 68 页。

"耕者有其田"的继承和发展

——论中国土地市场化制度改革的思想解放[*]

熊金武[**]

内容提要： 土地市场化改革是全面深化改革实践的重中之重，牵一发而动全身。解放思想是指导中国改革的重要经验和原则。"耕者有其田"是近代以来中国土地制度改革的思想基础，是中国传统土地思想的精华，但曾受到过扭曲和误解。重新认识和反思"耕者有其田"的思想十分必要，有利于构建符合新型城镇化需求的土地市场理念。在中国已经基本实现土地产权初始分配公平的前提下，按照市场经济规律，土地要素的市场配置能够实现效率与公平统一。回归"耕者有其田"思想本义，解放思想，推进土地市场化改革，是构建符合现代经济规律和中国国情的土地制度的思想创新。

关键词： 土地制度　市场改革　耕者有其田

土地是最基本生产要素之一，土地制度不仅是人类社会经济生活的基本制度，又是全面深化改革的重中之重，牵一发而动全身。土地市场化是在全面深化改革实践中"发挥市场在资源配置中的决定性作用"的重要突破口。在改革方向明确的情况下，土地制度的改革依然存在很多争论，成为社会关注的焦点。[①] 这就要求土地市场化改革必须打破陈旧思想，冲破意识形态的迷雾，寻求中国土地制度改革的正确思想路径。解放思想，实事求是，是马克思主义的精髓，也是指导中国改革的重

---

　* 本文获中国政法大学校级人文社会科学研究项目资助（批准号：15ZFQ79001），同时也是中国政法大学教学改革立项项目、北京用友公益基金会资助项目阶段性研究成果。

　** 熊金武，中国政法大学商学院副教授，经济学博士，经济学博士后，主要从事经济史学的研究。

　①　张琦：《土地制度市场化改革的理论回顾：1978—2008》，《改革》2008 年第 11 期；钱忠好、牟燕：《中国土地市场化改革：制度变迁及其特征分析》，《农业经济问题》2013 年第 5 期。

要经验和原则，同时也是土地市场化改革的思想武器。无论是土地产权制度改革还是土地市场化改革，都离不开解放思想，"必须破除关于产权的意识形态的规定性，用技术性思维理解产权改革的意义"。①"耕者有其田"思想是近代以来中国土地制度改革的根本思想基础。从孙中山的"平均地权"，到20世纪中叶，中国共产党领导的土地改革，再到改革开放后的家庭联产承包责任制，都基本秉承了这个思想。目前，我国正处于城镇化加速发展的阶段，土地制度思想解放不仅影响当前我国农村经济的发展，还影响新型城镇化的推进。狭隘地理解"耕者有其田"思想或者简单套用农耕时代"耕者有其田"的思想，不仅会束缚改革的步伐，还会将改革引向歧途。回顾和反思"耕者有其田"思想变迁，有利于消除对土地制度的误解，冲破历史迷雾，实现思想解放，为推进土地市场化改革奠定基础。

一、"耕者有其田"思想嬗变与发展

"耕者有其田"是中国传统地权思想，可以认为是历史上两条地权思想交汇的结晶。第一条历史线索是"自上而下"的土地改革思想，包括了限田、"王田"、占田制、均田制、抑制兼并以及一直争论的井田制等。第二条历史线索是"自下而上"的土地再分配思想，包括了从"均贫富""均田免粮"到"凡天下田，天下人同耕"。"耕者有其田"思想就是政府与民众在土地产权分配方面的一个共识，强化了农民对土地的权力，影响了传统社会制度变迁。

在近代，孙中山将"耕者有其田"思想提升为拯救国家危亡和改造社会的出路，认为"将来民生主义真是达到目的，农民问题真是完全解决，是要'耕者有其田'，那才算是我们对于农民问题的最终结果"。②这就构建了"耕者有其田—土地问题—救亡复兴"的逻辑链条，奠定了近代中国土地制度改革的思想框架。也就是说，如果要拯救危亡实现复兴，就必须解决中国农民问题，而解决农民问题就必须解决土地问题。遗憾的是，孙中山还未来得及推行土地变革，就逝世了。

中国共产党继承和发展了"耕者有其田"思想，开展了多阶段的土地产权制度改革。毛泽东同志指出中国革命的首要问题是农民问题，革命的根本问题是土地问题，"土地制度的改革，是中国新民主主义革命的主要内容"。③早期中国共产党土

---

① 党国英：《农村产权改革：认知冲突与操作难题》，《学术月刊》2014年第8期。
② 孙中山：《孙中山选集》下册，人民出版社，1981年，第810页。
③ 毛泽东：《毛泽东选集》第4卷，人民出版社，1991年，第1313—1314页。

地改革偏向于没收地主土地予以再分配。1927 年的八七会议决定没收大地主及中地主的土地，分给佃农及无地的农民。1927 年 11 月的《中国共产党土地问题党纲草案》做出没收一切土地和土地国有的决定，将使用权归农民。1930 年的《苏维埃土地法》从法律上规定"没收一切私人的或团体的——豪绅、地主、祠堂、庙宇、会社、富农——田地、山林、池塘、房屋，归苏维埃政府公有，分配给无地、少地的农民及其他需要的贫民使用"。[①] 在抗战的特殊历史时期，中国共产党实行了一种渐进的土地改革政策，提出"地主减租减息，农民交租交息"，降低佃农经营成本。值得注意的是，1946 年的《中共中央关于土地问题的指示》提倡在地主自愿转让或有偿转让的基础上实现土地所有权向农民的转移。 规定"除敌伪大汉奸的土地及霸占土地与黑地外，对一般地主土地不采取没收办法。拟根据孙中山照价收买的精神，采取适当办法解决之"，[②] 即通过对地主土地赎买的方式和平解决农民土地问题。此方法在习仲勋领导的陕甘宁革命根据地试点成功，是新民主主义经济理论继承和发展孙中山三民主义的成功案例。[③]

1947 年，中国共产党出台《中国土地法大纲》，放弃渐进的土地改革政策，提出"废除封建性及半封建性剥削的土地制度，实行耕者有其田的制度"，使解放区一亿多无地和少地的农民分到了土地。1950 年的《中华人民共和国土地改革法》规定废除封建剥削的土地所有制，实行农民阶级的土地所有制，保存富农经济，政治上中立富农。从此，彻底废除了封建剥削的土地制度，大部分中国农民拥有了土地所有权，实现了中国最广大农民在土地产权上的大致平均，圆了几千年"耕者有其田"的中国梦。

二、人民公社与耕者有其田思想的扭曲

1958 年"人民公社化"后，"耕者有其田"思想发生了三个转变，对我国当前土地制度产生了很大的影响。在城市化的今天，这种转变的思想体现了多种局限性。

第一，农民与土地捆绑在了一起。有耕地的农民必须从事农业生产。人民公社

---

① 于建嵘主编：《中国农民问题研究资料汇编》第 1 卷，中国农业出版社，2007 年，第 580 页。

② 中央档案馆编：《解放战争时期土地改革文件选编（1945—1949）》，中共中央党校出版社，1981 年，第 19 页。

③ 熊金武：《习仲勋经济特区思想研究》，《河北经贸大学学报》2015 年第 2 期。

时期，农民被束缚在土地上，被禁止私自进入城市工作或者到其他地方发展，只能靠耕种集体土地或那块他分得的土地来满足全家的衣食需求。农民缺乏流动的自由以及非农劳动的自由。改革开放后，政策放开，农民开始进入城市打工，补贴家用，成为农民工。经过十多年制度变迁，农民工终于有了从农村到城市自由流动的合法性。虽然农民工本身就是制度改革不彻底的过渡性产物，是非正常的，但这已经是一个帕累托改进。"耕者有其田"是不应该将农民束缚于土地上的。否则，只会导致农民降低对土地本身的热爱依恋度、土地产权意识及生产的积极性。农民也不愿意由于拥有土地而被世代束缚于农村。"耕者有其田"思想的变革应该是让愿意耕种的有田地，不愿意耕种的可以自由进入城市工作或定居。

第二，"不耕者不得有田"，即不从事农业生产的人不能拥有土地。孙中山曾说"不躬耕者，无得有露田"，"夫不稼者，不得有尺寸耕土"。[①] 这本质上是保护农民土地产权不受到城市资本威胁，要求农业劳动者才有资格取得农村土地权。"不耕者不得有田"在城镇化下就彰显出局限性。前土地制度造成了农民城市化的两难。从户籍上讲，在农村向城市的户籍转变过程中，农民要做城市人必须放弃自己的耕地。在计划经济时期，城市会给城市居民提供基本的生活保障，但是现在农民进城就需要取得更多非农收入维持生计。然而，由于房价腾贵，刚进入城市的农民难以定居；由于社会保障体系不完善，农民不能和城市人一样享受同等的公共服务。一旦失业，农民将没有任何收入来源。所以，他们虽然不愿意回到农村从事农业生产，但很愿意保留在农村的土地。所以有的家庭宁愿采取夫妻分属于农村和城市户口的方式，孩子的户口也徘徊于城市与农村之间。这就造成了农民进入城市是"有去无回"。客观上，农民进入城市的道路不是一帆风顺的。如果市民化失败，这部分农民既进入不了城市，又回不了农村。这不仅对于他们个人是极大的苦难，对于社会也是莫大的隐患。

第三，"非耕田为国有"。非耕田主要是指城市土地。城镇化提出了对非农建设用地的需求。但是，传统农业社会出现的"耕者有其田"思想不包括处理城市土地问题。非农用地归谁所有就没有传统思想可依据。在"一大二公"的时代，政府将城市土地事实上全部国有化。一个问题是，城市土地都是由耕地转变而来的，那么在耕地转变为非农用地的过程中，土地升值收益归谁所有呢？若耕地归农民所有，非耕地归政府所有，并进行市场交易，那么升值收益将在二者间分割。然而，在现

---

① 中国社科院近代史所等编：《孙中山全集》第 9 卷，中华书局，1986 年，第 399 页。

行土地征收制度下，利益分割没有政府、开发商与农民共同认可的客观标准。要么主要为农民所有，农民日日盼拆迁；要么主要为政府所有，失地农民困苦。在道德规范无法实现的情况下，市场是最佳的调节手段，土地供求通过市场调节自然会达到一个均衡点。

人民公社扭曲了"耕者有其田"思想，将农民牢牢地束缚在土地上，土地要素和人口要素都不能随着市场在城市与农村、工业与农业部门之间自由流通。邓小平指出，"人民公社'一大二公'的特点与我国农村目前很低的生产水平不相适应"。[①]因此，人民公社下的这种"耕者有其田"与社会主义市场经济体制违背，已经不能适应城市化的中国。土地改革不应该再务虚地谈"公有"和"耕者有其田"，而应该彻底反思人民公社时期对"耕者有其田"思想的歪曲，然后回归到"耕者有其田"思想本义，进而探索新型城镇化下适合国情的土地制度。

三、"耕者有其田"思想本义

回顾中国共产党土地改革历史，穿透历史迷雾，我们可以清晰明确"耕者有其田"的本义。真正的"耕者有其田"不应被用于维护人民公社土地制度的残余，而应被用于城镇化下的土地市场化改革思想的创新。

第一，土地发展权与市场机制。"耕者有其田"思想只实现了起点公平，解决了生存问题。中国的土地制度还需要解决发展问题，即提高农业生产力，实现农业现代化。因此，中国土地制度改革将按照经济规律继续推进。土地流转是土地发展权核心内容。"耕者有其田"思想不否认土地流动性。《中华人民共和国土地改革法》明文"发给土地所有证，并承认一切土地所有者自由经营、买卖及出租其土地的权利"。[②]因此，农村土地流转与"耕者有其田"并不矛盾。同时，中共十八届三中全会提倡发展"家庭农场"和"集体建设性用地"，事实上就是强调了土地规模经营的价值，承认了土地的流动性，让农村土地通过流转提高土地利用效率，取得发展。如果农民拥有"自由经营、买卖及出租其土地的权利"，那么土地流转就是靠市场机制运行。所以，"耕者有其田"思想并不排斥市场。人为地限制土地流动必然是低效率的。人民公社排挤市场，恰恰违背了耕者有其田的本义。十八届三中全会后，中国农民不仅取得了土地出租、土地抵押等土地流转权利，还取得了土

① 邓小平：《邓小平文选》第3卷，人民出版社，2008年，第909页。
② 于建嵘主编：《中国农民问题研究资料汇编》第2卷，中国农业出版社，2007年，第1045页。

地承包经营权流转等有利于土地市场化的权利。这些权利回归符合"耕者有其田"思想本质。

第二，土地所有制。"耕者有其田"思想的产权基础是私有制。经过 20 世纪中叶的土地改革后，农民拥有其土地的产权，并取得政府颁发的土地所有证。早在 1929 年，毛泽东就指出了《井冈山土地法》中"土地所有权属政府而不是属农民，农民只有使用权"①的原则错误，提出土地改革后，"得田的人，即由他管所分得的田，这田由他私有，别人不得侵犯……田中出产，除交土地税于政府外，均归农民所有"。②1954 年的《中华人民共和国宪法》以国家根本大法的方式规定了耕者有其田的产权基础是土地私有制，规定"国家依照法律保护农民的土地所有权和其他生产资料所有权"。这种土地私有制改革具有对公有土地的排他性，因为它不仅"没收地主的土地、耕畜、农具、多余的粮食及其在农村中多余的房屋"，也"征收祠堂、庙宇、寺院、教学、学校和团体在农村中的土地及其他公地"。③事实上，在土地私有化的国家，更多土地依然是政府所拥有的公有土地。所谓土地私有化就是土地多元化，反之亦然。多元化的土地产权正是"耕者有其田"思想的本来含义，有利于保证农民对其土地绝对的经营自由。人民公社体系下，农民不仅没有所有权、占有权，甚至连耕种的自由也没有，导致了巨大的灾难和长期的农业低效率。恢复和强化农民对土地支配的自由是符合"耕者有其田"思想宗旨的。这种自由包括了出租、抵押，乃至在适当条件下典当、买卖等经营自由。

第三，农业用地与非农业用地。"耕者有其田"思想是面向农业部门的，代表农民的利益。《中华人民共和国土地改革法》规定农村中的手工业工人、小贩、自由职业者及其家属"其职业收入足以经常维持其家庭生活者，不得分给"。④农业生产、农村生活和农民职业开始绑定在一起，导致了非农业人口难以取得土地，也限制了农民进城就业。这种形式的"耕者有其田"思想严重限制了非农业人口取得土地的自由，以及农民非农就业的自由。显然这不符合城镇化下城乡要素双向流动的要求。"耕者有其田"思想不应排斥想要耕种的非农人员取得土地的自由。这种逆城市化的农地需求是城镇化下必然出现的结果，必须通过土地市场化改革予以纠正。

---

① 毛泽东：《毛泽东农村调查文集》，人民出版社，1982 年，第 37 页。
② 毛泽东：《毛泽东文集》第 1 卷，人民出版社，1993 年，第 256 页。
③ 于建嵘主编：《中国农民问题研究资料汇编》第 2 卷，中国农业出版社，2007 年，第 1041 页。
④ 于建嵘主编：《中国农民问题研究资料汇编》第 2 卷，中国农业出版社，2007 年，第 1043 页。

第四，城市土地问题。"耕者有其田"思想是农业社会形成的思想观念，而城市土地不在耕者有其田的范畴内。1949 年后，城市土地并没有被平均分配，只是局部收归国有，甚至城市郊区土地改革也不在耕者有其田范围内，因为"本法适用于一般农村，不适用于大城市的郊区"。[①] 显然这种制度安排与"耕者有其田"思想理念是背离的。"耕者有其田"思想应该是实现全部生产要素的平均占有，是可以超越农业的。所以，城市土地改革将是土地市场化改革的重点。

来源于传统农业社会的"耕者有其田"思想，需要随着以城镇化、工业化、全球化为代表的社会经济变迁不断挖掘新内涵，推行中国土地市场化改革，而不是沾沾自喜地空谈"耕者有其田"。歪曲理解"耕者有其田"思想，不合时宜的狭隘经济思想只会阻碍中国土地制度改革。历史证明，利用市场调节土地流转及其利益分割是迄今为止最有效的方式。

四、土地市场化改革中的思想解放

土地市场化改革虽然是十八届三中全会所确定的改革方向，不过还面临一些历史误解。有必要回溯土地制度史予以回应，以便消除不必要的误解，全力推动土地市场化改革事业。

（一）土地市场化不会威胁社会稳定

土地市场化不一定会导致土地集中，反而有助于真正实现土地产权平均。很长时间以来，土地兼并和集中常被视为社会稳定的最大威胁和农民贫苦的根源。事实上，这个观念是值得商榷的。第一，非市场行为的土地兼并才是民怨所指，合法勤劳致富后买田买地一直都得到人民尊重。冲击社会稳定的土地集中不是市场中的流转，而是凭借权力等非市场方式取得土地。第二，市场并不一定导致集中。中国土地市场已经有数千年历史，土地市场越发达，土地细分越显著，土地分配越来越分散，造就了大量的自耕农（当时的中产阶级），构成了社会稳定的基本因素。从历史经验上说，反对土地市场化配置是缺乏依据的。反而是由于缺乏市场机制，土地价值无法客观评价，农民不能合理参与城市化中的土地升值分配，导致了强制拆迁、"钉子户"等不稳定因素。

---

① 于建嵘主编：《中国农民问题研究资料汇编》第 2 卷，中国农业出版社，2007 年，第 1046 页。

（二）公平与效率的统一

公平和效率是改革需要权衡的，中国土地市场化改革也不例外。根据福利经济学第二定理，任何资源都能在完全竞争条件下通过市场机制达到帕累托最优。也就是说，市场效率与分配公平并不是天生矛盾的。只要社会资源的产权分配结构是公平的，那么市场机制就会达到既公平、又有效率的竞争均衡。政府所要做的事情是改变个人之间禀赋的初始分配状态，其余的一切都可以由市场来解决。20世纪50年代，中国共产党领导的土地改革真正实现了"耕者有其田"，实现了农村土地产权的基本平均。家庭联产承包责任制依然按照人口分包农地，实现了土地承包经营权的平均。那么，这种"耕者有其田"的土地制度就构成了"起点公平"。那么，在当前基本公平的土地承包经营权分配基础上，按照市场机制配置土地要素就能形成公平与效率统一的经济均衡。换言之，当代中国的土地市场是不同于传统的新的土地市场。中国土地制度市场化改革不是简单的历史重复，而是一个公平与效率兼顾的全新要素分配机制，是更高意义上的"耕者有其田"。

（三）土地产权多元化

基于土地经营权的土地市场化改革是有历史依据的。土地市场化构建的一个核心前提就是产品的多元化，以土地经营权、土地所有权和土地使用权"三权分立"的土地产权构成了市场化改革的前提。土地要素市场发展要求改革当前土地所有制度，回到党和政府在合作化问题上的一再重申的自愿原则，允许农民自由退出现行的强制性的土地集体所有，实行土地国有、集体所有和私人所有的多元土地所有制。需要强调的是，多元化的土地产权不神秘，也不可怕。从春秋战国到1958年，中国私有土地产权一直都存在并不断深化，[①]产权多元化的土地服从市场配置，支撑了中国古代文明。

第一，土地产权多元化是对土地产权的尊重，保证市场配置。首先，在空间范围上，不是全部土地的私有，而是保证农民应有的土地产权。即使允许土地私有存在，也会有国有、集体所有、家族所有等多元化的集体土地所有权主体。俄罗斯和东欧国家的土地私有化改革事实上是土地产权的多元化。其次，在权利上，不是个人完全支配土地，而是保证农民有参与市场交易以及参与土地投资收益分配的权利。鉴于这些土地本来就是农民曾经拥有，且是应该拥有的，政府就应该退出不合

---

① 参见赵俪生：《中国土地制度史》，武汉大学出版社，2013年。

理的行政干预，恢复市场调节机制。第二，不排除有边界的政府干预。政府依然保有土地发展权以及调控土地市场的权力，但政府的干预行为应该是有边界的，必须受到宪政和法治的限制。第三，农地制度改革与土地资本化。当前中国农地市场还没有向城市资本开放，农地不能实现其资本职能，导致当前中国农地价格严重低估。农地进入金融市场不仅有利于土地的优化配置，提高农地利用效率，还可以把土地的资本价值发挥出来，让农民携带资本进入城市。

（四）市场机制的缺陷与应对机制

构建基于家庭承包经营权的土地市场不是一蹴而就的，因为市场机制具有局限性。现从以下几点具体分析：

第一，土地市场培育和价格形成过程。土地市场发展有一个过程，土地价格发挥要素配置作用不是一蹴而就的。在土地市场还没有发育成熟的情况下，城乡土地价格差导致难以有效评估土地价值。为了防止因农村土地价格低估而损害农民利益，土地市场应该逐步构建，渐进放开。中国改革开放过程中形成的特区路径、增量改革等改革经验都值得借鉴和坚持。2012年，诺贝尔经济学奖获得者 Alvin Roth 等开创的市场设计领域研究，试图解决市场构建中的各种机制问题，有助于逐步构建和完善中国土地市场机制。市场改革的历史经验及现行市场机制都可以作为市场设计的参考。不过，鉴于市场细节的异质性和市场环境的演变，相同市场机制在不同类型和不同时期的市场，都可能造成市场低效和市场失灵问题，市场机制设计者需要不断运用机制设计理论等前沿经济理论加以分析和再设计，[①] 所以，土地市场设计绝不存在一劳永逸。

第二，土地再分配机制。一方面，土地具有必需品性质。土地要素作为社会基本生产要素，对于部分农民依然承担社会保障功能。这在农业社会最为明显。这要求，满足一部分农民基本的取得土地的权力。另一方面，由于区位优势因素，土地具有垄断地租性质。土地价格的差异性要求政府必须配套相应的土地财税制度，构建土地升值的再分配机制，避免造成新的贫富差距问题。需要指出的是，市场的问题应该交由市场解决。市场经济正是在解决各种市场缺陷的过程中才逐渐成熟起来的，并不是所有的市场缺陷都需要政府调控和干预才能解决。

《关于引导农村土地经营权有序流转发展农业适度规模经营的意见》提出，要

---

① Kittsteiner T & Ockenfels A, "Market Design: a Selective Review", *Zeitschrift für Betriebswirtschaft*, 2006, Special Issue 5, pp.121-143.

"实现所有权、承包权、经营权三权分置",引导土地经营权有序流转,放活土地经营权,以家庭承包经营为基础,推进家庭经营、集体经营、合作经营、企业经营等多种经营方式共同发展。[①] 这就有利于构建一种包含多种土地产权的土地市场,回归"耕者有其田"思想的本义,正确地继承和发展"耕者有其田"思想。那么,面对土地市场化改革的趋势,我们就不能畏首畏尾,而应如邓小平所说,"胆子要大一些,敢于试验……看准了的,就大胆地试,大胆地闯",[②] 杀出一条血路。土地市场化改革必然牵一发而动全身,如果没有足够的改革勇气,就很难取得成功。探索土地市场化改革就应该解放思想,回归"耕者有其田"思想的本义,具有"闯"的精神,敢于创新和实践,构建符合现代经济规律和中国国情的土地制度。

---

① 参见人民出版社编印:《关于引导农村土地经营权有序流转发展农业适度规模经营的意见》,2014年。

② 邓小平:《邓小平文选》第3卷,人民出版社,2008年,第372页。

量化经济史专题

结构、制度与农户收入：生产队的视角

黄英伟[*]

内容提要： 本文基于 1974 年江苏省南京市的祖堂生产大队的收益分配数据，利用分层线性模型（Hierarchical Linear Models，简称 HLM）计算了人民公社时期，由于所在生产队不同而导致的农户间收入差异。结果表明，生产队因素可以解释农户间收入差异的 37.73%。笔者通过将生产队影响因素分解为结构性因素（现代生产要素采用）和制度性因素（国家提取比例）后，发现现代生产要素采用越多，生产队的农业生产能力越强，越有利于提高农户收入；国家提取比例越低，越有利于农户收入的提高。本文不仅首次研究了生产队层次对农户收入的影响，而且有利于理解人民公社的效率损失等问题。

关键词： 人民公社　收入差异　分层线性模型　生产队档案

一、引言

20 世纪 70 年代末的中国农业改革是当代中国历史上的重大事件之一。相对于改革后中国农业取得的成功，改革前集体农业的低效率成了学界研究的热点。对集

---

* 黄英伟，中国社会科学院经济研究所研究员，管理学博士，理论经济学博士后，主要从事经济史方向的研究。

体农业效率低下最有影响的解释之一是收入分配的平均主义。[①] 然而以往的研究都是基于同一个生产队内部的农户间收入的比较，对于生产队之间的比较较为罕见。本文将从生产队层次考察农户收入差异，即生产队所拥有的"资源禀赋"对农户收入的影响程度和影响途径。

生产队规模较为稳定时期（1962 年以后）的核算单位主要为生产队。生产队类似一个大家庭，掌管着队里的所有生产和分配，每个生产队的成员只有在队里付出劳动，才能从队里取得收入。由于生产队之间存在差异，就会导致即使两个农民具有相同的劳动能力并付出同样的劳动时间和劳动强度，如果分别在不同的生产中，则可能取得的收入完全不同。因此，影响农户收入的因素不只是农户本身的特性，还与其所在的生产队高度相关，这是以往的研究所忽视的。这样的结果就会导致不同生产队的农户间的比较，收入少者会有不平衡感，进而影响其劳动效率。

我们采用生产队微观收入分配档案进行了验证。选取的样本为 1974 年江苏省南京市的祖堂生产大队，该大队包含 13 个生产队、392 户。[②] 选取一个生产大队的好处是可以去除地理气候等条件差异的影响。首先，分别从生产大队层次和生产队层次计算农户收入差异，了解不同计算方式的不平等程度；其次，利用分层线性模型（HLM）计算生产队所拥有的"资源禀赋"对农户收入的影响；最后，对生产队影响农户收入的因素进行分解。

我们发现，在生产大队层面上计算的农户间的不平等程度更高，以生产队核算的基尼系数是 0.207，而以生产大队核算的基尼系数是 0.266；分层线性模型研究发现，生产队因素可以解释农户间收入差异的 37.73%，超过 1/3 强；同时分层线性模型很好地区分了结构性因素与制度性因素的影响，现代生产要素（如肥料）代表结构性因素，国家从生产队收入中提取的比例代表制度性因素。在一个生产队中，现代生产要素采用越多，则农户收入越高；国家提取比例越低，则越有利于农户收

---

① Chinn, L. Dennis, "Income Distribution in a Chinese Commune", Journal of Comparative Economics, Vol.3, No.2, 1978, pp.246-265；Putterman, L., Continuity and Change in China's Rural Development: Collective and Reform Eras in Perspective, New York: Oxford University Press, 1993；Putterman, L., "Effort, Productivity, and Incentives in a 1970s Chinese People's Commune", Journal of Comparative Economics, Vol.14, No.1, 1990, pp.88-104; Hsiung, B., and L. Putterman, "Pre- and Post-Reform Income Distribution in a Chinese Commune: The Case of Dahe Township in Hebei Province", Journal of Comparative Economics, Vol.13, No.3, 1989, pp.407-445; Kung, J., "Egalitarianism, Subsistence Provision, and Work Incentives In China's Agricultural Collectives", World Development, Vol.22, No.2, 1994, pp.175-187.

② 人民公社时期采取三级管理体制，即最高级的为公社，相当于现在的乡镇；公社之下为生产大队，相当于现在的村级组织；最低级的为生产队，类似于现在的村民小组；生产队大约由 30 至 40 户农户组成。

入提高。

本文首次考察了生产队层面对农户收入的影响，这一研究将有利于理解中国农业集体经济的众多相关问题。首先有助于理解生产队在农户收入中所起的作用以及影响途径；其次有助于解释集体经济的效率低下，因为集体经济时期缺乏人口流动性，农户收入受集体资源影响较大，灵活性较差；最后有利于理解 1962 年之后核算单位从生产大队下放到生产队的原因。

本文第二部分为人民公社的历史背景和数据描述，第三部分是对生产大队层次和生产队层次收入差异的描述报告，第四部分将计算生产队对农户收入的影响程度，第五部分是生产队对农户收入的影响途径，最后是本文结论。

二、历史背景与数据描述

（一）人民公社的发展历史

中国农村人民公社由高级农业生产合作社转化而来，在 1958 年 8 月末到 11 月初，3 个月的时间内快速由高级社合并为人民公社，全国约有 2400 个公社，约包含了中国总农户的 99%。之后农业出现了 3 年危机，农业总产值 1959 年下降了 14%，1960 年又下降了 12%，1961 年继续下降 2.5%。[1] 为了应对农业危机，1962 年，中央政府不得不将农业生产核算单位从以生产大队为核算单位下放到以生产队为核算单位。因此，有学者将 1962 年前的人民公社称为"大公社"时期，[2]1962 年之后称为核算单位下放后的人民公社，即通常所称的人民公社。此后人民公社的各项政策制度相对来说都比较稳定。[3] 稳定时期的生产队规模大概维持在 30 户至 40 户。最终，由于人民公社自身农业生产效率不高，于 1979 开始被家庭生产责任制所取代。

---

① 林毅夫：《制度、技术与中国农业发展》，上海三联书店，2005 年，第 6 页；（美）彭尼·凯恩著，毕健康等译：《中国的大饥荒（1959—1961）：对人口和社会的影响》，中国社会科学出版社，1993 年。

② 辛逸：《试论大公社所有制的变迁与特征》，《史学月刊》2002 年第 3 期；辛逸：《简论大公社的分配制度》，《中共党史研究》2007 年第 3 期；辛逸：《对大公社分配方式的历史反思》，《河北学刊》2008 年第 4 期。

③ 虽然其间还经历了"农业学大寨"等运动，但人民公社的主要制度设置基本没变。

（二）人民公社生产分配制度

人民公社实行"统一管理、统一分配，生产资料归集体所有"的"一大二公"制度。[①] 人民公社的所有生产资料，如种子、化肥、生产工具、耕畜等，都归集体所有，集体统一安排使用，就连人民公社社员的劳动也归集体统一调配。此时是高度的计划经济，生产队的种植结构、种植品种、何时种植、种植多少等都按上级单位的计划执行。社员的劳动地点、劳动时间、劳动内容同样也是按照计划进行的。人民公社时期实行"三级分配制"，即国家税收、集体提留和社员分配三级分配制。[②] 在分配时，国家、集体和社员三者之间的分配比例关系也是上级单位制定的，生产队一级无权改变。对于社员的分配，以家庭人口和家庭劳动工分为依据进行，通常两者比例为 7:3 或 8:2 等，即将所有可分配之物分成两部分，如 7:3 形式，则 70% 部分按人口平均分配，30% 部分根据劳动工分分配。[③]

（三）数据

本文采用的数据来自江苏省东善公社祖堂大队收益分配档案，所属年份为1974 年。[④] 该生产大队包含 13 个生产队和 392 户农户，是目前为止学术界所发现的该时期最有质量的数据之一，同时也为我们检验生产队层面对农户收入的影响提供了难得的数据集，据我们所知这在学界尚属首次。

祖堂大队距南京市中心仅 15 公里，属城市郊区，以种植水稻、小麦为主。

13 个生产队中，平均每队 30 户，每户 4.3 人和 2.2 个劳动力，人口劳动比约为 1.95，[⑤] 9 岁以下人口占总人口的 21.58%（见表1）。[⑥]

生产队收入包括农业收入、副业收入和其他收入，其中农业收入占绝大部分，

① 参见张乐天：《告别理想：人民公社制度研究》，上海人民出版社，2005 年；罗平汉：《农村人民公社史》，福建人民出版社，2006 年。

② 参见辛逸：《农村人民公社分配制度研究》，中共党史出版社，2005 年；黄英伟：《工分制下的农户劳动》，中国农业出版社，2011 年。

③ 徐卫国、黄英伟：《人民公社时期农户劳动报酬实物化及其影响——以 20 世纪 70 年代河北某生产队为例》，《中国经济史研究》2014 年第 4 期。

④ 关于人民公社生产队档案资料的介绍，参见黄英伟：《集体化时期农村经济档案论述——以江苏祖堂大队为例》，《古今农业》2012 年第 4 期；行龙、马维强、常利兵：《阅档读史：北方农村的集体化时代》，北京大学出版社，2011 年。

⑤ 人口劳动比能反映家庭人口结构，也决定家庭经济状况，特别是在主要靠体力劳动为生的时期。参见（俄）恰亚诺夫著，萧正洪译：《农民经济组织》，中央编译出版社，1996 年。

⑥ 在人民公社时期，9 岁以下人口通常在分口粮时会进行不同比例的折算，如 1—3 岁是成年人的 50%，4—6 岁是成年人的 80% 等。

约占 85%，副业只占 14.51%；在农业收入中，主要是粮食收入，占 76.05%。粮食收入比例和副业收入比例表示种植结构和产业结构。

生产队支出包括农业支出、副业支出、其他支出和管理费，其中农业支出占绝大比例。在农业支出中，又包括种子、肥料、机械费用等，其中肥料支出占 32.27%，机械费支出占 20.01%，管理费支出占 2.97%。肥料支出和机械费支出表示生产资料的现代化程度，管理费说明行政运行的成本。

分配部分包括国家税金、集体积累和社员分配，其中社员分配部分最为主要，这也是社员的全部生活来源，社员分配占总分配的 80.31%，国家提取比例为 2.97%。社员分配比例表示分配结构。

此外，1974 年祖堂大队平均每个劳动力的单价为 0.62 元，即整劳动力劳动一整天为 0.62 元，每个队之间的差异较大，最少的仅为 0.34 元，最多的为 0.93 元。每劳动力全年可分配的所有实物和现金总和折算为现金，平均 246.09 元，这就是当时的全部所得。

表 1　生产队层次的各种统计量

名称	均值	标准差	最小值	最大值
基本情况				
户数（户）	30.12	11.63	16	63
人口（人）	4.29	2.14	1	11
劳动力（人）	2.18	1.24	0	7
劳力与人口比（%）	50.82	6.38	32.00	56.00
9 岁以下人口比例（%）	21.58	4.93	14.49	29.91
收入部分				
粮食收入在农业收入中比例（%）	76.05	14.60	30.78	88.57
副业在总收入中比例（%）	14.51	7.02	8.18	30.51
支出部分				
肥料在农业支出中比例（%）	32.27	6.80	20.80	41.70
机械等费占农业支出比例（%）	20.01	5.80	7.27	29.24
管理费在总支出中比例（%）	2.97	0.71	1.68	4.20
分配部分				
国家提取比例（%）	2.97	0.71	1.68	4.20
社员分配比例（%）	80.31	3.60	76.65	89.12
劳动单价（元）	0.62	0.18	0.34	0.93

社员分配每劳力（元）	246.09	68.83	123.00	376.00
9 岁以下口粮比例（%）	56.52	0.01	56.51	56.55

资料来源：江苏省祖堂大队 1974 年档案资料（年终收益分配表）。按：本文不另作说明的数据均来源于此。

三、生产大队与生产队层次核算的收入描述

在模拟生产队层次影响农户收入程度和如何影响之前，先进行较为直观的描述性统计。首先比较各生产队间平均收入，然后假设以生产大队为核算单位计算收入差异，最后再以生产队为核算单位计算收入差异。

13 个生产队各队的平均收入水平见图 1，其平均收入为 121.1（以 14 号为代表），平均收入最高的为 4 队（209.4 元），平均收入最低的为 11 队（66.0 元），平均收入最高的生产队是收入最低的 3.2 倍，平均标准差为 67.97，可见各生产队间平均收入差异较大。

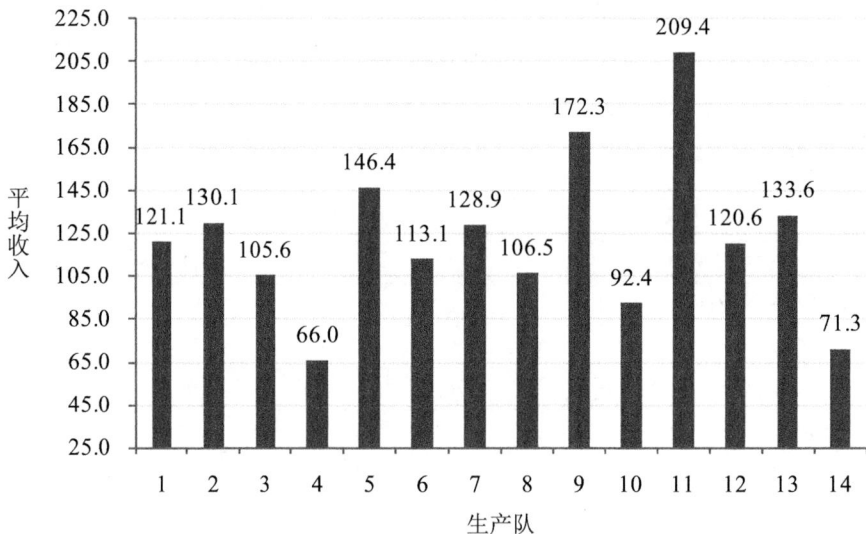

图 1　祖堂大队各生产队的平均收入

注：标号 14 的代表平均收入，其余 1—13 分别对应 1—13 号生产队。

（一）生产大队层面核算情况

打破生产队界线，假设以生产大队为核算单位，计算祖堂生产大队农户收入差异的程度。我们的计算包括多种衡量收入差异的指标，包括分位收入比值、阿克金森指数（Atkinson index）、基尼系数（Gini index）、泰尔指数（Theil index）等。这些指数均能很好地反映收入差异程度。计算的层级在生产大队，但计算的单位是农户，也就是说是全生产大队的农户间的比较。

分位收入是指将全体研究对象按收入高低进行排序，然后比较各分位点的收入水平。一般将总体收入分为 10 个分位，以 10 分位为最低，以 90 分位为最高。比较 90 分位与 10 分位的收入，发现其比值高达 3.58，也就是说处在 90 分位的高收入者，其收入水平是底层 10 分位收入者的 3.58 倍。90 分位与 50 分位的比值也达到 1.88，3/4 分位与 1/4 分位的比值达 1.91，即上中等收入是下中等收入的 2 倍左右。特别值得注意的是，通常反映收入差异的基尼系数显示差异程度为 0.266，相对来说这一时期的收入分化程度较小，这和已有研究较为符合。[1] 另外两个指数——泰尔指数和阿克金森指数，虽然在解释含义上同基尼系数有所差别，但所反映的情况同基尼系数是一致的（见表 2）。

表 2　祖堂大队农户收入不平等指数

p90/p10	p90/p50		p10/p50		p75/p25		p75/p50		p25/p50
3.580	1.883		0.526		1.914		1.372		0.717
GE（-1）		GE（0）		GE（1）		GE（2）		Gini	
0.618		0.134		0.115		0.120		0.266	
A（0.5）			A（1）			A（2）			
0.05875			0.12548			0.55289			

（二）生产队层面核算情况

上面的计算是在假设核算单位是生产大队的条件下得出的，该计算忽略了生产队自身的"资源禀赋"，然而实际的核算单位是生产队。现对实际核算情况进行收入差异计算，结果如表 3 所示。

---

[1]　K.Griffin and A Saith, "*Growth and Equality in Rural China*", Singapore: Koon Wah Printing Pte. Ltd,1981.Li Huai Yin, Everyday Strategies For Team Farming In Collective-Era China: Evidence From Qin Village. *China Journal* ,Vol.54,2005, pp.79-98.

计算结果的基尼系数显示，13 个生产队的收入差异各异。收入差异最小的是 11 号生产队，其基尼系数仅为 0.14，而收入差异最大的是 2 号生产队，其基尼系数达到 0.24，可见单独计算各生产队间的收入差异，与图 1 所示的结果一致。

我们需要重点关注的是，以生产队为核算单位的所有基尼系数，均小于以生产大队为核算单位的计算结果（0.266）。这说明在生产队内部，农户间的收入差异程度较小，而生产队间的收入差异变化较大。换句话说，就是生产队的不同而导致了生产队间的差异，而生产队自身的"资源禀赋"正是造成这种结果的原因。

表 3　各生产队内的收入差异

生产队	GE（-1）	GE（0）	GE（1）	GE（2）	Gini
1	0.09815	0.08653	0.08661	0.09668	0.22535
2	0.32690	0.15534	0.10941	0.09672	0.24285
3	6.20628	0.18006	0.08874	0.08112	0.22197
4	0.05668	0.05445	0.05537	0.05966	0.17447
5	0.34027	0.10157	0.07131	0.06726	0.19485
6	0.06520	0.06001	0.05774	0.05788	0.19066
7	0.07818	0.07062	0.06775	0.06869	0.20529
8	0.10581	0.08004	0.07456	0.07945	0.20395
9	0.84183	0.11936	0.07753	0.06938	0.19998
10	0.16311	0.11039	0.09982	0.10232	0.24906
11	0.03227	0.03063	0.03018	0.03070	0.13650
12	0.54348	0.09481	0.07041	0.06973	0.19790
13	0.10710	0.09733	0.09545	0.10012	0.24483

注：数据均已加权处理。

四、分析工具与生产队对农户收入的影响程度

（一）分析工具

基于上面的分析，我们发现农户收入与两个层次（家庭和生产队）的特征有关，[①]

---

① 家庭层次特征包括家庭成员的年龄、劳动力数量、人口数量、男女性别结构等；生产队特征包括所拥有的机械、化肥、种植结构、分配比例等。

因此我们选用适合两层数据的分层线性模型。[①] 分层数据结构实际上说明了在一些从微观到宏观的数据当中，存在着多层的分析单位。

选用 HLM 模型的原因在于：常规的统计分析仅能对单一的分析单位进行分析，研究的是变量之间的关系。常规分析的前提存在一个潜在的假定，即各案例之间都是完全独立的。线性回归分析的基本先决条件是线性、正态、方差齐性以及独立分布。但分层数据在不同族群之内的案例会相互影响，并不独立，存在很强的同质性（组内相关），因此常规分析要求的案例之间的独立性假定并不符合，这样统计出来的结果就会出现偏差，且统计检验也失去了有效性。

对于分层数据而言，并不要求方差齐性和独立分布，同时还可以使研究者估计各层面上的变化，以及各层面之间的关系。分层模型是在一个普通模型中通过嵌套子模型来对不同层次的变量进行分析。我们分析的农户家庭收入和生产队特征就是这样的数据结构，因此应用分层模型来分析是较为合适的。

（二）生产队对农户收入的影响程度

首先，我们可以用空模型来判断是否需要应用 HLM 模型。空模型（Null Model）指各层方程中都不设自变量的模型，它又可称为随机效应的单因素方差分析（One-way ANOVA with random effect）。通过空模型的分析，可以将农户收入的总方差分解到不同层次，也能判断进行分层分析是否必要。与此同时，可以得出两层随机方差各占总方差的比例，这样便可以确定各层次的影响，即可以得出农户和生产队两个层面各自的影响。

本研究采用 HLM 6.02 软件[②] 进行农户收入的分层分析。根据该软件在分析两层线性空模型时提供的第一层方差分量和第二层方差分量，便可以计算出生产队级方差（层二）在总方差中的比例。这一比例在分层线性模型中又称为组内相关系数。组内相关系数值越大，说明农户收入的总方差中生产队级方差（层二）所占比例越大，因此用生产队级变量来加以解释的可能性就越大。并且这种情况还意味

① 有关分层数据结构和分层模型的简介，参见郭志刚、李剑钊：《农村二孩生育间隔的分层模型研究》，《人口研究》2006 第 4 期；郭志刚：《对 2000 年人口普查出生性别比的分层模型分析》，《人口研究》2007 年第 3 期；杨菊华：《多层模型在社会科学领域中的应用》，《中国人口科学》2006 年第 3 期；（美）斯蒂芬·W. 劳登布什、（美）安东尼·S. 布里克著，郭志刚等译：《分层线性模型：应用与数据分析方法》，社会科学文献出版社，2007 年；Stephen W.Raudenbush, Anthony S.Bryk, *Hierarchical Linear Models: Applications and Data Analysis Methods,* London: Sage Publications, Inc.2002.

② Stephen W.Raudenbush, Anthony S.Bryk, Y.F.Cheong, R. congdon, and M.Du Toit, *HLM6: Hierarchical Linear And Nonlinear Modeling,* SSI: Scientific Software International, Inc. 2004.

着，仅对农户收入进行个体层次变量的常规回归分析结果将会产生较大偏差，所以这时正是分层模型发挥作用的时候。如果这一方差比例极小，便表明生产队级之间的差异极小，也就意味着生产队级模型其实没有什么可以解释的余地。

能将总收入的整体差异分解到不同层级里，是使用 HLM 模型的一个最为明显的优势。此分析可以使人们看清不同层级的影响，并且能够清晰地给出一个定量的指标来表示不同层级所导致的收入差异占总差异的份额，这样就能够较清晰地看清不同层级在总差异中所占的比例。

使用 HLM 空模型分解收入的差异，其具体模型如下：

第一层模型：

$$INCOME\_T = \beta_0 + \gamma \qquad (1)$$

第二层模型：

$$\beta_0 = \gamma_{00} + \mu_0 \qquad (2)$$

总模型：

$$INCOME\_T = \gamma_{00} + \mu_0 + \gamma \qquad (3)$$

其中，$INCOME\_T$ 作为因变量表示总收入，是将要被分解的变量，为第一层截距，表示生产队的收入均值，为随机效应，为第一层截距在第二层的固定效应，为第二层的随机效应。在空模型中不加入任何变量，利用此模型检验总方差的分布，分解结果如表 4 所示。

表 4　分层级对农户收入差异的分解

固定效应	系数	标准误			
平均收入	122.264	10.564			
随机效应	方差成分	占总方差的份额	自由度	Chi-square	P-value
层级 -2 效应（生产队间）	36.329	37.73%	12	122.820	0.000
层级 -1 效应（生产队内）	59.965	62.27%			

注：因考虑到样本量较少，为了保证估计的有效性，这里并没有对收入取对数处理，因此我们得到的估计系数较大。第一层样本量为 392 个，第二层样本量为 13 个。

由表 4 可以看出，截距收入的平均数为 122.26，即固定效应为 122.26，也就是说所有农户的平均收入为 122.26 元，标准误为 10.56。其平均值的计算结果与图 1

展示的结果极为接近，说明我们的估计是可靠的。在方差成分中我们看到，组内方差（生产队内）为 59.97，组间方差（生产队间）为 36.33。进一步的解释为，由于生产队这级组织（层二）的存在导致农户收入的差异（方差差异）为 36.33，而由于农户本身特征（层一）所导致的收入差异为 59.97。$x2$ 值为 122.820，在 12 个自由度情况下 P 值远远接近于 0，证明生产队间的收入差异十分显著。

根据分层模型 HLM 的优势，我们可以进一步得出方差成分在两个层级的分布，即生产队和农户层次各对总方差的解释度。计算得出，生产队间的效应比例为 37.73%，生产队内的效应比例为 62.27%。换句话说，因为农户所在的生产队不同造成的农户收入差异的比例为 37.73%，这一比例超过了 1/3 强，可见不同生产队对农户之间的收入差异有较大影响，并且这种影响是不能忽视的。这一结果也说明我们接下来的研究是有意义的。

HLM6.02 软件还可以直接输出另一个重要指标——可靠性（reliability，也称信度系数）。[①] 可靠性越高，说明误差的方差越小，表明模型拟合的估计值与农户收入的真实值越接近。一般来讲，只有当可靠性小于 0.10 时，我们才将模型中的随机误差项设置成为固定值。我们的计算表明，该随机系数的信度系数为 0.91，说明此估计的可信度非常高。

五、生产队对农户收入差异的影响途径

（一）模型

生产队对农户收入的影响程度超过 1/3 强，接下来需要探讨的是影响途径如何？我们认为生产队对家庭收入差异的影响有两个机制：其一是，不同生产队因自身所拥有的各种资本的不同而直接导致生产队之间整体收入水平的差异；其二是，不同的生产队特征，导致同样的家庭特征对收入的回报率在不同的生产队之间的差异。这两种机制的影响逻辑与影响路径并不相同，前者直接造成了不同生产队间平均的收入差异，而后者则造成了不同生产队间同样的家庭特征对收入的影响受制于其所在的生产队特征，并形成了这些特征收入回报率在生产队之间的差异。根据这个思想，我们建立一个在两个层次都加入了自变量的多层线性回归模型（将截距和斜率作为估计结果的回归模型）。

---

① 随机系数的信度计算公式为：的加权平均数。一般该数值大于 0.5 即可。

其模型分别为：

第一层模型：

$$INCOME\_T = \beta_0 + \beta_1(RP) + \gamma \tag{4}$$

方程（4）中 $INCOME\_T$ 为总收入，为截距项，RP 为劳动力数量与人口数量的比例，即家庭劳动供养比例，当劳力与人口比例小时则说明每个劳动力需要供养的家庭人口较多，则其家庭收入应该较少，也就是说 RP 前的回归系数应该为正，为随机项。

方程（4）是在方程（1）的基础上加入了劳动与人口比例 RP，目的是想考察在农户层次加入家庭人口结构因素后，该变量对家庭收入的影响。众所周知，人民公社时期的自由市场被关闭，人口流动受到限制，农户的大部分收入来源于集体。已有研究发现，农户劳动投入多少与其家庭人口结构有极大的相关性。[①] 家庭人口结构主要指劳动力与总人口数量，因此将劳动力与人口比作为家庭结构的重要代表变量放入模型中。

我们同时还对家庭阶级成分（表示政治身份）、家庭上年的存款数（表示上年现金收入）等进行了检验，但结果并不显著，因此在层一模型中没有放入其他自变量。

第二层模型：

$$\beta_0 = \gamma_{00} + \gamma_{01}(R\_FERTAG) + \gamma_{02}(VAL\_LABO) + \mu_0 \tag{5}$$

$$\beta_1 = \gamma_{10} + \gamma_{11}(R\_FERTAG) + \gamma_{12}(VAL\_LABO) + \mu_1 \tag{6}$$

其中，R_FERTAG 为肥料花费在农业总支出中的比例，此变量可作为生产队对先进农业生产要素的采用情况，如其比例较高，则说明该生产队对先进生产资料的采用率较高。先进生产资料将带来较高的农业生产率，而较高的农业生产率将带来较好的农业收入，从而导致农户收入的增加，因此我们估计肥料支出比率将与农户收入呈正相关关系。

VAL_LABO 为劳动单价，即各生产队每个劳动日的价值。在生产队中，农户收入等于该农户的劳动工分与生产队的工分值之间的乘积，每个农户的工分数多少，

---

① 黄英伟、陈永伟、李军：《集体化时期的农户收入：生命周期的影响——以河北省北街 2 队为例》，《中国经济史研究》2013 年第 2 期；黄英伟：《工分制下的农户劳动》，中国农业出版社，2011 年；张江华：《工分制下的劳动激励与集体行动的效率》，《社会学研究》2007 年第 5 期；李怀印：《乡村中国记事：集体化和改革的微观历程》，法律出版社，2010 年。

只有在本生产队内才有与其他农户比较的意义，与其他生产队的农户没有可比性。严格地说，工分值在各生产队间没有可比性，但我们可以进行较粗略的近似比较。劳动单价高的生产队，其队中的农户可能会有较高的收入。劳动单价能够很好地代表生产队的生产能力。

通过层一模型和层二模型，可以计算出层一中劳动与人口比经由生产队的先进资料采用情况和生产队的生产能力所表现出的回报率多少。也就是前面所说的，农户特征如何通过生产队特征而影响家庭收入。

（二）结构性因素

因生产队样本只有 13 个，在加入一个生产队层面变量会损失一个自由度的情况下，为了保证估计的可靠性，我们不能同时将多个变量放入模型中，只能逐个检验，发现多数变量均不显著（这可能是数据较少的原因），我们剔除那些不太显著的变量，最后得出表 5 所示的结果。

固定效应表示引入到模型中层一（农户）和层二（生产队）的自变量对于收入的影响效应，随机效应表示这些进入模型的自变量所没有解释掉的收入差异。表 5 中最左列给出的自变量分为两个层级，其中层一（农户特征）的自变量用黑体并突出显示，而嵌套在层一下的层二变量用缩进格式表示。需要注意的是，所有层一自变量下的截距项的回归系数表示的是农户特征对于收入的影响效应，而其余的层二自变量回归系数表示的是生产队特征对于农户特征影响收入效应的调整效应。

对于平均收入项，肥料支出比例、劳动单价与平均收入均正相关（肥料支出比例在 10% 层次上），说明生产队采用的现代化生产要素越多，则平均收入越高。另外，生产队农业生产能力[①]越强，则平均收入越高。

表 5　生产队结构性因素对农户收入的影响

固定效应	回归系数	标准误	t 比率	p 值
平均收入				
截距	-41.686	24.775	-1.683	0.123
肥料支出比例	1.139	0.568	2.004	0.072

① 农业生产能力用劳动单价表示，劳动单价是扣除成本以后的收益与全队全年劳动的比值，可以近似看成是农业生产能力。当然这里面的影响因素很多，比如生产队经营状况、队长的个人能力、气候条件、地理条件等等。实际上我们可以把它当作一个黑箱，不管里面到底是什么，反正结果是我们看到了一个可以衡量生产队最终生产情况的量。

续表

劳动单价	204.244	22.377	9.128	0.000
劳力与人口比值				
截距	0.186	99.023	0.002	0.999
肥料支出比例	-0.011	2.243	-0.005	0.996
劳动单价	262.617	88.496	2.968	0.015
随机效应	方差成分	自由度	Chi-square	P-value
平均收入	131.569	10	37.979	0.000
劳力与人口比值	2103.862	10	37.520	0.000
层级-1效应	1378.683			

农户特征的影响。层一自变量下面的截距项的回归系数就是农户特征对于收入的影响效应。结果表明，劳力与人口比对收入的影响是正向的，但遗憾的是其统计并不显著。

生产队特征的影响。该层次表明农户特征是如何随着生产队的特征而变化的，这些结果是由层一自变量下面的层二自变量的回归系数来显示的。我们发现在劳力与人口比值下，劳动单价对劳力与人口比值的收入回报率产生较强的正向影响。劳动单价对劳力与人口比值对收入的回报率增加262.62，这个结果显示出在劳动单价越大的生产队中，其家庭人口结构对收入的回报率越大。劳动单价高说明生产队的生产经营状况较好，则劳动者的收入会更高，收入高则更能有效调动劳动者的积极性，从而形成良性的互动循环。

从随机效应看，无论是截距项还是层一变量项，其效应都较为显著，因此我们还需要对变量进行更多解释。①

（三）制度性因素

如果生产资料采用情况可以看作结构性因素的话，那么社员分配比例可以作为制度性因素处理。人民公社时期，农户收入由三个层次的分配比例来确定，即国家、集体和个人。通常国家规定了三者之间的大概比例，具体实施过程中要看当地的实际情况，可在原定比例基础上上下小幅波动。虽然在同一个生产大队内，三者

① 在某种程度上说，我们的解释并不算很成功，因为我们未能解释的部分更多，但作为尝试我们得出了一定的结论。

之间的比例却有一定的差别。一般来讲，社员分配比例越高，则社员劳动所获得的回报越大，从而会导致其劳动的积极性越高，因此我们估计社员分配比例会对收入有正向影响。结果如表 6 所示。

表 6　制度性因素对农户收入的影响

固定效应	回归系数	标准误	t 比率	p 值
平均收入				
截距	566.113	223.662	2.531	0.028
社员分配比例	5.524	2.781	1.986	0.072
劳力与人口比值				
截距	979.161	403.706	2.425	0.034
社员分配比例	10.148	5.021	2.021	0.068
随机效应	方差成分	自由度	Chi-square	P-value
平均收入	1148.776	11	294.639	0.000
劳力与人口比值	3032.881	11	77.949	0.000
层级 -1 效应	1375.956			

平均收入说明社员分配比例对收入的作用系数为 5.52，在劳力与人口比值项下，社员分配比例使得劳力与人口比值对收入的回报率系数为 10.15，且在统计上显著。从数值上看，如果 A 生产队比 B 生产队的社员分配比例高 1 个百分点，那么每增加 1 个劳力与人口比值，则 A 生产队比 B 生产队的收入将增加 10.15 元。说明各生产队的分配比例影响农户收入，国家提取部分越少，越有利于农户增收。

模型总体可信系数 B_0 为 0.958、B_1 为 0.805。但是劳力与人口比值在生产队层次上的变差并没有得到很好的解释，还需要继续寻找其他的变量进行解释，这也将是下一步工作的重点内容。

至此，我们将农户特征、生产队特征，通过结构性以及制度性因素对农户收入产生的影响进行了计量分析，得出的结果较有力地解释了各变量的影响。生产队自身特征和农户特征经由生产所表现出来的特性共同影响了农户收入，其中结构性因素和制度性因素共同起了作用。

六、结论

中国农业集体制终因效率低下而解体，学界对此的解释之一是收入的平均主义不利于对农民的劳动提供激励，[①]但已有研究均忽略了生产队的作用，本文弥补了这一不足。我们基于极为难得的生产队原始档案数据，并利用 HLM 模型，计算了生产队对农户收入差异的影响程度和影响途径。

总体来说，生产队可以解释农户收入差异的 1/3 强，这种影响是通过结构性因素（如化肥采用量等）和制度性因素（国家税收比例等）的双重作用，现代生产要素（如化肥）采用越多或国家税收越少，则越有利于提高农户收入。

在公社、生产大队和生产队三级管理的体制设置下，每个农户都被严格划分到相应的生产队，从此该农户的所有经济活动都被限制在其所在的生产队内，这就使得农户的收入与其所在的生产队死死地绑在一起，"同呼吸、共命运"。"资源禀赋"好的生产队，其社员收入就高，这会导致在同一个生产大队中相对不好的生产队中的社员感觉不公又无力改变，进而偷懒、磨洋工等盛行。对于相对好的生产队中的社员来说，他们当然不想让其他生产队成员分享他们的好处，这可能是 1962 年核算单位下放的原因。更进一步农村改革的成功，可能与去除了生产队的限制有关。

附录：

附表 1　各生产队口粮分配标准

生产队	1-4 岁（斤）	5-8 岁（斤）	9 岁以上（斤）
1	227	363	454
2	240	384	480
3	234	374	468
4	238	381	476
5	232	371	464
6	242	387	484
7	236	378	472

[①]　Hsiung, B., and L. Putterman, "Pre- and Post-Reform Income Distribution in a Chinese Commune: The Case of Dahe Township in Hebei Province", *Journal of Comparative Economics*, Vol.13,No.3,1989,pp.407-445; Kung, J, "Egalitarianism, Subsistence Provision, and Work Incentives In China's Agricultural Collectives", *World Development*, Vol.22,No.2,1994,pp.175-187.

续表

8	234	375	468
9	236	378	472
10	232	371	464
11	223.5	357.5	447
12	234	374.4	468
13	242	387	484
平均值	234.7	375.5	469.3

总人口 1682 人，总户数 392 户，户均人口 4.29 人。其中，5 口人的家庭最多，有 70 户；其次为 6 口人的家庭，为 60 户。家庭人口最多的为 11 人，但仅有 2 户。

附表 2　祖堂大队按户人口分布情况

人口	Freq.	Percent	Cum.	总人口数
1	52	13.27	13.27	52
2	43	10.97	24.23	86
3	50	12.76	36.99	150
4	57	14.54	51.53	228
5	70	17.86	69.39	350
6	60	15.31	84.69	360
7	37	9.44	94.13	259
8	14	3.57	97.7	112
9	7	1.79	99.49	63
11	2	0.51	100	22
Total	392	100		1682

注：本表统计数据已经剔除了工分收入为 0 的农户，这样的样本共 8 户。

附表 3　祖堂大队按户劳动力分布情况

劳力	Freq.	Percent	Cum.	总劳动力数
0	14	3.57	3.57	0
1	123	31.38	34.95	123
2	109	27.81	62.76	218
3	91	23.21	85.97	273
4	37	9.44	95.41	148

5	15	3.83	99.23	75
6	2	0.51	99.74	12
7	1	0.26	100	7
Total	392	100		856

注：本表统计数据已经剔除了工分收入为 0 的农户，这样的样本共 8 户。

共有劳动力 856 人，户均拥有劳动力 2.18 人。其中，拥有 1 个劳动力的家庭最多，有 123 户，占 31.38%；其次为拥有 2 个劳动力的家庭，有 109 户，占 27.81%。

城市史专题

近代公共交通与南京城市道路评析：1894—1937[*]

李沛霖[**]

内容提要： 史实证明，城市道路对公共交通的影响至深至巨。因之，本文在研判近代南京城市道路肇建的基础上，通过道路系统拓展、道路经费挹注、道路改良养护等重要变量，分层透视抗战前城市道路对公共交通的多维影响，以彼此间的相互挽进，管窥南京城市近代化进程的赓续推演。

关键词： 公共交通　道路拓展　道路用费　道路改养

"道路者，文明之母也，财富之脉也。试观世界今日最文明之国，即道路最多之国……故吾人欲由地方自治以图文明进步，实业发达，非大修道路不为功"。[①]进一步言，"都市之设计，其中最重要者，乃为道路问题，是以其为都市之神经系统也"。[②]即"城市道路的建设是建设城市的第一工作，与城市的关系犹之骨骼之与人体，道路为都市之神经系统，犹人身之血脉"，[③]且"与汽车同时进展者，为全市通行车辆之道路"。[④]自1894年江宁马路辟筑及1937年抗战前，"国民政府定都南京以来，从事建设不遗余力，全国视线复集中于金陵"，[⑤]当局"举凡公共所需之道

---

　　* 本文系国家社会科学基金后期资助项目"公共交通与南京城市嬗变研究：1906—1937"（项目号：17FDS043）、中国博士后科学基金一等资助项目"抗战前新式公共交通与京沪城市社会变迁研究"（项目号：2015M580284）阶段性成果。

　　** 李沛霖，南京邮电大学马克思主义学院副教授、硕士生导师，南京大学中国民国史研究中心副研究员（兼职），复旦大学历史学系博士后，主要从事近现代经济史方向的研究。

　　① 孙中山：《建国大纲·修道路》，国民书局，1927年，第115页。
　　② 陈震异：《大上海建设策》，《东方杂志》第23卷第18号，1926年9月25日发行，第15页。
　　③ 国都设计技术专员办事处编印：《首都计划》，1929年，第64页。
　　④ 虞：《三十年来上海车辆消长录》，《申报》1932年4月6日，第15版。
　　⑤ 中国科学社编：《科学的南京》，科学印刷所，1932年，第1页。

路、市场公园等设备,均在相继建筑"。① 在此进程中,城市道路建设的规模化,对公共交通影响至深至巨,并形成彼此相利相赖之局面。然纵览既往研究成果,关涉两者间的共生互动则较少论及。② 鉴于此,本文以相关档案、报刊、文献资料为基础,从经济社会史的视角,就抗战前南京城市道路对公共交通之影响,详述其事,略论其理,错谬之处,敬希方家补苴罅漏。

一、道路肇建与公共交通

城市近代化取决于市政基础设施的近代化,后者近代化首先是城市道路的近代化。自清光绪二十年(1894)两江总督张之洞创筑"江宁马路",正式开启南京道路近代化的肇端。此路"起于江干,穿下关由仪凤门入城,循旧石路达于鼓楼,再绕鸡笼山麓,经总督衙门达驻防城边,而终于通济门"。后在其基础上建支路,"为三牌楼至陆军学堂路";1899—1901年,"又筑一支路至总督衙门门首,于是大行宫与西华门乃相通连;筑升平桥至内桥路,于是藩台衙门亦与干路相接;筑花牌楼至贡院路"。③ 其间,"开筑城北一带马路",在下关建商埠街、大马路、二马路等。④

---

① 马超俊、南京市政府秘书处编印:《十年来之南京》,1937年,第75页。
② 关涉近代南京城市道路的研究成果,可参见安嘉华:《政治都市的发展——抗战前的南京(1927—1937)》,硕士学位论文,中国文化大学,1988年;张平:《南京国民政府建立初期首都市政与城市现代化》,硕士学位论文,南京大学,1997年;王俊雄:《国民政府时期南京首都计划之研究》,博士学位论文,台湾成功大学,2002年;唐丽萍:《1927—1937年间的南京都市建设》,《城建档案》2003年4期;侯风云:《传统、机遇与变迁——南京城市现代化研究(1912—1937)》,博士学位论文,南京大学,2006年;佟银霞:《刘纪文与民国时期南京市政建设及管理(1927—1930)》,硕士学位论文,东北师范大学,2007年;董佳:《国家权力与南京首都建设研究(1927—1937)》,博士学位论文,南京大学,2009年等。此外,一些学者对公共交通进行初探,如李建飞:《民国时期的南京公共交通》,《南京史志》1997年第1期;吴本荣:《公共交通与南京城市近代化(1894—1937)》,《南京工业大学学报》2009年第1期等。另,笔者亦对相关问题做出研讨,拙稿见是:《城市公共汽车事业考辨——以抗战前"首都"南京为中心》,《历史教学》2011年第18期;《1930年代中国公共交通之翘楚——江南汽车公司》,《档案与建设》2013年第11期;《抗战前南京城市财政与公共交通关联考议》,《民国档案》2014年第2期;《民国首都城市公共交通管理略论(1927—1937)》,《学海》2014年第5期;《近代公共交通与城市生活方式:抗战前的"首都"南京》,《兰州学刊》2014年第9期;《公共交通与城市人口关系辨析——以民国时期南京为中心的考察》,《史学集刊》2014年第6期,人大复印资料《中国现代史》2015年第3期全文转载;《近代中国市内铁路之先行:宁省铁路—京市铁路》;《档案与建设》2015年第6期;《民国时期南京公共交通工具博弈及政府因应》;《暨南学报》2015年第9期等。但由既往成果而论,以笔者目力所及,专事本题之研究,经济史学界尚未呈现。
③ 叶楚伧、柳诒徵主编:《首都志》下册,正中书局,1935年,第844页。
④ 南京市政府秘书处编:《新南京》,南京共和书局,1933年,第1页。

一般而言，道路是乘车的生命线。[1] 自江宁马路辟筑后，南京市内公共交通工具始有萌现。1898 年，鼓楼境内出现"铁箍轮盘"式马车，乘用者多为外国领事。1910 年"南洋劝业会"在南京举办，"游者特众"。马车业随之发展，马车行有 18 家计车 40 余辆，供乘客包用。[2]1912 年，马车为市民服务，全市有 100 多辆。[3] 且为改变"城内舍驴、骡、马车及肩舆外，别无他交通工具可以代步"[4] 之情事，劝业会从上海调来 20 多辆人力车为市民服务，后有下关汇通运输行等陆续从上海买来多辆，出租营业用以载客。车轮也由铁木结构、实心轮胎改为钢圈、钢丝和充气轮胎。[5] 然因斯时江宁马路仅宽 20—30 英尺（6—9 米），"支路则以路侧民房不能迁移，颇形狭窄"，斯时"城内各路，仅可行东洋车及轻马车"。[6]

嗣北洋时期，南京"虽曾设马路工程处与商埠督办，亦仅具市政雏形，尚谈不到广大的建设"。[7]1912 年 6 月 25 日，马路工程处成立；据其 1923 年 7 月至 1926 年 6 月统计，全市共整修 7 条马路，总长为 191.3 公里（不含近郊 110.7 公里）。[8] 至 1927 年 4 月国民政府定都前，"南京原有马路统共计长十万八千八百三十六丈零八寸，折合六百零四里有奇"。[9] 且其时城外可通汽车道路仅 9 线，"类皆不便行车，即可行车亦多系勉强使用"；[10] 而"城中最不堪问闻者则为道路。道路衰败，恐各小都市亦未有逾于此者。游人闻南京之名而来，睹道路之状况，必大为失望"。[11] 具言之，"南京街路之败坏，在昔几为全国都市冠"，"旧有道路，不能名为何种网状。鼓楼以北，几无道路可言，鼓楼以南的所谓城南繁盛区，路向不定，路幅狭小"；[12] 且"委实找不出一条平坦的道路来，石子砌成的路面，东高西低凹凸不平，非但踏上去使脚心发痛，而且不留神走，也许会被跘跌"。一条通达下关的泥道，算是南京唯一的交通大道，其宽度也不过十二三尺。[13]

① 张钟汝、章友德等编著：《城市社会学》，上海大学出版社，2001 年，第 158 页。
② 南京市地方志编纂委员会编：《南京公用事业志》，海天出版社，1994 年，第 7 页。
③ 南京市地方志编纂委员会编：《南京交通志》，海天出版社，1994 年，第 306 页。
④ 南京市政府编：《首都市政》，大成出版公司，1948 年，第 82 页。
⑤ 南京市地方志编纂委员会编：《南京公用事业志》，海天出版社，1994 年，第 8 页。
⑥ 叶楚伧、柳诒徵主编：《首都志》下册，正中书局，1935 年，第 844 页。
⑦ 行政院新闻局编印：《首都建设》，1947 年，第 1 页。
⑧ 南京市地方志编纂委员会编：《南京市政建设志》，海天出版社，1994 年，第 23 页。
⑨ 南京特别市工务局编：《南京特别市工务局年刊（十六年度）》，南京印书馆，1928 年，第 109 页。
⑩ 国都设计技术专员办事处编印：《首都计划》，1929 年，第 90—92 页。
⑪ 林一：《南京道路状况及汽车事业》，《申报》1922 年 12 月 23 日，第 1 版。
⑫ 林一：《改良南京道路计划刍议》，《申报》1923 年 8 月 11 日，第 2 版。
⑬ 倪锡英：《南京》，中华书局，1936 年，第 38—39 页。

自然，"无论什么人走到南京，最先感觉到不快的事，不用说就是交通不便，街道狭窄"，城市道路"为居民侵占者多，崇宏之地半为湫隘之区矣"。[①] 虽民国初年，军阀齐燮元的司机仲钱生由上海购一辆旧小汽车在南京营业。嗣后，新宝泰车行创立，有车四五辆。但因"道路不畅，南京汽车事业极不发达"，即"吾人平日所见，汽车号数均在三十号以内"，多由下关而南至中正街为止，南门绝不见有汽车开行，"城内所用汽车样式既旧，行驶时声音独高且败颓不堪。恐所用汽车，皆上海用旧不可再驶行者"。由此"道路腐败、灰泥堆积，故汽车行驶时灰泥上飞，道路行人垂首路口，颇感困苦"。[②] 据 1923 年 11 月调查，全市计祥麟、聚兴、严华泰、陈银记等 11 家车行，有车 60 余辆。[③] 然当时"宁垣马路宽广之处少，狭窄之处多。普通街道类皆仅容一辆通过，不容二辆并行。城内行驶汽车因种种妨碍，不能迅速。城北犹可快驶，城南则街道既狭，行人亦众"。如由下关至夫子庙全程仅 15 里，而汽车须 30 分钟始达，"非汽车之不能加速，实地方情形有不得不然之势"。[④]

可以发现，斯时市内最繁盛的街道，要算是花牌楼、三山街、北门桥、夫子庙，"可是这几处路面仅有几尺宽，来往的人肩摩踵接，拥挤不堪。遇着了车辆，就发生让路的困难"。[⑤] 即"南京道路甚狭，竟有不能过两车者。五马街、中正街之间，道路之狭达于极点"。马车、汽车等均宜稍待一车已过，其后者方准前行，若有二马车一去一来，则其间不能行人，"盖长途（公共，以下同）汽车一通行，则于狭隘街道，祸必日肇"。[⑥] 也因此，南京 1918 年已有"金陵长途汽车公司之筹设"；[⑦] 然直至 1924 年 4 月，宁垣汽车公司 6 辆公共汽车才得通行，路线起下关车站至夫子庙附近的门帘桥，途设三牌楼、鼓楼、东南大学、大行宫等 8 站，旅客票价每站大洋 5 分（铜元 5 枚），全线小洋 4 角。[⑧] 但其仅存续 3 年，亦因"办理不善，营业车辆复欠完备，业即歇业"。[⑨]

---

① 叶楚伧、柳诒徵主编：《首都志》下册，正中书局，1935 年，第 843 页。
② 林　·：《南京道路状况及汽车事业》，《申报》1922 年 12 月 23 日，第 1 版。
③ 陆衣言编：《最新南京游览指南》，中华书局，1924 年，第 67—68 页。
④ 郁毅庵：《南京行驶汽车之近状》，《申报》1923 年 10 月 13 日，第 2 版。
⑤ 倪锡英：《南京》，中华书局，1936 年，第 39 页。
⑥ 林一：《改良南京道路计划刍议》，《申报》1923 年 8 月 11 日，第 2 版。
⑦ 磊夫：《宁垣长途汽车公司之近闻》，《申报》1924 年 2 月 16 日，第 3 版。
⑧ 交通铁道部交通史编纂委员会编印：《交通史路政编》第 18 册，1935 年，第 109—110 页。
⑨ 南京特别市政府秘书处编译股编：《南京特别市政府工作总报告》，南京印书馆，1930 年，第 81 页。

　　总的说来，定都前"南京市政皆在因循苟且之中"；[1] 时有"电灯不明，电话不灵，道路不平，火车装兵"四大特色之称。[2] 此期，城市道路"历久失修，类多凸凹不平，车马行人往来均感不便"，[3] 公共交通难以适应城市化、大众化的需求，使机械交通处于非主流地位。即"南京行驶汽车以来，营业不甚发达。合全城公私汽车计算仅有六十余辆。较之沪上汽车数，悬远殆如天渊"；[4] 市民出行"除马车、人力车外，直无较为迅捷之代步"，[5] 进而"马车、人力车络绎不绝"。[6] 定都前，全市马车 450 辆；[7] 人力车则达 5337 辆，"居本市车辆数目之最大多数，亦为市民交通之最重要工具"。[8] 推其总因，当时城市道路建设的滞后，对公共交通近代化进程产生迟滞，使传统的人畜力工具成为市内交通主干，南京几乎可谓"步行城市"。[9]

　　关乎此，彼时"尚有无数教育家，竭力提倡改造南京，而尤注意于道路"，[10] 由是"时谚所谓水不清、灯不明、路不平者，解决尤急"。[11] 因而，道路规模化建设成为保障城市功能运转和公共交通发展的前提条件，其亦成为代表新政权的国民政府开展"首都建设"的施政首务。

二、道路拓展与公共交通

　　城市道路系统的形成和拓展，是公共交通变革的先决条件。后者的嬗变又是道路建设和城市发展的镜面，从人畜力工具到机械化交通，向市民直观地展示城市的变迁与进步。譬如"国民政府建都之初，第一个工程便是开辟新路"；[12] 1927 年 6

---

① 南京市政府秘书处编：《新南京》，南京共和书局，1933 年，第 2 页。

② 《南京市腐败之一斑》，《晨报》1924 年 8 月 4 日，第 2 版。

③ 南京特别市工务局编：《南京特别市工务局年刊（十六年度）》，南京印书馆，1928 年，第 109 页。

④ 郁毅庵：《南京行驶汽车之近状》，《申报》1923 年 10 月 13 日，第 2 版。

⑤ 磊夫：《宁垣长途汽车公司之近闻》，《申报》1924 年 2 月 16 日，第 3 版。

⑥ 《宁省兴办汽车公司问题》，《申报》1919 年 3 月 9 日，第 7 版。

⑦ 南京市政府秘书处统计室编：《南京市政府行政统计报告（民国二十四年度）》，胡开明印刷所，1937 年，第 224 页。

⑧ 言心哲：《南京人力车夫生活的分析》，国立中央大学，1935 年，第 2—3 页。

⑨ 美国城市史学家沃纳，将机械化交通出现前的城市，简括为"步行城市"。参见 Sam B.Warner, *Streetcar Suburbs: The Process of Growth in Boston,1870-1900*, Cambridge:Harvard University Press ,1962, p.24.

⑩ 林一：《南京道路状况及汽车事业》，《申报》1922 年 12 月 23 日，第 1 版。

⑪ 王漱芳：《十年来南京市政之回顾》，载马超俊、南京市政府秘书处编印：《十年来之南京》，1937 年，第 2 页。

⑫ 倪锡英：《南京》，中华书局，1936 年，第 162 页。

月，南京市长刘纪文宣告，"本市长奉命接任其职即在改造南京，而改造自非先从修筑马路入手不可"。[①] 嗣后，首都建设委员会和南京市政府"一面规划道路系统呈经中央核定，一面开筑中山路"；[②] 进而"全市测量之举行，狮子巷马路之开辟，马路桥梁之修理，中山大道之兴筑"[③] 等建设工程全面展开。

具体来讲，1929 年 5 月建成的中山路，长度为 1.2 万公尺、宽度为 400 公尺，[④] 其"路面的广阔，就是以全国第一大埠的上海和它去相比，也是匹敌不过的"。[⑤] 当时，号称世界最长街的美国纽约第五街长 6 英里，而中山大道全线则长 8 英里，"中山门外二英里大道，尚不计焉"。而"中山路告成，则下关与城南之交通大为便利，为首都第一干线"。[⑥] 且"中山路的完成仅仅是首都建设的开端，以后首都的建设，不仅是几条路，我们要有公共汽车……"[⑦] 即在当局"为提倡交通及便利市民起见，多方规划公共汽车，促其实现"[⑧] 的背景下，1930 年前已有南京特别市、关庙、公共、振裕、兴华等公司分别行驶公共汽车 7、9、22、25、34 辆，[⑨] 于城市中川流不息。

不啻如此，由国都设计委员会拟定的《首都计划》（以下简称《计划》）于 1929 年 12 月公布施行，对"南京道路系统之规划详加研究，使于一定时期之内，交通无往不便"。如其规定，干路的标准宽度应为 28 公尺，除两旁各筑 5 公尺行人路外，尚余 18 公尺，以汽车一行占 3 公尺计，备行驶 6 行车辆用；零售商业区道路宽度为 22 公尺，中 12 公尺为车行路面；旧住宅区道路应"与干路相接，而相接处以在地段中央为宜"，"可免汽车互相冲突之危险，且可保持干道车辆往来安全之速度"；内街宽度定为 6 公尺，"此种道路规定所有车辆，只向一方进行，不得交互驰驶"；林荫大道宽度最少 22 公尺，"以便营业及私家车辆行驶，借以减少商业区内车辆挤拥，城内各处市民往还亦可得一捷径"。[⑩] 进而通过对城市道路和欧美

---

① 《刘市长就职后各局处之训话》，《申报》1928 年 8 月 6 日，第 3 版。
② 行政院新闻局编印：《首都建设》，1947 年，第 6 页。
③ 南京特别市政府秘书处编译股编：《一年来之首都市政》，南洋印刷厂，1928 年，第 4 页。
④ 中央党部国民经济计划委员会编：《十年来之中国经济建设》下篇，南京扶轮日报社，1937年，第 9 页。
⑤ 倪锡英：《南京》，中华书局，1936 年，第 37—38 页。
⑥ 中国科学社编：《科学的南京》，科学印刷所，1932 年，第 24 页。
⑦ 《刘市长在中山路开路典礼中之演说》，《申报》1929 年 4 月 8 日，第 2 版。
⑧ 《委任南京特别市公共汽车管理处职员》，1927 年，南京市政府财政局档案，档号 1001-2-12。（本文所列档案均为南京市档案馆藏，以下不再一一注明。）
⑨ 南京市地方志编纂委员会编：《南京公用事业志》，海天出版社，1994 年，第 62—63 页。
⑩ 国都设计技术专员办事处编印：《首都计划》，1929 年，第 65、69、72、167 页。

交通的考量，提倡"南京交通之设备，应以公共汽车为宜"，对马车及人力车等交通工具，"政府亦应加以严密之取缔"，以保城市道路与公众安全。①

与此相应的是，《计划》对道路系统的规划，经首都建设委员会审查并由国务会议核定，于 1930 年 10 月正式公布《首都干路系统图》《首都干路定名图》；嗣"《首都干路系统图》及次要干路路线，交市府按年修筑"。② 具如 1931 年，市工务局建筑光华门至午朝门马路，"以利交通"；③1933 年，市路已成 54.90 公里；④翌年，为拓展城西道路，该局与南华建筑公司签订《中央大学农学院至汉中门道路工程》等合同。⑤ 自 1927 年 6 月至 1936 年 6 月止，全市新筑道路达 44 条，其中柏油路为 4.73 万公尺，弹石路 4.03 万公尺，碎石路 2.48 万公尺，煤屑路 1139 公尺，总计长度 113.575 公里。⑥1937 年初，又完成莫愁路、升州路马路建筑，"道路平坦"；⑦7 月，工务局再应第七届全国运动大会筹委会函请，计划延宽三路：中山东路自励志社至中山门门段、首蓿园至长巷道路及孝陵卫街道。⑧

由上而述，"首都之马路须有大规模之建筑"⑨已为当局施政大纲的重要内容。至抗战前夕，全市先后完成干路 48 条，城内以新街口为中心；最大之干线，在北为中山北路、中央路、珠江路、广州路等；东为中山东路、太平路、朱雀路、中兴路等；南为中正路、白下路、中华路、建康路等；西为汉中路、莫愁路、上海路等；城外有热河路、绥远路、蒙古路、雨花路等；共完成混凝土路面 2 公里、柏油路面 50 公里、碎石路面 200 公里、弹石路面 150 公里，从而"递分旁达，经纬网布，构成全市的道路系统"。⑩ 即其时南京"自交通便利言之，先以市之中心地为发点，各大道路有如扇骨之展开放射于四方，而此大道之支线亦必为一理想之产

① 国都设计技术专员办事处编印：《首都计划》，1929 年，第 191—192 页。
② 叶楚伧、柳诒徵主编：《首都志》下册，正中书局，1935 年，第 845 页。
③ 南京市政府秘书处编译股编：《南京市政府公报》第 91 期，南京印书馆，1931 年，第 41 页。
④ 中央统计处编：《全国公路统计》，正中书局，1935 年，第 95 页。
⑤ 《修筑放宽道路工程及郊外六路工程合同》，1934—1935 年，南京市政府工务局档案，档号 1001-3-539。
⑥ 中央党部国民经济计划委员会编：《十年来之中国经济建设》下篇，南京扶轮日报社，1937 年，第 9—11 页。
⑦ 《合同章程及第七年度报告》，1935—1938 年，江南汽车公司档案，档号 1040-1-1548。
⑧ 《为奉交第七届全国运动会函请计划进行交通路线一案》，1937 年，南京市政府秘书处档案，档号 1001-1-1080。
⑨ 南京特别市工务局编：《南京特别市工务局年刊（十六年度）》，南京印书馆，1928 年，第 109 页。
⑩ 行政院新闻局编印：《首都建设》，1947 年，第 6 页。

物"。[①] 至此,"以言交通,则市内东西南北之干道,已四通八达"。[②] 诚如时人所论,"新的南京在创造中,新的道路也在不断建设中。在南京,终年可看见工务局筑路的牌示,到处可以看到在破坏旧的,建设新的。这些道路的筑成和新南京的繁盛,当然是有密切关系的……"[③]

需要指出的是,道路实际上是汽车产业的互补品。购买汽车后,就会产生对道路的需要。[④] 因而,随着定都后南京城市道路系统扩张、新建道路逐年增加,导致对道路需求日甚、对路面要求颇高的机械化公共交通日增月长。即"市内重要干路次第兴筑,汽车因国都关系,几触目尽是";[⑤] 全市汽车由 1927 年的 450 辆,增至 1931 年的 1158 辆,1933 年的 1378 辆。[⑥] 至 1935 年,全市登记营业汽车行 50 家,营业汽车 260 辆,公共汽车 140 辆;[⑦] 翌年,登记车行 60 家,汽车 384 辆,[⑧] 注册汽车行 73 家,资本 45.5 万元。[⑨] 其间,江南汽车公司行驶市区公共汽车 100 辆,设立站点 131 处,年载客 842.4 万人(见表 1),该数为当时全市总人口(1935 年底南京有 101.3 万人)[⑩] 的 8 倍强;其市区营业收入亦由 1934 年的月均 2.74 万元升至 1937 年的月均 11.72 万元,[⑪] 增率近 3.3 倍。可以概见,伴随"京市道路日渐辟筑,其随道路进展之交通事业,如汽车、马车、自由车、人力车行等亦自随之增加"。[⑫] 如全市人力车亦由 1928 年的 5334 辆,增至 1929 年的 9097 辆,1931 年的 9856 辆,1933 年的 10158 辆,1936 年的 11180 辆,8 年间增幅 1 倍余;[⑬] 至 1937 年 7 月,营业人力车有 9676 辆。[⑭] 从而,战前"南京营业各种车辆中,以汽车及人力车数量

① 陈震异:《大上海建设策》,《东方杂志》第 23 卷第 18 号,1926 年 9 月 25 日,第 15 页。

② 刘纪文:《南京市政府成立十周年纪念感言》,载马超俊、南京市政府秘书处编印:《十年来之南京》,1947 年,第 1 页。

③ 倪锡英:《南京》,中华书局,1936 年,第 49 页。

④ 刘凤良主编:《经济学》,高等教育出版社,1998 年,第 184 页。

⑤ 南京特别市政府秘书处编译股编:《南京特别市政府工作总报告》,商务印书馆,1930 年,第 79 页。

⑥ 建设委员会经济调查所统计课编:《中国经济志·南京市》,正则印书馆,1934 年,第 94 页。

⑦ 《关于车辆人口乡镇保甲等统计表》,1936 年,南京市政府秘书处档案,档号 1001-1-1720。

⑧ 《公私汽车购储汽油》,1936 年,南京市政府工务局档案,档号 1001-3-71。

⑨ 《南京市工务报告(二十四年四月至二十六年四月)》,1937 年,南京市政府工务局档案,档号 1001-3-515。

⑩ 南京市政府秘书处统计室编:《南京市政府行政统计报告(民国二十四年度)》,胡开明印刷所,1937 年,第 20 页。

⑪ 《江南汽车公司营业月报》,1933—1937 年,南京市政府工务局档案,档号 1001-3-85。

⑫ 建设委员会经济调查所统计课编:《中国经济志·南京市》,正则印书馆,1934 年,第 93 页。

⑬ 南京市政府秘书处统计室编:《南京市政府行政统计报告(民国二十四年度)》,胡开明印刷所,1937 年,第 224 页。

⑭ 《工务局关于各项工程材料报表等》,1937 年,南京市政府秘书处档案,档号 1001-1-1151。

为最多"。^①

表 1　江南汽车公司市区公共汽车运营概况（1935 年 7 月至 1936 年 6 月）

路线名称	起讫点	路线长度（公里）	全年乘客数	站数	车辆数
一　路	夫子庙—下关京沪车站	12.00	7 176 365（一至四路）	28	25
二　路	夫子庙—和平门	11.00		25	15
三　路	中华门—黄埔路	8.00		20	26
四　路	中华门—下关江边澄平码头	13.50		33	25
陵　园	新街口—灵谷寺	10.38	960 232	18	6
西　郊	新街口—上新河	7.14	287 506	7	3

　　资料来源：南京市政府秘书处统计室编：《南京市政府行政统计报告（民国二十四年度）》，胡开明印刷所，1937 年，第 303 页。

　　由此可知，伴随战前南京城市道路建设规模化，"几条主要的干路次第修成，往年大家认为出门坐车是件苦事，会把小肚子颠得发疼，现在却到处都是康庄大道，已经平稳得多了"。^②其时南京城市空间随道路系统扩张而展延，道路铺设所及，交通网络持续完善，机械公共交通蔚然兴起并逐渐成为城市交通之主干，带动了城市的文明与繁荣。

三、道路用费与公共交通

　　由经济视角观，"经费不足，无以谈改良道路。南京城垣甚大，马路甚多，改良非易。须筹备充分之经费，始可着手改良"。^③但由马路工程处 1912 年的"路工清账"可见，下半年 5 个月共入路工经费 45396 元，用于翻修填补和新筑道路资金26032 元，解交巡警局清道队薪饷 8199 元，代收存埠捐及冬季捐 3901 元，工程处工薪杂款 10347 元，收支不敷为 3084 元。^④如该处 1923 年 7 月至 1926 年 6 月间，为整修市区和近郊道路拨款 155188 元，并筹各方资金作为道路整修补助，公民科

---

　　① 《南京市工务报告（二十四年四月至二十六年四月）》，1937 年，南京市政府工务局档案，档号 1001-3-515。

　　② 倪锡英：《南京》，中华书局，1936 年，第 162 页。

　　③ 林一：《改良南京道路计划刍议》，《申报》1923 年 8 月 11 日，第 2 版。

　　④ 南京市公路管理处史志编审委员会编：《南京近代公路史》，江苏科学技术出版社，1990 年，第 23—35 页。

学社捐资 1566 元，市民捐款 600 元等。[①]再据其向江苏省长兼职督办公署《呈折》中所言，1923—1926 年间，修路收入款每年多者 5.6 万元，少者 4.3 万元，平均每年修路费约 5 万元。除增修新路、桥梁约 1 万元外，每年翻修旧路经费只剩 4 万元。"以四万元修十万方之路，每方仅四角，尚须连沟渠、石牙、人行路一并在内，欲其优美，能乎"？即"常是计款修路，为款所迫不得已也"。[②]继而，道路经费短绌，不敷建设之用。

不消说，公共汽车、马车及人力车的奔驰，致使道路损坏日甚，该处《呈折》中一再提及经费紧缺之苦，"南京道路自有长途汽车行驶后，损坏很快，月月需整修。但修路经费拮据，只能求其通行无阻，不能求其格外精良也"。[③]虽似可由"宁县入款中，划出一部分专为建筑道路用。南京为江苏省会，故省库中亦当每年划出若干，以备南京道路建筑与修理"；[④]然南京仍"为军阀盘踞，市政设施率仍清末之旧，无进步之可言"，[⑤]道路经费受到掣肘，从而导致机械交通被边缘化，市内交通仍是人力车、马车"挽拽车辆，以为陆上交通运输之工具"。[⑥]

为彻底改善城市道路和交通运行态势，当局对道路经费展开持续掊注。具如 1928 年，南京市府划全体干路 24 线，"中央担任经费之路命名中央路，各省担任经费之路以其省命名，将款直接拨付市府"，为筑路经费用。[⑦]翌年，建成"中山路可说是南京城里第一大工程"，辟筑费达 107.01 万元。[⑧]基于当时情势花费百万新筑一路，不仅是南京城市建设的创举，亦成为近代全国城市道路之圭臬。自 1927 年至 1934 年 3 月，全市已辟干道有中山、太平、朱雀、中华、雨花、山西、国府、玄武、热河、大光等 30 线，共长 6.48 万公尺，用费 234.40 万元；至 1934 年底，新辟道路共长 13.2 万公尺，建筑费为 248.8 万元（见表 2）。1935 年间，全市展宽、翻筑旧路 28 线，用费 2.5 万元；又修筑旧路 5 线，用费 1.3 万元，"支分

---

① 南京市地方志编纂委员会编：《南京市政建设志》，海天出版社，1994 年，第 23 页。
② 南京市公路管理处史志编审委员会编：《南京近代公路史》，江苏科学技术出版社，1990 年，第 28—29 页。
③ 南京市公路管理处史志编审委员会编：《南京近代公路史》，江苏科学技术出版社，1990 年，第 40 页。
④ 林一：《改良南京道路计划刍议》，《申报》1923 年 8 月 11 日，第 2 版。
⑤ 南京特别市政府秘书处编译股编：《一年来之首都市政》，南洋印刷厂，1928 年，第 15 页。
⑥ 《填报民用马车调查表》，1937 年，南京市政府秘书处档案，档号 1001-1-1612。
⑦ 《刘市长向五中全会建议整理首都》，《市政公报》第 18 期，1928 年 8 月 31 日。
⑧ 中央党部国民经济计划委员会编：《十年来之中国经济建设》下篇，南京扶轮日报社，1937 年，第 9 页。

条布称便利"。[1] 是年，因中山路柏油快车道筑成已久，"年来车马数量激增，交通日繁，路面颇多损坏"以及"中央路地当冲要，车马辐辏，自临时路面完成后，交通日趋繁重"，工务局分别用费五六万元翻修其路面，"俾利民行"；[2] 至 1937 年 2 月，再用费 8.76 万元筑成"时属创举"的混凝土道路——中兴路（今御道街）。[3]

表 2　南京市新辟道路建筑费及长度统计表（1929 至 1934 年）

单位：元

年份	柏油路	石片路	碎石路	煤灰路	建筑费合计	总长度（公尺）
1929	1092162.74	20274.03	–	–	1112436.77	16990.24
1930	134298.18				134298.18	3275.80
1931	221067.53	–	59734.98	–	280802.51	3188.82
1932	196378.70	40214.13	185015.23		421608.06	19766.60
1933	58635.91	34514.87	–	–	93150.78	19150
1934	226699.81	159839.15	58438.28	1374.98	446352.22	70040.82
合计	1929242.87	254842.18	303188.49	1374.98	2488648.52	132412.28

资料来源：南京市政府秘书处编译股编：《南京市政府公报》第 159 期，1935 年，南京市政府秘书处档案，档号 1001–1–1746。

事实上，当时南京市养路费主要从运输营业收入中提取，比例是：有路面公路为营收的 8%，土路为营收的 5%，平均每月每公里分别为 11 元—19.1 元。其次是专营汽车公司交纳的专营费和特约长途汽车公司交纳的养路费及汽车季捐附加。[4] 1930 年之前，全市养路经费每月仅 5000 元；"嗣因新辟马路逐年增多，省市划界后市区范围扩大，户口激增需要亦广，养路经费亦以事业拓充"，至 1936 年初，已递加至 2 万元。[5] 如工务局即因"道路修理费一项，事繁款绌，不敷需要"，拟请市长马超俊指示财政局每月拨足 2 万元，当获照准。[6] 而自 1935 年 7 月至 1936 年 6 月，南京市府建设费支出 214.44 万元，占总支出的 1/4 强；此中的建筑

① 叶楚伧、柳诒徵主编：《首都志》下册，正中书局，1935 年，第 845—846 页。
② 南京市政府编印：《南京市政府行政计划（民国二十四年度）》，1935 年，第 28 页。
③ 马超俊、南京市政府秘书处编印：《十年来之南京》，1937 年，第 48 页。
④ 南京市地方志编纂委员会编：《南京交通志》，海天出版社，1994 年，第 279 页。
⑤ 中央党部国民经济计划委员会编：《十年来之中国经济建设》下篇，南京扶轮日报社，1937 年，第 9 页。
⑥ 《准予拨发道路修理费往来文书》，1936 年，南京政府秘书处档案，档号 1001–1–1121。

工程费、道路修理费分别达 42.16 万元、62.25 万元。[①] 与上海市区 10 年（1927—1936）道路工程相比，南京新筑柏油路比例高，其总长度为上海的 2.96 倍，建筑经费 3/4 以上则用于筑柏油路。[②]

另需提及的是，"汽车行驶，非有优良之道路不为功，若无优良之道路，纵有百千万辆之汽车，亦无所显其效能"。[③] 随着南京当局对道路经费的持续挹注，不仅让城市优良道路逐而展现，亦为公共交通发展提供良性的物化环境，使之日兴月盛。如 1934 年，江南、兴华两公司日行公共汽车 108 辆，市内每 5 分钟开车一次，行驶于夫子庙、中华门、国府路、下关江边等处，行旅称便。[④] 后至南京沦陷前夕，江南公司市区线计有六路及陵园、西郊二路，日行汽车 120 辆—140 辆，每日乘客人数达 12 万人，"当时南京人口约为百万，即每日有十分之一以上之市民与公司保持接触"。[⑤] 约略说来，全市公共汽车由定都初（1928 年）的 16 辆递增至战前的 304 辆，[⑥]10 年间增长 18 倍；若与定都前的 6 辆相较，增幅则达 49.7 倍。且抗战前出租汽车业亦发展迅猛，最盛时全市有千辆左右，含 400 辆"野鸡车"（即个体车）。[⑦] 从而，其时城市"充斥着机械化交通工具的嘈杂声……在这种道路上，速度和动力问题已经得到解决"。[⑧] 即不难发现，战前南京当局对于城市道路经费的挹彼注兹，成为公共交通业达于极盛的重要变量，人畅其行、物畅其流的动态图像在城市中已然显现。

四、道路改养与公共交通

从某种意义上说，"交通问题不是避免碰撞的问题，而是改善道路条件的问题"。[⑨] 既如此，道路改良、养护与公共交通，相依发展。如定都之初，"首都区

---

① 南京市政府秘书处统计室编：《南京市政府行政统计报告（民国二十四年度）》，胡开明印刷所，1937 年，第 78 页。
② 张仲礼等主编：《长江沿江城市与中国近代化》，上海人民出版社，2002 年，第 615—616 页。
③ 谨：《汽车有促进市政改善之效能》，《申报》1927 年 2 月 5 日，第 9 版。
④ 建设委员会经济调查所统计课编：《中国经济志·南京市》，正则印书馆，1934 年，第 86—87 页。
⑤ 《各种章则办法程序》，1947 年，江南汽车公司档案，档号 1040–1–1147。
⑥ 南京市地方志编纂委员会编：《南京公用事业志》，海天出版社，1994 年，第 20 页。
⑦ 《南京市工务报告（二十四年四月至二十六年四月）》，1937 年，南京市政府工务局档案，档号 1001–3–515。
⑧ （英）阿诺德·汤因比著，郭小凌等译，《历史研究》，上海人民出版社，2010 年，第 205 页。
⑨ （英）阿诺德·汤因比著，郭小凌等译，《历史研究》，上海人民出版社，2010 年，第 204—205 页。

域辽阔，道路损坏不堪，（当局）一面计划开辟新干路，一面仍须修理旧有马路以维现状"；自 1928 年起，由国外陆续购置造路新器具，如 Marteaux Beches、Malaxeur、Betonnier 等，"以缩减人工及增加造路速率，借收完善之效果"。[1] 且因"道路之上汽车往来，其直接承受车轮之压力者，路面坚硬之铺筑也。路面坚实而能受重也，则路上能负大重而可驶巨车；苟浮滑而软弱也，则其上虽有极良善之铺筑，经车轮之碾而基土下沉，其面层亦必随之而碎裂"。[2] 有鉴于此，《计划》厘定，南京路面现时应用碎石建筑，而以沥青（柏油）敷盖其上。此种路面若分 3 层筑至 20 公分厚，所用沥青选择得宜，则日均能受行驶 2000 辆汽车重量，"车辆经过愈多，其厚度自可比例而递增"。[3]

与此同时，"筑路材料之选择，亦是工程上至要之问题，尤为今日中国各都市工程上最不可不切实研究之问题"。[4] "首都将来汽车增加，原有之碎石路面实难胜交通之繁剧"，工务局拟将碎石路次第改敷柏油路面；[5] 即"本市道路大部分为碎石路，近世汽车发达，碎石路面损坏甚易。查各国重要城市均已废止碎石路之建筑，本市亦拟逐渐改进，其目的一以减少尘埃，二以保路面之耐久"。改敷路面定为国府前狮子巷路及杨公井等处，均以次第改铺柏油路面，将来计划再将中山路继凤仪门至鼓楼等重要大道，均分别铺设柏油石子路或柏油路。[6] 如随后建成的狮子巷路，车行道宽 16.77 公尺、面铺 4 分柏油瓜子片，"尚称适用"；而中山路的快车道宽 10 公尺，路面分碎砖、水泥混凝土、油石子、土沥青混凝土 4 层，厚度达 31 公分。[7]

因"旧式之板车、大车、手车等，载物过重，且轮辐狭窄，又无弹簧设备，最易损坏路面"，工务局对此类车辆的往来路线做出限定。[8] 且由于"铁车轮最易损坏路面"，该局于《取缔损坏马路车辆章程》第一条、第十条中规定，"铁轮人力

① 南京特别市工务局编：《南京特别市工务局年刊（十六年度）》，南京印书馆，1928 年，第 109 页。
② 旨显：《路基之铺筑》，《申报》1923 年 3 月 24 日，第 21 版。
③ 国都设计技术专员办事处编印：《首都计划》，1929 年，第 83—84 页。
④ 董修甲：《京沪杭汉四大都市之市政》，大东书局，1931 年，第 51 页。
⑤ 南京特别市工务局编：《南京特别市工务局年刊（十六年度）》，南京印书馆，1928 年，第 109 页。
⑥ 南京市政府秘书处编印：《南京特别市政府工作报告及计划概要》，1929 年，第 6—7 页。
⑦ 南京特别市政府秘书处编译股编：《一年来之首都市政》，南洋印刷厂，1928 年，第 73、77 页。
⑧ 南京特别市工务局编：《南京特别市工务局年刊（十六年度）》，南京印书馆，1928 年，第 109 页。

车及马车一概不准在本市区域内行驶,凡属铁轮车票由财政局限制发给并不再添号";①嗣再督促各车主将所有铁车轮一律改装硬橡皮轮胎,以维护路面。②1936 年2 月至 4 月间,又因"本市各柏油路面以前多系采用路面浇油办法,以致路基松动陷落",该局"拟改用灌油办法,以期坚实而臻完善;③并培高中央路及行政院、十庙口等各处路基,并确定全市道路高度,使与各马路平衡,④对道路进行改良与完善。

不仅如此,基于"本市为首都所在,欲期交通发达,尤以汽车输送为首要……旧有马路既多加宽,新辟马路亦渐增加,养路工作尤关重要"⑤的指导思想,市工务局亦"致力于翻筑旧路,组织工队随时保养"。⑥如 1928 年初,该局计划于人口稠密、商业繁盛的东北区及中区东部、中区西部暨下关区 4 处,先行设置养路工队。"务将全市马路及沟渠一律加以修理,俾收整齐平坦之功,而免道路难行之憾"。是年底,道路计已修理者,为仪凤门、三牌楼、保泰街、十庙口、成贤街、浮桥、碑亭巷、杨公井及唱经楼、北门桥、南门大街至下关等处。⑦自 1928 年 7 月至 1929 年 6 月,全市修理柏油路、碎石路、石片路、石板路、煤屑路、土路、路基等,长度分别为 110974、301211、29295、6292、19286、101546、44684 平方公尺。⑧1934 年,南京市旧有街道经展宽、翻修旧路者有丰富、绥远、名士埂等 15线,共长 10556 公尺,计放宽 3 线、翻修 12 线。⑨1931—1934 年间,全市养路工程达 119.6 万平方公尺(见表 3)。

---

① 南京特别市工务局编:《南京特别市工务局年刊(十六年度)》,南京印书馆,1928 年,第312—315 页。

② 南京市政府编印:《南京市政府行政计划(民国二十四年度)》,1935 年,第 37 页。

③ 南京市政府编印:《南京市政府行政计划(民国二十四年度)》,1935 年,第 31 页。

④ 马超俊、南京市政府秘书处编印:《十年来之南京》,1937 年,第 51 页。

⑤ 南京特别市工务局编:《南京特别市工务局年刊(十六年度)》,南京印书馆,1928 年,第109 页。

⑥ 中央党部国民经济计划委员会编:《十年来之中国经济建设》下篇,南京扶轮日报社,1937年,第 9 页。

⑦ 南京特别市工务局编:《南京特别市工务局年刊(十六年度)》,南京印书馆,1928 年,第109 页。

⑧ 《工务统计》第 2 页,载南京特别市政府秘书处编译股编:《南京特别市政府工作总报告》,南京印书馆,1930 年。

⑨ 建设委员会经济调查所统计课编:《中国经济志·南京市》,正则印书馆,1934 年,第 93 页。

表 3　南京市养路工程比较表（1931 至 1934 年）

单位：平方公尺

年份	柏油路	石片路	碎石路	煤灰路	砖土路	人行道	合计
1931 年	6185.00	87208.30	173786.58	8102.80	7958.00	－	283240.68
1932 年	14122.00	81205.99	104085.00	8075.00	1921.00	2638.00	212046.99
1933 年	43885.00	113222.50	121549.20	17013.00	3279.00	6337.00	305285.70
1934 年	50170.00	148840.80	160916.50	27255.00	3386.00	5080.00	395558.30
合计	114362.00	430477.69	560337.28	60455.80	16544.00	14055.00	1196231.67

资料来源：南京市政府秘书处编译股编：《南京市政府公报》第 160 期，1935 年，南京市政府秘书处档案，档号 1001–1–1746。

进一步考察，自 1934 年 11 月至 1935 年 9 月，南京市修筑碎石路、弹石路、柏油路、煤灰路、人行道、砖土路等，长度分别为 155457、146945、43344、14536、5255、4790 平方公尺；[1] 再据 1935 年 7 月至 1936 年 6 月统计，全市修筑柏油路、弹石路、碎石路、土路、煤灰路等，长度分别为 38530、146382、21639、11332、6885 平方公尺，装沟管、清沟分别为 8698、81199 公尺。[2] 且，工务局于 1934 年 11 月增设燕子矶、孝陵卫、上新河 3 个郊外道路养路队；[3] 嗣因"本市干路次第开辟，致养路工作日益繁重，现有养路工队不敷分配"，其计划翌年底前扩充养路工队。[4] 简言之，自 1927 年 6 月至 1936 年 6 月，全市所修柏油路、弹石路、碎石路、煤屑路、石板路、土路、水泥混凝土路等，长度分别达 319286、835942、1007254、95053、5986、27288、4782 平方公尺，修疏沟渠、装沟管分别为 880958、29411 公尺。[5]

可以确定的是，"道路样式尤为其重视之处，交通之便利，固不可疏忽"。[6] 即"汽车乃交通之利器，汽车发达，道路亦随之而进。换言之，道路建筑实助汽车

---

[1]　南京市政府秘书处编印：《一年来之南京市政》，1935 年，第 20 页。

[2]　南京市政府秘书处统计室编：《南京市政府行政统计报告（民国二十四年度）》，胡开明印刷所，1937 年，第 205 页。

[3]　《南京市政府行政报告（廿三年度）》，1934 年，南京市政府秘书处档案，档号 1001–1–1734。

[4]　南京市政府编印：《南京市政府行政计划（民国二十四年度）》，1935 年，第 31 页。

[5]　中央党部国民经济计划委员会编：《十年来之中国经济建设》下篇，南京扶轮日报社，1937 年，第 9 页。

[6]　陈震异：《大上海建设策》，《东方杂志》第 23 卷第 18 号，1926 年 9 月 25 日，第 15 页。

事业之进行也"。① 从而,伴随当局对道路改良和养护的不断关注,公共交通随之
共生共长。如全市 1929 年已有汽车(含公共汽车)870 辆、马车 480 辆、人力车
7000 辆,各种车辆合计价值约 170 万;② 1931 年,汽车、人力车又分别增至 1158
辆、8220 辆;③ 1933 年 8 月至 12 月,新登记汽车达 399 辆。④ 至此,全市汽车由
1928 年的 144 辆增至 1929 年的 764 辆、1932 年的 1021 辆、1934 年的 1674 辆、
1936 年的 2119 辆,⑤ 8 年间增率达 13.7 倍。很显然,如阙失对城市道路的持续改良
和养护,公共交通特别是机械交通工具的快速发展是无法实现的。

综论而言,"观路政之良窳,可以瞻国势之盛衰,与夫人民自治之能力,学术
文明之进化,尤息息相关也"。⑥ 作为衡估城市生产力水平提高的重要标志,完备
的城市道路展示着都市文明与进步。不难发现,随着抗战前南京城市道路的规模化
建设,"道路平了,电灯明了,电话灵了,饮水清了,新的南京在建设中,新南京
的生活也逐渐地能够使人安居下去了"。⑦ 而正是由于道路系统拓展、道路经费挹
注及道路改良养护等关键因素,使当时城市道路建设取得显著进展,舒缓此前行路
维艰、人车不能畅行的局面,为公共交通特别是机械交通的传入、利用及发展提供
必要支撑,更成为该业日兴月盛须臾不可缺少的重要变量。由此,它可以说明的
是,城市道路建设在成为公共交通发展的必由进路的同时,不仅裨益于南京城市近
代化进程的交嬗演替,亦间接折射出近代中国城市变革转型的独特形态。

---

① 嵩生:《行人与汽车》,《申报》1922 年 7 月 15 日,第 23 版。
② 南京特别市政府秘书处编译股编:《首都市政公报》第 32 期,训练总监部印刷所,1929 年,第 26 页。
③ 南京社会局编:《南京社会特刊》第 3 册,文心印刷社,1932 年,第 10 页。
④ 《南京市政府行政报告(廿二年度)》,1933 年,南京市政府秘书处档案,档号 1001-1-1733。
⑤ 《南京市工务报告(二十四年四月至二十六年四月)》,1937 年,南京市政府工务局档案,档号 1001-3-515。
⑥ 陈树棠:《道路建筑学》,中华道路建设协会,1934 年,第 1 页。
⑦ 倪锡英:《南京》,中华书局,1936 年,第 164 页。

史料专题

西夏游牧经济探研[*]

高　仁[**]

内容提要： 西夏的游牧经济与匈奴、鲜卑、吐蕃、回鹘等一脉相承，是中国古代少数民族畜牧经济发展史上重要的一环。牧民们常结为部落组织，住在"帐""包"等便携式的居室，携牲畜移动，或追逐水草，或躲避灾害，过着非定居的生活。西夏游牧民的季节迁移模式类同于今黄河上游的藏民，秋季进行分工，一部分人留在秋牧场为牲畜抢膘，一部分人返回冬场打草，在十月（农历）进入冬场后，将牲畜聚集，设"冬栏"喂食以渡过冬荒，在二月出冬场，七八月游至最远。同诸多政权常通过划定游牧区域的方法来管理游牧民一样，西夏也为部族划定"地界"，并为了适应脆弱多变的自然生态，西夏划分"地界"既细致又灵活，且有临时划界的机制。

关键词： 西夏　畜牧　游牧

游牧经济于公元前 8 世纪左右产生，是人类利用农业资源匮乏之边缘环境（通常处于干旱区和半干旱区），利用草食动物的食性来牧养牲畜的一种经济模式。[①]应该说，游牧经济是一种粗放型的经济，利用土地的效率很低，因此自中国建立王朝国家以来，游牧经济即渐渐趋于消亡，当下中国境内更是很难再找到游牧经济的存在。然而在中国古代历史中，其影响却不容低估，其不仅为广大干旱地区、半干旱地区所普遍采用，诸多的少数民族还以其为基础建立了强大的政权，与以农耕为

---

　　[*]　本文系 2015 年国家社科基金重大项目"西夏通志"（批准号：15ZDB031）阶段性成果。

　　[**]　高仁，宁夏大学西夏学研究院讲师，宁夏大学民族学博士后，主要从事中国少数民族史、西夏历史与文献的研究。

　　[①]　Khazanov, Anatoly M, *Madison, Nomads and the Outside World*, Wisconsin: The University of Wisconsin Press, 1994, p71.

主的中原王朝分庭抗礼。

西夏以党项人为主体，包括汉、羌、吐蕃等在内的多民族政权，对 11—13 世纪的中国历史进程产生了重大影响。虽然其在建国后，努力发展多元的经济结构，但以游牧为主的畜牧经济始终在国民经济中占据着极为重要的地位。

"游牧"一词虽然在西夏史的研究中经常出现，但关于其经营与管理的具体状况，则研究有限，仅吾师杜建录先生《西夏经济史》[①]，杨蕤《西夏地理研究》[②]，冈崎精郎、青山《唐古特的游牧与农耕——以西夏崩溃时期的问题为起点》[③] 等著作或文章中略有讨论。杜师认为西夏游牧经济较为普遍，在鄂尔多斯、阿拉善、祁连山、焉支山等地皆广泛存在；冈崎精郎更指出，西夏总体的发展趋势是由游牧转为农耕、由迁移转为定居；而杨蕤先生的观点相反，认为西夏部族迁移过短，且有明显的地域性，因而西夏的畜牧不属于"游牧"的范畴。前人研究对西夏的游牧经济有了初步的涉猎，但讨论并不充分，且在观点上存在着较大分歧。

目前研究存在不足，除了众所周知的"材料稀少"原因外，就是前人在研究中，并没有认识到游牧经济的具体形态。而事实上，"游牧学"是人类学中一个重要的研究方向，其自 20 世纪 50 年代就在国内外展开，时至今日，已形成较为成熟的体系，有着较多的研究成果。而本文中，笔者对现存汉文、西夏文史料进行再次整理、校译，力图丰富基本的史料，在此基础上，结合人类学有关游牧人群经济形态、生活方式、组织形式的理论以及调查案例，充分借鉴前人研究成果，对西夏的游牧经济作更进一步的探讨。

一、文献中所见西夏的"游牧"

西夏是否广泛存在着游牧？这需要从"游牧"本身所具有的特点来看。据苏联学者哈扎诺夫总结，游牧经济具有诸多的特点，如季节性迁徙、产品结构单一、无圈牧养、非商品化等。[④] 后世学者亦有所补充，如"各有分地"的区域性、开放性、

---

① 杜建录：《西夏经济史》，中国社会科学出版社，2002 年，第 107 页。

② 杨蕤：《西夏地理研究》，人民出版社，2008 年，第 167—168 页。

③ （日）冈崎精郎、青山：《唐古特的游牧与农耕——以西夏崩溃时期的问题为起点》，《民族译丛》1981 年第 1 期。

④ Anatoly M. Khazanov, translated by Julia Crookenden, *Madison, Nomads and the Outside World*, Wisconsin: The University of Wisconsin Press, 1994, p2.

非自足性等。① 然而，区别于其他方式的畜牧，游牧最为本质的特点就是"移动"，它"使得游牧与其他各种人类经济模式中的牲畜饲养有本质上的不同"。游牧人群在牧养牲畜时之所以发生移动，不仅是为了让牲畜在各种季节皆能得到适宜的环境资源（主要是水草）与外在资源（如贸易和掠夺），也是逃避各种风险的手段。② 而通过其基本特征，从文献中看，西夏境内的确普遍存在着游牧。

西夏的畜牧对自然水草有着较强的依赖性，如庆历六年（西夏天授礼法延祚九年，1046）在元昊数次请求下，宋朝在保安、镇戎二军置榷场，然而，元昊"继言驱马羊至，无放牧之地，为徙保安军榷场于顺宁砦"。③ 西夏的官畜管理亦系如此，在唐宋的律法中，常常会有为牲畜给料的规定，如："诸系饲，给豆、盐、药者……牛日给大豆五升，月给盐四两、药一咤。"④ 而在西夏法典——《天盛改旧新定律令》（下文简称《天盛律令》）中就见不到此类条文。事实上，依赖自然水草放牧，必须适时转移牲畜，以满足它们对草、水的需求，这是游牧之所以发生迁移的最基本动因。⑤

文献中也有所反映，西夏境内的广大部民的确普遍处于"逐水草"的移动状态。如成书于西夏中后期、仁宗执政时代的辞书《文海》中，对"牧"字有所解释，其意即为"管理牲畜，寻找水草"。⑥ 再如，辽开泰二年（西夏贞观十三年，公元1013年），"党项诸部叛者皆逋黄河北模赧山，其不叛者曷党、乌迷两部因据其地，今复西迁"，并且"诘之，则曰逐水草"。⑦ "逐水草"虽然是其托词，但其也来源于现实的情况。

躲避灾害与风险是游牧移动的又一个重要动因。当然，除了自然灾害以外，还有诸多来自社会方面的风险。如北宋元祐七年（西夏天祐民安三年，公元1092年）二月，"折可适统兵八千九百余人入生界，讨荡韦州监军司贼众"。⑧ 此次兴师动众

---

① 贺卫光：《中国古代游牧民族经济社会文化研究》，甘肃人民出版社，2001年，第122—132页。

② 王明珂：《游牧者的抉择：面对汉帝国的北亚游牧部族》，广西师范大学出版社，2008年，第20页。

③ （元）脱脱等撰：《宋史》卷186《食货下八》，中华书局，1985年，第4563页。

④ 天一阁博物馆、中国社会科学院历史研究所校证：《天一阁藏明钞本天圣令校证》卷24《厩牧令》，中华书局，2006年，第289页。

⑤ 韩茂莉：《历史时期草原民族游牧方式初探》，《中国经济史研究》2003年第4期。

⑥ 史金波、白滨、黄振华：《文海研究》，中国社会科学出版社，1984年，第84页。

⑦ （元）脱脱等撰：《辽史》卷15《圣宗纪六》，中华书局，1973年，第173页。

⑧ （宋）李焘撰：《续资治通鉴长编》卷470，哲宗元祐七年二月庚辰，中华书局，2004年，第11228页。

但收获不大,虽然"烧荡了族帐千余帐",但估计也不过是些空帐,"斩首止于七十级,而生获正副首领二人、马一百匹、骆驼三十头、牛羊约三十余头口"。之所以会如此,正如折可适自己所陈述,"其余贼马与耕牧人口已知觉遁走",[①]"军回仅二百余里,如行无人之境,蕃众无人敢近官军"。[②]由此可见,西夏的游牧部落在躲避战争之时,具有非常灵活的移动性。折可适出兵系至"生界",又烧荡了诸多的族帐,所俘又皆为牲畜,其虽言"耕牧人口",应当主要还是部落牧民。

西夏的牧人畜牧时,常常会因为迁徙移动而冲入各种权力界限内,有时还会引发冲突。一种情况是牧人闯进官牧地之中,《天盛律令》对此种情况有所规定:"若天旱,官牧场中诸家主之寻牧草者来时,一年以内可安家,不许耕种。逾一年不去,则当告于局分而驱逐之。"[③]另一种情况就是在西夏的国界上与它国发生纠纷,据《续资治通鉴长编》载,皇祐五年(西夏福圣承道元年,公元1053年)七月,"蔺毡世居古渭州,密迩夏国。夏人牧牛羊于境上,蔺毡掠取之,夏人怒,欲攻之,蔺毡惧力不敌,因献其地,冀得戍兵以敌夏人"。[④]而在北宋崇宁四年(西夏贞观五年,公元1105年),陶节夫占领延安,执行蔡京倒行逆施的做法,造成"夏人欲款,拒弗纳";又将"放牧者执杀之",[⑤]最终酿成激烈的冲突。我们在此不讨论此事件的性质,但陶节夫之所以能够四处执杀牧人,想必那些牧人定然是在非定居的状态下、非固定的场所内游荡放牧了。[⑥]

在西夏,不仅广大的部族迁徙游牧,西夏的官畜也常常是移动牧养的。《天盛律令》中对于官牧地有这样的保护规定:"诸牧场之官畜所至住处,昔未纳地册,官私交恶,此时官私地界当分离,当明其界划。官地之监草[⑦]者当与掌地记名,年年录于畜册之末,应纳地册,不许官私地相混。"[⑧]这一条文所反映的,并不是前人

---

① (宋)李焘撰:《续资治通鉴长编》卷471,哲宗元祐七年三月甲午,第11244页。

② (宋)李焘撰:《续资治通鉴长编》卷471,哲宗元祐七年三月甲午,第11244页。

③ 史金波、聂鸿音、白滨等译:《天盛改旧新定律令》卷19《牧场官地水井门》,法律出版社,2000年,第598页。

④ (宋)李焘撰:《续资治通鉴长编》卷175,仁宗皇祐五年闰七月己丑,第4225页。

⑤ (元)脱脱等撰:《宋史》卷348《陶节夫传》,中华书局,1985年,第11039页。

⑥ 游牧经常迁移,从空间上来说,牧民是处于非绝对固定的场所,但其游牧又有相对固定的范围,这将在下文讨论。

⑦ 《天盛律令》汉译本第598页译为"标志",现据原始图版改为"草"。参见俄罗斯科学院东方文献研究所、中国社科院民族学与人类学研究所、上海古籍出版社编:《俄藏黑水城文献》第10册,上海古籍出版社,1998—2012年,第365页。

⑧ 史金波、聂鸿音、白滨等译:《天盛改旧新定律令》卷19《牧场官地水井门》,法律出版社,2000年,第598页。

所认为的，西夏的牧场有明确的界划，因而不属于游牧，^①相反，"至"字显示出官畜也同样是移动牧养。也正因为如此，官畜每至一新的"住处"，才会和这里原有的牧民发生牧地的纠纷，并且在"官私交恶"的情况下，就会有"明其界划"的问题。

另外，西夏的牧场也不是一成不变的。如《天盛律令》卷 19《派牧监纳册》一门，该门的内容已全部佚失，但其中存有一条目名称，汉译本中译为"牧场注销过群牧司"。^②虽然该条的内容佚失非常可惜，但通过该条目名称可以推断，其应当是关于注销牧场需要在群牧司履行相关手续的内容。这一条目显然向我们透露，西夏的牧地并不如唐宋的"监"一样，而是可以根据时宜废置。

西夏牧民经常迁徙的生活状态在史籍中还留下了一个重要痕迹，那就是他们普遍的部落组织，以及在部落中普遍使用"帐"或者"包"的居住形式。

部落制与乡里制是西夏境内并存的两个重要的基层组织，分别对应着畜牧人口与农耕人口。西夏境内存在很多的部落，据史籍记载，他们"散处西北"，^③"种落不相统一"，^④与"党项、吐蕃风俗相类"，或"入州城者"，或"居深山僻远"^⑤的生户、熟户。西夏政府通过向部落首领发放铜印，以示认可其地位，来笼络部落民众。今天出土的西夏首领铜印很多，分布西夏的全境。^⑥据笔者整理，传世史籍中出现的党项、西夏部落大约有 740 余个。毫不夸张地说，凡是史料涉及的地方，几乎都有部族的存在。

部落是一种社会阶序化、权力集中化程度较低的政治组织。据研究，氏族产生于旧石器时代晚期，而由氏族组成的部落则于新石器时代晚期出现。部落制在早期是适应于原始社会渔猎、采集的生产方式。^⑦公元前 1000 年左右，专业化的游牧产生，而游牧民族也都会无一例外地选择部落的组织形式。与此同时，其与游牧经济还存在着强烈的共生性，一旦游牧人群定居，则部落组织也随即瓦解了。事实上，部落就是一种适应于非定居、流动性生活状态，而以血缘为纽带，集生产、军

---

① "界划""各有分地"等并不能够否定游牧经济形态，详见后论。
② 史金波、聂鸿音、白滨等译：《天盛改旧新定律令》卷 19《派牧监纳册门》，法律出版社，2000 年，第 573 页。
③ （宋）李焘撰：《续资治通鉴长编》卷 35，太宗淳化五年正月甲寅，第 768 页。
④ （宋）李焘撰：《续资治通鉴长编》卷 132，仁宗庆历元年五月己亥，第 3144 页。
⑤ （元）脱脱等撰：《宋史》卷 264《宋琪传》，中华书局，1985 年，第 9129 页。
⑥ 杨蕤：《西夏地理研究》，人民出版社，2008 年，第 167—168 页。
⑦ 安俭：《中国游牧民族部落制度研究》，甘肃人民出版社，2005 年，第 65 页。

事于一体的组织。① 西夏境内广泛存在着"部落",正说明诸多的牧民处于一种非定居的生活状态。

同样,为适应于迁徙流动,部落中普遍以"帐"或者"包"为其住所。而所谓的帐,就是《党项传》里提到的"织牦牛尾及羖毛以为屋"。② 这种帐是西夏境内的部族极为常用的一种住所。西夏境内及周边的部族多如牛毛,而宋军突入夏境后袭击的目标就是族帐,史书中某将"烧荡族帐"几千几百的记载随处可见。而"包"则见于《蒙古秘史》中,阿沙敢不向蒙古宣称,"我们阿拉筛(阿拉善)营地有撒帐房和骆驼的驮包",③ 其中的"撒帐房"和"驮包",应当就是类似于蒙古包的帐房。事实上,无论是帐还是包,其居住的舒适程度远远不能够和定居的房屋相比,但因拆装方便,便于移动,故被经常迁徙的游牧人群普遍接受,并成为他们的象征符号。这种居室在西夏普遍出现,体现了牧民普遍非定居的生活状态。而相比较之下,那些被纳入宋境的部族,经过宋朝的改造,"各家须有窖藏斛豆及木栅屋舍,何由拆移搬运"? ④ 显然,这些部族放弃了游牧而转向农耕,渐渐处于定居的生活状态。

据研究,牧民们使用的"帐"和"包"是有相当大区别的。今天藏民的帐篷,组织粗陋,架设简单,重量甚轻,容积亦小,仅用数头牛或马,即可携带家用移牧;而蒙古包则不然,组织精致,架设繁杂,重量甚重,容积亦大,移动须用数量可观的骆驼或牛马,不如前者灵便。而游牧人群具体采取哪种形态的居室,主要是由迁移的距离和频率来决定的。前者每次迁移的距离短,但频率很高;而后者正好相反,距离长,频率低。⑤ 西夏境内广泛存在的、以"牦牛尾及羖毛"制成的"帐",显然类同于前者。事实上,西夏的疆域大体上属于干旱地区,生态脆弱,水草较为分散,并且多崎岖的山地,⑥ 小规模的部落组织与频繁的迁移应当就是西夏境内游牧的普遍特点,这是在特定历史条件、自然环境中形成的。

事实上,西夏所占领的广大疆域中,绝大多数地区自古以来就是游牧民族活动的场所。比如河西走廊,在汉代时,就是月氏、乌孙、匈奴等游牧民族繁衍生息之地,后来匈奴击走大月氏,乌孙又西迁,这里成为匈奴浑邪王和休屠王的驻牧地。

---

① 贺卫光:《中国古代游牧民族经济社会文化研究》,甘肃人民出版社,2001年,第140页。

② (唐)魏徵撰:《隋书》卷83《党项传》,中华书局,1997年,第1845页。

③ 余大钧译注:《蒙古秘史》,河北人民出版社,2001年,第460页。

④ (宋)李焘撰:《续资治通鉴长编》卷434,哲宗元祐四年冬十月乙卯,第10467页。

⑤ 韩茂莉:《历史时期草原民族游牧方式初探》,《中国经济史研究》2003年第4期。

⑥ 杨蕤:《西夏地理研究》,人民出版社,2008年,第167—168页。

匈奴在汉军的军事打击下退出了河西走廊，此后羌族、鲜卑族先后在河西盘踞过一段时期。在西夏入主以前，这里还有吐蕃潘罗支、甘州回鹘，也都是游牧民族所建立的政权。西夏灭亡后，虽然河西走廊经过元、明、清三代的经营，游牧经济的比重越来越小，农耕的规模越来越大，但是，当地不少居民仍保留着游牧的生产方式。比如裕固族，自明代迁入河西走廊开始，就一直从事着游牧，直到 1949 年前，大部分人口都还过着带着帐篷和畜群四季迁转的游牧生活，并广泛存在着部落组织。[①] 再如，黄土高原地区虽然属于农牧的过渡地带，一直是农牧混合经营的经济模式，但历史上从来不乏游牧民族活动的痕迹，如秦汉时期的羌族、氐族，魏晋隋唐的吐蕃、吐谷浑等，元代时，不少的蒙古族也至此游牧。[②]

二、西夏"游牧"的季节移动模式

游牧人群的迁移通常有一定的规律。据研究，不同的游牧群体常常会因气候、地形、植被、畜产、水源、农区、市镇、社会结构、国家权力及人力配置等诸多内外因素的影响而形成不同的迁移模式。[③] 但毫无疑问，四季更替而引起的气候变化是对游牧人群影响面最宽、程度最大，且最稳定的一个因素。世界上任何游牧的人群，都躲不开四季的变化，并随着四季交替，周期性地循环移动。西夏的游牧民同样也不会例外。

季节性的迁移是因为过寒的温度难以生长牧草并对牲畜和牧人造成伤害，而过热的气候又影响牲畜的生长、繁殖。四季中，冬天寒冷而夏天炎热，与此相应，北方寒冷而南方暑热（北半球），低处湿热而高处凉爽。不同的季节中，牧人会为牲畜寻找牧草与温度最适宜的地区来畜牧，也就是史书中提到的"夏迁凉土，冬逐暖处"。[④] 通常来说，在寒冷的冬季时，游牧人群要么向南迁移，要么寻找低谷的背风地带以避过冬荒；相应地，在炎热的夏季，要么向北方移动，要么迁移到山坡。由此诸多的游牧人群形成了最基本的规律性移动。[⑤]

---

① 裕固族简史编写组：《裕固族简史》，民族出版社，2008 年，第 60 页。

② 贺卫光：《中国古代游牧民族经济社会文化研究》，甘肃人民出版社，2001 年，第 31—55 页。

③ 王明珂：《游牧者的抉择：面对汉帝国的北亚游牧部族》，广西师范大学出版社，2008 年，第 21 页。

④ （北齐）魏收撰：《魏书》卷 120《西域传》，中华书局，1997 年，第 2279 页。

⑤ 王明珂：《游牧者的抉择：面对汉帝国的北亚游牧部族》，广西师范大学出版社，2008 年，第 21 页。

通过文献中的一些描述，我们可以看到西夏牧民在一年四季是如何迁徙移动的。《天盛律令》卷19《校畜磨勘门》的一段内容提供了一条重要的线索：

> 校畜者往时，令牧场牲畜一并聚集，不许与冬栏分离，当往官畜所在处检校。①

这是一条官牧场检校官畜的规定，但它所包含的信息却无疑是解决问题的关键。条文中提到的校畜，是由群牧司等机构派遣人员"往至"各地的牧场中检校，这在《天盛律令》中被称为"大验"，政府规定其开始的时间在每年的十月一日。那么，在西夏历法中，十月是一年的什么时节？西夏曾使用过多部历法，既使用过宋朝的《仪天历》《崇天历》，又"自为历日，行于国中"。②但在与《天盛律令》同一时期的百科全书作品《圣立义海》中对十月有着这样的描绘："十月属亥，五行属水，牧白鹤季，北方寒降……地始冻，结冰凌，天降霜……夜长昼短。"③而于乾祐年间（1170—1193）刊刻出版的民间诗集《月月乐诗》中也有类似的描述："粮食满仓，人们在一年的操劳后开始休息……黑风骤起，鹿儿狂鸣。风儿摔打着草丛，野山羊隐没入林中。"④《圣立义海》将十月归为"牧白鹤季"，十一月为"冬季中月"，腊月为"冬季尾月"，这样看西夏的十月也就是初冬，与农历的时令并没有差太多，十月一日，也就是自晚秋至初冬之际。

从条文中看，入冬以后，西夏牧场中的牲畜处于"一并聚集"的状态。事实上，在游牧人群中，冬季是一个很少移动的季节。冬季气温低，植被少，牧民通常都会考虑避免冬季给牲畜带来的损害。即使是亚欧草原上南北长距离迁移的民族，在冬季南迁后，也常常会找一个山谷或者是山南坡避风的地方安置。⑤而汉代的西羌则通常从山上下来后，直接在河谷、山谷地带过冬。⑥西夏境内虽然包含着诸多

---

① 史金波、聂鸿音、白滨等译：《天盛改旧新定律令》卷19《校畜磨勘门》，法律出版社，2000年，第585页。

② 史金波：《西夏社会》，上海人民出版社，2007年，第477页。

③ （俄）E.И.克恰诺夫著，李范文、罗矛昆等译：《圣立义海研究》，宁夏人民出版社，1995年，第53页。

④ 《月月乐诗》，载（俄）E.И.克恰诺夫著，李范文、罗矛昆等译：《圣立义海研究》，宁夏人民出版社，1995年，第14页。

⑤ Jagchid, and Hyer, *Mongolia's Coulture and Society*, Boulder, Colorado: Westview Press,1979, p.26.

⑥ 王明珂：《游牧者的抉择：面对汉帝国的北亚游牧部族》，广西师范大学出版社，2008年，第170页。

的地理单元，其游牧生产可能也不尽相同，但在冬季，牧民会将所有的牲畜聚集一处以避寒，这是毫无疑问的，也因此会有《天盛律令》中"一并聚集"的状态。除了《天盛律令》以外，在传世文献中也有所体现，如李宪在元丰四年（西夏大安七年，公元 1081 年）攻占兰州之后，十月又"引兵至汝遮谷"，见"贼众数万，牛羊驼畜充满川谷"。[1] 可见牧民也是在十月，将牲畜聚集在地势较低的平地或山谷。这时候再也不会出现"官畜所至住处"，[2] 与牧民、农民争地的场景了。

西夏政府一年一度的"大验"之所以定在初冬的十月一日，就是按照游牧的时节规律而安排的。首先，因为只有在冬季，所有的牧人、牲畜才会聚集一处，西夏"使校验者往牲畜处验畜"，显然操作起来会比较方便；其次，初冬的牲畜经秋牧场回来，正值膘肥体壮之时，反而经历一冬，会有相当数量的牲畜死亡，因此，无论是交纳畜产还是赔偿，初冬皆是最佳时间；最后，冬季往往是牧人最为清闲的时候，这时候检验牲畜并不会延误生产。无独有偶，汉代的匈奴也有九月"大会"的习俗。史载，九月"秋，马肥，大会林，课校人畜计"，[3] 其内容也同样是校畜。匈奴的"大会"比西夏略早数日，大体处于晚秋之际，大概是因为在"大会"之后，就要开始劫掠或者进犯了。[4] 事实上，匈奴与西夏在检验时间上的相近，恰恰就是由游牧经济特有的时令因素所决定的，并不是巧合。相比之下，唐代"群牧使以诸监之籍合为一，以仲秋上于（太仆）寺"，[5] 在八月就已经检验完毕了，与匈奴和西夏的做法截然不同。

过冬不仅是严寒的问题，同时也还要应对草料稀少的问题。许多游牧的人群为了应对这一问题，会选择在秋季依靠茂盛的草地及大范围地移动为牲畜"抢膘"，而入冬以后就屯聚，仅在冬场附近寻找一些残存的枯草来为牲畜补充营养。这种做法非常原始，但在世界各地的游牧人群中，还是非常普遍的。[6] 不过，西夏牧民过冬的方式较为特别，西夏牧场在冬季会设有"冬栏"。"冬栏"说明，除了秋季"抢膘"以外，西夏牧民还采用类似于圈养的方式，通过喂食来为牲畜补充营养，以熬

---

① （宋）李焘撰：《续资治通鉴长编》卷 317，元丰四年十月丁巳，第 7666 页。

② 史金波、聂鸿音、白滨等译：《天盛改旧新定律令》卷 19《官地水井门》，法律出版社，2000 年，第 598 页。

③ （汉）班固等撰：《汉书》卷 94《匈奴传上》，中华书局，1962 年，第 3752 页。

④ 王明珂：《游牧者的抉择：面对汉帝国的北亚游牧部族》，广西师范大学出版社，2008 年，第 124 页。

⑤ （宋）欧阳修等撰：《新唐书》卷 48《百官三》，中华书局，1975 年，第 1255 页。

⑥ 王明珂：《游牧者的抉择：面对汉帝国的北亚游牧部族》，广西师范大学出版社，2008 年，第 21—25 页。

过寒冷的冬季。当然，"冬"字也说明，这种做法只是在冬季严寒时期所特有的，其他季节并不如此。

可是，牧民喂食"冬栏"牲畜的草料从何而来？从《天盛律令》中看，西夏政府每年都会向农户征收粟草、麦草以及糠麸，[①] 但政府并不会将这些草料补充给牧民，即使是对领取过官畜的"官牧人"也是如此。因为如果有的话，《天盛律令》的条文中肯定会有牧民领草的规定，但目前并没有见到。相反，条文中倒是常常有群牧司、马院等领取牲畜草料的规定。这样看，从民间征收的草料很有可能是补贴给了它们。事实上，西北地区历史上普遍采用"积荄之法"、以牛皮乘草等处理、储存牧草的方法，[②] 而《西夏谚语》中又有着"牧人睡，草堆摧"[③] 之类的训言，均反映了西夏的牧人秋季需要储草来备冬这一现实。

秋天储草对于牲畜过冬固然非常重要，但是秋天也正值草熟之际，是外出放牧的大好时机，所有的游牧人群都不会放过这个让牲畜上膘的机会，西夏也不例外。如宋将刘昌祚在北宋元丰七年（西夏大安十年，1084）与西夏交战时就曾担心："戎骑乘秋储集之时，加之边吏伺候灭裂，万一逢贼，误国不细。"[④] 然而，秋季储草一般来说是收集冬场附近的牧草并加以处理储存，而"抢膘"则需要带着畜群到远处追逐茂盛的水草，那么牧人是如何两者兼顾的呢？

20世纪上半叶，在青海东南一带（即党项民族的发源地）生活的藏民所经营的模式给我们提供了一个解释西夏牧民打草、放牧两不误的典型案例。据研究，这里的牧民入秋之际，从距离冬牧场最远的夏场迁至秋场，开始进行秋季的放牧。而此时一个牧团的成员会进行分工，少部分人留在秋场中为牲畜抢膘，而多数人则回到冬牧场，收集场中的牧草并处理、晾晒，也就是所谓的"打草"。由于牧团人员分流造成的人手短缺，常常使得牧民的打草工作从清晨一直持续到半夜，并且常常会从冬牧场周围的村落中雇佣牧助以补充人力。[⑤] 而在西夏，牧民很有可能就是采取这样的运作模式以达到抢膘、储草两不误的目的。不过显然，这种操作模式有一个先决条件，就是牧民需要有一个固定的冬牧场。而事实上，群牧司所管辖下的诸

---

① 史金波、聂鸿音、白滨等译：《天盛改旧新定律令》卷15《渠水门》，法律出版社，2000年，第489页。

② 董立顺、侯甬坚：《水草与民族：环境史视野下的西夏畜牧业》，《宁夏社会科学》2013年第2期。

③ 陈炳应译：《西夏谚语》，山西人民出版社，1993年，第21页。

④ （宋）李焘撰：《续资治通鉴长编》卷348，神宗元丰七年八月壬辰，第8351页。

⑤ Robert B. Ekvall, *Fields on the Hoof: Nexus of Tibetan Nomadic Pastoralism*, Illinois: Waveland Press, 1968, pp.33-35.

牧场都由群牧司选派的头监来负责管理的，而头监坐镇的地方极有可能就是冬牧场的所在。另外，这种模式多发生在山地，因此垂直移动的牧民秋场与冬场水平上的距离不会过长。不过，由于青藏高原的海拔较高，藏民在冬场停留的时间都在半年以上（从十月初至次年四月底），因此其秋务之繁忙可想而知。但西夏疆域的海拔并没有青藏高原那么高，西夏牧民出冬场也较早，秋务可能并不会像藏民那样繁忙，但无论如何，"牧人睡，草堆摧"之类的格言也在时刻告诫着牧人在秋天储草之时，不可以懒惰。

冬季结束后，牧民一般会离开冬场，开始一年的游牧生活。从西夏的《月月乐诗》中看，牧民们从一月份开始，就做好了出冬场的准备，"聪明的人早就准备好喂养牦牛和羊群的青稞嫩叶，绵母羊咩咩叫着，小羊羔大声喊着……正要出发踏上自己那遥远而永恒的路程，旅人在大步迈进，他的衣服已无御寒之物……"而二月里"旅人走着，穿着轻便的靴鞋与衣衫……"①看来，到了二月，牧人一般就会走出冬场。这在《天盛律令》的条文中也有所反映，如《校畜磨勘门》中规定：

> 在黑水地方内一班牧者，因地程遥远，依本律令时日，校畜者当由监军、习判中一人前往校验，完毕时，令执典册、收据种种及一局分言本送上，二月一日以内当来到京师。②

群牧司所管辖的诸牧场在十月一日开始由三司主持"大验"，大概很早就可以结束，而黑水监军司因其地方遥远，自行检验，可能会有所延迟，法典规定在"二月一日"以前结束，应当就是怕监军司耽误了牧民出冬场而影响生产。事实上，西夏牧民出冬场的时间和中国境内其他游牧民族颇为一致，如蒙古草原上的牧民通常就是在二月走出冬场，开始一年的迁徙生活。③

春季，初出冬场的牲畜往往比较虚弱，且山上的草木还没有长起来，牧人通常会在离冬场不太远的低地放牧，而随着牲畜体力的恢复，草木也越来越茂盛，牧人则越走越远，迁徙也越来越频繁，而最远的移动大体就是在盛夏入秋之时。前文提

---

① 《月月乐诗》，载（俄）Е.И.克恰诺夫著，李范文、罗矛昆等译：《圣立义海研究》，宁夏人民出版社，1995年，第14页。

② 史金波、聂鸿音、白滨等译：《天盛改旧新定律令》卷19《校畜磨勘门》，法律出版社，2000年，第588页。

③ Herbert Harold Vreeland, *Mongol Community and Kinship Structure*, New Haven: HRAF Press, 1962, pp.34-44.

及的"夏人牧牛羊于境上",宋朝的蕃官蔺毡"掠取之"而引发的冲突,[①]就发生在宋历的七月,即盛夏入秋之际。

入秋之后,牧团又开始了分工,一部分人为牲畜抢膘,而另一部分人至冬场打草,开始了新一轮的循环。大体来说,以上就是党项、西夏部族在一年四季游牧的移动模式。

三、西夏游牧"地界"的划分

从文献中来看,那些散处西北,"种落不相统一",[②]与"党项、吐蕃风俗相类",或"入州城者",或"居深山僻远"的生户、熟户,一般来说都有一个固定的居地,比如"渭北党项拓跋公政等一十三府连状称管渭北押下帐幕放牧,今十五年,在盐州界"。[③]"环州定边寨、镇戎军乾兴寨相望八十余里,二寨之间有葫芦泉,今属贼界,为义渠、朝那二郡之交,其南有明珠、灭藏之族"。[④]再如"庆州之西七十里即马岭寨,北十余里即背汉蕃部杀牛族,有强壮人马二千余,皆负险而居"。[⑤]

不仅如此,西夏政府还对牧民的畜牧区域进行了划定,不允许随意越界。如《天盛律令》规定,"边境地迁家、牲畜主当在各自所定地界中牧耕、住家,不许超过";"不允迁家、牲畜主越地界之外牧耕、住家"。[⑥]再如"诸牧场之官畜所至住处,昔未纳地册,官私交恶,此时官私地界当分离,当明其界划"。[⑦]

有部分学者认为,党项、西夏的部族迁移范围很小,有固定的牧区,因此它们不属于游牧民。[⑧]

然而,这一观点与诸多史实相违背。事实上,划定牧区并不是定居人口的特长,反而是游牧民族政权惯行的做法。[⑨]比如史载匈奴"逐水草迁徙,毋城郭、常

---

① (宋)李焘撰:《续资治通鉴长编》卷175,仁宗皇祐五年七月己丑,第4225页。
② (元)脱脱等撰:《宋史》卷191《兵志五》,第4750页。
③ 参见(宋)王钦若等编:《册府元龟》卷977,中华书局,1989年。
④ (宋)李焘撰:《续资治通鉴长编》卷135,仁宗庆历二年,第3217页。
⑤ (宋)李焘撰:《续资治通鉴长编》卷132,仁宗庆历元年,第3142页。
⑥ 史金波、聂鸿音、白滨等译:《天盛改旧新定律令》卷4《边地巡检门》,法律出版社,2000年,第210—211页。
⑦ 史金波、聂鸿音、白滨等译:《天盛改旧新定律令》卷19《牧场官地水井门》,法律出版社,2000年,第598页。
⑧ 杨蕤:《西夏地理研究》,人民出版社,2008年,第371—374页。
⑨ 额灯套格套:《游牧社会形态论》,辽宁民族出版社,2013年,第112页。

处、耕田之业，然亦各有分地"，[①] 而突厥"移徙无常，而各有分地"。[②] 这些"各有分地"的记载过于简略，而 13 世纪出使蒙古的约翰·普兰诺·加宾尼的描述就十分详细清楚了：

> 除了他（大汗）指定的地方以外，没有一个人胆敢驻扎在任何别的地方。只有他才能指定首领们应该驻扎在什么地方，而首领们则规定千夫长的地方，千夫长规定百夫长的地方，百夫长规定什夫长的地方。[③]

由此可见，西夏政府地界划分之细致严密以及执行之严格。而清朝在治理蒙古地区时，亦对牧区有严格的规定："越自己所分地界，肆行游牧者，王罚马百匹，扎萨克贝勒、贝子、公七十匹，台吉五十匹，庶人犯者，本人及家产均罚取，赏给见证人。"[④] 可见，上至王公贝勒，下至庶民，都有其各自划定的游牧区。此外，据调查，近代以来仍处于游牧状态的哈萨克族以及裕固族，每个氏族部落也都有自己的春夏秋冬牧场，别的氏族不得随意侵占。[⑤]

而相比较而言，中原农耕地区对于牧地的立法就完全不同了。如宋代的《庆元条法事类》中规定："诸官牧草地，放私畜产践食者，一，笞四十，二，加一等；猪、羊五，笞四十，五，加一等，并罪止杖六十（失者，听赎）。"[⑥] 而《天圣令》中则规定："诸牧地，常以正月以后一面以次渐烧，至草生始遍。其乡土异宜，及彼境草短不须烧处，不用此令。"[⑦] 反而多是牧地牧草的保护、肥力的保养等规定，完全不见有关于牧地边界划分的规定。

长期以来，人们对游牧经济都存在一种根深蒂固的误解，那就是认为游牧人群终年过着"逐水草而居"的游牧生活，没有一个固定的区域来放牧。如前所述，游牧人群的移动是有规则的，那就是大体是在春、夏、秋、冬四季的牧场上循环移

---

① （汉）司马迁撰：《史记》卷 110《匈奴列传》，中华书局，1982 年，第 2879 页。

② （唐）李延寿撰：《北史》卷 99《突厥传》，中华书局，1974 年，第 3288 页。

③ （意）约翰·普兰诺·加宾尼：《蒙古史》，载（英）道森编，吕浦译：《出使蒙古记》，中国社会科学出版社，1983 年。

④ 参见（清）会典馆纂：《钦定大清会典事例》卷 976《理藩院》，中国藏学出版社，2006 年。

⑤ 杜荣坤：《论哈萨克族游牧宗法封建制》，《中央民族学院学报》1989 年第 1 期；范玉梅：《裕固族》，民族出版社，1986 年，第 13 页。

⑥ （宋）谢深甫纂，戴建国点校：《庆元条法事类》卷 79，黑龙江人民出版社，2002 年，第 872 页。

⑦ 天一阁博物馆、中国社会科学院历史研究所校证：《天一阁藏明钞本天圣令校证》卷 24《厩牧令》，中华书局，2006 年，第 289 页。

动，甚至于许多牧民每年的游牧路线都是固定不变的。那么，如果一个区域内，能够有满足一年四季的牧草，四季皆有着适宜的自然条件（比如谷地、山坡、河流或水井），一个游牧群体就能够在这个区域内完成一年四季的迁移。并且通常根据畜群的规模，牧民"逐水草"在百里或数百里的范围内就可以完成。①

不仅如此，游牧社会中也同样存在着土地的所有权，只不过一块牧地的所有权常常属于整个部落，由部落的首领分配、管理牧地，而游牧民所拥有的更多是对牧地循环使用的权利，而不仅仅是居住的权利。②

关于游牧的区域性，早有学者做过精辟的总结：

> 游牧生活并不是无序的行为，牧民不但保持像中原农民春种秋收，日出而作，日落而息的周期性生活节律，而且有着与农民耕地相似的一片往复游牧的草场。各有分地虽没有像耕地那样明确的所属关系，但无论是习惯上形成的，还是以制度性的形式确定下来的，每一个部落都有一片相对固定的草场，牧民四季营地的安置与逐水草的游牧生活基本均在这片草场范围之内……各有分地是草原牧民的空间占用形式。数千年来，正由于草原上存在各有分地的规则，草原才保持着以和平为主的历史进程。③

也正是基于这一点，统治阶级为游牧民划分地界，一则可以解决因为游牧而产生的牧地冲突，二则可以对他们实施有效的管辖。既不会影响牧民的生产，也不会使其丧失游牧的特征。相反，这其实体现的是国家对于畜牧经济、游牧人口的管理。

那么，西夏政府如何为游牧人群划分地界呢？从之前的条文来看，在西夏的边地中，牲畜主如果越界而最终造成了严重后果，"边检校、边管依前述法判断"。④可见，诸多的"牲畜主"其实是隶属于"军溜"，由"边检校、检主"等管制的，所以他们才负有连带的责任。这样看，西夏一个军溜通常就会被划入一个固定的区域。"西贼首领各将种落之兵，谓之'一溜'"，⑤一个军溜大体就是被纳入国家军事

---

① 韩茂莉：《历史时期草原民族游牧方式初探》，《中国经济史研究》2003年第4期。
② （美）拉铁摩尔著，唐晓峰译：《中国的亚洲内陆边疆》，江苏人民出版社，2010年，第47页。
③ 额灯套格套：《游牧社会形态论》，辽宁民族出版社，2013年，第117页。
④ 史金波、聂鸿音、白滨等译：《天盛改旧新定律令》卷4《边地巡检门》，法律出版社，2000年，第210页。
⑤ （宋）李焘撰：《续资治通鉴长编》卷132，庆历元年五月甲戌，第3136页。

体制之内的部落。而西夏以部落为单位划分草场的做法，与前文提及的蒙古大汗指定首领的牧地，裕固族、哈萨克族诸部落各有牧地，并没有什么不同。

西夏除了为各个部落划定固定畜牧区域，也常常会临时划界。如"诸牧场之官畜所至住处，昔未纳地册，官私交恶，此时官私地界当分离，当明其界划……不许官私地相混"。① 显然就是一种处理官、私畜游牧地界纠纷的临时划界机制。从中可以看出，西夏政府划定地界十分灵活、有效。事实上，西夏境内生态脆弱，水草较为分散而多变，部落组织规模较小而迁移的频率较高，而这种临时划界的机制，可能就是为应对这种客观情况而产生的。

此外，关于游牧的地界，还有一点特别值得一提。一个游牧群体可以在一个区域内完成一年四季的循环迁移，这是在一般的情况下。但游牧仍有诸多的不确定因素，如牧草长得不好，或者遇到雪、旱灾害等，牧民就无法再继续这种模式了，只有离开所划定的区域才能够生存。清朝虽然严格限制牧民越界的行为，但若"蒙古扎萨克、王、贝勒、贝子、公、台吉等"，因"本旗地方无草，欲移住相近旗分及卡伦内者，于七月内来请"，② 也是予以通融的。

也正因为如此，西夏政府虽然严禁牧民越界，以防"敌人入寇者来，（牧民和牲畜）入他人之手"，③ 但牧民若在划定的牧场中遇到自然灾害，西夏政府也有着完善的应对机制。《天盛律令》中有一条规定能够充分反映这一问题：

> 诸牧场所属官地方内之原家主家中另外有私地者，不许于官地内安家，皆当弃之。地方无有，及若所得甚小，④ 或草木不生，或未有净水，不可灌，⑤ 又原家实旧等者，可于安家处安家。彼牧场其他诸家主等，不许于牧官畜处，于水境过处垦耕，原有已耕地旧田地当耕，当依边等法入交纳散杂中。彼地方内之牧人、杂家主等于妨害官畜处新耕时，大小牧监不告于局分，不令耕旧田

① 史金波、聂鸿音、白滨等译：《天盛改旧新定律令》卷19《牧场官地水井门》，法律出版社，2000年，第598页。

② 参见（清）会典馆纂：《钦定大清会典事例》卷976《理藩院》，中国藏学出版社，2006年。

③ 史金波、聂鸿音、白滨等译：《天盛改旧新定律令》卷4《边地巡检门》，法律出版社，2000年，第210页。

④ 汉译本译为"及若虽有"，现据原始图版改。参见俄罗斯科学院东方文献研究所、中国社科院民族学与人类学研究所、上海古籍出版社编：《俄藏黑水城文献》第10册，上海古籍出版社，1998—2012年，第366页。

⑤ 汉译本译为"无供给处"，现据原始图版改。参见俄罗斯科学院东方文献研究所、中国社科院民族学与人类学研究所、上海古籍出版社编：《俄藏黑水城文献》第10册，上海古籍出版社，1998—2012年，第366页。

地，牧监、牧人等叨扰时，一律有官罚马一，庶人十三杖。若天旱，官牧场中诸家主之寻牧草者来时，一年以内可安家，不许耕种。逾一年不去，则当告于局分而驱逐之。一年以内驱逐，及逾一年而不依法驱之时，有官罚马一，庶人十三杖。①

上段引文系笔者对照西夏文原始图版，参考汉译本的译文重新翻译的，纠正了其中若干词句，但该条文仍艰涩难懂，需加以解释。大体说来，从"原家主""彼牧场""彼地方"等概念来看，这一条文应当是牧场每新至一处之后，与原来在此地生产、居住的居民产生土地使用权的纠纷，用以协调矛盾的规则。条文中提到了以下几类人：一是牧场中官地内的"原家主"，显然指的就是牧场迁来以前，在此地耕作的居民，若他们还有其他私地，那么其在已被圈为官地中的土地就当无偿放弃。而如果他们在官地外"地方无有"或太小，或者条件很恶劣，"草木不生""未有净水"等，那么其可以在官地内安家并生产。二是"其他诸家主"，也就是虽然在牧场之中，但其地并未圈为官地，他们只要不在官地内新开垦土地，不妨害官畜的牧养并缴纳赋税，则任其自便。三是因灾害游牧至官地的牧民，可以收留一年，一年以后必须迁走。

从这一条文中，可以清楚地看到，牧场中有明确的"官地"与"私地"的地界划分，《天盛律令》也很明显在极力保护官畜对官地的使用权限，但对待侵犯官地者并不是无条件地驱逐，而是有条件地收容、适当地调和以及妥善地安置。尤其是对因遇到旱灾的牧民予以一年的安置，可以很大程度上减少畜牧因自然灾害而受到的损失。除了牧地以外，其他畜牧资源也是一样的，如"官地方水源泉有诸人凿井者，则于不妨害官畜处可凿井"，但"若于妨害处凿井及于不妨害处凿井而牧人护之等，一律有官罚马一，庶人十三杖"。②看来，官方并没有垄断官地的水源，只要不妨碍官畜牧的生产，官地内也是允许其他人凿井使用的。事实上，西夏这一政策上的松动并不是因为其管理上有所疏漏，而是因为这种富于弹性的牧地使用规则能够更好地适应游牧经济中诸多的不确定因素。

综上来看，西夏对牧地边界及权限的"三令五申"，正体现了通过划定区域界

---

① 史金波、聂鸿音、白滨等译：《天盛改旧新定律令》卷19《牧场官地水井门》，法律出版社，2000年，第598页。

② 史金波、聂鸿音、白滨等译：《天盛改旧新定律令》卷19《牧场官地水井门》，法律出版社，2000年，第598—599页。

限来管理游牧民，正是游牧政权的常规做法。西夏为各个游牧的部落划分牧场，并有着为牧地纠纷临时划界的机制，但在牧场之中，官私地界并非不容任何程度的动摇，而是对"侵犯"官地者在一定程度上、一定条件下予以容忍与资源的共享。这种做法非常适用于游牧多变的环境，能够兼顾到所有方面的利益，从而体现出西夏对游牧人群管理较为成熟的一面。

四、尾论

总体来看，游牧经济是西夏畜牧业最主要的经济模式，牧民们常结为部落组织，住在"帐""包"等便携式的居室内，携牲畜移动，或追逐水草，或躲避灾害，过着非定居的生活。西夏游牧民的季节迁移模式类同于今黄河上游的藏民：秋季进行分工，一部分人留在秋牧场为牲畜抢膘，一部分人返回冬场打草，在农历十月进入冬场后，将牲畜聚集，设"冬栏"喂食以渡过冬荒，在二月出冬场，七八月游牧至最远。与其他游牧政权通过划定游牧区域的方法来管理游牧民一样，西夏也为部族划定"地界"，并为了适应脆弱多变的自然生态，西夏划分"地界"既细致，又具有灵活性，且有临时划界的机制。

事实上，西夏系由有着深厚游牧传统的党项民族所建立，游牧不仅是西夏畜牧业最主要的生产方式，还对西夏的政治制度、社会组织、战争方式都产生了深刻的影响。甚至可以说，西夏的游牧经济也是中国古代西北地区畜牧经济发展历史中的一个重要面向。

城乡生活空间与明遗民生计

——来自浙西地区的例证[*]

孙 杰^{**}

内容提要：生计方式是影响明遗民日常生活的重要问题。遗民生计与居处环境之间的关系十分密切，就浙西地区而言，明遗民主要靠耕作、授徒、医卜、出卖书画等途径谋生。对拒绝进入城市的明遗民来说，耕作是最好的选择。授徒谋生的最佳地点是城中，但遗民往往在城外甚至山中授徒，因而常只能以文化水平较低的蒙童为教授对象，获取微薄的收入。医卜的最佳地点则是城中的市场，但遗民多选择在市镇或者游走四方以行医卖卜。以出卖书画为生的明遗民若不愿入城生活，将脱离城市中的消费市场，经济生活会更为困苦。

关键词：明清之际 遗民 生计 城乡 浙西地区

有关明遗民的讨论中，遗民的生计问题近年来颇受关注。^①明遗民的生计状况与其日常生活、行为方式、政治抉择甚至思想观念等密切相关，是不容忽视的问题。诚如赵园所言，生计问题存在着"大语境"，治生具有多种意义，它常常是遗民保全气节、"矢志"与"行义"的条件。^②本文着眼于生计与城乡空间，在概括

* 本文系中国博士后科学基金面上资助项目"明清士人生活与城乡关系：以浙西地区为中心"（批准号：2014M560470）阶段性成果。

** 孙杰，浙江师范大学人文学院讲师，历史学博士，历史学博士后，主要从事明清社会经济史方向的研究。

① 相关讨论，如赵园：《明清之际士大夫研究》第 6 章《遗民生存方式》第 4 节《生计》，北京大学出版社，2014 年，第 288—304 页；何宗美：《明末清初文人结社研究》第 5 章《清初明遗民及遗民结社》第 1 节《明遗民现象概说·明遗民的生存方式》，南开大学出版社，2003 年，第 300—308 页；孔定芳：《论明遗民之生计》，《中国经济史研究》2012 年第 4 期。

② 赵园：《明清之际士大夫研究》，北京大学出版社，2014 年，第 301—304 页。

遗民具体谋生方式的基础上，进一步尝试分析生活空间与生计的关联。为便于讨论，本文将以浙西地区的明遗民史料为主，兼及江南其他地区的史料。[①]

一、"逃"与"穷"：遗民的避世与困顿

毫无疑问，明遗民的面貌是复杂而多样的。明遗民的一种面貌是，在心态与行为方式上都表现出消极、自我边缘化的倾向，另一种面貌则是蛰伏民间、伺机而起，并且胸怀开阔、气节高尚。[②]但若论遗民的日常生计问题，第一种面貌对其有着颇为直接的影响。

明代中后期的士人将诗文酬唱等雅事作为日常生活的重要内容，明亡之后的士人延续了这一生活方式。钱塘人王翔（字云翼）在明亡后，"日与故旧诸老人赋诗操琴弈以为乐，暇则泛小舟往来南屏、西泠之间"。[③]不过值得注意的是，这里特别点出了王翔的交游对象是"故旧诸老人"。可以推测，这些人的身份应当与王翔类似，同属于遗民群体。表面上看，他们聚在一起所从事的泛舟西湖、诗文唱和、操琴对弈等文雅活动，与明代中期以来颇为流行的普通文人聚会并无不同，但实际上是为了抒发感怀故国的情思。

本质上说，王翔等人的生活方式是一种非常缓和的避世。同为避世，许多明遗民选择了更为醒目的形式。其中，非常引人注意的是逃禅（隐于僧道）。有学者统计，仅谢正光所编著的《明遗民传记索引》就收录了160多位逃禅的遗民，而陈垣在《明季滇黔佛教考》中提及滇黔两地的逃禅遗民就有26人，因此，"可以想见，逃禅是异族统治下士子避世的最佳途径之一"。[④]

一些看似疯癫的行为方式，也是出于避世的目的。乌程人朱国祯（1557—1632）曾提到元明之际歙县人唐桂芳（1308—1381）的"佯狂"。据称："（唐桂芳）

---

① 本文提到的"浙西"，是学界一般所说的明清时期杭州、嘉兴、湖州三府，是明清时期"江南"的重要组成部分。江南地区遗民现象突出，相关史料也比较丰富。关于浙西明遗民的史料，除了收录于谢正光、范金民合编的《明遗民录汇辑》（南京大学出版社，1995年）中的数种传记资料外，还可以参考谢正光编著的《明遗民传记索引》（新文丰出版公司，1990年）、相关府县志中"人物志·隐逸"等部分。

② 王汎森：《清初士人的悔罪心态与消极行为——不入城、不赴讲会、不结社》，载氏著：《晚明清初思想十论》，复旦大学出版社，2004年，第239—240页。

③ 孙静庵编著，赵一生标点：《明遗民录》，浙江古籍出版社，1985年，第133页。

④ 孙立：《屈大均的逃禅与明遗民的思想困境》，《中山大学学报》2003年第5期。对于作为遗民生存方式的逃禅，赵园也曾专门讨论。参见氏著：《明清之际士大夫研究》第6章《遗民生存方式》第1节《逃禅》，第244—265页。

以教官家居，扁其居曰三峰精舍。有当道若旧交来见，酒酣，必大噱起舞，太守李公讷喜之，绘为图。尝私谥渊明为酒圣陶先生，王无功为酒贤，自称酒狂。凡岁时令节，以图像祭享。设酒浆，陈俎豆，举殇浮之。不至沉醉不止，或披衣哭泣，歌笑自放。识者谓有托而逃，盖佯狂云。"[①]唐氏沉溺于酒、哭笑无常等表现，在明眼人看来是一种"佯狂""有托而逃"的避世行为。明清之际，士人这种疯癫的举动更为常见。平湖人姚世靖（字子清），"甲申后，息意仕进，隐居南溪书屋。家素封，性风华，溺志狎邪，沉痼不返，所谓有托而逃也。年方四十，贫困以终"。[②]所谓"有托而逃"，点出了姚氏"狎邪""沉痼"以避世的实质。又如，在崇祯末年国势日蹙的局面下，富阳人朱万式（字一甫）"语及时事，辄张髯裂眦"，明亡之后，"遂屏处一楼，终日僵卧，或观书不及数纸即掷去，拍案骂人，夜辄狂饮，比醉，瞪目箕踞，歌自为诗，歌罢辄大哭"，完全是一副疯疯癫癫的模样。明亡之时，朱万式才 31 岁，且南明政权尚未覆灭，江南各地抗清义军此起彼伏，但他已经预知恢复故国无望，遂隐居不出，"唯落拓放弃，不类生人"。晚年以后，他"益颓唐不可收拾，人皆以懒目之，遂自号懒翁。楼居几四十年，服明诸生服，竟获完发以终"。[③]

古代不为帝王所用的贤豪多选择避世，即所谓"有托而逃"。明清之际遗民许多不同寻常的举止与之相似，他们的诸种表现，虽然是明中期以来士林风气的延续，但更是明清之际特殊的政治现实压力的产物。[④]以明亡为界，士人此前、此后的避世举动，其本质差异正在于是否以亡国为主要诱因。明亡之后的避世行为，不但寄托着故国之思，往往还带有逃避政治迫害的意味。如富阳人孙高的例子："孙高字孟骞，别号春山，居庆善里龙门山中，为崇祯季年选贡。鼎革后，礼部尚书胡兆龙奏荐遗佚，特征不起，遂浪迹江湖，以诗酒自娱，诗多寄托，慷慨悲歌，有古烈士风。恐文字构祸，尽削其稿。年八十二卒。"[⑤]在明清鼎革后，孙氏浪迹江湖、

---

① （明）朱国祯著，中华书局上海编辑所编：《涌幢小品》卷 17"绘图私谥"，中华书局，1959年，第 400 页。

② 孙静庵编著，赵一生标点：《明遗民录》，浙江古籍出版社，1985 年，第 78 页。

③ （清）汪文炳等修纂：《（光绪）富阳县志》卷 18《人物志上·明》，载成文出版社编印：《中国方志丛书》华中地方第 583 号，1983 年；据清光绪三十二年刊本影印，第 1641—1642 页。

④ 孙立指出，以往学者在讨论遗民逃禅时，多指出晚明士林禅悦之风的影响，如陈垣、赵园、廖肇亨等都指出儒释两大群体的交融，但禅悦之风并非决定性因素，因为遗民逃禅多属迫不得已，而且逃禅有一明显的政治象征，即"沙门不礼王者"。正因为这样，"僧服儒心"乃是逃禅遗民的普遍心态。参见孙立：《屈大均的逃禅与明遗民的思想困境》，《中山大学学报》2003 年第 5 期。

⑤ （清）汪文炳等修纂：《（光绪）富阳县志》卷 19《人物志上·国朝》，载成文出版社编印：《中国方志丛书》华中地方第 583 号，1983 年；据清光绪三十二年刊本影印，第 1650 页。

以诗酒为事的表现尚不算特别，但这些表现乃因他以遗民自居，不为官府所用，故能让人看出明亡的直接影响。进一步说，他对清初的文字之狱极为忌惮，以至于不惜尽削文稿，更明显反映出政治压力的影响。

为了躲避政治迫害，很多遗民不惜以沉溺于诗酒等方式自我掩饰。众所周知，"以声色自晦"是历来就有的政治策略。比如对于五代南唐人韩熙载（902—970）沉溺于声色的表现，后来人多以韩氏"不欲为江南相，而以声色自涴"来解释。[1] 据称，南唐后主李煜非常赏识韩氏，有意命其为相，但韩氏"知宋必并唐，故以声色自晦。语僧德明云：'吾之为此，正欲避国家入相之命。'"[2] 一些明遗民的策略也大致如此。据黄容《明遗民录》卷4载，海宁查继佐（1601—1676）"乱后以声色自污"。[3] 正是借助远离政治的姿态，来实现躲避政治迫害的目的。

不过，远离政治甚至世俗虽能保全自己，却常让生计变得异常艰难。吕留良（1629—1683）在提到自己的挚友、石门人劳以定（字仲人）时称：

> 仲人生业甚厚，适遘世变，即散家财厚其知交戚属。凡贫士有一技之长，赒恤不倦。待以举火者甚众。或浪游湖山，则画船歌妓，杂沓如云。酒阑，自调三弦，与客倚和，一时称绝。已而弃去曰："是近于狭邪。"乃学弹琴，选奇材自制。闻某寺钟楼悬纽桐木最良，构楼以易之，琴成，费已数百金。吴越琴师无不造其门者，洞究神妙，皆叹谢不如。已而曰："豪矣，非我志也。"买横山造精舍，思深隐其中，宾客复从之。溪船笋舆，沿道争役，但曰诣横山者，即坐往不论直也。以定曰："此将及我，不可居。"乃复出。既出，而山中果乱。因毁损其旧第，筑幽室，植花竹，贮经籍其间，约予同读以老，盖至是而仲人生业略尽矣。越一年而病卒。宗族富贵皆以仲人所行为痴，其后人亦自以为戒，然仲人绝世聪明人也。当时即有问之者曰："公即不取富贵，何必尔？"仲人嘻然曰："是非若所知也。"[4]

---

① 明代学者焦竑推测，晚唐诗人韩偓与韩熙载类似，两人均不欲入相，前者作《香奁集》而以"艳词"自污，后者"以声色自涴"。参见（明）焦竑撰，李剑雄整理：《澹园集》下册，《澹园续集》卷9《书后·题跋》，中华书局，1999年，第898—899页。

② （清）叶良仪：《余年闲话》卷3，载《四库未收书辑刊》第10辑第11册，北京出版社，2000年；据清康熙四十五年叶士行三当轩刻本影印，第54页。

③ 谢正光、范金民编：《明遗民录汇辑》，南京大学出版社，1995年，第469页。

④ （清）吕留良：《吕晚村先生文集》续集卷3《质亡集小序》，载四库全书编纂委员会编：《续修四库全书》第1411册，上海古籍出版社，2002年；据清雍正三年吕氏天盖楼刻本影印，第238—239页。

劳氏明亡以后的雅致生活，如放浪于湖山之间、沉溺于琴弦之乐、赏鉴古玩书画、构建园林等，是明代后期典型的文人生活状态。一方面，经济上的宽裕是劳氏能够经营雅致生活乃至接济贫士、亲朋的前提。另一方面，劳氏散财于亲朋、制琴等看似玩物丧志的举动，大概诚如其自称的"非尔所知"，颇有一番深意。散财既是为了构筑雅致生活，也可能是受王朝覆灭的刺激而追寻洒脱不羁，但更可能是一种自我保护的方式。这是因为鼎革之际，江南以富足著称的大族往往要面临被各方势力（如明朝抗清义师、清军或游兵）搜刮的危险。比如，钱塘人江浩（字道闇）在甲申后遂弃诸生，先隐居河渚，后祝发为僧，携一仆入黄山，"时有游兵入山，以浩武林大姓，家必富，械浩去，索其资。浩曰：'吾在山，瓢笠之外无余物，义又不可入城取物饷若，惟若死生之。'主帅问其名，礼而释之"。[①] 因此，上述劳氏挥霍钱财的行为，虽然在其族人甚至后人看来是痴人之举，但却可能恰是"绝世聪明人"的做法。

总体而言，明遗民的生计状况也是复杂多样的。赵园在阅读了大量的遗民传状文字后发现，"其中就有家道未落者的依旧豪纵，也有文人的故态依然，固有自甘枯槁奄奄待尽者，亦自有沉湎声色豪兴不稍减者"。[②] 上述劳以定这类遗民曾以家赀丰厚著称，但也多迫于压力而散财。更何况，像劳氏那样"生业甚厚"的人毕竟是少数，多数士人要面临贫穷的窘境。众所周知，明代中期以后士人群体的日常生活趋于贫困化。在经历了"明清鼎革"的巨大历史震荡之后，以遗民自居的士人，其生计艰难的问题表现得更加明显。这正是此一特殊时期的士人群体普遍关注治生问题的现实背景。

明亡之后，遗民生计的变化及其艰难化，平湖人李天植（1591—1672）的例子堪称典型。全祖望据李氏从曾孙李锡桢提供的材料，撰成《蜃园先生神道表》，称：

> 先生讳天植，字因仲，浙之平湖乍浦人也……少而萧散，其于世事泊如也。尝曰："无欲则心清，心清则识朗，识朗则力坚；无欲则心真，心真则情挚，情挚则气厚。"时时以诲学者，亦颇耽清言。登崇祯癸酉乡荐，浦上之以科名起者，自先生始。三上公车。癸未，其子诸生观卒，自以为有隐慝，痛自刻责，遂绝意仕进，改名确，字潜夫。彭仲谋（按即彭孙贻）作先生传，以为

---

① 孙静庵编著，赵一生标点：《明遗民录》，浙江古籍出版社，1985年，第245—246页。
② 赵园：《明清之际士大夫研究》，北京大学出版社，2014年，第289页。

国难后始改名者，非也。既洊遭丧乱，遣妾遣婢殆尽，尚有田四十余亩，宅一区，并家具一切，分畀所后子震与其女。髡其发，别其妻，径入陈山。自是足不至城市，训山中童子以自给，其自署曰"村学究""老头陀"。

居山十年，陈山之僧开堂，先生避喧，始返其蜃园，复与妻居，卖文取食，不足，则与其妻为棕鞋、竹笠以佐之。时有好事者约为月给供先生米，力辞不受。有司慕其高，访之，逾垣而避。其所赋诗，皆吊甲申以来殉节者。蜃园者，乍浦胜地，可以望见海市者也。

又十年，先生益困，不复能保其园，乃复以妻委之婿家，而身寄食于僧寺。戚友怜之，相与赎蜃园而归之。于是先生复与妻居，则年已七十矣。所后子震，亦禀先生教，弃诸生，顾以谋食走四方。二老相对，时时绝食，叹曰："吾本为长往之谋，顾蜡屐未能，乘桴又未能，至于今日，悔之无及，待死而已。"有馈之食者，非其人终不受。或问以身后，曰："杨王孙之葬，何必棺也。"

又十年，蜃园但存二楹，双耳失聪，又苦下坠，终日仰卧。客至，以粉版相问答。魏凝叔（按即魏禧）自江西来，造其庐，相对而泣。临别以银五钱赠之，五反不受。凝叔固以请曰："此非盗跖物也。"乃纳之。凝叔固属曹侍郎倦圃（按即曹溶），纠同志复为继粟之举，且谋其身后。徐昭法（按即徐枋）闻之曰："李先生不食人食，听其饿死，可矣。"俄而使至，则言先生果坚拒不受。凝叔叹曰："吾浅之乎，为丈夫也。"

呜呼！信夫凝叔之浅也。但知为先生谋食，而不知为先生谋施食之人。夫倦圃，新朝之贵人也。先生肯食其食，亦何待凝叔？故昭法之在吴中能食之者，惟一退翁禅师，余莫能也。昭法闻凝叔之举，而卜先生之必不食，其可谓相知以心者矣。不数月，先生死。其时有郑婴垣者，亦乍浦人也，孤子绝俗，与先生称金石交。前数年冻死雪中，而先生亦竟以饿死。仲谋又言先生能豫知死日，赋诗而逝，意以为禅定之功也。予谓先生披缁而未尝谈空，盖其静极而明，何必从葱岭得力乎？

先生生于万历十有九年九月二十八日，卒于康熙十有一年二月初九日，其年八十有二。娶黄氏，葬于牛桥之西。其所著《蜃园集》，自震死乏嗣，十不存一，惟《续修乍浦九山志》，世间尚有传者。其铭曰：饿死事小，失节事大。

正叔之言，先生不愧。百年宰木，护兹遗蜕。[1]

全祖望这篇文字的描述重点，完全放在明亡之后李天植的生活状况上。明亡之时，李天植已经五十多岁，其在此之后生活的艰难，在这里得到最全面的展现。在第一个阶段（明亡之初），李氏遣散奴仆，放弃田产，告别妻儿，剃发入山，靠担任村野的塾师谋生。第二阶段，李氏返回居所蠹园，重新与妻子共谋生计，靠卖文、手制棕鞋与竹笔养家糊口。第三阶段，李氏的生活更加困难，不得不出卖居所，孤身一人寄食于僧寺。在亲朋的帮助下，赎回居所，与妻子艰难过活，但炊米时常不继，子嗣也不得不四出谋食。第四阶段，居所破败，李氏病重，直至饿死。

对于李天植放弃仕进并改名为李确的时间，彭孙贻认为是在明亡以后，而全祖望认为当在明亡之前。细加揣摩，彭氏的意思是李氏因受明亡的刺激而潜退，而全祖望则将李氏一系列消极的表现归因于如下几点：第一，李氏本来就崇尚"无欲"。第二，李氏在崇祯六年（1633）中举，此后三次参加会试而不中，或许有些心灰意冷。同时，时间逼近明清易代，世事纷扰，李氏参加科考的机会也因而不可避免地被剥夺了。第三是儿子的夭折，让时值中年的李氏蒙受了巨大的打击。最后一点是最关键的，它令李氏下定决心放弃仕途，转而彻底蛰伏。不过必须指出，导致李氏抛离妻子、田产而入山，并以遗民身份自处的原因，则无疑是明王朝的灭亡。

尽管李确的贫困更像是"自虐式的苦行以及自我戕害"或者说"蓄意的自惩"，[2]但他的例子确实表明，在经历了明亡的巨变之后，士人若以明遗民自居，则意味着谋生更为艰难。全祖望在上文中提及，在明亡以后，李氏"遣妾遣婢殆尽，尚有田四十余亩，宅一区，并家具一切，分畀所后子震与其女"。这恰恰从反面说明了李氏在明亡之前的经济生活状况：妾婢之外，李氏还拥有田地、宅屋、家具等财产。而且可以推测，以李氏所拥有的科举功名（即举人头衔），他必定还享有赋役优免权。但在下定决心走遗民生活的道路以后，他拒绝了清王朝的功名，也就放弃了这类特权。只不过，李氏的做法更为极端，直接放弃了一切财产。

有学者指出，李天植属于"宁饿死也不接受他人（包括他遗民）接济的一类"，有着"极端的洁癖"。[3]仁和人沈兰先（1618—1680）大概就是此一类型的遗民。

---

① （清）全祖望：《鲒埼亭集（二）》卷13《碑铭》，载四库全书编纂委员会编：《续修四库全书》第1429册，上海古籍出版社，2002年；据清嘉庆九年史梦蛟刻本影印，第65—66页。

② 赵园：《明清之际士大夫研究》，北京大学出版社，2014年，第13页。

③ 赵园：《明清之际士大夫研究》，北京大学出版社，2014年，第292页。

明亡后，在生活极为困顿的情况下，他也绝不轻易接受别人馈赠的粟米。不过，这只令他生活得更加艰难而已。他困顿原因，首先与放弃功名有关。全祖望根据前人传闻，撰成《沈甸华先生墓碑铭》云：

> 沈先生讳兰先，字甸华，其后更名昀，字朗思，浙之仁和人也。曾祖某、祖某、父某，世为学官弟子。年十六，受知于提学黎元宽。时山阴刘忠正公（按即刘宗周）讲学蕺山，先生渡江往听讲。向来杭士有读书社、小筑社、登楼社，皆以词章之业为尚，先生亦与焉。至是，始为正学，而应先生潜斋（按即应谦）和之。

> 甲申之变，年二十七，即弃诸生。其学以诚敬为本，刻苦清厉以自守，推而至于事物之繁、天地古今之变，则以适于世用者为主。其言无一不切于人心，力排佛老曰："其精者傍吾儒，其异者不可一日容也。"闻四方之士有贤者，即书其姓氏，冀得一见之。然不肯妄交，于取与尤介。授徒自给，三旬九食以为常。曾连日绝粒，采阶前马兰草食之。有闻之者，馈米数斗，先生不受，其人固请，则固辞。时先生饿甚，宛转辞谢益困，遂仆于地，其人皇骇而去。先生良久始苏，笑曰："其意良可感，然适以困老夫耳。"尝展蕺山墓，徒步来往西陵。自是，里中子弟习知先生清节。亦有好事者，极意求为继粟继肉之举而莫敢前，以先生必不受也。潜斋叹曰："生平于辞受一节，自谓不苟。然以视沈先生，犹愧之。"

> 以末世丧礼不讲，重辑《士丧礼说》，荟萃先儒之论，定其可行者以授弟子陆寅。又辑《四子略》《五子要言》《家法论》《升降编》《言行录》《居求编》，疏通简要，不涉残明讲学习气。蕺山身后，弟子争其宗旨，各有烦言。先生曰："道在躬行，但滕口说，非师门所望于吾曹也。"疾革，门人问曰："夫子今日之事何如？"先生曰："心中并无一物，惟知诚敬而已。"夜半卒，卒年六十有三，无以为殓。潜斋经纪其丧，不知所出，涕泣不食。或问之，曰："吾不敢轻受赙襚，以玷先生也。"潜斋弟子姚敬恒趋前问曰："如某可以殓先生乎？"潜斋曰："子笃行，沈先生夙所许，殆可矣。"于是，姚生遂殓先生，而葬之于湖上之某原。[①]

[①] （清）全祖望：《鲒埼亭集（二）》卷13《碑铭》，载四库全书编纂委员会编：《续修四库全书》第1429册，上海古籍出版社，2002年；据清嘉庆九年史梦蛟刻本影印，第64—65页。

沈兰先及其父祖都以读书为业，他在十六岁时成为生员。明亡之前，沈氏的日常生活主要是参与杭州的文社（如读书社、小筑社、登楼社等），从事诗文酬唱等各种文艺社交活动（即上文所称"词章之业"）。在赴山阴听刘宗周讲学之后，他转而与应□谦等着力于实践性命之学。明清易代之后，沈氏继续以圣学为宗，潜心于经学与理学方面的著述。

着眼于沈兰先的生计状况，我们需要特别注意其在甲申之后"弃诸生"的举动。明亡以后，沈氏放弃了自己的生员身份，同时过着授徒自给的困苦生活，而这两者实际上是一种因果关系。明亡前后沈氏生活的巨大反差，根本上就是放弃科举之途的结果。

总而言之，"明亡"这一事实，造就了众多的遗民。这些曾经依赖仕进维持生活的士人放弃了科举之途，谋生也变得相当不易。有关遗民的大量传记性文字，多将放弃功名与生活困顿放在一起论说，正提醒我们要充分注意到这一点。为了维持生计，遗民不得不采用科举仕进之外的治生手段。

二、遗民的生计手段

学界对明遗民生计的总结，主要包括耕田或灌园、授徒、卖文或卖画、为商贾、卖卜、行医、入幕等方面。根据《明遗民录汇辑》收录的浙西明遗民传记资料，我们可以大致了解这一地区遗民的生计状况。

表 1 浙西地区明遗民生计方式统计简表

生计方式	卖书画	授徒	耕作	医卜	卖文	工商	不详
统计数	21	19	14	11	3	3	98

资料来源：据谢正光、范金民合编的《明遗民录汇辑》（南京大学出版社，1995 年）相关内容统计而来。

表 1 "不详"一栏高达 98 例，不过通过相关描述大致可以了解到，其中有些人是逃禅者，有些是旧有家赀丰厚者，有些人依靠友朋接济而生活。有明确记载的逃禅遗民至少有 20 多例，不再赘述。旧有家赀丰厚者，如嘉兴人、崇祯庚辰进士高承埏（1603—1648），他在嘉兴城被清军攻破以后去官归隐，"誓墓不出，隐居竹

林村窝，聚书八十楼，多至七万余卷"。① 据魏建功《皇明遗民传》卷 1 载，高氏"藏书八十楼，与项氏万卷楼争富，虽干戈俶扰，不辍吟哦"。② 高承埏的祖上多有仕宦者，其父高道素为万历己未（1619）进士，官至工部郎中，家赀相对殷实，高氏拥有如此丰富的藏书正是以之为基础。可以推断，高氏在明亡隐居村野后的生活，仍能得到旧有家赀的保障。一些遗民靠友人的接济生活，如据魏建功《皇明遗民传》卷 4 载，陆圻（1614—1667？）的外甥、钱塘人徐介（1626—1698）生活贫寒，独身隐居三十年，"弃田舍，寄寝食于诸好友"。③ 又据魏建功《皇明遗民传》卷 6 载，嘉善人董升（字尽人），"才敏，为文顷刻数千言，所交皆四方士。家极贫，郡邑长吏重其人，所赠有至千金者，辄散之昆季朋友。以五经分授邑人，多有成业者"。④ 通过"以五经分授邑人"可推断，董氏的经济来源部分来自授徒，而据"郡邑长吏……所赠有至千金者"则又可知，董氏也接受友朋的接济。

虽然受资料局限，浙西明遗民的具体生计方式无法全部掌握，但我们可以看到，已知的浙西明遗民生计方式主要有出卖书画、授徒、耕作、医卜等，这实际上代表了明遗民生计方式的基本情况。

（一）授徒

通过教授生徒获取束脩，是明代士人较为常见的"本业治生方式"。⑤ 对明遗民来说，虽然授徒是许多人的谋生方式，但这种方式往往不能保障基本生活。⑥ 其具体原因，容后文再述。

授徒谋生的遗民，如朱一是（崇祯十五年，1642 年举人）、朱茂皖（一作朱茂晼，1607—1672）。据与朱一是颇有往来的海宁同乡范骧、陆嘉淑称，朱一是本为诸生，擅长科举时文，"岁论一二书悬国门，纸涌贵，海内儒生率以欠庵意向为指南"，但在明亡后，朱氏徙居嘉兴之梅会里，"披缁衣授徒"，且主持文社。⑦ 又据嘉兴人朱彝尊（1629—1709）称，其叔父朱茂皖于崇祯初年补县学生员，但他主动

---

① （清）朱彝尊撰：《曝书亭集》卷 72《墓表·前进士高公墓表》，世界书局，1937 年，第 831—832 页。

② 谢正光、范金民编：《明遗民录汇辑》，南京大学出版社，1995 年，第 592—594 页。

③ 谢正光、范金民编：《明遗民录汇辑》，南京大学出版社，1995 年，第 534 页。

④ 谢正光、范金民编：《明遗民录汇辑》，南京大学出版社，1995 年，第 954—955 页。

⑤ 刘晓东：《明代士人本业治生论——兼论明代士人之经济人格》，《史学集刊》2001 年第 3 期。

⑥ 前述仁和人沈兰先即"授徒自给"，生活艰难。

⑦ （清）李稻塍、（清）李集辑：《梅会诗选二集》卷 6《朱一是》，载四库禁毁书丛刊编纂委员会编：《四库禁毁书丛刊》集部第 100 册，北京出版社，1997 年；据清乾隆三十二年寸碧山堂刻本影印，第 355 页。

放弃了功名，甲申以后便不再参加科考，"居室三楹，书籍、釜鬲、盐豉、蒜果，杂置几案，客过，亲自执爨，集中诗所云'三十即悼亡，所苦米盐并，有时宾客至，手自调吴羹'是也"。而其主要生活来源是授徒所得，"先后授徒三十余年，弟子著录者百人"。①

当然，谋生只是遗民选择授徒的目的之一。例如，仁和人柴绍炳（1616—1670）便以传授"实学"作为授徒的重要目的。据萧山人毛奇龄（1623—1716）《柴征君墓状》载：

> 君讳绍炳，字虎臣……为仁和生。入国朝，君集同社生，更相砥砺。其社名登楼，君与陆行人兄弟（按即陆培及其兄长陆圻）主之。方行人通籍时，君为序其文，各以气节相矜高。至是，行人赴水死，君欲应，漳浦黄宗伯（按即黄道周）檄召不得。乃屏居南屏，以理学经术授生徒，不入城……怃然谓："明亡寡实学，大率通籍致身，并以八比相惑溺，即究心章句，喋喋谈性命，何益？"遂于理讲外，更肆力于象纬、舆地、律历、礼制、农田、水庸以及戎兵、赋役之事，与及门子弟共相砥砺。曰："毋使后世袭经生空言，徒误人国也。"时东西各郡尚社事，每立社，必推君为首，君谢之去……君家无长物，四方名公卿遇有馈饷，悉麾去不受……②

柴绍炳离开杭州城，隐居于南屏，凭借授徒生活。他最初以"理学经术"教授生徒，后来改变教学内容，与弟子共同探究"实学"。所谓"理学经术"，应当与科举考试比较相关；而所谓"实学"，则是指天文地理、农田水利、历法礼制、赋役军事等方面的学问。值得注意的是，柴氏虽然有意矫正明代以来的空疏风气，引导弟子讲求"实学"，但却不能放弃教授应对科举的"八比"，而只能在"理讲"之外添加"实学"。这是因为，绝大多数生徒求教的目的是应对科举考试，而要想吸引生徒，就不能不讲授与科举最相关的"理学经术"。

秀水人蒋之翘（1604—1667）的授徒生涯颇为不顺，就是因为他的讲授无法满足生徒应对科考的需求。蒋氏的好友沈起（1612—1682）在《处士蒋石林墓志铭》中称，明清鼎革之际，居于秀水之闻溪里的蒋氏"资业倾废，迁处不常，渐至贫困"，因而不得不靠授徒为生。在授徒过程中，"生徒艳于时尚，处士必先教以经史

---

① （清）朱彝尊著，黄君坦校点：《静志居诗话》卷22，人民文学出版社，1998年，第715页。
② 参见（清）毛奇龄撰：《西河集》卷113《事状》，清文渊阁四库全书本。

及先辈名文。生徒相顾疑虑，谓不足以取富贵，相率遁去，而处士益困"。① 当时生徒所追逐的"时尚"，应当就是作为科举考试内容的诗文（试帖诗、律赋、八股文之类），生徒们大概希望借之"取富贵"。在这种情况下，蒋氏坚持原则，把经史与前贤名文作为首先要讲授的内容，导致自己的生计都成了问题。

（二）耕作

对士人来说，耕作的合理性不言而喻。士人虽以读书为本分，但耕作与读书紧密联系在一起，甚至也可以视为本业。这是因为，"耕读传家"是中国古代的传统观念。因此，许多明遗民也希望靠耕田来谋生。

一些遗民亲自耕田，自给自足。据黄容《明遗民录》卷4载，嘉兴人徐白（字介白）本来是待补贡生的生员，但他在明亡后放弃生员身份，奉母至苏州天平山之上沙隐居，"有园数亩，无子女，不蓄僮仆。手一镰，种蔬艺果，捃拾自给。暇则坐小楼，作画吟诗……故旧相寻，扫落叶汲泉烹之，清谈终日，使人忘世。三十余年不出山，人谓之石隐"。与徐白交善的赵瀚（字砥之），"亦需次当贡，弃而耕于野，尽亡其世业，家无储粟，晏如也……与白先后卒，年俱七十余矣"。②

一些遗民与奴仆同耕。据黄容《明遗民录》卷2载，嘉善人沈桂芳（字孟俊）"受业于魏忠节公（按即嘉善魏大中）……变后不入城市，躬耕与佣保分力作，植菊、种荷、酿酒、网鱼以娱亲……门人私谥曰贞孝先生"。③

一些遗民靠家人耕田而过活。据黄容《明遗民录》卷6载，秀水人屠廷枏（字尔际，一字尔济，号东蒙）"初为秀水诸生，乱后隐居鹿干草堂，五十余年不入城市……有子，亲稼穑之劳，以养其亲，故得悠悠于竹树柴门之下"。④ 但据朱彝尊《屠东蒙诗集序》称，屠氏"少补学官弟子，兵后弃去，躬耕于郊野，自食其力，口不言贫。汉、魏塘之交有寺曰白莲，其东偏曰橘鹤楼，暇则鼓枻曳杖以登，青士（按即周筼）恒与期。又方外大梅亦能作韵语，三人往来靡间，饭冬春烹菽乳，大梅年老而聋，则相对画纸，诗成抚掌，或留连信宿不去"。朱氏还提及，因为屠廷枏两个儿子"悉治农务"，所以他的文集由其外甥胡典刊刻。⑤ 因此，也有可能是屠氏与其子嗣共同耕田。

---

① （清）吴翌凤编：《清朝文征（下）》卷39，吉林人民出版社，1998年，第1545—1546页。
② 谢正光、范金民编：《明遗民录汇辑》，南京大学出版社，1995年，第534—535页。
③ 谢正光、范金民编：《明遗民录汇辑》，南京大学出版社，1995年，第348—349页。
④ 谢正光、范金民编：《明遗民录汇辑》，南京大学出版社，1995年，第807—808页。
⑤ （清）朱彝尊撰：《曝书亭集》卷36《序》，世界书局，1937年，第453页。

（三）卖文或卖画

明代中后期以来，商品经济的领域不断拓展，其中诗文书画在16世纪已成为文化商品，对士人生活产生了直接的影响。对此，许多学者以李诩的记述为证。[①]李氏《戒庵老人漫笔》曾云：

> 嘉定沈练塘龄闲论文士无不重财者，常熟桑思玄（按即桑悦）曾有人求文，托以亲昵，无润笔。思玄谓曰："平生未尝白作文字，最败兴，你可暂将银一锭四五两置吾前，发兴后待作完，仍还汝可也。"唐子畏（按即唐寅）曾在孙思和家有一巨本，录记所作，簿面题二字曰"利市"。都南濠（按即都穆）至不苟取。尝有疾，以帕裹头强起，人请其休息者，答曰："若不如此，则无人来求文字矣。"马怀德言，曾为人求文字于祝枝山（按即祝允明），问曰："果见精神否？"（俗以取人钱为精神。）曰："然。"又曰："吾不与他计较，清物也好。"问何清物，则曰："青羊绒罢。"[②]

商品化之于士人生活的影响，在生计手段方面表现明显。诗文书画成为商品，具体来说，士人谋生的方式不再仅仅是耕读相伴（如耕种土地或收取田租），经由科举考试而进入仕途，还包括卖文卖画等商业化行为。对浙西地区许多明遗民来说，出卖诗文与书画所得至少是重要经济来源之一。

一般情况下，出卖诗文只是遗民生计的一部分而非全部。例如，前述李天植在生命的第二阶段，"卖文自食"，但并不能满足基本生活所需，因而还要与妻"为棕鞋、竹苣以佐之"。又如，据黄容《明遗民录》卷9载，嘉兴人缪永谋（字天自，更名泳，字潜初）在明亡以后，绝意于仕进，不羡慕众亲朋以科名起家显贵，而推崇宋代遗民谢翱（1249—1295）、林景熙（1242—1310）的为人，"卖文授徒，得脯脡以养亲"，父子两人得以隐居。[③]

表2展示了浙西地区著名的明遗民画家，这些人中多有以出卖书画谋生者。

---

① 余英时：《士商互动与儒学转向——明清社会史与思想史之一面相》，载氏著：《余英时文集》第3卷《儒家伦理与商人精神》，广西师范大学出版社，2004年，第162—212页，特别是第172页；彭勇：《明代士大夫追求润笔现象试析》，《史林》2003年第2期；范金民：《明清地域商人与江南城市文化》，载氏著：《国计民生：明清社会经济研究》，福建人民出版社，2008年，第654—689页，特别是第684—685页；商传：《走进晚明》，商务印书馆，2014年，第206页。

② （明）李诩撰：《戒庵老人漫笔》卷1《文士润笔》，中华书局，1982年，第16页。

③ 谢正光、范金民编：《明遗民录汇辑》，南京大学出版社，1995年，第1132页。

表 2　浙西地区著名明遗民画家一览表

姓名	生卒年	字号	籍贯	绘画 （艺事）	备注
陈梁	不详	则梁、个亭	海盐	山水	幼曾皈依莲池大师，甲申后为生圹，称个亭和尚，僧服茹素
丁元公	不详	原躬、释愿庵、释净伊	嘉兴	人物、佛像	性孤洁，晚为僧
范凤仁	不详	梅隐、梅影	嘉兴	篆刻、画梅	惊隐诗社成员，隐于禾之东隅，以名节自励
黄子锡	1612—1672	复仲、丽农	秀水	山水	广东按察使承吴之子。寓居苕溪，与兄寅锡种瓜偕隐
黄宗炎	1616—1686	晦木、立溪、扶木、鹧鸪先生	余姚	画、刻印	崇祯丙申（1643）后，提药笼游海昌、石门间。或以古篆为人镌石印，或用李思训、赵伯驹画法鬻之以自给，浙西传为黄高士画，争购之
金堡	1614—1680	道隐、今释	仁和	书、画	崇祯庚辰（1640）进士。后为僧，名今释，两都破时，入粤，仕总宪。粤事坏，老于浙
陆嘉淑	1619？—1689	子柔、冰修、辛斋	海宁	山水	因父殉难遂不应试。康熙十八年（1679）荐鸿博，辞不就
吕留良	1629—1683	庄生、用晦、晚村	崇德	画、篆刻	著书讲学，名重一时。游隐海昌，卖画及篆刻自给
彭孙贻	1615—1673	仲谋、羿仁、茗斋	海盐	山水、兰	明诸生，甲申之变，父兄死节，隐居奉母，素衣蔬食，不交人事
钱德震	不详	虞林、武子	海宁	书法	高尚不出，嗜古好奇，工书法
钱棻	卒年七十	仲芳、涤山、八还道人	嘉善/山阴	山水	崇祯十五年（1642）举人。中丞士晋子，史可法招致幕下不就，著书大涤山
钱士章	卒年八十五	章玉、赤霞子	山阴	山水	寄籍仁和，为仁和诸生，甲申后隐西湖赤霞山，屡征不起
钱士馨	不详	稚拙、稚农	平湖	书、画	崇祯十五年（1642）贡生，尝受知于吴伟业。甲申后不仕，以任侠往来河朔，穷老以死
沈龄	不详	延年、逋民	嘉善	工绘事	隐居不出
闵声	不详	毅夫、雪簑	乌程	书法	适李自成之变，遂肥遁。书法逼真二王，辙迹所至，纸为之贵

续表

项圣谟	1597—1658	孔彰、易庵、胥山樵、逸居士、松涛散仙、大西山人、兔乌叟	秀水	山水、花卉、人物	祖父项元汴、父项德达,皆为名收藏家、书画家。幼承家学,工画善诗。曾入国子监读书。明亡后,家贫志洁,借砚田以隐,每鬻画以自给,郁郁而终
徐士俊	不详	徐翔、三有、野君	仁和	书画	隐居不出,诗文著述,为浙中耆宿
徐柏岭(龄)	卒年七十二	节之、节庵、殷长	嘉兴	山水、花鸟	崇祯三年(1630)举人,黄道周死难后,匿于罗阳之天阙山。乱定归里,自晦不出
查继佐	1601—1676	伊璜、敬修、兴斋、东山钓叟	海宁	书法、梅	崇祯六年(1633)举人,甲申后辟讲堂于铁冶山下,人称敬修先生
朱一是	不详	近修、恒悔、欠庵	海宁	山水	崇祯十五年(1642)举人,甲申后避地梅里。披缁衣授徒,以诗文雄视一世
朱茂曙	1607—1672	子衡、安度先生	秀水	山水、竹石	朱彝尊之父。甲申后弃诸生,隐居乡里。晚几鲦居,隐于棋酒

资料来源:本表主要依据付阳华的《明遗民画家研究》附录一《明遗民画家成员列表》(河北教育出版社,2006年,第144—167页)以及谢正光、范金民合编的《明遗民录汇辑》(南京大学出版社,1995年)中的相关内容整理而成。

(四)行医与卖卜

有关浙西地区明遗民以行医(或曰"卖药")、卖卜为生的记载很多。其中一些人在明亡之前就从事与行医有关的行业。如据魏建功《皇明遗民传》卷3载,嘉兴人朱扆(字开仲)"好览方书,知医,旁通释氏……视一切世务无足以动其心,然语及君亲,辄唏嘘不止。见人有疾若己疾"。[1]朱氏早年间对方书、医术的兴趣,成就了他在明亡后的生计。又如,据魏建功《皇明遗民传》卷6载,钱塘人李元素(字无垢)曾在弘光朝入太医院为医士。明亡以后,他以二童子自随,来到嘉兴梅会里,榜其门曰"太医李无垢总理内外大小十二科方脉"。后来,他受到同里医者的嫉恨与排挤,不得不移寓萍桥僧舍。[2]

一些人则在明亡后把行医作为谋生方式的一种。据毛奇龄所述,仁和人柴绍炳

---

① 谢正光、范金民编:《明遗民录汇辑》,南京大学出版社,1995年,第133页。
② 谢正光、范金民编:《明遗民录汇辑》,南京大学出版社,1995年,第308页。

以授徒为主要生计方式。授徒之外，柴氏还可能兼以行医为生，如黄容《明遗民录》卷6就说他"壮年谢去举子业，间为医"；孙静庵《明遗民录》卷37则说他在隐居南屏山以后，"授徒卖药自给"。①

还有一些人"隐于医"，可能是以行医为方式或掩饰，寻求一种隐居生活。据黄容《明遗民录》卷3载，桐乡人颜俊彦（字开眉），崇祯中进士，司理广州，持法平允，以艰归里。明亡以后，他弃官披缁，但仍家居，隐于医。②

卖卜的例子，如嘉善人殳丹生（字彤宝）。据黄容《明遗民录》卷9载，殳丹生曾于崇祯末年在陈龙正家坐馆，同时攻取举业。明亡以后，他抛弃科举功名，居无定所。据称他曾在苏州吴江盛泽市寓居，"隐于卜"。③又如嘉兴人吴统持（字巨手）。据孙静庵《明遗民录》卷11载，吴氏在明亡次年母亲过世后，放弃嘉兴府生员的资格，隐居于嘉兴鸳湖，"坐卧一危楼，粥不继"，后来"卖卜四方"。④

（五）为工商

众所周知，明代中后期以来，士商相混的现象越来越常见。所谓士商相混，不但包括"弃儒就贾"，也包括"弃商就儒"。这些现象也出现在明清鼎革之际。

"弃儒就贾"的士人，如秀水人蒋之翘。前文提到，蒋氏为谋生而授徒，但在授徒的过程中，他不能满足生徒应付科举的需求，生徒纷纷离去，自己变得愈加贫困。《处士蒋石林墓志铭》云："旋始变计，志图贸易。念先世以贸丝为业，遂操作于权衡之中。凡贸易之术，主客往来，主人务为权辞诡说，曲致殷勤，以诱致群客。处士耻之，立言必诚必信，欲以移易风俗。未几，巨商大客皆散去就他贾，而处士益大困，朝夕所需，为之不给。"在这种情况下，蒋氏被逼出售自己的藏书，但仍坚持"非天下名流能通群籍者，我不轻授也"的原则。康熙初年，曹溶（1613—1685）回到秀水，以重金买下了蒋氏的藏书，蒋氏才"得免于困……闭关不与世往还"。⑤基于蒋之翘经商的经历，朱彝尊称他"甲申后隐于市"；⑥杨象济（1825—1878）亦云，"吾里蒋石林布衣，当鼎革之际，隐居阛阓，鬻丝自给"。⑦

① 孙静庵编著，赵一生标点：《明遗民录》，浙江古籍出版社，1985年，第281页。
② 谢正光、范金民编：《明遗民录汇辑》，南京大学出版社，1995年，第1181页。
③ 谢正光、范金民编：《明遗民录汇辑》，南京大学出版社，1995年，第40页。
④ 孙静庵编著，赵一生标点：《明遗民录》，浙江古籍出版社，1985年，第83页。
⑤ （清）吴翌凤编：《清朝文征（下）》卷39，吉林人民出版社，1998年，第1545—1546页。
⑥ （清）朱彝尊著，黄君坦校点：《静志居诗话》卷22，人民文学出版社，1998年，第701页。
⑦ 民国《新塍镇志》卷8《冢墓·遗民蒋石林先生墓》，载中国地方志集成编辑工作委员会编：《中国地方志集成》乡镇志专辑第18册，上海书店，1992年影印民国铅印本，第965页。

钱塘人应□谦的弟子姚宏任（字敬恒，别字思诚）则是"弃商就儒"的典型例子。据全祖望《姚敬恒先生事略》（简称《事略》，下同）云：

《李二曲集》中别辑前代讲学诸君，有出于农工商贾之中者，共为一卷，以勉学者。以予近所闻，近日应潜斋（按即应谦）高弟有曰凌嘉印、沈文刚、姚敬恒，皆拔起孤露之中，能成儒者。凌、沈之名尤重，见于沈端恪公（按即沈日福）所为传，而敬恒躬行，与相鼎足，顾未有知之者。

敬恒，讳宏任，别字思诚，杭之钱塘人也。姚氏，故杭之右姓。敬恒少孤，其母贤妇也。敬恒不应科举，隐于市廛，稍营十一之息以养家。其母一日见敬恒贸丝，银色下劣，愠甚，曰："汝亦为此恶行乎？吾无望矣。"敬恒皇恐，长跪谢，愿得改行。乃受业于应先生潜斋，每日朗诵《大学》一过，潜斋雅爱之。一言一行，服膺师说，泊然自晦，凡事必归于厚。沈甸华（按即沈兰先）之卒也，潜斋不食二日，敬恒问曰："朋友之丧而若此，无乃过欤？"潜斋喟然叹曰："为其无以为丧也。"敬恒曰："请为先生任之。"殡葬皆出其手。潜斋不肯轻受人物，惟于敬恒之馈不辞，曰："吾知其非不义中来也。"然敬恒不敢多有所将，每时其乏而致之，终其身无倦。潜斋之殁，敬恒执丧如古师弟子之礼。姚江黄先生晦木（按即黄宗炎）于人鲜可其意者，独见敬恒而许之，曰："是《独行传》中人物也。"

尝游于闽，闽督姚公（按即姚启圣）盛延之，访以海上事。敬恒对曰："游魂不日底定矣。但闽中民力已竭，公当何以培之？"闽督肃然颔之。然敬恒以学道故，所营十一之息无甚增益而勤施，渐不可支，遂以此落其家。

晚年以非罪陷缧绁。宪使阅囚入狱，敬恒方朗诵《大学》，宪使异之，入其室，见其案上皆程、张之书也，呼与坐而语之，大惊，即日释之。然敬恒卒以贫死。其平生但事躬行，不著书，故鲜知者。①

姚氏本来是杭州的世家大族，但姚宏任少年丧父，不应科举，从事贩卖丝织品等利润微薄的商业活动。后来姚氏决定改行，拜应□谦为师，研习《大学》等儒学经典。姚氏不但时常接济应□谦，而且主动操办前述明遗民沈兰先的丧事。姚氏的仁义品行，得到黄宗炎的赞赏。

---

① （清）全祖望撰：《鲒埼亭集（二）》卷26《状略》，上海古籍出版社，2002年，第200页。

细细揣摩，上引全祖望对姚宏任的描述，完全把姚氏作为一个"儒者"，但这可能是一种后来者的追述，有意模糊了姚氏从商人到士人的身份转变。首先，全氏"隐于市廛""稍营十一之息"等说法似乎表明，姚氏的志向本不在经商，且不屑于赢利。但姚氏的母亲批评他使用劣银的故事却又透露出，姚氏在经商过程中大概多少要使用一些赚取利润的小伎俩。其次，姚氏在痛下决心放弃从商而受业于应谦的时候，可能已经积累了一定的家赀，也可能他在这之后并未完全放弃从事商业活动，否则很难进行接济应氏、应承沈兰先丧事等活动。另外，《事略》末尾提到，姚宏任因为"学道"且"勤施"而家道中落，最终贫困而死。但"所营十一之息无甚增益"也反映出，姚氏后来的经济来源主要是经商所积攒的家赀，以及在其基础上的经营。

《事略》又称，姚宏任后来曾经到福建游历，且受福建总督姚启圣（1624—1683）的邀请讨论平定台湾之事。姚宏任认为平定台湾并非难事，更应该关注的是恢复福建百姓民力的问题。凭借这种见识，他赢得了姚启圣的赞誉。这一段记载，虽然展现了作为"儒者"的姚宏任关心百姓疾苦，但也透露了他与清朝当权者的接触。或许出于这种缘故，后来的一些"遗民录"（如清末孙静庵的《明遗民录》）在讲述姚宏任的生平时，似乎有意掩盖了他这段经历。

三、城乡生活空间与遗民生计

台湾学者王汎森曾以刘宗周的弟子、绍兴人陈洪绶（1599—1652）的诗文为例，提及应当注意明亡后士人生计与城乡的关系，特别是画家脱离城市，难以出售自己的书画作品而生活艰难的问题。[1] 陈氏曾在刘宗周等师友殉国后至绍兴城外的薄坞隐居，后来又不得不下山回到绍兴城中的青藤书屋卖画维持生计。[2] 回城之后，陈氏作《思薄坞》云：

> 薄坞去城廿里余，秦望之前天柱里。东有奉圣天衣寺，西有云门若耶水。渔樵钟磬悦耳目，松篁泉石供素纸。长枪米贾隔三家，草桥酒店远二里。将家自全于其中，种菜曳柴命儿子。秃翁无书便好游，索句草鞋随意指。有时入寺

---

① 王汎森：《清初士人的悔罪心态与消极行为——不入城、不赴讲会、不结社》，载氏著：《晚明清初思想十论》，复旦大学出版社，2004年，第220—221页。

② 吴敢、王双阳：《丹青有神：陈洪绶传》，浙江人民出版社，2008年，第147—157页。

僧作饭，有时游山客留止。酒钱少而米钱稀，然亦未曾饥渴死。出于故人远寄
将，答之诗画颇欢喜。老媪舍我几亩山，结个茅庵晨夕启。留我念佛写佛经，
坞中男女祈福祉。去冬总管欲识面，亲朋劝我无去理。破衲光头难拗违，亲朋
又劝出山是。总管为我惨淡谋，卖画养生必城市。今年三月故移家，将军令严
夜禁始。昨闻斩木自外来，今见揭竿从中起。斩头陷胸如不胜，白日闭门避蛇
豕。露刃讥察满穷巷，僧家俗家难依倚。每思山中雪夜好，又思山中月夕美。
山中雨窗访道人，山中晴川搊香芷。只今不敢当街行，唯恐触之多凶否。夕阳
在山便缚人，抱头鼠窜眠屋底。摩云鸾鹤垂天飞，投入网罗待笇矢。薄坞薄坞
何时还，秃翁清福薄如此。①

　　这首诗是陈氏由薄坞返回绍兴城中以后写作的。在诗中，陈氏对比了自己在山
中生活与城中的不同：山中的生活虽然清贫但却自在，城中则是一片社会动荡、混
乱不堪的景象。然而，陈氏却不能不返回城中生活，除了因为"总管"敦促自己出
山，更是为了生计。在山中，陈氏只能靠老妇舍给的几亩山田结个草庐，种菜捡
柴、训课子女，过着仅仅是"未曾饥渴死"的清贫生活。作为画家的陈氏要养活一
家老小十几口人，需要以出售自己的书画为经济来源，而当时的书画市场主要在城
市中（卖画养生必城市）。

　　正如陈洪绶的情况，对明遗民来说，在城与在乡绝不仅仅体现自己喜好城市或
乡村的文化态度，也绝不仅仅是一种参与或逃离政治的政治态度，还实实在在地影
响到了自己的日常生活。就最后一点而言，不同的生计方式意味着必须接受在城或
在乡的社会环境限制。

（一）不入城市：以耕作为生计

　　耕作是宣称不入城市的明遗民的主要生计方式。前文提到，士人靠耕田谋生所
具有的不言而喻的合理性，源自"耕读传家"的悠久传统。不过，对遗民来说，以
耕田为生计尚具有特别的意义。由于耕作的地点多在郊野，遗民得以远离作为政治
重心的城市而生活，尽量避免与新朝政权发生关系，既利于保护自身的安全，也利

---

① （明）陈洪绶著，吴敢点校：《陈洪绶集》上册，浙江古籍出版社，2012年，第228—229页。

于保全气节。①

正因为这样，这类遗民才更容易做到"不入城市"。前述嘉善人沈桂芳、秀水人屠廷楫均以耕作谋生计。两人在甲申以后都不再进入城市。沈氏大概是因为"躬耕与佣保分力作，植菊、种荷、酿酒、网鱼以娱亲"，所以能够衣食无忧。屠氏则可能是自己"躬耕于郊野，自食其力"；或者他的两个儿子"亲稼穑之劳，以养其亲，故得悠悠于竹树柴门之下"。海宁人沈兆昌（字闻大）于顺治二年、三年间（1645—1646），在海宁城外构筑居室，"莳药种蔬，读书其中"，大概也是以耕作谋生于城外。②

又如，嘉兴人巢鸣盛（1611—1680）在明亡后不入城市，以耕作自给。据邵廷采（1648—1711）称，明亡后江南地区许多士人便不再进入城市，其中能够做到始终如此的遗民有三人，即嘉兴巢鸣盛、李天植以及长洲徐枋（1622—1694）。③邵氏又云："嘉兴巢鸣盛，字端明，崇祯丙子举人。乙酉后，不入城市。时群盗四起，镠铁银镂之器无得留者，于是绕屋种匏，小大十余种，杯杓之外，室内所需器皿莫非匏者，远近仿效，'樌李匏樽'乃名海内。自为长歌咏之。"④巢鸣盛曾以"长歌"赞咏自己制作的"匏器"（葫芦制成的器皿），朱彝尊提到其中一首，即《题匏杯》："回也资瓢饮，悠然见古风。剖心香自发，刮垢力须攻。不识金银气，何如陶冶工。尼丘蔬水意，乐亦在其中。"⑤朱彝尊认为，巢氏诗中所谓"剖心刮垢"，大概是以匏"自喻"。

邵廷采只提到巢氏种植匏瓜，但没有提到他的谋生方式。对此，黄容的《明遗民录》卷4有较为详细的描述。明清鼎革之际，巢鸣盛寓居杭州某野寺中，观望时事。在潞王不战而降，江东拒守兵溃后，巢氏乘渔舟由海道回到嘉兴。在家乡，巢氏"家田侧，构数椽，门户不出，邻里罕见其面。隔溪筑一小阁，可望先人丘垄。屋外植短篱，旁环绕栽橘百本，亲荷锄种菜以自给。妻钱氏篝灯纺绩，泊如也。立

① 以郭外之田谋生还具有特别的意义。《庄子·让王》载："孔子谓颜回曰：'回，来，家贫居卑，胡不仕乎？'颜回对曰：'不愿仕。回有郭外之田五十亩，足以给飦粥；郭内之田四十亩，足以为丝麻；鼓琴足以自娱，所学夫子之道者，足以自乐也。回不愿仕。'"在后世士人看来，耕田也是一种不仕的象征。

② 黄容：《明遗民录》卷2，载谢正光、范金民编：《明遗民录汇辑》，南京大学出版社，1995年，第346页。

③ （清）邵廷采著，祝鸿杰校点：《思复堂文集》卷3《明遗民所知传·徐枋》，浙江古籍出版社，1987年，第214页。

④ （清）邵廷采著，祝鸿杰校点：《思复堂文集》卷3《明遗民所知传·巢鸣盛》，浙江古籍出版社，1987年，第221页。

⑤ （清）朱彝尊著，黄君坦校点：《静志居诗话》卷19，人民文学出版社，1998年，第580页。

家训，首以勉忠孝、敦廉耻为教。事兄如父。课子弟，虽成人必严"。① 由此看来，明亡后巢氏大致居于田间，与妻子过着男耕女织的自足生活。

巢鸣盛曾专门撰写过一部题名《老圃良言》的农书，其篇首云："生世业缘，芟除殆尽。村居荒僻，只邻并一二老圃相与往还，尝为余言种植之事，大要有十。依法试之，罔有不效。嘉蔬美果，实叼其惠。因述为《老圃良言》，以告世之从事灌园者。"② 这部书篇幅很短，总字数不足千字，但"绝不是文人弄笔之作"。③ 因为据巢氏自己的说法，书中所言"下种、分插、接换、移植、修补、保护、催养、却虫、贮土、浇灌"十点有关种植蔬菜瓜果的内容，既是他从老农那里听闻而来，而且他也曾亲身试验，并收到良好效果。

巢氏撰写农书并非偶然，是他日常从事农业生产活动的副产品。明清鼎革之际，隐居田间的许多士人结合自己的农业实践，撰写了一些农书，包括耕作、蚕桑、园艺等方面的著作。比如，桐乡人张履祥（1611—1674）就与巢鸣盛有着相似的经历。明亡之初，张履祥曾与徐善（1634—1693）、何汝霖（1618—1689）等图谋恢复明室。到了顺治四年（1647），清廷统治局势趋于稳定，张履祥遂决意隐居。此后，张氏在乡间以授徒与耕作为主要活动。他在雇人种田的同时，也不时躬耕田间，后在《沈氏农书》的基础上撰写《补农书》。《杨园先生年谱》（见于《杨园先生全集》与光绪《桐乡县志》）称，"先生岁耕田十余亩"，"在馆必躬亲督课。草履箬笠，提筐佐馌。其修桑枝，则老农不逮也。种蔬莳药，畜鸡鹅羊豕无不备。先生自奉甚俭，终身布衣蔬食，非祭祀不割牲，非客至不设肉，然蔬食为多。惟农工以酒肉饷。虽佳辰令节，未尝觞酒豆肉以自奉"。④ 与巢、张类似的情形，又如华亭人盛国芳（字香樾）《老圃志》、江都人徐石麒（字又陵）《花佣月令》等也都约撰于明亡后隐居期间。⑤

相反的情况是，一些遗民因为没有田土或者不擅长耕作，只得选择其他生计方式。前文提及，沈兰先在明亡后过着极为困苦的生活。据沈氏好友孙治（1618—1683）《亡友柴汪陈沈四先生合传》云："（沈兰先）与弟兰或自为师友，秉志不仕，

---

① 谢正光、范金民编：《明遗民录汇辑》，南京大学出版社，1995年，第605—606页。

② （清）巢鸣盛撰：《老圃良言》，载四库全书编纂委员会编：《续修四库全书》第976册，上海古籍出版社，2002年；据清道光十一年六安晁氏木活字印学海类编本影印，第642—644页。

③ 王毓瑚编著：《中国农学书录》，农业出版社，1964年，第197页。

④ （清）张履祥辑补，陈恒力校释，王达参校、增订：《补农书校释（增订本）》"张履祥事略"，农业出版社，1983年，第4页。

⑤ 王毓瑚编著：《中国农学书录》，农业出版社，1964年，第197—198页。

家贫益甚。欲躬末稆以事亲，然苦无郭外田。于是所至教授，以束脯奉亲，亲亦安贫，乐其以道养也。"①沈氏靠授徒为生的原因，正是其在城外无田可耕。又比如，太仓人陆世仪（1611—1672）曾云："自甲申、乙酉以来，教授不行，养生之道几废。乙酉冬季学为贾，而此心与贾终不习。因念古人隐居，多躬耕自给，予素孱弱，又城居不习田事，不能亲执末稆。"②陆氏称，在社会动荡、授徒谋生不顺利的情况下，昧心从事商业活动，是因为自己曾长期居处城内而不熟悉耕作。

当然，所谓耕田，除了自给自足，还可以参与市场贸易活动。明中叶以来，江南的蚕桑业日益发达，商品化程度不断提高。一些遗民以蚕桑业谋生，如据黄容《明遗民录》卷6载，湖州人徐行（字周道）"弃诸生，专精桑之术"。③经营蚕桑业，若与市场发生关系，则很可能要到城市中去。

（二）赁屋市廛与训徒山中：以授徒谋生

士人若以授徒为职业，最好的教授地点应当在城内。海宁人黄永（字山甫）并非遗民，据道光《海宁州志》载，黄氏"少失怙，母口授经史。遭外氏中落，母病瞀，栖托无所，乃赁屋市廛。永外授生徒，内兼井臼，身受饥寒而甘脆无缺，浣中裙，涤厕牏，里党皆亲见之。至四十余方娶，侍奉有人，乃就延聘"。④黄氏在市场旁租赁居所，一方面是因其租价便宜，另一方面大概与方便招收生徒、照顾家中母亲有关。

明遗民则多在城外甚至山中授徒。前引全祖望《蜃园先生神道表》提到，平湖人李天植"国变后，家产荡然，遂与妻别，隐陈山，绝迹不入城市，训山中童子以自给，自署曰'村学究''老头陀'"。所谓"山中童子"，大概是指文化水平较低的蒙童。通过全祖望的论述可以推断，李天植靠"训山中童子"所得收入，仅能勉强自给。李氏若不在山中而在城中招收生徒，其授课层次与所得收入或许会得到不小的提高。相比之下，前文提到的柴绍炳"居西湖南屏山，以理学经术授生徒，不入城"，则应当是以水平较高的生徒为教授对象，其讲学地点虽然选在杭州城外西湖边的南屏山，但就杭州而言，较为清净的湖山之间是明遗民授徒的绝佳地方。

---

① （清）孙治撰：《孙宇台集》卷15《传》，载四库禁毁书丛刊编纂委员会编：《四库禁毁书丛刊》集部第149册，北京出版社，1997年；据清康熙二十三年孙孝桢刻本影印，第18页。

② （清）陆世仪撰：《陆桴亭思辨录辑要》卷11《修齐类》，载王云五主编：《丛书集成初编》，上海商务印书馆，1936年点断本，第109页。

③ 谢正光、范金民编：《明遗民录汇辑》，南京大学出版社，1995年，第535—536页。

④ （清）战鲁村修：《（道光）海宁州志》卷12《孝友》，载成文出版社编印：《中国方志丛书》华中地方第591号，1983年；据清康熙四十年修、道光二十八年重刊本影印，第1585页。

前文提到，士人若以授徒为生，只有在授课内容上满足应对科考的需求，才能吸引更多生徒。否则，将存在招徒困难的麻烦。但像柴绍炳这样的名士（按：柴氏为"西泠十子"之一，至少在钱塘附近颇有声望）想要招收生徒，并不是什么难事。与"西泠十子"颇有交往的钱塘理学名士应㧑谦也是如此。约成书于康熙年间的《郭西小志》记叙了应㧑谦明亡后的生活状况，"乙酉后，闭门不复出，唯以教授生徒自给，常馆于郭西薛氏。后迁吴山承天观，从游甚众"。[①] 应㧑谦以授徒为生，教授的地点包括自己家中、吴山的承天观，他还曾在杭城郭西的薛氏家中担任家塾教师。而冯景《应处士传》则称，应氏家住平安坊威乙巷"隘屋短垣，仅蔽风雨，家无僮，自启闭"，但由于他声名在外，无论是在家中还是在地处杭州城内的吴山承天观授徒，"负笈者远至，成就人材甚多，举止雅伤，见者不问而知应先生弟子也"。[②]

（三）卖药／卖卜市中：以医卜谋生

古代有意于隐居的文士有一种隐于医卜的传统，明清之际尤其如此。康熙三十四年（1695），长洲名医张璐（1617—1698）提道："余生万历丁巳（按即万历四十五年，公元1617年），于时风俗虽漓，古道未泯，业是道者，各擅专科，未尝混厕而治也。甲申世变，黎庶奔亡，流离困苦中，病不择医，医随应请，道之一变，自此而始……壬寅（按即康熙元年，公元1662年）已来，儒林上达，每多降志于医，医林好尚之士，日渐声气交通，便得名噪一时。于是医风大振，比户皆医，此道之再变也。"[③]

在康熙朝之前，已经有不少明遗民选择"医隐"或"卜隐"。但通过"提囊行市""卖药市中""卖卜市中"等当时关于行医卖卜的典型说法也可以推测，靠医卜谋生的最佳地点是市场。例如，兰溪人范路（字遵甫）流寓嘉兴，卖药于市门，朱彝尊引周篑之说，"遵甫潜心性命之学，不辟佛氏……晚开灵兰馆，卖药长水市，乍愚乍智，人莫测其所诣云"。[④] 曾寓居桐乡语溪的江南名医、鄞县生员高斗魁（1623—1671）精通医术，但因为家世显贵，以读书为业。明亡以后，为了接

---

① （清）姚礼撰辑，周膺、吴晶点校：《郭西小志》卷10，浙江工商大学出版社，2013年，第173页。

② （清）冯景撰：《解春集诗文钞》卷12《传》，载四库全书编纂委员会编：《续修四库全书》第1418册，上海古籍出版社，2002年；据清乾隆卢氏刻抱经堂丛书本影印，第489页。

③ （清）张璐撰：《张氏医通》1719年序本，上海科学技术出版社，1963年，第1页。

④ （清）朱彝尊著，黄君坦校点：《静志居诗话》卷22，人民文学出版社，1998年，第674—675页。

济黄宗羲、黄宗炎兄弟等遗民友人，他"提囊行市，所得辄以相济"。①奉天府左卫人张翼星（字三明）精于理学，尤长于《易》，"家贫不仕，隐于卜肆，日获百钱以自给。衣履常不完，盛夏犹峨冠毡笠，晏如也。从弟元锡，官总制，屡迎，不一往。有所遗，择其小且劣者受之"。②陈去病《明遗民录》则称，张翼星"日张卜肆于市以自给，度得百钱，辄闭门不复过求"。③又如，前述嘉善人殳丹生曾在苏州吴江盛泽市寓居，"隐于卜"。

"西泠十子"之一的陆圻在甲申以后的行医经历，全祖望在《陆丽京先生事略》中称：

> 乙酉之难，大行（按即陆培，为陆圻之弟）里居自经死。先生匿海滨，寻至越中，复至福州，剃发为僧，母作书趣之归。时先生尚崎岖兵甲之间，思得一当，事去乃返。雅善医，遂借以养亲，所验甚多。有人病亟，梦神告之曰："汝病在肠胃，得九十六两泥可生也。"旦以告其友，友默然良久曰："嗟乎，此陆圻先生也。圻字分之为斤为土，其姓为六之谐音，合之乃九十六两土也。"即迎先生至，下药立愈。由是吴越之间，争求讲山先生治疾，户外屦无算。④

黄容《明遗民录》卷4也提到，陆圻"后为医，提囊三吴间，屡著奇效"。又据魏建功《皇明遗民传》卷4载，甲申后，陆氏"卖药海宁之长安市，榼饭冷菜，扪虱而谈，相对者忘其秽也"。⑤可以推断，陆氏曾在海宁县长安市行医，也曾奔走于吴越各地行医谋生。陆圻为当时的名士，时人传言他医术屡有奇效，使得他可以"借以养亲"。可能由于与抗清势力有所关联（其弟陆培殉明，友人陈潜夫参加浙东抗清活动，他自己也可能参与抗清活动），他才需要"自秽"来掩饰身份。

出于隐晦的考虑，以医谋生的明遗民多不入城中行医，他们往往选择在市镇或者游走四方。如应㧑谦在《东江沈公（按即沈谦）传》中提到，自己曾在仁和县临平镇卖箑。⑥而钱塘人汪沨（字魏美）则不入城市，四处游走行医。汪氏的挚友、

---

① （清）吕留良撰：《吕晚村先生文集》续集卷3《质亡集小序》，上海古籍出版社，2002年，第235页。

② （清）李元度著，易孟醇点校：《国朝先正事略》卷48，岳麓书社，1991年，第1200页。

③ 谢正光、范金民编：《明遗民录汇辑》，南京大学出版社，1995年，第673页。

④ （清）全祖望撰：《鲒埼亭集（二）》卷26《状略》，上海古籍出版社，2002年，第198页。

⑤ 谢正光、范金民编：《明遗民录汇辑》，南京大学出版社，1995年，第785—787页。

⑥ 张大昌：《临平记补遗》卷3，载孙忠焕主编：《杭州运河文献集成》第5册，杭州出版社，2009年，第166页。

著名明遗民魏禧在《高士汪沨传》中云："（汪沨）常独自提药囊往来山谷间，宿食无定处。沨故城居，母老，思见沨，时兄澄、弟沄亦弃诸生服，奉母徙城外，沨间来见。家人欲迹之，不可得。"明亡以后，汪氏不入城市，曾游天台，居石梁左右，后返河渚，徙居孤山，游匡庐、黄山、白岳，与异人高士游处。①

魏建功《皇明遗民传》卷 2 称，与朱彝尊过往甚密的上海人李延罡（初名彦贞，字我生，一字期叔，后名延罡，字辰山）寓居平湖，"从徐孚远学。晚而隐于医，居平湖佑圣宫，自称道士……受医业于季父中梓……有延之治疾者，数百里必往视，或酬以金，辄从西吴书估舟中买书……暇则坐轻舟载花郭外，饮客以酒，必自远致山肴海错"。②孙静庵则称他"年二十，走桂林为永历帝某官。晚为道士，隐于医"。③

凤阳人徐逸度（以字称）在南京陷落以后，同昆山人李遂初南来杭州，隐居于杭州东郭之艮山，卖药自给。④光绪《杭州府志》则云，遂初老人字逸度，家金陵，明亡后，挈妻子来杭，隐于艮山，"卖药自给，晦迹匿名"。⑤翟灏（？—1788）《艮山杂志》卷 1 载，"师古斋，前明遗老李逸度遁迹所也。逸度，号遂初老人，所存诗有前后梅花二百咏"。翟氏引及李逸度《咏梅百首自序》，其中云："昔在丁亥，余自金陵徙钱塘，僦居艮山沙河间。崇墉在门，清流绕岸，野陌参差，卉木罗布，良足娱也。"又引及《咏百梅律自序》："丙寅正月中旬，默坐空斋，幽怀抑郁，不觉怃然曰……余羁栖武林郭外四十年，今春秋七十有三矣。老态何堪，孤踪徒托。感古贤之难企，慨时事之转非。"⑥遂初老人与徐逸度应当为同一人。

钱塘人张中发（字自志），明亡后"入山医隐。学使见，不可；礼请，避去"。仁和人罗孙善（字嵩庵）也放弃生员资格，"医隐"。⑦据称，罗氏当时"奉母徙钱

---

① （清）魏禧撰：《魏叔子文集外篇》卷 17《传》，载四库全书编纂委员会编：《续修四库全书》第 1409 册，上海古籍出版社，2002 年；据清易堂刻宁都三魏全集本影印，第 143—144 页。

② 谢正光、范金民编：《明遗民录汇辑》，南京大学出版社，1995 年，第 295—296 页。

③ 孙静庵编著，赵一生标点：《明遗民录》，浙江古籍出版社，1985 年，第 277 页。

④ （清）李桓辑：《国朝耆献类征初编》第 63 册，卷 476《隐逸十六》，载周骏富辑：《清代传记丛刊·综录类⑦》，明文书局，1985 年影印本，第 671 页。

⑤ （清）龚嘉儁修，李楁等纂：《（光绪）杭州府志》卷 170《人物十三·寓贤二》，载成文出版社编印：《中国方志丛书》华中地方第 199 号，1974 年；据民国十一年铅印本影印。

⑥ （清）翟灏：《艮山杂志》卷 1，载孙忠焕主编：《杭州运河文献集成》第 2 册，杭州出版社，2009 年，第 665—667 页。

⑦ 钱海岳：《南明史》第 14 册，列传第 88《隐逸四》，中华书局，2006 年，第 5221 页。

塘石墩村……家日窘，授徒养母，以医活人"，兼用授徒与行医两种方式谋生。^①
卖卜为生的遗民，有钱塘人张白牛（失其名，字存壬）。张氏在明亡后"避居留下，
卖卜自给，足迹不入城。破屋二间，败几缺足，穴壁倚之以读书"。^②史料虽仅称
他们行医或卖卜，而未言具体地点，但推测当在城市之外的市场之中。

（四）卖画养生必城市：卖文与卖书画

前引陈洪绶《思薄坞》一诗说"卖画养生必城市"，而陈氏的生活经历也证明，
以出售书画为生的遗民需要居于城市之中。但限于史料，我们很难讨论浙西地区遗
民出卖书画的具体地点。从一些史料推断，这类遗民中不少人享有较高声望，靠受
人请求而作书画便能谋生，似乎不必至城市中售卖作品。据称，黄宗炎"或用李
思训、赵伯驹画法鬻之以自给，浙西传为黄高士画，争购之"。^③又如，黄容《明
遗民录》卷3载，秀水人项圣谟（字孔彰）明亡后为山人，"以画名家，世多珍秘
之"。而据魏建功《皇明遗民传》卷4称，项氏"善画，客有以酒饷者，越数日，
索其坛，已为游兵所击碎，圣谟遂画一空坛偿之。中作桃柳三两枝，或斜倚，或倒
垂，丰姿婉约。国亡隐居以终"。^④

然而，认为遗民的书画作品受到追捧，更可能是后世撰写遗民传记者的一种臆
想。当时靠书画谋生的遗民，其生活状况似乎并不理想。全祖望《鹧鸪先生（按即
黄宗炎）神道表》称：

> 丙申（按即顺治十三年，公元1656年），再遭名捕，伯子（按即黄宗羲）
> 叹曰："死矣！"故人朱湛侯、诸雅六救之而免。于是尽丧其资，提药笼游于
> 海昌、石门之间以自给。不足，则以古篆为人镌花乳印石。又不足，则以李思
> 训、赵伯驹二家画法为人作画。又不足，则为人制砚。其贾值皆有定，世所传
> 《卖艺文》者是也。^⑤

黄宗炎曾从事行医、刻石、卖画与制砚等多种活动来谋生，但仍嫌不足，很可

---

① （清）龚嘉儁修，李榕等纂：《（光绪）杭州府志》卷142《人物七·义行二》，载成文出版社编
印：《中国方志丛书》华中地方第199号，1974年，第2706页。
② （清）温睿临著，中华书局上海编辑所编：《南疆逸史》卷44《列传》第40"逸士"，中华书
局，1959年，第333页。
③ （清）李元度著，易孟醇点校：《国朝先正事略》卷48，岳麓书社，1991年，第807页。
④ 谢正光、范金民编：《明遗民录汇辑》，南京大学出版社，1995年，第853—854页。
⑤ （清）全祖望撰：《鲒埼亭集（二）》卷13《碑铭》，上海古籍出版社，2002年，第67页。

能是因为"生意"冷清，所以才会有为了招揽生意而明码标价的《卖艺文》的产生。

所谓《卖艺文》，即吕留良于顺治十七年（1660）所作之文。该文称：

东庄（按即吕留良）有贫友四：为四明鹧鸪黄二晦（按即黄宗炎），槜李丽山农黄复仲（按即黄子锡），桐乡乂山朱声始（按即朱洪彝），明州鼓峰高旦中（按即高斗魁）。四友远不相识，而东庄皆识之。

东庄贫，或不举晨爨，四友又贫过东庄，独鼓峰差与埒，而有一母、四兄弟、一友、六子、一妾，乃以生产枝梧其家，而以医食其一友，友为鹧鸪也。鹧鸪贫十倍东庄，而又有一母、五子、二新妇、一妾。居剡中化安山，有屋三间，深一丈，阔才二十许步，床、灶、书籍、家人屯伏其中，烈日霜雪，风雨流水，绕攻其外。绝火动及旬日，室中至不能啼号。鼓峰虽以医佐之，不给也。而又有金石玩好之性，喜凿印章，结构抚摹秦汉，间作南唐图书记，或摹松雪（按即赵孟𫖯）朱文笔法，高雅可爱。至其精论六书，则斯邈俗吏，茫昧古法，殆不可与语。东庄谓"卖此颇可得饱腹"，谋之鼓峰云："鹧鸪技不止此。若其可以玩世者，则又善画，画李思训、赵伯驹二家法，精致微妙，出是亦可得钱。"因忆及黄丽农画，亦兼南北宗，尤妙董巨（按即董源、巨然）神理，下笔秀润生动，直坐元四家于庑下。丽农固自秘，郡人亦无识者。年来困益甚，子女十数人，有子之妾四。丽农少壮故豪奢，旦夕遂至不堪。责逋者环坐户外，辄恸哭欲自引绝，责逋者多惊散去。然少间又欣然弄笔，都不复忆也。吾友卖画，此当与结伴。而鹧鸪意又欲卖文与诗，谓："此事可吾辈共计耳。"然吾姊丈声始（按即朱声始）渊源程朱，所作文不减欧九（按即欧阳修），为杂著小品，奇诡要袅淳蓄，出入蒙庄（按即庄子）、史迁（按即司马迁）、昌黎（按即韩愈）间，而独不喜作诗，是亦有不能共计者。顾其人别无艺能，于经纪为尤拙。随意至友人处，坐讲今古，竟日不倦。其家具食，食之；否，亦论难泉涌，了不知饿，便至昏黑。家有二幼子，一弱女。早丧母，惟一房老与俱，则肠鸣如雷矣。桐乡人皆以为痴行。且饥欲死，出其长，但文耳。而其文又可传而不可卖。鹧鸪曰："姑试之。安必其无一遇也？"因约声始竟卖文，余友共卖文与诗，丽农、鹧鸪共卖画，鹧鸪、东庄共卖篆刻，东庄独卖字。鼓峰掀髯曰："终不令子单行。"鼓峰小楷类《乐毅论》及《东方朔画像赞》，行书逼米海岳（按即米芾），间追颜尚书（按即颜真卿）。于是鼓峰、东庄共卖字，既以自食，且以食友。约成，草于吴孟举（按即吴之振）之寻畅楼。孟举书画故奇艳，涉笔成趣，得天然第一，谓："吾手独不堪卖耶？然如子家不贫何？"曰："请以字佐鼓峰、东庄，以画佐鹧鸪、丽农，吾出艺，而诸君共收其直，可乎？"众曰："幸甚！"东庄乃脱稿，而属孟举书。①

迫于生计，吕留良、黄宗炎、高斗魁、黄子锡、朱洪彝等数人约定一起卖文、卖诗、卖画、卖字、卖篆刻。同时，几人共同约定了润格：

鹧鸪：石印每方二钱；金印、铜、铁印每方三钱；玉印、玛瑙印每方五钱；水晶印、磁印每方四钱；犀、象、琥珀、蜜蜡、玳瑁印每方五钱；北宗山水每扇面三钱；诗、律一钱；古风三钱；长律每十韵加二钱；寿文一两；募缘疏一两；祭文五钱；碑、记、书、序各一两；杂著五钱。

丽农：南北宗山水每扇面三钱，册页三钱，单条五钱，全幅一两，每尺三钱，堂幅二两。诗文同鹧鸪。

爻山：文每篇一两。

鼓峰：小楷每扇面二钱，行书一钱；帷屏每扇幅三钱，锦轴每幅八钱；斋匾每字一钱，柱联每对一钱。诗文同鹧鸪、丽农。

东庄：石印每方三钱；小楷每扇面三钱，册页三钱，手卷每尺三钱；行书每扇面二钱，册页、手卷同，单条三钱；草书每扇面三钱，册页、手卷同。诗文同鹧鸪、丽农、鼓峰。

孟举：小楷每扇面二钱；行书每扇面一钱；柱联每对一钱；画竹每扇面一钱；写生每扇面一钱；着色二钱。②

有学者的分析很有道理："初一看，《卖艺文》所开润格之低是令人惊讶的，治印、扇面、册页、单条等均不过三钱，写一篇寿文、祭文或碑记亦不过一两银子。这样的润格，仅为郑板桥所定润格的三分之一左右，但考虑到近百年间米价、物价上涨的因素（据《李煦奏折》《阅世编》等资料，终康熙一朝，米价一直维系在每

① （清）吕留良撰：《吕晚村先生文集》卷8《杂著》，上海古籍出版社，2002年，第198—199页。
② 黄苗子：《吕留良卖艺文：清初画家生活鳞爪》，载氏著：《艺林一枝：古美术文编（增订版）》，生活·读书·新知三联书店，2011年，第206—207页。

石八九钱至一两一之间，荒年曾卖到二两左右不等，但只是暂时上涨，不久就回落了。到乾隆中后期，米价在一两左右的基础上大约涨了有一半以上，也就是一两五钱左右），以及画家的名望地位，《卖艺文》所定润格还是符合实际的，是经过周密考虑的。吕留良辈制定这样的润格，想来主要出于以下原因：他们鬻书卖画是为了养家，而非求名。"①

然而，即便仅以养家谋生为目的，吕留良辈"卖艺"的做法还是受到时人的批判。吕氏在《反卖艺文》中说：

> 庚子（按即顺治十七年，公元1660年）作《卖艺文》，钱牧斋（按即钱谦益）见而叹曰："昔之《西园画记》也，今为《汐社许剑录》《玉山草堂雅集》矣。"剡中黎洲先生德冰（按即黄宗羲）擎拳独立，排拓二百年之诗文，于九流百家之术，无不贯穿。予欲广《卖艺文》以位先生，而以吴自牧之诗画、算数、声音之技附之。钟山民部黄半非、射山陆辛斋闻之，喜而见过。黄民部者亦卖文字，自作骈语小引，久不见售。辛斋则思卖而无伴，于是皆欲寄卖于吾文。更有一二循例请附者，则不之许也。
>
> 有传黎洲为人作《卖艺文》，引用为例曰："子法甚隘，而黎洲道广耶？"予曰："不然。必有为言之也。"未几，黎洲寄示此文，果以徇故人之子请者，又一例也。或又曰："子之徒益夥矣。某郡若某某，某乡若某某，皆援例卖艺，方以子为货殖之祖，可无虞其孤另而难行也。"已，有工挟荐牍请见，曰："某某致语东庄，工甚精，幸厚遇之，庶几卖艺初意。"予始怪且笑，已复自痛其立说不善，害一至于斯也。季布髡钳，子胥鼓箫，相如涤器，豫州种菜结牦，柴桑乞食、中散力锻、步兵哭丧、织帘鬻屦、负薪补锅之徒，趣有所托而志有所逃，不极其辱身贱行不止也。然未闻人奴、市乞、担粪、踏歌、操作之贱工，有窃僭于诸子者。且吾经年不见一买主，而卖之如故，此岂较良楛短长，趋时变，争长落者哉？
>
> 富家熟客持金钱，按吾文价价请。此不直吾友一笑也。何则？艺固不可卖，可卖者非艺，东庄诸人以不卖为卖者也。且吾宁与人奴、市乞、担粪、踏歌、操作之贱工伍耳。人出丐贩之下，而欲假篡于豪贤，此人奴、市乞辈之所不为者。今有人堕落坎壈，灰头炭嘴，沿门号索，其唾骂不顾者常也。虽不能

---

① 顾鸣塘：《〈儒林外史〉与江南士绅生活》，商务印书馆，2005年，第124页。

饭而叹悯焉，长者也。从而摹效其形状以为嬉戏者，此轻薄儿无人心者耳。夫至沿门号索，而犹不免于轻薄者之嬉戏，予之所以滋悔也。因以黎洲、鹦鹆、鼓峰、孟举、自牧约不复卖艺为一例，声始已得食，所卖不卖俱无与为一例，丽农、半非、辛斋浮沉客路，势不能自止，窃傥嬉戏，亦不暇计也，听其自卖为一例。呜呼！知予之卖艺也非炫奇，则其不卖也亦非高价以绝物，吾知后之哀其卖者，又不如哀其不卖者之痛深也。[①]

对于吕留良的这段表述，本文特别关注其所体现的遗民生计艰难。对此，赵园强调的是，士人抵触商贾的观念，造成了士人身处艰难时世而在谋生问题上的尴尬。[②] 对吕留良等遗民来说，最无法忍受的是被认作"货殖之祖"。当时甚至有工匠带着荐牍来依附遗民，使得遗民感受到了人格侮辱。

不过我们更想要强调的是，抛却思想观念上的"洁癖"，遗民必须要面临的实际问题是：能否仅靠出卖诗文与书画来谋生？吕留良等遗民的生活为什么会异常艰难？可以推想，其中一个主要原因是他们以卖文与卖书画为生，书画市场以城市为主，但他们又不愿在城中生活，所以自己的书画作品在城外缺乏消费市场。这一问题，透过吕留良所说的"经年不见一买主"也能反映出来。不愿入城与以出卖书画谋生的两难恐怕是不少明遗民要面临的窘境。

（五）为工商

前文述及，士人对商贾心存鄙夷，所以直接以工商谋生似乎是极少数明遗民的做法。[③] 仁和人徐继恩（字世臣）的例子，可供我们略作讨论。魏建功《皇明遗民传》卷 6 载：

天启中，魏忠贤乱政，继恩恶之，作《宦者论》。稍长，补诸生，中壬午（按即崇祯十五年，公元 1642 年）副榜。弘光中举明经，首继恩。继恩为文刺马士英，士英怒，趣官旗逮继恩，大行陆培争止之。由是继恩声称益藉甚，四方士过杭者，皆争造继恩，巷为之咽。先是，文社大起，娄东张溥、漳浦黄道

---

① （清）吕留良撰：《吕晚村先生文集》卷 8《杂著》，上海古籍出版社，2002 年，第 199—200 页。

② 赵园：《明清之际士大夫研究》，北京大学出版社，2014 年，第 297—298 页。

③ 至少从史料来看，像前述陆世仪直接从事商业活动的例子不多，更何况陆氏也极力表达自己从商的无奈之情。

周并属继恩为长，为社名"登楼"，又名"揽云"，聚临安名士于其中，主东南坛坫者凡三十年。

及国亡，焚书埋笔札，鬻救市盆簦浆酪，间或鞣马牛之皮，与鞄者杂作。有故人为方伯，欲就见之，不得，请以百金为寿，拒之。诸暨孝廉钱某，执贽造讲《易》，继恩倚市门口授之去。[1]

在明亡前后，徐氏曾为贡生，因讥讽马士英而出名。他在交游方面显得非常活跃，曾与杭州乃至吴越士人组织文社。明亡以后，他的主要活动是坐贾与为工匠，在从事售卖山羊、盆簦、浆酪等生意的同时，用牛马之皮制作皮革。他似乎以市场为主要居处地点（可惜同样难以判断其市场的具体位置），甚至在别人前来讨教学问之时也不离开市场，十分随意地在市场门口进行讲授。

四、结语

一些关于明遗民生活经历的研究表明，遗民要接受来自经济、政治与社会等各方面的挑战。[2]但在遗民漫长的日常生活中，他们首先需要面对生计艰难造成的困扰。在翻检明遗民的传记资料后，我们会对遗民生活的穷厄有一种深切的感受。"明亡"造成了士人生活的巨变。随着时间的推移，遗民们将因为放弃功名、士绅身份而失去诸如进入仕途、享受赋役优免权等谋生的渠道或有利条件。虽然晚明士人的治生方式本来就不再以仕进为主而呈现多样性，但可以肯定，"明亡"令遗民这一特殊群体的生计变得尤为艰难，从而进一步促进了士人治生多样性的发展。

总体而言，浙西地区明遗民的生计方式以出卖书画、授徒、耕作、医卜等为主。遗民的居处环境与其生计状况是互相影响的，尽管两者并非绝然对应的关系。对拒绝进入城市的明遗民来说，耕作是最好的选择。除了传统士人的耕读传统，遗民尚可借助耕作远离作为政治重心的城市，以此来保障自己的安全与气节。授徒的最佳地点是城中，但明遗民多在城外甚至山中授徒，因而往往只能以文化水平较低的蒙童为教授对象，收入非常微薄。不少明遗民选择"医隐"或"卜隐"，虽然医

---

① 谢正光、范金民编：《明遗民录汇辑》，南京大学出版社，1995年，第565—566页。

② 王汎森：《清初士人的悔罪心态与消极行为——不入城、不赴讲会、不结社》，载氏著：《晚明清初思想十论》，复旦大学出版社，2004年，第219页；孙杰：《明清士人生活与城乡关系：以浙西地区为中心》，浙江大学博士后研究工作报告，2016年，第43—46页。

卜的最佳地点是城中的市场，但为了做到隐晦，他们多不愿进入城市行医卖卜，而是选择在市镇或者游走四方谋生。以出卖书画为生的明遗民若不愿入城生活，将脱离城市中的消费市场，经济生活会更为艰难。

中日民间经济外交的博弈

——以 1926 年中国实业代表团的赴日访问为例

于文浩 *

内容提要： 本文基于中日两国史料，主要从民间经济外交的视角，对 1926 年中国实业代表团赴日访问的背景、过程和内容进行了梳理，总结了代表团出访日本的意义和民间经济外交的特点。本文认为，代表团利用民间经济外交的手段，与日方的侵华言论以及旨在经济侵略的亲善空论，作了一定程度的斗争努力，促进了日本人民对中国人民的了解，对其维护国家权力的民间经济外交意识应予以肯定。其特点主要表现为不平衡性。日方是占有主动性的，中方却处于被动地位，造成这种特点的主要原因在于中日双方在政治势力上的差异。

关键词： 民间经济外交　中国实业代表团　博弈

引　言

近代中国民间经济外交的研究，起步较晚，尤其是专题研究更少，这与民间经济外交的重要性极其不符。民间经济外交活动与所处时代的国内外政治、经济形势密切相关，体现了商人团体为了维护自身和国家经济利益所付出的外交努力，这种外交努力又反映了当时的政治倾向、经济发展状况以及社会、民族意识。作为政府外交的补充方式，其在国内外重大事件中涉及得较多，在维护国家主权、民族利益方面，发挥了不可忽视的作用。因此，对近代民间经济外交进行研究，不仅对于近代商人研究和经济史研究具有重要的意义，而且对于还原当时的外交全貌，了解其

---

* 于文浩，中国社会科学院经济研究所副研究员，主要从事中日近现代经济史、区域经济、能源经济的研究。

运行的机制、机理同样具有深远的作用。本文以 1926 年中国实业代表团的赴日访问为案例，对我国商人团体跨出国门的民间经济外交进行考察，在搞清楚访日的背景、过程和内容的基础之上，总结民间经济外交的意义和特点。

一、1926 年中国实业代表团的赴日访问缘起

1926 年 5 月 20 日至 6 月 15 日，由上海总商会率领的中国实业代表团一行 58 人，首次对日本进行了为期 20 天的大规模访问。正如其组织者上海总商会所言："非特在本会历史上为空前未有，即在全国商业历史上，恐亦为空前未有之举。"[1] 在日本访问期间，中国实业代表团积极展开民间经济外交活动，公开抨击日本政府的侵华政策，在日本朝野与中国各界引起了震动。

中国实业代表团的首次赴日访问虽然成行于 1926 年 5 月，但其源头则可追溯到一年前的五卅运动。鉴于中国各地掀起了抵制英日货运动，日本为削弱五卅运动对中日政治、经济关系的影响，由日本东京、大阪、神户、名古屋、横滨、广岛及福井 7 地的商业会议所的 15 名代表组成的"上海地方实业视察团"于 1925 年 8 月 15 日抵达上海，对纺织业进行了为期 10 天的考察。日本商业会议所对于上海总商会在其考察期间给予的关照，取得考察成功一事，在表示感谢的同时希望能够做一回报。[2]

1926 年 3 月底，日本商业会议所向上海总商会发出了邀请函，以"稍答去夏日本商会联合会代表留沪时备承优待赞助之雅意，一方面更可以增进两国人民敦睦亲密之感情"为由，希望中国实业界选派赴日代表参观大阪电气博览会。[3] 为切实推动邀请上海总商会赴日访问工作，4 月 14 日，日本商业会议所联合会在东京、大阪、京都、名古屋、神户以及横滨六大会议所协议会上，就促进访日活动以及欢迎方法等进行了具体商讨。并指示上海的日本人商业会议所代替日本商业会议所联合会，正式向上海总商会发出欢迎上海总商会视察团来日访问的邀请。[4] 因此，日

---

① 《欢迎华商赴日参观团纪盛》，《民国日报》1926 年 6 月 18 日。

② 亚细亚局第二课：《视察团来朝由来》，《上海总商会本邦视察团来朝颠末》1926 年 6 月，アジア歴史資料センター，Reel No. 调 -0014，第 58 页。

③ 《日本商会请参观电器展览会》，《申报》1926 年 4 月 1 日；《函请参观日本电气展览会》，《申报》1926 年 4 月 2 日。

④ 亚细亚局第二课：《视察团来朝由来》，《上海总商会本邦视察团来朝颠末》1926 年 6 月，アジア歴史資料センター，Reel No. 调 -0014，第 61 页。

本商会会长田边辉雄致函总商会，表示“贵会长暨团员诸君赴日，庶游踪所经，全日任何机关，均可妥为接洽，随时介绍”。并附有日本商会联合会要求“所有团员及随员人数，所搭船只，起程日期以及预计在日勾留日数，均请详细电达，东京游历程序，即由本会排列，务期满意”。①

对于日方的邀请，上海总商会“分函本地各业团体，请派代表前往，同时又函致京津奉汉四商会，请推人加入，共同组织赴日参观团”。②在上海总商会的筹备之下，中国实业家赴日参观团成员共计58名，网罗了中国工商各业的代表人物。由虞洽卿担任团长，还有中华基督教青年会总干事、上海商业储蓄银行董事余日章，上海招商局局长谢中笙，上海宁邵商轮公司总经理袁覆登，证券物品交易所理事郭东泉等来自电气、航运、纺织、机器、银行等20多个行业的知名人士。③

为顺利组团出访，上海总商会进行了紧锣密鼓的各项安排。拟定了参观简章，宣称此次访问的宗旨为“本总商会应日本全国商会联合会之邀请，参观大阪电气博览会及其他工厂，以考察所得，振兴本国实业为宗旨”。④

对于上海总商会的上述组织活动，日本外务省得讯后，还特电驻沪日本商务官加藤日吉：“届时陪同该团赴日，以表诚悃，而驻沪日本商会，特派书记长安原美佐雄与大阪府立商品陈列所驻沪员岡崎正男，随同招待。”⑤

临行前，总商会对此次代表团访日的目的，由先前的“考察所得，振兴本国实业”转变为“以国民外交之手腕，唤醒日本商民”，⑥“为废除不平等条约之合作”，“扫除障碍，实行亲善”，⑦敦促日本撤废“二十一条”，归还旅大，以及谋求中日间贸易合作，处理贸易纠纷之目的。对于赴日参观团上述宗旨的改变，是因为5月，接连有“五四”“五七”“五九”及“五卅”等国耻纪念日，很容易激起人们的反日情绪，如果代表团在此敏感时期访日，极易引起人们的怀疑和反对。因此，访日目

---

① 《日商邀虞洽卿等赴日》，《申报》1926年4月17日；亜細亜局第二課：《視察团来朝由来》，《上海総商会本邦視察团来朝顛末》1926年6月，アジア歴史資料センター，Reel No. 調-0014，第61页。

② 《总商会赴日参观电会人数》，《申报》1926年4月21日；《奉天总商会商榷赴日办法》，《申报》1926年4月22日。

③ 《赴日参观团今日出发》，《申报》1926年5月20日。

④ 《华商赴日参观之昨讯》，《申报》1926年5月1日；邓峙冰：《赴日参观记》，上海总商会月报营业部，1927年（上海图书馆藏书），第1页。

⑤ 《华商赴日参观之昨讯》，《申报》1926年5月1日；《日本欢迎实业团电气博览》，《申报》1926年5月2日。

⑥ 《赴日参观团之预备会》《申报》1926年5月15日。

⑦ 《赴日参观团今日出发》，《申报》1926年5月20日。

的的转变既可获得舆论的同情而如期访日，实现考察、观摩日本实业的初衷，同时也有助于中国工商界摆脱中日间不平等条约的束缚，扩大对日贸易，发展本国实业，可谓一举两得。因此，"中国实业代表团的赴日之旅从一开始就注定不是一次简单的民间商业交往，而具有'国民外交'的意义"。[1]

而对于日本来讲，此次邀请上海总商会为代表的中国实业界访日既有其政治目的，又有其经济目的。

从政治上看，第一次世界大战结束后，日本在国际关系中处于十分孤立的境地，围绕中国问题，日美在远东的矛盾急剧上升。中国人民把反帝政治斗争和经济抵制结合起来，使日本政府和资本家忧心忡忡。由于日本实业界对华经济活动受政府鼓励和直接支持，实际上构成日本侵华政策的一部分，因此面临中国的抵制日货斗争，日本政府串通商会组织，做出亲善姿态。朝日新闻社顾弥太在欢迎中国实业团访日的文章中，为日本近些年的对华政策粉饰："去年关税会议，日本对于中国，自始至终表示好意，以谋中国之主权恢复。"[2]访问过程中，日本吴商业会议所会头泽原精一就表示，中国实业家赴日访问乃是"应外务省及商业会议所联合会之招请"。[3]

经济上的原因，正如中国国闻社随团赴日记者张振远分析的那样："感于欧美各邦之抵抗，益觉能从中日亲善入手，则其生产过剩之货品有发展销路之希望，此为第一种原因。"其次，"则以去年五卅抵制、罢工，双管齐下，几受极大之打击，虞洽卿氏设法先于日厂上工，得无损失"。[4]尤其是在日本方面，"为应付关东大震灾而越来越多的入超，试图提倡国货，扩大输出"。[5]日本对华贸易中的主要商品——日纱在整个 20 世纪 20 年代的输入值和量都大大低于前一个 10 年，尤其自 1922 年之后，更是在战期骤降的基础上又出现大幅度的下降。1924 年，日纱输华货值仅为 10 年前的 56.95%。[6]1916—1920 年间，日对华贸易出超年均为 176296

① 周斌：《舆论、运动与外交——20 世纪 20 年代民间外交研究》，学苑出版社，2010 年，第 152 页。
② 邓峙冰：《赴日参观记》，上海总商会月报营业部，1927 年（上海图书馆藏书），第 167 页。
③ 邓峙冰：《赴日参观记》，上海总商会月报营业部，1927 年（上海图书馆藏书），第 107 页。
④ 《华商参观团在日之行动》，《申报》1926 年 6 月 6 日。
⑤ （日）今井清一著，杨孝成等译：《日本近现代史》第 2 卷，商务印书馆，1992 年，第 199 页。
⑥ 根据蔡正雅、陈善林等编的《中日贸易统计》（中华书局，1933 年，第 193 页）相关内容整理算出。

千日元,而 1926—1930 则降为 130571 千日元。[1] 日对华贸易顺差在中国对外贸易逆差中比重减少,其重要原因是中国自身工业(尤其是所谓"进口替代"工业)的发展壮大以及一些国际因素,如美国对华贸易在 20 世纪 20 年代后期开始急速增长。由此可见,20 世纪 20 年代后半期,中国对日贸易在中国国际收支中的负作用呈减弱趋势。[2]

日本外务省认为:"此次中国实业家组成如此大规模的考察团来日访问,乃是中日通商史上空前之事。"而且"中日两国具有代表性的实业家的交欢,均将直接或间接地促进两国经济关系的发展"。[3] 此次中国实业代表团来日访问,从日本商业会议所联合会发出的邀请之初,外务省就给予了种种支持及参与,并由矢田总领事负责与上海的日本人商业会议所联络,为支持中国实业家代表团赴日一事,做了直接及间接的支援工作。认为不但可借此机会改善中国南方的反日情绪,而且可以促进两国国交。[4] 因此,为扩大对华贸易,扭转贸易逆差,缓解中国的反日情绪,恢复震灾后的经济发展,日本政府以及商人组织达成一致,做出了邀请中国实业代表团访问日本的举动。

二、赴日访问的经过

中国实业代表团于 1926 年 5 月 20 日乘坐上海丸轮,从上海港启程赴日,于 6 月 15 日返沪,行程共计 27 天,在日访问 25 天。抵日后,先后参观了长崎、神户、大阪、奈良、京都、名古屋、东京、日光、横滨、广岛等地,受到日本官绅商学各界隆重热情的欢迎。中国代表团在访问过程中为争取国家利权及呼吁日本人民加深对华理解作出了种种努力。

(一)为取消对华不平等条约,谋取平等之努力

日方把这个代表团视为中国最强有力的实业家团体,在政治、经济以及中日关系方面都寄予厚望,出场交涉的层次也越来越高,从大城市商会会头直至内阁

---

① (日)大藏省管理局编:《日本人の海外活動に関する歴史的調査》,ゆまに書房 2001 年,第 216 页。

② 娄向哲:《民初中国对日贸易论》,南开大学出版社,1994 年,第 40—41 页。

③ 亜細亜局第二課:《上海総商会本邦視察団来朝二関スル外務省措置》,1926 年 6 月,アジア歴史資料センター,Reel No. 調 -0014,第 225 页。

④ 亜細亜局第二課:《上海総商会本邦視察団来朝二関スル外務省措置》,1926 年 6 月,アジア歴史資料センター,Reel No. 調 -0014,第 226 页。

首相，规格之高犹如接待国宾。实业代表团启程赴日的同日，《大阪朝日新闻》称此次中国实业界访日之举，"确为一扫从前旧嫌，为中日两国有力者不可多得之机会"。① 但事实情形并不如朝日新闻推测的那样，在日访问期间，团员们向日本各界宣传了中国民众要求取消中日间不平等条约，以及尖锐批评日本侵华政策的态度。

5 月 21 日上午 11 时，代表团抵达访日第一站——长崎，长崎市长锦织干，商业会议所副会长高见松太郎，华商会会长陈世望以及日华商业学校、高商学校留日学生等数百人到岸欢迎。以后每到一地，不仅日本实业界人士躬自迎送，且政界人士及社会知名人士也纷纷到场，车旅费全由日方团体与个人赠送。在长崎招待宴会上，高见松太郎致词称："东亚文明，非由我等东亚人种建设不可也……借此好机会，推诚实现两国亲善提携之事实，实属当务之急。"虞洽卿作答词表示："本团此行，一方面固为实业上之观摩，同时亦负有增进邦交之使命……本团与政治无关，则从人民方面而言……即由两国人民相当努力，以表示亲善之诚意也。"② 即表明此次访问欲通过两国民间经济外交方式，以达到促进两国关系的愿望。这是代表团访日后第一阶段表现出来的表面融洽的情况。

5 月 22 日下午，代表团抵达神户，神户商业会议所举办了欢迎晚餐会。会长鹿岛房次郎在晚宴上的致词中，将此次实业团赴日访问之举视为"实为亲善之初步"，表示"如双方商民有诚意之联络，不难合作"，希望"彼此能组织中日商联会协议办法"。虞洽卿推出"良以中日两国在历史、地理、文化、种族上种种关系，有亲善之必要"的同一论调，并对日本舆论界将中国的抵制日货运动视为仇日的观点，进行了反驳："虽然政治上之误会，为政府所酿成，希望政府之如何如何，不若人民自为之主也，盖政府为少数人之组织，而人民则多数人也，故撤除亲善之障碍，应视双方人民之诚意与否，合作与否。"一针见血地指出了日本政府对华的不平等政策乃是导致中日不能亲善的障碍，并为谋求中日商贸发展的平等待遇大声疾呼："闻贵国待遇侨胞小买卖，不甚尽善，希望贵会有所建议而图改善，至于侨商，

---

① 邓峙冰：《赴日参观记》，上海总商会月报营业部，1927 年（上海图书馆藏书），第 169—170 页。

② 邓峙冰：《赴日参观记》，上海总商会月报营业部，1927 年（上海图书馆藏书），第 20—21 页；《赴日参观团抵东后之言行》，《申报》1926 年 5 月 27 日；《华商赴日参观团之报告》，《申报》1926 年 5 月 28 日。

如遇商业纠葛,须贵会公平调解,在沪日侨当亦为同样之调解。"① 自 5 月 22 日之后,"亲善"气氛在中国代表一方遂逐渐消失,进入申明政治原则的第二阶段。

5 月 24 日,中国实业代表团从神户乘电车到达日本著名的工商业中心——大阪。大阪商业会议所稻畑胜太郎会头以美国引进欧洲的资本和技术而跃居经济发达国家之列为例,大谈中日合作之利:"贵国地方广大,天物丰富,比美国更优。贵国若欲产业上发展,敝人想就是资本及技术的进口最为要紧。所以敝人想对此方面,将来两国之谅解提携,最为紧切。"且声称:"敝人不是政治家,所以政治上的事不敢说。"② 对于扫除亲善之障碍,虞洽卿直言不讳地指出,"亲善之障碍,为不平等条约":"(一)本国境内可容他国海陆军自由上岸否,则曰军权为国家之保障,不可也。(二)本国境内可容领事裁判权否,则曰司法独立为一国之神圣,更不可也。(三)本国境内可容他国租界否,则曰领土主权为国之要素,是万不可也。(四)本国内河可容他国自由行驶否,则曰航权攸关交通主权,绝不可也。(五)关税可受人束缚否,则曰关税主权绝对自由,不可也。"并指出:"查敝国进口货物总额,贵国占十分之六,大阪出品又占多数,彼此商业既巨,出入亦大,或因国际关系而有误会,则首受较巨之损失者,为贵埠商人,故贵埠诸公所负亲善之责任,较为重大。"③

从上述内容可以清晰看出,虞洽卿为争取取消中日间的不平等条约,号召日本人民应督促其政府铲除中日间的亲善障碍。此态度与其在长崎、神户时的"欲先观日本朝野之意向"④ 的态度相比,向日本提出取消不平等条约的要求更加坚决了。

5 月 25 日到达堺市商业会议所,日方在欢迎词中极力标榜其对中亲善,抨击西方的立场,为排除中国市场上与之竞争的西方,还提出共存共荣意见,具体言道:"于本市之特产品等,请为稍加注意,以为将来贡献彼此通商贸易繁荣之地步……东洋和平之关键,全宜注目于中日亲善问题,宜从高处着眼,互相提携……热烈提倡共存共荣主义,同时排斥西洋文明之缺陷的自利自爱主义。此盖负有全

　　① 邓峙冰:《赴日参观记》,上海总商会月报营业部,1927 年(上海图书馆藏书),第 26—27 页;《赴日参观团抵东后之言行》,《申报》1926 年 5 月 27 日;《民国实业团の歓迎宴》,《朝日新聞》1926 年 5 月 23 日;《中国实业团已到日》,《顺天时报》1926 年 5 月 25 日。

　　② 邓峙冰:《赴日参观记》,上海总商会月报营业部,1927 年(上海图书馆藏书),第 31—32 页;《赴日参观团在大阪之言行》,《申报》1926 年 6 月 1 日。

　　③ 邓峙冰:《赴日参观记》,上海总商会月报营业部,1927 年(上海图书馆藏书),第 33—35 页;《赴日参观团在大阪之言行》,《申报》1926 年 6 月 1 日;《虞和德在大阪演辞》,《顺天时报》1926 年 6 月 7 日。

　　④ 《欢迎华商赴日参观团纪盛》,《民国日报》1926 年 6 月 18 日。

世界和平关键之使命，所期望无已者也。"虞团长在答谢词中首先针对中日贸易的重要性做了回顾："日本对中华输出额平均四亿元左右，得当对外总输出额百分之二十七……专就贸易一项说，中国同日本便有这样的密切。"紧接着，首次提出亲善不是口头禅的意见，认为："中日亲善云者，决不可作为口头禅，亦先由两国国民，具有充分的交谊与诚意，以为实行亲善之基础。"对于"从前所谓中日亲善，多系政府方面标的政策"，表示："今次则由我们两国人民有深切的感悟，互相提携，我们今次组织团体来游贵国，即欲实现此国民亲善之理想。"明示了此次访日的目的。[①]

5月26日虞洽卿、余日章二人出席大阪每日新闻社主办的中日问题演讲会。虞洽卿发表了题为《中日亲善》的讲演，首先指出："近十余年来，中日感情日渐恶劣，其中重大原因，贵国人士知之甚详，若二十一条在中国人民，至今绝端反对，并其他条约中之不平等各点，最近数年来难发生亲善之鼓吹，迄今仍未见若何功效，其故安在。"指出亲善的初步即为扫除障碍："亲善之初步，当然系解释一切误会，排除一切障碍物……中国方面，就鄙人所知，大有此种决心，倘日本方面，无此决心，亲善二字，此后可勿容再提及之。"并列举扫除障碍后的相互提携意见："亲善岂仅解释误会，排除障碍物乎？尤须知彼知己，对内可以彼此扶持提携，对外可以一致抵御。"以实例列举中日经济关系为"中国今日固有需要日本扶持之处，鄙人以为日本需要中国之处尤多"："贵国之最大商场，在中国，亦在他国乎？贵国制造，亦能畅销于欧美各国乎？贵国所需各种原料最多部分，由何方面得来？非从中国乎？诸君果愿将贵国之原料最大来源，并最大商场，让与他人乎？贸易发达之最重要素为好感，诸君承认乎？倘日本失去此来源及商场，贵国前途将何如？"号召："携手经营一切有利于两国之种种事业，更能维护东亚和平。"[②]虞洽卿的上述言论不但表明了中国人自立自强的决心，还从中日相互经济利益出发，呼吁日本改善两国关系，真正进行亲善。

继虞洽卿之后，余日章做了题为《今日之中日两国国民》的演讲。首先表明了代表团的地位为"几乎可以代表中国全国商业联合会"。表明了代表团访日的三个目的，其一是"为参观电气博览会，是敝团目的之一。"其二是"敝团团员大多数，皆居中华实业界之从事者地位，或个人为贸易及其他实业上之事，有与日本接洽的

① 邓峄冰：《赴日参观记》，上海总商会月报营业部，1927年（上海图书馆藏书），第36—38页。
② 邓峄冰：《赴日参观记》，上海总商会月报营业部，1927年（上海图书馆藏书），第114—115页；《虞团长在大每社之演说词》，《申报》1926年6月1日。

必要。今日贵国实业异常发达，今特来考察其发达原因实况，供我国参考"。其三是"增进贵国民与我国民之真正友谊，及完成两国亲善之实"。^① 在此基础上，还就二十一条的问题发表了慷慨激昂的讲演，对于中日亲善做了提案：第一，"希望贵国实业界铮铮诸子组织一小团体，光临敝国，实地调查，研究其问题之所在，彼往我来，遂能互相了解，互相依赖，徐达真正亲善之域"。第二，"较第一提案尤为重要，即现在两国青年，为两国新时代之继承者，务必予以机会，使之相交相知相解"。最后，就两国亲善的必要性及可能性做了倡导性发言，表示只有加强两国人民之间的相互了解，才能有效地促进中日亲善。^②

作为日本全国性舆论媒体的《大阪朝日新闻》曾在代表团赴日访问当日，刊登了对代表团于改善中日关系方面充满期待的文章，认为代表团此次访日不仅象征"两国的友谊因相互的亲善而复活"，且"开国民外交之端，举两国亲善之实"。^③然而，日方没有想到虞、余二人的演讲不但没有达到其邀请代表团访日的预期目的，反而恶化了"亲善"，于是，大阪朝日新闻社于27日召开恳谈会，与代表团就中日亲善的问题进行了意见的交换。恳谈会上，双方代表摆明观点，强硬争论，进入了访日活动中强硬抗辩的第三阶段。

参加此次恳谈会的中方代表有虞洽卿、余日章、郭东泉、郭外峰4人。日方代表有大阪商业会议所会头稻畑胜太郎，钟纺社长实业同志会长武藤山治，大阪商业会议所书记长高柳松一郎，法学博士今井嘉幸，贵族院议员森平兵卫，贸易同盟长二川仁三郎，大阪朝日新闻专务下村宏等各界名流30人。^④

首先，虞洽卿就二十一条的问题做了发言。表示"我国国民受二十一条之刺激，深而且巨，极思解决二十一条问题"。虽然"此种问题固为政府与政府之间条约，由两国政府间解决之"，但"此种问题，与中华国民有绝大的关系，可否由两国国民间研究一种变体的解决方法，取消二十一条中残存之条文"。提出两个议题："（一）取消中华与日本间所含二十一条之不平等条约，重新缔结互惠的通商条约，以示范于列国。（二）为增进中日两国亲善起见，尽力于经济的提携，共同协

① 邓峙冰：《赴日参观记》，上海总商会月报营业部，1927年（上海图书馆藏书），第116页。
② 邓峙冰：《赴日参观记》，上海总商会月报营业部，1927年（上海图书馆藏书），第115—118页。
③ 《支那实业家の日本观察》，大阪《朝日新闻》1926年5月20日；袁访赉：《余日章传》，青年协会书局，1948年，第111—112页。
④ 亚细亚局第二课：《讲演会及恳谈会》，《上海总商会本邦视察团来朝来朝颠末》1926年6月，アジア歴史資料センター，Reel No.调-0014，第147—150页；邓峙冰：《赴日参观记》，上海总商会月报营业部，1927年（上海图书馆藏书），第119—120页。

力抵制欧美货物。"①

接下来，余日章做了发言，强调："日本可否审察一般中华国民思想，首先废止一切不平等条约以示好感于中华国民。在国际上，中华与美国之关系，至亲且密，若提议于美国，可望援助取消一切不平等条约。不过与其提议于美国，不如首先与兄弟之邦之贵国之协议，中华以为英法国有觉悟，而日本首先能容纳中华希望，故不开国际会议。"日本众议院议员马场义兴表示："我等要研究者，二十一条与日本存立上有无关系，而日本一般舆论，以为日本取消此种条约，日本将濒于灭亡之境。诸君或已理解此种事实，或未详加考察。总之，日本人中确有此见解。其中情形，非短时间所能说明，请诸君研究之。"即以二十一条关系日本存亡为由，拒绝中方要求取消不平等条约的要求。②

大阪商业会议所书记长高柳松一郎对于中国人民要求收回旅大，而日本人将来或现在反对返还旅大于中国的原因，狡猾地回应道："因日清战后，日本已将旅大退还中国，不意中华再将旅大让与俄国。日本人以最大牺牲，遂能由俄国人手中收回旅大，有此种历史，若无确实保障，日本断然反对退还旅大。"大阪朝日新闻社专务下村宏称："中华国民之希望废止不平等条约，明治初年日本亦有此经验。但经长期的全国上下之努力，方达到目的。如中华国民不改造内政，增进国际信用，欲一时解除一切不平等条约，是一种梦想。"法学博士今井嘉幸提出："无条件撤废二十一条，非中日相互的利益。二十一条以外之不平等条约，大部分为英人所有，欲除去此种条约，非驱逐英人势力不可。"即转换取消二十一条问题的指向，并假意应允："若仅日人首先撤废不平等条约，他国不追随之，亦无何等效力。日本正有考察时机之必要，即到一定时机劝诱列国共同解决之。"③即日方对中方提出的合理要求，以上述种种无理理由予以拒绝，尤其是对日本政府的对华侵略政策做了种种美化。由此可见，代表团希望其督促日本政府取消不平等条约的愿望是不现实的。

---

① 邓峙冰：《赴日参观记》，上海总商会月报营业部，1927年（上海图书馆藏书），第121—122页；亚细亚局第二课：《讲演会及恳谈会》，《上海总商会本邦视察团来朝来朝颠末》1926年6月，アジア歴史資料センター，Reel No. 调-0014，第151—154页。

② 邓峙冰：《赴日参观记》，上海总商会月报营业部，1927年（上海图书馆藏书），第123—124页；亚细亚局第二课：《讲演会及恳谈会》，《上海总商会本邦视察团来朝来朝颠末》1926年6月，アジア歴史資料センター，Reel No. 调-0014，第154—156页。

③ 邓峙冰：《赴日参观记》，上海总商会月报营业部，1927年（上海图书馆藏书），第124—127页；亚细亚局第二课：《讲演会及恳谈会》，《上海总商会本邦视察团来朝来朝颠末》1926年6月，アジア歴史資料センター，Reel No. 调-0014，第156—161页。

对于此次的恳谈会，有评论指出："这场辩论生动地证明了中日两国实业界在国民外交问题上的立场和出发点截然相反，前者反对本国政府对日妥协，后者从实利出发与政府侵华政策结成一体。这样的'国民外交'，其实是中国资产阶级爱国团体与日本侵华政府及其帮凶的较量，是爱国主义与侵略国策的较量。"[①]

为了缓和感情，扩大经济利益的好处，在代表团接下来的访问日程中，日方还坚持请代表团游览岛国风光，参观各工厂企业，处处给予特别优待。

5月30日，在京都召开了日华恳谈会。中方的代表仍为虞洽卿、余日章、郭东泉以及郭外峰4人。日方除了滨冈会头、稻垣副会头、大泽副会头外，还有末广法学博士以及3位特别议员。席间，虞洽卿就造成两国感情交恶的原因作了分析，认为是"因政府间的原因所造成的"，并且还对"两国的贸易造成了损失，带来了障碍"。虽然"两国政府进行了交涉，但并未取得任何成效。因此，两国实业家应为促进相互的通商贸易关系而进行彻底的意见交换"。对于政治方面的问题，"最为影响中国国民的当为二十一条，如废止二十一条，将消除两国民间的恶感"。至此，日方一直鼓吹的所谓"亲善"态度，再度露出了其真实用意。日方代表末广指出："二十一条的大多内容均已解决，剩下的仅为满铁问题、汉冶萍问题及旅大租借问题。"[②] 而对于中国急于解决的旅大问题，则表示："如在中国没有建立起稳固有力的中央政府之前，日本将旅大归还的话，则面临再被外国夺走的危险……有鉴于中国的现状，日本绝对有必要维持旅大继续租借的状态。"[③]

对此有评论认为："末广氏的解释代表了日本相当一部分人士支持其政府继续强占旅大，以抵制苏俄共产主义运动的观点。它口口声声反对苏俄帝国主义，却不惜牺牲中华民族的利益以谋求日本所谓的'独立生存'，其实，它才是真正的帝国主义。"[④] 对此，虞洽卿反驳道："对此问题，中国正致力于防止来源于俄国的赤化，尤其是伴随着国民自觉意识的日益进步，旅大问题已成为阻碍两国国交的严重问题，因此希望双方不断地进行问题解决办法的研究，以便于早日解决。"[⑤]

---

① 郭太风:《迈向现代化的沉重步履》，学林出版社，2004年，第127—128页。

② 亜細亜局第二課:《講演会及懇談会》，《上海総商会本邦視察団来朝来朝顛末》1926年6月，アジア歴史資料センター，Reel No. 調-0014，第163—164页。

③ 亜細亜局第二課:《講演会及懇談会》，《上海総商会本邦視察団来朝来朝顛末》1926年6月，アジア歴史資料センター，Reel No. 調-0014，第165—166页。

④ 周斌:《舆论、运动与外交——20世纪20年代民间外交研究》，学苑出版社，2010年，第160页。

⑤ 亜細亜局第二課:《講演会及懇談会》，《上海総商会本邦視察団来朝来朝顛末》1926年6月，アジア歴史資料センター，Reel No. 調-0014，第166—167页。

（二）为谋求平等之再接再厉

5月31日，名古屋商业会议所在该会议所举行欢迎会，为了取得谅解，促成贸易洽谈，日本实业界一改前态，表面迎合中方观点，以达成其民间经济外交之目的。

上原野会头在欢迎词中说："凡排日问题及排货问题之起，每皆基于两国意志之欠疏通。"并号召两国国民不应为政府外交所左右，"常互相了解其真意，洞悉其利害损失，即看出相互相提携之一点，始可得两国真实亲善之实现"。为进一步提升亲近感，还将中日区别于欧美："吾人对于欧美人无隔意者，为学彼而亲彼起见，然彼等对于吾东洋人，每为人种的差别待遇，确有东西不能相混合之势，此则我中日两国民应深自省觉者也。"为实现所谓的中日"经济提携"，提出"我日本之对于西洋物质文明，较贵国或有一日之长，欲期生产工业之发展，则原料物质，尚感不足。我日本不可不待供给于贵国，同时贵国以其丰富之物质，应用科学努力以图经济上之发展，又可利用我日本。此吾人所最欣喜者也，其用意在中日两国相依相辅，以增大其经济力。"①

对此，中国代表团并不为其巧辩所迷惑，虞恰卿在答谢词中，首先对于亲善表示欢迎后，直接指责日本的侵略行径："曾闻贵国参谋本部，计划每逢十年作一战争……贵国每于一次战争结束，即获得最厚报酬，无怪乎当时野心政治家及武力派与吾辈所见之不同也。"在严正指出日本侵华国策给中国带来的严重后果，势必影响两国民间正常关系的基础上，告诫日本侵略不会为其带来长远利益。提议"贵国今日有力之实业家，似比从前野心政治家及武力派，较有先见之明者也……似宜由日本今日有力之实业家，自动地敦促贵国政府，取消在华不平等条约，以为欧美各国倡。"②

6月2日，代表团抵达东京，受到日本政界元老、政府高级官员和社会名流等千余人的热烈欢迎。东京商业会议所副会头稻茂登三郎致欢迎词。首先从地理位置、历史关系等方面重提亲善的老调，并以经济利益亲善为主，主张"至于中日两国之亲善……非以经济上利害共通之连锁紧相结"。并视与实业团的接触为经济提携的良机，称"欲实现如斯密接不离之亲善提携，则两国国民必深相交相知相了解为最必要之事，尤其与有力者如贵团各位，促膝开怀，欢谈畅叙，为可酿成两国民

---

① 邓峙冰：《赴日参观记》，上海总商会月报营业部，1927年（上海图书馆藏书），第52—54页。
② 邓峙冰：《赴日参观记》，上海总商会月报营业部，1927年（上海图书馆藏书），第54—56页。

间进于完全理解益相密接亲善提携之机运。"①

虞团长由东京无线放送局向东京市民发表演说。对于此次来访受到日本各界的欢迎表示感谢,并对日本发达之快表示羡慕,以亲身实例,列举中日关系之深后话锋一转,"近十数年来,因种种误会,中日两弟兄国,竟演出阋墙之恶剧","不愿渔人得利,惟有鹬蚌息争,日本全国人民,以为然乎"?号召中日两国人民当为和平做出贡献。②尽管虞洽卿在演说中并没有提及不平等条约的问题,只是把增进两国人民友谊的愿望传达给了日本民众。东京的各大媒体纷纷发表社论,称此次代表团的来访系"增加两国国民之亲善关系之特别机会","于两国邦交关系上划一新纪元,予东方之将来以一线之新曙光"等。③

6月3日,东京府市及商业会议所联合在帝国旅馆举办茶会,欢迎代表团一行。日方来宾中不仅有实业界权威涩泽荣一以及各界名流,还有商工大臣片冈直温、前内阁总理清浦奎吾等近400人。仪式非常隆重,以国宾规格相待。

首先由东京府知事平塚广义致欢迎词。对于双方的往来冠以亲善之名,大谈双方往来之益。"盖为促进相互之亲善,及经济上之密切关系,宜使两国民间互相理解,互相接近……以解释各种误会"。虽然主张中日两国非提携协调不可之意见,但对于中方所说之障碍,却无任何具体解决办法上的提示,仅言道:"然而具体的方策,虽有种种根本上应有相互完全了解之趋势,敝人确信如两国民间至毫无误解,衷心依赖时,无论如何障碍可以容易除去,以达到真心亲善协调之地步。"④接下来,商工大臣片冈直温重点就中日两国在通商贸易上的关系和中日贸易的重要性发表了演说,表示:"中日两国之急务,须注全力于经济的发达,促进各自之富力,今中日两国民诚心诚意,请求经济的提携,即为达此目的之一捷径。"⑤

针对上述空谈亲善,而无任何具体措施的日方言论,虞洽卿在答谢词中表示:"中日亲善之说久矣,如何两国近尚在观望徘徊未解决,则因两国国民尚无直接关系故也。"并再次严正提出亲善应取消不平等条约,"只因政治上有种种误会,乃发

---

① 邓峙冰:《赴日参观记》,上海总商会月报营业部,1927年(上海图书馆藏书)第62—63页;《东报对参观团之论调》,《新闻报》1926年6月3日;亚细亚局第二课:《東京二於ケル歓迎》,《上海総商会本邦视察团来朝来朝颠末》1926年6月,アジア歴史资料センター,Reel No. 调-0014,第139—141页。

② 邓峙冰:《赴日参观记》,上海总商会月报营业部,1927年(上海图书馆藏书),第64—65页。

③ 《华商团在东酬酢》,《时事新报》1926年6月5日;《东报对参观团之论调》,《新闻报》1926年6月3日。

④ 邓峙冰:《赴日参观记》,上海总商会月报营业部,1927年(上海图书馆藏书),第66页。

⑤ 邓峙冰:《赴日参观记》,上海总商会月报营业部,1927年(上海图书馆藏书),第67—68页。

生一种不平等态度，此次敝团同人来东，希望将两国间所缔结不平等条约及其他障碍物，足为两国亲善之障碍者，一律扫除，则国交当日益亲密"。为此，还列举数例以表示中国人民对日本友好之意。"例如先年东京横滨大震灾，敝国人民一致请求政府，暂时无限制以开放米禁，虽输物不多，而诚意可见。又去年上海五卅案件，因中日为兄弟之邦，全国民意对于日本工厂案，认为家事，就地解决。而英国案则移京办理，迄今尚未解决。谅为诸君所洞悉，敝人可担保敝国人民至今已明白两国关系之深，实有共存共荣之道。"最后重申，坚定抱定宗旨，努力进行之意。[①]

6月4日，在外务省官邸，日本外务大臣为代表团举行招待会。日本内阁总理大臣若槻礼次郎及商工、大藏、农林、铁道等各省长官，东京府知事、市长及其他人员百余人到场欢迎。中国方面，时任中华民国驻日本公使的汪荣宝等也出席助兴。从欢迎阵容上也可看出日本政府对代表团的重视程度。[②]

首先，由总理大臣若槻礼次郎发表欢迎词，与日本实业界想法相同，将经济提携视为亲善最为重要之要素，言道："中日亲善有种种要素，其最重要者莫过于对经济提携。近来两国民间对于中日共存共荣之旨，渐有彻底的觉悟，因而经济提携之机遇，亦因之日昂。"号召"为中日两国前途及东亚前途计，不得不切望两国之关系日臻亲密，完成共存共荣之本旨"。随后，外务大臣男爵币原喜郎致欢迎词，表示："中日两国各为保全大局利益及促进两国发达计，两国之亲善协调，最关紧要，是根本方针的问题。"这不但是其本人的意见，亦是日本朝野各政党一致的意见。同样，以中国没有统一为由，主张经济上的提携："原来在中华政界一党一派之浮沉兴废，非我等日本人所能干预之，我等不得不思超越国内之政争问题，以谋为国交之基础，是先宜是两国经济关系。"[③]从上述讲话中可以看出，日方对掣肘中日亲善的不平等条约是避而不谈的。

此外，中华民国驻日公使汪荣宝也发表了演说词。对于障碍之扫除以双关语而出，称："所谓障碍物，系人为的，凡人为之障碍物，可以人力取消之。"并强调了反映国民公意趋势的国民外交对改善国交的重要性。"最近时变势迁，由数人私意

---

① 邓峙冰：《赴日参观记》，上海总商会月报营业部，1927年（上海图书馆藏书），第68—69页。

② 《虞洽卿在日之国民外交运动》，《新闻报》1926年6月9日；亚细亚局第二课：《東京二於ケル歓迎》，《上海総商会本邦視察団来朝来朝顚末》1926年6月，アジア歴史資料センター，Reel No. 調-0014，第96—98页。

③ 邓峙冰：《赴日参观记》，上海总商会月报营业部，1927年（上海图书馆藏书），第70—71页；《华商参观团在日之行动》，《申报》1926年6月6日；亚细亚局第二课：《東京二於ケル歓迎》，《上海総商会本邦視察団来朝来朝顚末》1926年6月，アジア歴史資料センター，Reel No. 調-0014，第132—134页。

制定之外交，今一变为国民公意之外交，而外交政策由国民公意之趋向而定方针，此则今日外交进步之现象也"。

对于官方上述言论，虞洽卿表示，"敝团同人以为中日亲善，绝不可作为口头禅"，并明示其理由为："国民与国民的交际，设使毫无诚意及友谊，则二者之间隔阂更多，亲善障碍即更加一层。两国国民果能了解东亚在世界大势中之地位，及两国互助之必要，有彻底觉悟与一致意见，然后再加以热烈的诚意，为友谊的恳谈。"并对"如何消除以往之亲善障碍，如何计划现在之亲善实行"作了追问，即表现出其强调亲善不可为口头禅的理念。①

6月5日，日华实业协会及日华恳谈会在涩泽子爵府邸联合举办宴会，日方各政要及商界有力实业家共82人出席。首先由日华实业协会会长涩泽荣一子爵致欢迎词："现在国际经济竞争激烈，各国工商业进步亦快，贵国拥有巨大富源，而敝国工业颇有一日之长。若能相互提携，则东亚富源尽量发展，决不至于外人横夺……宜注重商业道德。所谓商业道德如何，即孔子谨守之恕道是也。双方果能谨守恕道，不至互相侵犯，则亲善之道。"②

虞洽卿郑重声明："敝团此次来贵国观光，系完全国民运动，毫无政府关系。"对于宣扬了几十年而并未见行动的"中日亲善"论调，表示："中日亲善四字，十数年来，已熟闻之矣……敝团同人以为中日亲善，固须鼓吹唤醒两国人民，使知亲善之重要，然徒注重鼓吹，而不于鼓吹之外，加以实力……恐非惟无济于事。"对于日方的在商言商论，反驳道："在贵国一部分人士之意见，以为在商言商，只须讨论如何增进中日两国之贸易，不必涉及政治，敝国人民原来亦有此项主张，然从历年经验所得，大有可考虑之处，特举出二要点如下，作为讨论之资料。"其一是"贸易与政治二者不能分离，因政治而发生之恶感，影响贸易，今欲去贸易上之影响，俾贸易能发展而不先设法改变政治上之方针及办法，将所有障碍物除去，减少恶感，并商定一切应有之合作事业增进好感"。其二是"贵国舆论，颇有以敝国内乱不已为忧，且忠告敝国人民须及早组织一强有力之政府，统一全国，进行一切建设事业"，但是"要知敝国政治上有两种困难。(一)即不平等条约之束缚，如领事裁判权、租界、关税协定、陆海军自由上陆等将敝国束缚，毫无动弹余地，固不待言，且足为国内军阀战争之背景。贵国四十年前，亦曾饱受此种痛苦，贵国人民对敝国之取消不平等条约运动，非惟有充分之同情，且推己及人，或有襄助此运动早

---

① 邓峙冰：《赴日参观记》，上海总商会月报营业部，1927年（上海图书馆藏书），第71—73页。
② 邓峙冰：《赴日参观记》，上海总商会月报营业部，1927年（上海图书馆藏书），第80页。

日成功之义举。我国人民竭诚欢迎，无论如何我国人民对诸不平等条约，早已决心取消，不达目的不止，凡首先助我成功者，我必亲之善之。（二）即我国人民千百年来深中在商言商四字之毒，完全放弃其在政治上之义务，以致今日军阀横行，秩序扰乱……然今日最可幸者，即敝国人民确已黄粱梦醒，国家思想，澎湃全国，无论何界人民，皆承认'天下兴亡，匹夫有责'。我国舆论，今日影响国内之政治，国际间之问题，其力虽小，其效果颇可观。"并当着汪荣宝的面奉劝日方："要知中国政府系完全过渡的，不能代表人民。贵国如欲明了敝国实情，宜就人民方面注意考察。"①

涩泽荣一对此表示："虞团长的言论甚长，且含义甚多，似已超出经济范围而谈政治，不知实业家只能涉及经济范围之讨论，关于重大之政治问题，绝非今日短促时间所能答复，迟日约期再谈何如。"②即中国代表团重申了中日关系恶化是由于日本对华政治方针及措施造成的，中国人民不再放弃政治上的义务，不问政治。但是，随后举行的三次恳谈会表明，日方并没有将虞的这番话放在心上。

6月5日上午，双方在明治大学举行了第二次恳谈会。日方以大学教授和博士为主，中方以中国实业代表团推出的虞洽卿、余日章、郭东泉、郭外峰等12人为主，进行了交谈。中方代表认为，中日双方对对方所抱恶感，"若不设法除去，欲求中日两国之亲善，犹之缘木求鱼，而不可得也"。除去此种恶感之道，"即为取消中日两国间之一切不平等条约是也。日本若能取消对于中国之一切不平等条约，中国国民对于日本之恶感，可以立时消减"。③对此，大审院院长兼明治大学校长横田博士认为："觉实业与法权有密切关系。如贵国人民要求列国取消领事裁判权，吾人亦可助一臂之力，因明治大学与贵国法学上很有关系。"④小林丑三郎博士也接受了中方的观点，提议："中日法学界与实业界组织一取消不平等条约之调查机关，共同研究。"⑤虞洽卿非常高兴，"将其小照摄取回国"以留念。⑥这反映了日本学术

---

① 邓峙冰：《赴日参观记》，上海总商会月报营业部，1927年（上海图书馆藏书），第82—85页；虞洽卿：《对于中日亲善之意见》，《上海总商会》第6卷第6号，1926年6月。

② 邓峙冰：《赴日参观记》，上海总商会月报营业部，1927年（上海图书馆藏书），第86页。

③ 邓峙冰：《赴日参观记》，上海总商会月报营业部，1927年（上海图书馆藏书），第132页。

④ 邓峙冰：《赴日参观记》，上海总商会月报营业部，1927年（上海图书馆藏书），第130页。

⑤ 亚细亚局第二课：《講演会及懇談会》，《上海総商会本邦視察団来朝来朝顚末》1926年6月，アジア歴史資料センター，Reel No. 調 -0014，第183页；邓峙冰：《赴日参观记》，上海总商会月报营业部，1927年（上海图书馆藏书），第133页。

⑥ 《欢迎赴日参观团回国宴会记》，《申报》1926年6月18日；《欢迎华商赴日参观团纪盛》，《申报》《民国日报》1926年6月18日。

界中民主友好人士对中国废除不平等条约的支持。但是，小林博士的这种建议并没有得到广泛的支持，遭到了日本实业界的冷遇。

6月6日的第三次恳谈会是由日本商界巨头主办的。中方代表有虞洽卿、余日章、谢中笙、袁覆登等11人，日方代表有日华实业协会会长涩泽荣一、副会长玉谦次，三井物产会社安川雄之助等实业界巨头12人。恳谈会上，中方再次提出："欲求两国亲善，实行经济提携，非将国际上之障碍设法解除不可。"但是日方代表却以三种借口敷衍拒绝中方的要求。其一，以日本经多年努力才取得不平等条约的改善为例，表示中国欲实现撤废不平等条约，首先应确立中央政府，建设财政经济；其二，国际关系复杂，非日本单方面就能取消不平等条约；其三，不平等条约为政府间的事情，两国实业家应先进行经济上的提携为好。[①]

6月8日，双方又进行了第四次恳谈会。最后，日方提出一方案："欲谋中日经济问题之密接，宜网罗两国之代表实业家新设一专门机关，其宗旨在调停实际商事交易涉及利害问题之纷争，各举出同额之仲裁委员，以图中日两国之共同繁荣。"[②]虞团长认为"此项提案，未敢擅决，拟携归敝国报告大众，俟得同意，再行定夺云"。[③]此提案虽未提及取消中日间不平等条约，但在调停有碍两国贸易发展的事项方面，迈出了新的一步，并为中方将来再提出取消不平等条约问题留下了余地。

6月7日下午，虞洽卿、余日章、郭东泉及驻日中华基督教青年会总干事马伯援4人还受在日华侨的委托，与日本外务省亚细亚局长木村锐市就改善华工入境及居住营业问题进行商谈。因为日本政府自关东大地震之后，经济受到重创，为维持本国劳动者的生计问题，对华工入境问题做出种种苛刻的限制。代表团抵达东京的当日，驻日华侨联合会就要求代表团，为改善华侨待遇，保障华侨往来营业的自

---

① 邓峙冰：《赴日参观记》，上海总商会月报营业部，1927年（上海图书馆藏书），第135—137页；《中日经济提携之实现》，《申报》1926年6月10日；亚细亚局第二课：《讲演会及恳谈会》，《上海总商会本邦视察团来朝来朝颠末》1926年6月，アジア歴史資料センター，Reel No. 調-0014，第176—178页。

② 邓峙冰：《赴日参观记》，上海总商会月报营业部，1927年（上海图书馆藏书），第141页；亚细亚局第二课：《讲演会及恳谈会》，《上海总商会本邦视察团来朝来朝颠末》1926年6月，アジア歴史資料センター，Reel No. 調-0014，第179页；《親善団体を組織》，《大阪朝日新聞》1926年6月9日。

③ 邓峙冰：《赴日参观记》，上海总商会月报营业部，1927年（上海图书馆藏书），第141页；亚细亚局第二课：《讲演会及恳谈会》，《上海总商会本邦视察团来朝来朝颠末》1926年6月，アジア歴史資料センター，Reel No. 調-0014，第180页；《欢迎华商赴日参观团纪盛》，《申报》《民国日报》1926年6月18日。

由，希望代表团同日本政府进行交涉。①虞洽卿在与木村锐市的交涉中提出，日本应放宽对已经在日居住营业的华侨之家属投靠的入境限制；对符合日本法令入境的华工给予与日本人同样的保护，并允许在不同的府县流动；为了避免不必要的纠纷，可由中国设立一民间机关，对赴日者出示身份证明，并协助处理因不正当入境或被取消居住营业资格者的遣返工作。木村锐市则以中国假借家属投靠的不正当入境者众多，以及日本各地方的事情迥异为理由，拒绝放宽对华工的入境限制及在日华侨的往来、营业自由，仅表示关于设立民间机关的建议如有具体方法，可予相当考虑。

6月10日，代表团离开东京，转经广岛、下关、八幡、长崎回国。途中，不时向日本各界宣传中国要求取消不平等条约的主张，表达增进两国人民友谊的真诚愿望。②15日，代表团抵达上海汇山码头，结束了为期20余天的赴日访问。③

三、出访日本的意义

从上述中国实业代表团赴日访问的全过程来看，可以说就商业考察的意义而言，此次出访日本是比较成功的。正如虞洽卿于6月15日接受国闻社记者采访时表示的那样："参观大阪电气博览会，则日本电气事业之发达可见一斑，陈设各品，多半在日本制造。其余经过各地，参观棉、铁、磁、纸、啤酒、水泥各业制造厂，规模宏大，物品精良，令人赞叹不已。"④6月17日，谢中笙在招商局的欢迎宴会上，"对此次赴日后考察所得之日本造船厂和航海业，颇多详述"。⑤上述意见表明，代表团在日本考察了众多工厂、公司，开阔了眼界，基本上达到了参观学习日本实业的目的。

从民间经济外交在促使日本政府改变对华政策方面来看，代表团对于在舆论上唤醒日本商民，请愿该国政府撤废二十一条以及归还旅顺、大连方面的目的并没有实现。虽然代表团访日期间多次为谋求两国关系的平等，以及真正意义上的亲善，做出了种种努力。但是，日本实业界以及政界均以各种理由拒绝撤废不平等条约，

① 亜細亜局第二課：《在留支那人ノ行動》，《上海総商会本邦視察団来朝来朝顛末》1926年6月，アジア歴史資料センター，Reel No. 調-0014，第193—197页。
② 《赴日参观团报告》，《新闻报》1926年6月16日。
③ 《昨日欢迎赴日参观团回国详情》，《申报》1926年6月16日。
④ 《赴日参观团昨日回沪》，《时事新报》1926年6月16日。
⑤ 《招商局员款宴谢中笙》，《新闻报》1926年6月18日。

力图绕开政治问题，为其经济侵略打基础，只谈经济提携。日本实业界最后虽稍有让步，也仅仅是同意与中国实业界协商成立联合的经济团体。

从日本政府对此次代表团访日所采取的措施来看，与日本实业界一样，强调其不会轻易放弃在华的特权和利益，不会取消不平等条约，实现真正意义上的亲善。并在此方面，对日本实业界做了"指导"。正如 6 月 17 日，虞洽卿在上海各界举行的欢迎宴会上所谈："惟政府当局及资本家之迷梦未醒，尚抱侵略主义，以致中日邦交未能尽善。"例如，当外务省得知代表团欲与日本实业界探讨有关取消二十一条等不平等条约的问题后，就特意提醒实业界：二十一条的大部分内容已得到解决，而剩下的南满铁路、旅大租借问题则是日本付出了重大牺牲的日俄战争的唯一成果，因此没有探讨的余地。强调实业界应绕开与代表团谈及二十一条的解决问题，应积极与代表团商谈改善两国合办企业、促进经济提携的具体的经济问题。[①]即表现了日本政府一方面空谈中日亲善，表面上给予代表团国宾级的待遇，以达到其经济提携的目的，另一方面又坚决推行不平等的对华政策。例如，加紧在东北增兵筑桥、勒索南浔铁路的管理权等。

从日本的舆论界来看，也均站在日本侵华政策的一边，对代表团的合理要求避而不谈。例如，当余日章发表二十一条始终没有得到中国国民的承认这一说法时，《大阪每日新聞》则辩解"民四条约"为正式签订的国际条约，"不能因所谓自始即未经国民承认之不成理由的理由，而即废弃之"；"若中国国民真实希望不平等条件之改修或废除，必先在其自国方面，有表示尊重国际条约之事实"。[②]另一媒体《大阪朝日新聞》则对此表示："使彼此谅解益形具体化，而除去从来一切之障碍，但与此有连带发生之一问题，即为中国人民宜如何对日本重大之利害，与以精密之计议，以图缓和从来对日本之主张。"由此可见，代表团希望日本民众以及舆论界督促政府取消不平等条约一事，是不现实的。

访日期间，代表团曾要求日本政府改善中国小商人待遇，切勿随意阻止华商入境或驱逐回国，放宽华工在日的各种限制。日本外务省亚细亚局局长木村锐市也曾表示，中方如设立民间机关处理华侨入境问题的具体事宜的话，可予以相当的考虑。回国后，上海总商会就邀请各地旅沪同乡会商议，设立各团体联合的机关——"维护赴日华侨各省联合会"，决定凡有关各同乡会均可加入。将来赴日者可经同乡

---

① 亜細亜局第二課：《上海総商会本邦視察団来朝二関スル外務省措置》1926 年 6 月，アジア歴史資料センター，Reel No. 調 -0014，第 230—234 页。

② 《日报答华商团之中日亲善论》，《时事新报》1926 年 6 月 6 日。

会转请上海总商会发给证书，免受日方取缔，并可望得到该联合会有限的保护。①但是，该机关的成立以及建议却没有得到日本政府的回应，众多的在日华侨和华工仍因不堪日本政府的苛刻而被迫回国。②虽然访日期间，日本方面对代表团殷勤接待，大谈特谈亲善，但对于日本虐待华侨之事，代表团成员表示："即可证日人对我华人毫无诚意，口是心非之一斑。"③但是，在当时中国政府无力保护华侨利益的情况下，实业代表团通过上海总商会成立的这个联合会，表明中国的商人组织运用民间经济外交的手段，在维护海外华侨的合法权益方面，有着强烈的民族责任感。

中国实业代表团回国后，国内舆论对此次之行褒贬各异。其中一部分爱国团体有如下严词指责。例如，上海对日外交市民大会、上海学生联合会致函虞洽卿，质疑代表团访日的成效，"诘问中日间是否有真正亲善之可能"。上海对日外交市民大会还质问，既然代表团承认日方招待的盛情无以复加，如何解释日军反而加紧进驻奉天？对此，虞洽卿答道："国交与个人友谊理本一贯，人果未能以平等待我，在我自无实行亲善之可言。德在东时口讲指画，无非从取消中日历来不平等条约立论，冀以唤醒彼邦民众。"上海学联不久复公开信表示："关于亲善之意义与亲善之先决条件，均剖之至为详尽。聆教之下，足证先生对中日邦交之有素而具爱国热忱，以及希望日人放弃其对我种种不正当举动，共同携手，以谋解放之苦心，实为敝会钦佩不已者。"④上海的《民国日报》称："此次参观团在日之行动，其空洞之代名词，则为亲善；而较切实之代名词，则为经济提携。"而经济提携如不建立在双方平等的基础上，则是"经济侵略"。对于日本代表于关税会议上"无殊于欧美列邦"的态度来看，对于"日本诚意以经济提携相待，吾勿敢信"。⑤

虞洽卿认为："此行仅足谓为国民外交之第一步，初不敢奢望不平等条约立可取消，但不失为取消不平等条约播下一种子。"⑥对此，陈布雷也撰文对代表团的访日影响做出客观评价："今次参观团出发之前后，一般人有以取消二十一条件属望之者，诚哉未免太夸；其有以弃仇修好种种恶意的推测诋毁而怀疑之者，则未免近诬。试观参观团诸氏在日之言论，吾人固未见其有一言论超越国民的地位而发言，而日人之所以答我者，虽于宾礼重叠、谦词盈幅之下，亦未忘其日本国家之本位。

① 《讨论维护赴日华侨方法》，《申报》1926年6月25日。
② 《留日华工纷纷归国》，《新闻报》1926年6月26日。
③ 《中日亲善之障碍》，《时事新报》1926年6月19日。
④ 《本埠新闻》，《申报》1926年7月2日。
⑤ 《经济提携与经济侵略》，《民国日报》1926年6月17日。
⑥ 《虞洽卿为对日言论复学生会书》，《申报》1926年6月18日。

故参观团诸氏今回在日，能使日人知我商界之关怀国事，力争国家主权与独立，不亚于日人，即此已足与日人以一种新印象。异日东亚国际关系之改善，或由此行播一粒小小之种子，正未可知。"①从上述评价可知，陈布雷认为代表团此行，在向日本彰显商人组织要求国家主权与独立方面，具有一定的意义。

作为民间组织的赴日代表团，在争取国家利权，废除不平等条约方面，做出了应有的努力这一点是值得肯定的。因为取消二十一条、归还旅大问题，对于中国政府来说，也都是无法做到的。从要求摆脱不平等条约的束缚，为发展经济，振兴民族产业而反对帝国主义这一侧面来看，代表团利用民间经济外交的手段，与日方的侵华言论以及旨在经济侵略的亲善空论，做了一定程度的斗争努力，从而促进了日本人民对中国人民的了解。其为维护国家权力的民间经济外交意识应予以肯定。

作为此次代表团赴日的民间经济对手——日本政商两界，国内舆论界基本上是持有相同意见的，即对其只谈经济提携的"中日亲善"论，绕开核心的不平等条约撤废问题，持否定态度。日本政府及实业界在代表团回国后，曾就其所提倡的经济提携论做出过努力。例如，涩泽荣一为设立中日联合经济团体一事，向外务大臣币原重喜郎作如下请求："拟于中日关系委员会之名称下设一机关，以谋关系两国贸易商业之发展，及解决争执问题，以尽所谓民间外交之责任。"②随后还有"拟先在上海、广东、汉口、九江、宜昌、长沙等处设置中日实业组织，包含全中国经济团体"。③但中国人民对此并不持热情态度。如同《新闻报》所讲的那样，"日人欲举经济提携之实者，宜放弃其传统的对华经济政策，督促当局废除一切不平等条约，以消弭将来破坏经济提携之祸根"。如若不然，即便是组织中日联合的经济团体，也是无济于事的。④

四、中日民间经济外交博弈的特点

从民间经济外交博弈的视角来看，不平衡性的特点表现得最为突出。日方是占有主动性的，且得到日本政府外交的支持，多带有维护日商依靠的不平等条约体系而获取特权和利益的特点。中方由于处在被动地位，且没有政府外交的后盾支持，

① 畏垒（陈布雷）：《赴日参观团回国》，《上海商报》1926年6月17日。
② 《筹组中日亲善机关之先声》，《新闻报》1926年6月25日。
③ 《将有中日实业组合出现》，《申报》1926年12月4日。
④ 《为提倡中日经济提携者进一解》，《新闻报》1926年6月11日。

更多地带有维护国家利权、重树民族威望、实现国家独立和富强的性质。造成这种特点的主要原因则在于中日双方在政治势力上的差异。对于日本实业界来说，由于"一战"后日本国家经济实力雄厚，且对外经济扩张的野心不断膨胀，这就使得日本实业界试图通过民间经济外交手段来间接参与外交事务，同政府对华经济扩张政策保持步调一致，在维护不平等条约体系的前提下，确保已取得的在华经济利益。对于当时处于半殖民地半封建社会且国家综合实力弱小、政治混乱的中国来说，废除不平等条约一事，虽然是中国政府外交的首要任务，但由于上述局限性的存在而无法达成目的。在中国实业代表团赴日访问的过程中，中日实业界通过直接对话的方式，做了一次正面交锋式的民间经济外交活动。这次交锋不仅使中国的商人团体加深了对日本的了解和认识，加深了对日本资本主义经济发展状况的了解，同时还通过直接对话，代表中国人民表达了坚持取消各国强加给中国的不平等条约，建立平等的中日合作关系的强烈要求与愿望。而这些本应属于政府外交的职责，却由商人团体作出了最为直接的呼吁。

附　录

第四届全国经济史学博士后论坛综述

赵伟洪

2017 年 9 月 9 日至 10 日，由中国社会科学院、全国博士后管委会办公室、中国博士后科学基金会主办，上海财经大学经济学院经济史学系、中国社会科学院博士后管委会、中国社会科学院经济研究所、中国经济史学会联合承办的第四届全国经济史学博士后论坛在上海财经大学经济学院隆重举行。本届全国经济史学博士后论坛以"中国经济史学的话语体系构建"为主题，深入探讨经济史视角下的中国经济改革、转型与增长等重要理论问题。来自中国社会科学院、北京大学、清华大学、复旦大学、南开大学、武汉大学、厦门大学、上海财经大学、上海市社会科学院、云南省社会科学院等 60 余位高校和科研院所的专家、博士后及青年学者出席了本届论坛。

上海财经大学副校长陈信元教授，中国社会科学院人事教育局副局长、云南省社会科学院副院长王文成研究员，中国社科院经济研究所副所长朱恒鹏研究员，中国经济史学会会长魏明孔研究员，上海财经大学人事处处长、经济学院经济史学系主任程霖教授出席开幕式并致词，中国社会科学院科研局副局长赵芮研究员，中国经济史学会名誉会长董志凯研究员应邀出席。著名经济史学者李伯重、仲伟民、王文成、兰日旭、林枫、钟祥才、燕红忠、孙建国 8 位专家对会议主题报告进行了精彩点评。王玉茹、王万盈、宋丙涛、周建波、梁华、孙林、张海英、隋福民、刘巍等学者，或主持或作为点评专家参与分组讨论。

本次论坛收到的会议论文紧密围绕论坛主题，主要从中国传统市场的近代化转型、制度变迁、社会经济组织机制、社会转型与经济思想等领域展开探讨。下文就论坛讨论的主要问题略作综述。

一、传统市场的近代化转型

对中国传统经济近代化过程中的市场体系的研究，一直是经济史学界关注的重要问题。本次论坛有多位博士后围绕着商品流通与税收、市场分化与市场整合等问题对中国传统市场展开考察。

1. 商品流通与税收

徐枫以南新关为中心，细致地梳理了明清时期钱塘江流域的竹木流通：经由南新关流通的竹木主要来自钱塘江上游的徽、严、衢、金、处五府，通过钱塘江水系贩运至下游的宁、绍和杭、嘉、湖、苏、松地区。作者从税关档案中整理出康熙末年至咸丰时期南新关竹木税收数据，发现南新关在明代的税收额曾突破 2 万两，清代基本维持在 2.4 万两—3 万两左右，略高于以往的估计。张彦台、刘锦前考察了民国时期华北地区的牙税征收制度、税收额、牙税的汇解与使用等问题后指出：民国时期，华北牙税制度大概有四种形式：牙税盈余制度、牙税等级制度、牙税包商征收制度和牙行营业税制度。牙商按月或按季度将应付税负交与各县税务联合征收局或牙税稽征所，然后再由它们转交到各县政府。牙税除了汇解到各省财政部门外，还要留拨一部分作为地方经费，主要用于地方行政建设、教育经费、军费、公益性事业或其他事项。

2. 市场分化与整合

市场整合研究是近年来的研究热点之一。胡鹏、李军、黄英伟考察了清代中期华北粮食市场整合，并着重对政府发挥的作用进行了量化分析。胡鹏等利用《清实录》整理出清政府实施的灾伤赈济和价格调控行为，具体包含赏给、缓征、减免、借贷、改征和籴粜六类，建立了 1776—1840 年华北地区政府行为时间序列；并利用计量分析方法，考察了这一时期政府行为对华北地区小麦市场整合程度的影响，认为政府行为对华北地区小麦市场整合发挥了积极促进作用。李佳佳考察 1890—1937 年的河北棉花市场后发现，华北经济区的重要农产品——棉花迅速融进国际市场体系，铁路的发展、生产技术的进步、棉纺织业的专业化分工，导致棉花商品率的提升和棉纺织业市场体系专门化与功能化趋势加强。民国时期华北棉花市场已经在乡村、中小城市、大城市之间初步完成销售、运输以及相关专业化分工的布局，促进了区域经济一体化和市场一体化的进程。

二、经济转型中的制度变迁

一些博士后围绕中国经济转型过程中不同历史阶段的制度性变革展开探讨，其中财政与货币制度、土地制度，政府与市场、中央与地方的互动关系，政府公共服务等问题成为论坛上探讨的焦点。

1. 财政与货币制度

陈玺从货币法史角度探讨了《唐律》中赎刑之适用因素、纳赎方式、规则运行等问题，透视了唐、五代货币法制因革。研究指出：中国古代"缴铜纳赎"和"纳缣赎罪"两类纳赎方式长期并存，互有消长。《开皇律》厘定赎罪之条，以铜纳赎成为隋唐五代时期赎刑适用之主流。天宝六年（747）以后，出现折钱纳赎惯例，并对五代两宋司法产生影响。赎刑适用所输纳之铜、钱，连同其他罚没物资，成为官府经费开支的重要来源。因此唐代赎法因革与古代钱法的变迁也有一种微妙的关系。王雷、赵少军利用《金史·食货志》，细致考察了金宣宗贞祐年间的货币政策大讨论。讨论分为三个阶段完成：第一阶段，从贞祐三年（1215）七月改交钞名为贞祐宝券到贞祐四年（1216）八月宣宗诏集百官讨论之前，为零散讨论阶段；第二阶段，从宣宗诏集百官讨论到讨论结束，为集中讨论阶段；第三阶段，讨论结束以后至兴定元年（1217）二月，为实施讨论结果阶段。这次讨论的核心议题是实施何种货币政策来保障财政收支平衡，并形成更造派和征敛派两大主流阵营、两类不同主张。这次讨论是在金朝政府处于内忧外患，面临经济、军事、政治等方面巨大压力的背景下发生的，对金末货币政策的走向，乃至于对宣宗末年的政治都产生了深远的影响。邱永志结合文献材料与考古出土报告，探讨了明代禁钱政策的出台背景、持续时间、发展演变及其影响，指出明前期的禁钱政策不仅持续时间长、初期范围波及广，执行得也较为彻底，对明钱的铸行运转、流通分配、技术承继等有着极为不利的影响。熊昌锟分析了清季币制改革酝酿期，清政府内部围绕禁止与仿铸、省铸与国铸、货币本位与国币单位等问题的争论过程及背后的原因，指出中央与地方的利权纠葛，造成国家收归铸币权、统一货币的现实需求与地方分裂的区域性金融市场的龃龉，构成了币制改革失败的重要原因。

2. 土地制度研究

找价回赎是明清土地买卖制度研究的重要内容。谢开建探讨了清代浙江对"找价回赎"定例的补充及推动作用。通过梳理清乾隆五年（1740）浙江地方官员制定的找价回赎章程，发现其内容较雍正八年（1730）定例、乾隆九年（1744）定例和乾隆十八年（1753）定例等国家定例更为详细和规范化，并考虑到当地土地交易的风俗。浙江的案例也直接推动了清廷制定乾隆十八年（1753）定例。张雨借用新古典经济学的理论对唐宋变革论进行了探讨。通过分析唐宋租佃制度的经济效率，认为以分成制为代表的租佃制是适合当时社会生产技术水平的有效率的生产经营方式，并进一步带来人身依附关系的由强减弱。

3. 政府与市场关系

中国近代经济转型过程中，政府发挥了重要作用。王于鹤立足于政府与市场关系的角度，梳理了张之洞对于官、商、洋之间的关系的认识，具体表现在：官不扰商、官要护商、官为商倡，以及应对国际贸易需要官为制定产业政策、维护国家的经济主权经济思想。结合现代经济体制改革中官商关系及其制度安排，作者认为张之洞关于政府与市场的经济逻辑表现出了现代意义上的转变。黄建着眼于从政商关系变化的视角梳理了清末民初商会现代化发展历程，指出：在清末民初较长时期，政商合力与彼此借重是商会现代化的决定因素，也是政商关系的基本形态，并造就了商会的发展与繁荣；国民政府时期，政府对商会的态度发生明显变化，相互提防、控制与反控制成为政商关系形态，政商关系逐渐破裂，商会走向衰落。

赵伟洪考察了乾隆时期长江中游地区的"丰年米贵"问题，反映出市场机制发挥着深层次的作用。又着重考察了清政府为应对米贵问题所作出的政策调整：以乾隆十三年（1748）为界，以普免米豆税银为主的促流通政策转向停止扩张常平仓储、增加市场供给政策。政策变化说明乾隆时期政府逐渐注重发挥市场的资源配置功能，通过结合行政手段、转变方式来谋求粮食市场的稳定。以上研究均为当下市场经济体制改革中探索政府与市场关系的实践提供了历史借鉴。

4. 政府公共服务研究

李欢利用计量分析方法考察了山西省教育近代化变革的历程、特点及其溢出效应后指出：山西教育近代化最重要的变革即为教育公共化，将教育作为公共服务产品由政府提供，以解决私人教育供给和需求不足的问题。财政对教育的投入对个人和社会都产生了溢出效应，客观上增加了当期家庭收入，并且改善了社会学术、技术和人才环境，为山西经济和社会的近代化发展产生明显的正外部效应。李银才、童晓庆从农村公共产品政府供给视角，分析了余江血吸虫病预防的成功经验和模式。认为改革开放以后，我国政府对包括血防公共服务在内的农村公共产品供给不足，是制约血吸虫病防治效果乃至我国三农问题的根本原因。

三、社会经济组织机制、社会转型与经济思想

本次论坛围绕着社会转型过程中的经济组织及其管理模式变化、社会转型与经济思想变迁等问题，取得了一些研究成果。

1. 社会转型过程中的经济组织机制研究

陈瑶全面梳理了清代湖南河道船户的管理制度，考察了船户自身所创建的社会经济组织及其运作模式，指出船户通过建立船行、船帮、船户宗族等各类自我组织，在维护湖南内河水路运输的商业安全和社会秩序中发挥了极其有效的自治作用，从而为商货跨区域运输、区域经济发展乃至全国市场网络形成发挥了重要的基础性作用。这一个案研究对于考察中国内陆河道一般的社会经济组织模式及其管理制度颇具价值。赵伟的研究指出，近代中国民族企业普遍推行的扩张式发展具有追赶性的特征，并立足于当时国际国内政治经济环境的变化，探讨了近代中国民族企业实施扩张性战略的必要性、可行性、机遇等。扩张发展使民族企业在棉纺织、面粉等行业取得了一定成绩，近代民族企业追赶性扩张是中国工业化的有效途径之一。张帅通过晋中市崔家沟村的调查的个案分析，探讨了乡镇企业发展与乡村社会的互动关系。崔家沟村村委与乡镇企业之间最初通过委托—代理人关系建立较为稳固的关系；伴随着企业的发展，企业积累信息的增加，村委通过行政资源对企业施加的控制力降低，而企业产权的私有化进一步使村子反过来依附于企业发展，导致双方关系转向不稳定。

2. 社会转型中的经济思想

宋明以来，商品经济迅速发展，社会风气急剧转变，并进一步引起思想史领域的转变。孙杰认为明代中叶以来，经济思想史领域的转变主要体现在对义利之辨的调整，他从个人修身层面对"义""利"概念的内涵变化进行了细致分析，指出：一方面，"义"的侧重点由外在转向内心，甚至可以与"私"并存；另一方面，否定性的"利"也逐渐与物质性概念（如财利）脱离关系，成为一种中性甚至被肯定的概念。这些细微的变化，均与当时士人生计困难、科举之途壅塞以及商品经济发展等社会现实密切相关。曾江、周建波探讨了儒、释、道三教合一的文化背景下的晋商经济伦理后指出：晋商的经济伦理根植于深受儒、释、道三家文化影响的山西社会，是文化思想在商业与金融领域的集中体现。

也有一类研究侧重对经济思想在社会转型过程中发挥的主观能动作用进行评

估。张京凯考察了宋代理学思想、事功思想、限田思想、土地集约经营思想对户绝田流转与配置所发挥的具体影响，指出宋代户绝田没纳入官后的多元化流转与配置是一项制度性变革，而宋代经济思想对于制度的构建发挥了重要推动作用。该研究对当前深化土地管理体制改革中进一步解放思想、改革创新、破除体制机制障碍具有史鉴价值。此外，宋纤尝试从思想史角度解释晚清工业化失败的原因，认为晚清官员及知识分子提出的重视发展工业的思想，受到中国传统社会深厚的重商的思想的影响而未能发挥积极作用。

除以上几类研究成果以外，还有一些论文从公共交通与城市发展、政策实施及其效应评估、新资料的挖掘等方面展开研究。

李沛霖选取近代南京城市道路建设的个案，在研判近代南京城市道路肇建的基础上，通过道路系统拓展、道路经费挹注、道路改良养护等重要变量，分层透视抗战前城市道路对公共交通的多维影响，为当代城市道路建设提供了一种历史借鉴。林盼考察了 20 世纪 60 年代初，国营企业所进行的"工业支援农业"运动，指出："工业支援农业"运动并不是在"大跃进"后才发生的、为应对三年自然灾害时期的农业生产困难而制定出来的应急性政策，而是从 1957 年第二个五年计划制定之时就已经提出的中长期政策；这一运动经历了由 1961 年前以"技术支农""物资支农"为主，以及 1961 年后与"工业支援农业"与精简职工两种活动的融合，转向以"劳力支农"为主。劳动力过剩、工人流动率低、党的基层控制力强等因素，是"劳力支农"政策得以制定与实施的主要原因。于文浩以区域协调发展战略和区域经济差距为视角，运用二次差分和面板数据等分析方法，对西部大开发战略的经济效应进行了评价，发现西部大开发战略实施以来，教育、物质资本、公共交通、政府规模等促进经济增长的因素发展均快于全国其他地区，促进了西部地区经济的发展；但该政策对东部、中部、东北部三大板块的促进作用并不明显。余开亮对有清一代全国主要粮食品种的粮价数据进行了一次全面评估：通过对 1738—1911 年全国各省州府大米和小麦价格进行分时段检验，发现南方地区的大米价格数据，各省均以乾隆、嘉庆时期为高；北方小麦价格数据中，陕西、甘肃在乾隆、嘉庆时期质量为高，河南、山东、山西三省则仅在乾隆前期为高。作者指出，粮价陈报制度作用于不同时空地域，会受到粮食产销结构、贸易、交通、制度运行等诸多因素影响，在评估粮价数据质量时有必要加以考虑。张林峰介绍并使用了《升平署档案》中记载的银价数据，对当时的银价变化及社会上繁杂的铜钱名目进行了一些梳理。

从本次论坛集合的论文所呈现出的特点来看，或提出了新问题，或阐述了新观点，或结合运用了多学科的研究方法，或注重对新史料的挖掘，并且能够着眼于现实经济发展中的重大问题，从经济史的角度切入展开研究，一定程度上反映了当下经济史学博士后的学术研究水平。

第五届全国经济史学博士后论坛拟于 2018 年在北京中央财经大学举行，主题是"商贸演进视角下的中外货币金融变迁"。

后 记

　　本论文集是 2017 年 9 月 9 日至 10 日，在上海财经大学召开的第四届全国经济史学博士后论坛"中国经济史学的话语体系构建"征稿中的论文精选，兼收录前三届论坛中的部分文章。本论文集的编辑和校对工作，主要由赵伟洪博士完成。

　　本论文集的出版，与论坛主办单位中国社会科学院、中国博士后科学基金会的关心和支持分不开，与主办、承办单位的领导和同仁的努力分不开。特别是中国社会科学院副院长兼经济研究所所长高培勇学部委员，为本论文集的出版给予了经费方面的资助。

　　在此，我们谨向对第四届全国经济史学博士后论坛顺利举行和本论文集出版做出贡献的所有单位和师友，一并深表谢忱！